JN006701

藤田真哉・北川亘太・宇仁宏幸
Fujita Shinya, Kitagawa Kota, & Uni Hiroyuki

現代制度経済学講義

Lectures on Modern Institutional Economics

ナカニシヤ出版

は し が き

　本書は、学部で一通りの経済学の基礎（例えば、学部1・2年生を対象とした
ミクロ経済学やマクロ経済学など）から一歩進んで新しい経済学を学ぼうとする
学部上級生に向けた、あるいは、その基礎から数歩離れてオルタナティブ（代
替的）な経済学を模索しようとする人に向けた、制度経済学の教科書である。
第1章で述べるように、制度は、各経済主体の思考や行動を制約するだけでな
く、時には他者の行動をある程度予測可能にすることで自身の行動能力を拡張
しうるものでもある。そうして制度は日本経済そして世界経済に大きな影響を
与えている。目まぐるしく変化し、課題が山積している日本経済ないし世界経
済の動向を理解するためには、制度の視点からのアプローチこそが必要なので
はないかと著者たちは考え、本書の執筆を企画した次第である。本書の内容は、
大きく2つに区分され、第2章〜第6章は基礎編にあたり、第7章〜第13章は
応用編にあたる。基礎から順に理解したい方は第1章から順を追って読んでも
らっても構わないし、国際金融や格差問題といった現代的な諸課題とその制度
的な対応策について知りたい場合には、応用編の各章から読み始めてもよい。

　ところで、制度経済学の教科書とひとくちにいっても、本書は制度経済学の
諸学派を網羅的に概説するものではない。むしろ本書は、制度の役割を十分に
強調しながらも、経済学における様々な理論的フレームワーク（現代の主流派
である新古典派を含め、マルクス派、ポスト・ケインズ派、制度学派、レギュラシオ
ン派、現代貨幣理論等）に依拠している点で、特徴的である。このように書く
と、制度経済学とは節操のない学問体系なのかと思われるかもしれない。しか
し、制度経済学の創始者の1人であるコモンズ（J.R. Commons）にならってい
えば、制度経済学は様々な学派の諸理論と絶縁した、異なった種類の経済学で
はなくて、経済理論全体にわたって制度の正当な地位を回復させる試みなので
ある。もちろん本書がカバーしている領域は、経済理論全体からみれば、一部
にすぎないし、経済理論に制度を適切に位置付けるための本書のアイデアにつ
いても、一例にすぎない。それゆえ、この教科書を手に取った読者は、本書の
アイデアや枠組みを継承してもよいし、あるいは批判して乗り越えていっても
よいのである。そうして制度経済学——ひいては経済学——の新しい地平が切

り開かれるのであれば、それは著者たちにとってこの上ない喜びとなるだろう。なお、制度経済学の諸派についての簡潔な入門書をまずは読んでみたい人に対しては、本書の著者の1人が翻訳に携わった、B. シャバンス『入門制度経済学』（Chavance [2007]）を薦めたい。本書において★マークを付けた語句については、巻末の専門的用語集で補足説明している。また、紙幅の都合により本書に掲載できなかった各章の課題やまとめ、読書案内などについては、次のウェブサイトで掲示している〈https : //fujitashinya9.wixsite.com/my-site〉。

　本書は、約3年にも及ぶ執筆過程を経て作成された。このように仕事が長期間に及んだのは、世代が異なる著者3名が忌憚のない意見をぶつけ合ったためである。つまり、「諸価値の重み付け方」（第6章）が異なる著者同士が「熟議」（第13章）を通じて「コーディネーション」（第10章）を行ったために、完成までに予定よりも大幅に時間がかかってしまったのである。そのような仕事の遅れと言い訳を受け入れていただいたナカニシヤ出版の酒井敏行氏には、この場を借りて感謝の意を申し上げたい。また、本書に丹念に目を通し、有益なアドバイスを与えてくれた、池田毅氏（立教大学）、大熊一寛氏（東海大学）、坂口明義氏（専修大学）、立見淳哉氏（大阪公立大学）、徳丸宜穂氏（関西大学）、中原隆幸氏（阪南大学）、西洋氏（阪南大学）、原田裕治氏（摂南大学）、藤田菜々子氏（名古屋市立大学）、安藤順彦氏（名古屋大学大学院博士後期課程）、福島康平氏（ものづくり産業労働組合JAM）にもお礼を申し上げたい。可能な限りコメントに対応したつもりであるが、時間や紙幅の都合上、すべてのコメントや要望に対応できなかったことは、著者の能力の限界を示している。もちろん、本書における誤りはすべて著者一同の責任である。また、本書で取り上げるべき諸事例を探索するなかで、井尻雅之氏（連合大阪）、大島堅一氏（龍谷大学）、後藤健太氏（関西大学）、西村成弘氏（関西大学）、服部良子氏（大阪市男女共同参画センター　クレオ大阪中央研究室）、久本憲夫氏（京都橘大学）、除本理史氏（大阪公立大学）、横田明美氏（千葉大学）、辻村千尋氏（京都大学大学院博士後期課程）にお時間を頂戴し、お話を伺った。ただし、本書における諸事例に関する推察や評価は、著者たちによるものである。

目　　次

第1章

制度経済学とは何か

1. 制度経済学とは

　制度経済学（institutional economics）とは、人々の経済活動を調整する仕組みとして**制度**（institution）があることに注目し、市場と制度に基づく経済調整の特徴やその変化の傾向、問題点（経済調整の機能不全）を明らかにし、そして、制度修正の方向性を提示しようとする学問である。

　私たちは、家庭で生活し、文化的・政治的な活動をするのはもちろんのこと、家庭や学校、職場で培った技能や知識を活かして生産し、収入を得て、それを消費したり投資したりするといった経済的な活動を行っている。社会的分業と企業内分業が発展した現代社会における経済活動のなかには、個人が単独で行えるものはほとんどなく、ほぼすべての経済活動は、相手ありきの**相互行為**（trans-action）、つまり**取引**（transaction）になっている。取引の例は、市場での商品の売買、企業内での命令と服従に基づく賃労働、そして、政府や公益企業が供給する様々な公共サービスの利用など枚挙にいとまがない。これらの取引は、企業間取引においては独占禁止法（「私的独占の禁止及び公正取引の確保に関する法律」）や様々な取引慣行によって、賃労働関係においては労働法（労働基準法、男女雇用機会均等法、最低賃金法など）や様々な労働慣行によって、公共サービスにおいては議会などが決める公共サービスの受給資格や料金などに関する法や規則によって、安定的に調整されている。言い換えれば、人々の間の取引は**制度化**（institutionalize）されている。

　本書が対象とする**制度**とは、このように、諸個人、企業、国家などの経済主体の取引を調整する言語化された／されていないルールのことである。その例

1

として、法律、合意された協約や規則、慣習（社会である程度共通してみられるような思考と行動）、規範が挙げられる。

　さらに、これらの制度には、組織化されている集団や未組織の人々に共有されている**価値観**が反映されている。例えば、社会的に許容される経済的格差、すなわち、どの程度の、どのような格差が許容されるか（反対に、どのような格差は認めるべきではないか）についての判断基準は、機会や結果の公平性、個人の能力や努力に対する評価、社会全体の秩序や安定性といった、対立しあう諸価値についての社会的な**妥協**の産物である。また、それらの妥協のさせ方、すなわち**諸価値の重み付け方★**は、社会ごとに異なりうる。こうした妥協の産物として成立する経済的平等に関する社会的規範は、社会保障制度など再分配制度の改革をめぐる交渉（制度変化プロセス）において当事者への社会的圧力として働き、そのプロセスで許容されうる主張や合意の範囲を制約することになる（反対に、制度変化プロセスの交渉当事者たちが諸価値の重み付け方を見直そうとすることもある）。

　こうした制度経済学の観点は、大学においてミクロ経済学やマクロ経済学といった科目で教えられている標準的・支配的な経済学、すなわち**新古典派経済学★**（neoclassical economics）のそれとは異なる。新古典派経済学の中心的関心は、資源の最適配分のメカニズムを明らかにすることである。この経済学では、慣習や規制は最適配分を妨げる要素とみなされることがある。その一方で、この経済学では、公害の発生など市場の失敗が生じるときには、市場に付加すべき制度、例えば、外部不経済を内部化するための制度を考案する。このように、新古典派経済学では、「市場ありき」で物事を考え、したがって制度は副次的な要素として扱われる。

　その一方で、制度経済学は、以下のような見方をする。経済は市場と諸制度の複合的な調整によって成り立っている。その市場もまた、後述するように制度によって成り立っている。したがって、制度は経済活動の基盤であり、必ずしも市場を阻害する要素か市場を補足する要素かのどちらかに分類できるものではない。ところで、私たち経済主体の認識や行動も制度化されている。経済主体にとって制度は、後述するように、思考や相互行為を制約する働きをするだけでなく、他者の将来の行動をある程度予測することを可能にし、自身の将来の行動能力を拡張する働きをすることもある。このように、制度は、経済活動における副次的な要素ではなく、私たちの認識および相互行為と不可分であ

るという点で本質的な要素である。

　とはいえ、制度が強く意識されるのは、人々の認識や相互行為が変化し、制度がそれをうまく調整できなくなったときである。普段、物事がうまく回っているとき、すなわち制度が相互行為をうまく調整できているときには、制度が人々のあいだに共有されていることは、人々の意識にほとんどのぼらない。しかし、例えばコロナ禍の状況で、「行動変容」や「新しい生活様式」が求められるなか、私たちは、新しい相互行為を従来の諸制度がうまく調整できないことを強く意識することになった。コロナ禍では、職場だけでなく、教育現場や介護保健施設における人々の相互行為を調整する様々な法や慣習が見直された。このような激変のなかで、「徹底した行動変容の要請」、「感染拡大を予防する新しい生活様式に移行していく必要がある」、「ソーシャル・ディスタンスの徹底」、「黙食やマスク会食のお願い」といったように、首相や専門家会議に限らず、メディアや一般の人々もまた、経済を成り立たせている法や諸慣習に関心を向け、それらの再構成を提言している。著者たちには、みながまるで制度経済学者のように振る舞い始めたかのようにみえる。

２．制度に注目する意義

　なぜ制度が重要なのか。経済主体（企業や労働者）の立場、および、経済を分析しようとする人々（研究者や本書の読者）の立場から考えてみたい。

（1）経済主体（企業や労働者）にとって制度に注目する意義

　まず、生産、分配、投資、消費といった経済行動を行う経済主体（経営者や労働者、消費者としての私たちなど）の立場からみると、どのような国際的または社会的合意、世論、商慣習（つまり諸制度）があるのか、そしてそれらはどのような方向に向かって変化しつつあるのかをつかむことは、自分（たち）の目的を達成するために必要になるからである。この場合、制度を理解する目的は、自分の行動における所与の前提や制約を理解し、そのなかでより適切に振る舞うことである。その一方で、自分（たち）の行動の制約を意識・理解すれば、それを変えようとすることも不可能ではない。この場合、制度に注目することは、自分（たち）にとってより望ましい制度へと既存の制度を変えるためにどのような政治的行動をとるべきかを考えるうえでの準備作業として必要と

なる。例えば、企業の究極的目的が「市場における権力の拡大」（第2章）であるとするならば、企業は、その目的を実現するために、制度とその変化を的確に読み取る必要があるし、さらに、現行制度を自らの権力拡大にとってより望ましいものに変えるために、政党や政府、地方公共団体に働きかけることもできるだろう。

(2) 分析者にとって制度に注目する意義

次に、研究者や本書の読者など経済を分析しようとする人々（以下「分析者」と呼ぶ）の立場から制度に注目すべき理由を3つ示したい。

第1に、現実の制度やその変化を適切に捉えられなければ、不適切な着眼点、鍵概念、枠組みを採用してしまったり、モデルのつくり方を誤ってしまったりすることがあるからである。例えば、第2章で取り上げるように、現実の企業が生き残りを図るために系列や長期取引慣行を構築しているにもかかわらず、これらの制度的要素を見落としてスポット取引を前提とした市場モデルを採用すれば、その分析結果もインプリケーションも不適切なものになるだろう。

第2に、分析者が、今日の日本経済といった特定の時間と場所における経済調整の特徴や問題をつかみ、その改善策を考えようとするならば、その時間と場所に固有の具体的な諸制度に目を向けざるをえないからである。というのも、ある諸制度が、（例えば高度成長期の日本経済のように）補完的に作用しあって経済の好循環をつくったり、良好な経済実績をもたらしたりすることもあれば、反対に（例えば今日の日本経済のように）ある状況に適合せず、制度間で齟齬が生じた結果として経済調整の機能不全をもたらすこともあるからである。

経済の制度的調整が経済の好循環にうまくつながっていたわかりやすい例が、**フォーディズム**である（図1-1）。フォーディズムは、「黄金時代」とも呼ばれる第2次世界大戦後の先進諸国において成立していた経済システムである。その特徴は、生産の近代化と規模の経済による生産性上昇が賃金上昇を通じて消費と投資の増加をもたらし、今度はそうした需要（＝生産）の増加が動学的収穫逓増効果（第11章）を通じて再び生産性上昇をもたらすという回路が成立していることである。生産の近代化として、**テイラー主義**として知られる作業の細分化（単純化）・標準化、生産の構想と実行の分離（知識や計画機能の管理者側への集中）、およびオートメーションやベルトコンベアの導入が挙げられる。当初、労働者や労働組合は、労働の強化や技能のはく奪につながる生産の近代

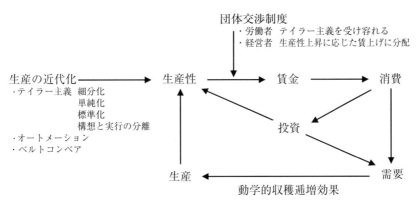

図1-1 フォーディズムにおける経済の好循環
出所：Boyer［2015］を参考に著者作成。

化に強く反対した。経営者側は、それによって達成される生産性上昇に応じて賃金を上げるという点で譲歩することによって、労働者や労働組合側の合意をとりつけた。このように両者が妥協することによって生産性上昇と賃上げの連関が制度化され、図1-1に示されるような好循環が生じた。

　反対に、制度による経済調整の機能不全の例が、今日の日本の長期停滞である。日本はドイツと同様に、アメリカよりも制度に基づく経済調整の比重が高いものの、ドイツに比べて社会単位で経済を調整する制度が不足している（その一方で日本は企業単位で経済を調整する制度の役割がドイツよりも大きい）。そのことが、バブル崩壊後の部門間での労働力移動（つまり企業単位を超えた経済調整）の遅れなどにつながっている。したがって、本書第10章では、社会単位で経済を調整する制度を拡充すべきであるという主張に至る。このように、現実**の経済調整**には**市場的調整**だけでなく**制度的調整**もあり、しかも、制度的調整にも多様性があり、それぞれに長所と短所があるという実態に目を向けるならば、制度改革の方向性について、日本が長期停滞から脱却するためにはさらに規制緩和する（つまり制度的調整の比重を下げて市場の調整の比重を高める）べきであるという市場原理主義者の主張とは全く異なる示唆が引き出される。

　分析者が制度に注目する意義は、第3に、制度的要素を含めたモデルを構築し、かつ、制度改革の提案を結論的示唆の1つとすることにより、これまで多くの人々が意識しなかった選択肢を発見し、提示することができるからである。例えば、本書第11章では、人口減少などの諸問題が経済に及ぼす影響を分析す

るために、制度的要素を含めたモデルを構築している。そして、人口減少など
の諸問題が経済に及ぼす悪影響を緩和するために、どのような制度改革が必要
であるかという示唆を引き出している。

　以上のように今日の経済で活動している主体にとっても、その分析者にとっ
ても、制度に注目することは必要不可欠である。次の3節と4節では、制度に
関して本書全体の前提となる考え方を示しておきたい。

3．制度と経済活動

　標準的な経済学のテキストでは、制度は、市場を歪めたり（したがって除去
の対象になる）、反対に市場の失敗を補正したりする、いわば付加的なものとし
て扱われていることが多い。しかし、制度経済学は制度を経済の基盤とみなす。
さらに踏み込むと、そのような制度の実態に注目することは、経済学の枠組み
やモデルを構築するうえでどのような前提や仮定を採用することが妥当である
かを問うこととも関わっている。以下では、制度がいかに経済の基盤になって
いるかを、詳しくみていきたい。

(1) 経済活動の基盤としての制度

　標準的な経済学のテキストでは、まず市場があり、したがって、市場は、**所
有権制度**などごく一部の基本的制度さえあれば存在できるものとみなされてい
る。もちろん、そのような見方は市場と制度の関係性の一面を捉えてはいる。
しかし、それはあくまで一面にすぎない。制度は、市場取引を含む経済活動が
成立するための基盤になっている。2つの例を取り上げたい。

　まず、利益と制度の関わりである。企業の利益は、その企業の支出と収入の
実績によって自動的に確定されるものではなく、**会計制度**とその運用などで左
右される。例えば、減損処理という会計ルールをみてみたい。これは、企業が
保有する工場やホテルなどの資産価値が企業の帳簿に記載されている価値に比
べて大きく下がったときに、目減り分を決算書に反映するというルールである。
コロナ禍において、2020年3月には政府が国民に行動自粛を要請し、4月には
緊急事態宣言を発令した。需要の激減と従業員の出勤の難しさから、工場が稼
働できなかったり、宿泊客が激減したりした。このとき、固定資産はキャッ
シュフロー（現金収支）をほとんど産まなくなったので、固定資産の価値は下

がったものとみなされる。減損処理のルールでは、このような固定資産の価値の目減り分を決算に反映させなければならない。すると決算で確定されるその期の利益は減少することになる。しかし、政府は、同年、このルールを企業や監査法人が弾力的に運用できるようにすることを決めた。それにより、企業は、減損先送りが可能になり、減損による利益減少（業績悪化）を一時的に回避するという選択ができるようになった（日本経済新聞［2020a、b、c］）。このように、利益は企業の支出と収入の実績によって自動的に確定されるものではなく、制度によって規定されるものであり、さらに、その制度の実際の運用については、公的に定められた範囲内で、経営者の裁量も関わっている。

　次に、経済を論じるうえでその存在と機能が自明の前提となっている貨幣自体もまた、制度と切り離すことはできない。標準的な経済学では、貨幣をあたかも金^{きん}などの商品のように捉えているが、貨幣は商品ではなく、**銀行システム**などの諸制度（第5章でいう「債務システム」）によって創造され、流通している数字の記録である。企業が銀行から資金を借り入れて投資を行うとき、銀行のシステムには新しい債権債務関係が記録（創造）される。この信用創造、すなわち貨幣の創造は、借り手である企業が将来の事業収益を予測して貸し手である銀行を説得し、銀行は貸倒れのリスクを評価して貸出の可否や利子率や担保などの貸出条件を判断するという、両者の将来予測をめぐる交渉の結果（合意）として生じる。この貸出金は、銀行のシステムにある借り手の口座に記録される。そして、同一銀行に口座をもつ顧客同士の取引の決済はその銀行のシステム内で処理される。さらに、異なる銀行に口座をもつ顧客同士の決済は、全銀ネットや日銀ネットという決済システムを介して処理される。このように、貨幣の創造と流通は、信用取引（現在の貸出と将来の返済をめぐる合意）と債権債務関係を記録する銀行システムによって成り立っている。そして銀行業の資格条件や業務運営のルールは銀行法などによって厳格に定められている。そのように考えると、貨幣はモノではなく制度そのものだといえる。

（2）取引を調整する制裁としての制度

　制度は、何かをすべきである／すべきではないという**規範**（norm）として、ある集団に属する人々に共有されている面がある。それに違反した人は、その人が属する集団からの**制裁**（sanction）を受けることになる。制裁には**法的（物理的）制裁、経済的制裁、倫理的制裁**の3種類があり、多くの場合はそのいく

つかが組み合わさって政治的な**権力**（power）としての強制力がその人に作用する。ここでは、経済的制裁の例を２つ挙げたい。

これは考えにくいことだが現代の企業間の取引において銀行預金での決済、例えば、小切手を用いた当座預金での決済を拒否するならば、そのような企業はおそらく多くのビジネスから締め出されるだろう。というのも、企業が多数の、かつ、多額の取引を日々行うなか、もし企業間でその決済のために多額の現金をたびたび輸送しなければならないとするならば、輸送の手間とコスト、そして、輸送時の危険を回避したり安全に保管したりするためのコストがかかるからである。いったん制度が確立すると、それに依拠して取引をしようとしない経済主体には取引からの排除といったかたちで制裁が課される。それを回避することが、経済主体が制度に従う理由になる。

自動車産業などでみられる**長期取引慣行**でも、制裁の回避が、取引当事者がこの慣行（制度）に従う理由の１つになっている。この慣行が形成され、規範になっていった道筋は次のように説明される（橋本［1996］245頁）。当初、長期での相対取引は、諸企業が取引の仕方や関係性のつくり方を試行錯誤するなかで、そうしたほうがお互いの利益になるということで徐々に定着していった。さらに、この取引が慣行として当事者たちによって遵守され続けたのは、それを破るとその後の取引ネットワークから締め出されるという経済的制裁を回避するためでもあった。自動車産業のこうした事例は、成功例として他の産業でも模倣された。この慣行が社会的に広く普及するなかで、この慣行を「是とする」規範が形成されたという。このことは、長期相対取引はよいことである（反対に、それに従わないことは悪いことである）という倫理的な圧力もかかることを意味する。このように、集団から経済的および倫理的制裁を課されるのを回避したいというインセンティブが、長期取引慣行を強固にした。

（3）定型化された事実をつくる要因の１つとしての制度

このように、取引に関する法や慣行といった制度は、制裁回避というインセンティブを諸主体にもたらすことによって経済主体間の相互行為を調整し、主体間の制度化された関係性をもたらしている。諸主体の価値観や利害は同質ではなく異質であるが、こうした制度化された関係性によって行動の**斉一性**がある程度もたらされる。さらに踏み込めば、この制度化された関係性は、マクロ経済において**定型化された事実**（第２章）がみられる要因の１つになっている。

その例を、あとの諸章を先取りするかたちで2つ取り上げておきたい。

　第2章でみるように、今日、多くの工業製品では、需給均衡は**価格調整**ではなく**数量調整**によって実現されている。そもそも数量調整が一般化したのは、20世紀以降のことである。19世紀末から20世紀初めにかけて、部品の標準化やベルトコンベア方式などの新技術が登場し、いわゆる大量生産システムが普及していった。また、企業の合併や集中が進展し、寡占企業体制が成立した（さらに細かくみれば、Commons［1934］が述べたように、寡占企業が成立するには、国家が無形財産を含むかたちに財産の定義を拡張したり、会社法を確立したりすることが必要であった）。寡占企業の大規模生産設備が完全稼動していることは非常にまれであり、平常でも稼働率は80〜90％程度である。したがって、供給量を即時に増やすことはそれほど困難ではない。このような技術的変化と制度的変化に基づいて数量調整が一般化した。それゆえ、経済学において数量調整のモデルを構築することが妥当だといえるようになっている。

　また、第3章でみるように、労働分配率が中長期的に一定であることは、1970年代までは多くの先進国で観察され、定型化された事実の1つとしてマクロ経済学のモデルの前提になっていた。しかし、1980年代以降、先進諸国の多くで労働分配率が長期的にみて低下している。第3章では、その制度的要因として、労働組合の組織率や協約適用率の低下、株主価値重視の経営慣行の普及、貿易・国際資本移動の障壁の引き下げや撤廃を挙げている。ひるがえってみると、1970年ごろまで労働分配率が中長期的に一定であるという定型化された事実が成立していたことには、①労働組合組織率が高く、労働者の賃金交渉力が比較的強かった、②貿易や国際資本移動がかなり規制されていたため、工業製品に関する国際競争は今日ほど熾烈ではなかった、といった制度的要因が関係していたことが示唆される。

　以上のように、制度は、貨幣や利益といった経済および経済学の基本的な要素を成立させたり規定したりしている点、制裁回避のインセンティブをもたらすことによって主体間の相互行為を調整し、制度化された関係性をもたらしている点、そして、経済学のモデルの前提や仮定となる定型化された事実がつくられる要因の1つになっている点で、経済の基盤であり、かつ、経済学の仮定や前提の選択とも関わっている。

4．制度と諸主体の認識・行動

　制度は、経済主体間の取引を調整するだけでなく、個々人の認識、例えば期待や価値観（諸価値の重み付け方）に大きな影響を及ぼしている。標準的な経済学の教科書では、**代表的個人★**の効用関数が、他者や社会とは無関係に規定されている。これは、孤立した存在としての個人から出発するかたちで集団や社会は説明されるべきであるという**方法論的個人主義★**を採用しているからである。しかし、制度経済学では、人はすでに存在する社会のなかに生れ落ちるのであり、生まれたときから始まる他者や社会との相互行為のなかで、個人は制度化（社会化）されているとみなす。個人の諸価値の重み付け方が制度によって形成されたり、大きな影響を受けたりしているわかりやすい例を挙げたい。それは、写真「映え」の重視である。情報通信技術が進歩するなか、ソーシャル・ネットワーキング・サービス（SNS）というビジネスが生まれ、写真投稿と短文を中心とした新しいコミュニケーションの仕方が社会的に定着し（つまり慣習という一種の制度になり）、写真に映える商品・サービスや生活が重視されるようになった。新しい技術と新しい制度による諸個人の価値観の変化がある程度社会的な広がりをみせると、個々の経済主体は適応や対応を迫られる。というのも、個々人にとってみれば、写真映えという特定の価値を重視しなければ十分なフォロワーを獲得できないからである。企業、例えば食品業や飲食店の側に立てば、写真映えする商品を企画・販売し始めたのは、写真映えを重視するようになった消費者たちから自社の商品やサービスが選ばれなくなるという一種の経済的制裁を回避する必要があったからであり、より積極的にみれば、この価値観の変化から生まれた新たな商機をつかむためである（森崎［2020]）。このように、制度は、価値観に影響を及ぼしたり、制裁の可能性として認識されたりすることによって、諸個人の認識や行動を制約している。つまり、諸個人が実行可能な行動の範囲は、制度によってある程度制限されているので、異質な諸個人の実際の行動にはある程度の斉一性が生まれ、その結果、人が他者の将来の行動を予測することも、ある程度可能になる。

　こうして、制度は、個人の行動を**制約**するだけでなく、**拡張**もする（Commons［1934]）。先の銀行口座間での決済を再び例に出すと、銀行口座間での決済が現在の商取引の慣習すなわち制度的な前提条件になっている、つまり現在にお

いても将来においても取引相手がこの慣習に従うと期待できるからこそ、企業は、多額の現金の準備や管理に気をもむことなく、日々多数・多額の取引を実行することができる。制度は、このように**期待の保障**（security of expectation）という働きをする。それによって諸主体が将来についての計画を立てることも容易になる。そして、見通しがない場合と比べて、諸主体が実行できる事柄が拡張される。

　ここまで、諸主体は制度化されており、それによって諸主体の行動は制約され、かつ、拡張されていることを説明してきたが、諸主体は制度を変える力ももっている。

　わかりやすい例でいえば、少子化の加速が社会的に大きな問題になるなかでの、男女共同参画に関する制度の変化が挙げられる。女性の社会進出と出産・育児を両立させるために、性別役割分業意識や慣習（例えば女性が子育てや家事をするべきだという伝統的な意識や慣習）を見直そうとする社会的風潮がより強まる。くわえて、男性社員の育児休暇制度など具体的な制度がつくられ、その利用が推奨されるようになる。この制度を利用して男性社員が育児を実践するなかで、男女が共に子育てをすべきだという考え方がますます多くの個人に定着してゆく（だろう）。

　制度変化は、このように社会問題が強く認識されることによって始まることもあれば、金融危機のような突発的な危機への対処として始まることもあるし（例えば、いったん規制緩和されていた金融業の再規制がかけられる、など）、利害諸集団が自身の権力の維持や拡大を目指して動くことから始まることもある。制度変化のきっかけはいろいろである。さらに、制度変化プロセスも、諸集団の権力、戦略、理念（言説）の力など、様々な要素が関わりながら展開する。

　制度変化のきっかけやそのプロセスで作用する多様な要素はさておき、制度変化についての本書の関心は、どのような制度変化プロセスが望ましいかという**倫理的規準**を明らかにすることである。本書でいう倫理は、普遍的・絶対的真理として存在するものでなく、その時代、その社会の構成員が、特定の条件のもと特定の手続きやプロセスによって集団的に構成してゆくものである。本書は、民主主義社会（先進民主主義国）という条件下で、望ましいと考えられる手続きやプロセスを、次のような倫理的規準として提示したい。それは、「制度変化を求める人たちは、自分たちの主張（制度改革案）が正当である理由を、科学的手法に基づいて組み立て、他の当事者に説明・説得することによっ

て、できるだけ広範な関係者の合意を作り出すべきである」という規準である。協議の中心に**理由**(reason)があるので、この基準を**適正さ規準★**(reasonableness criterion）と呼びたい。民主主義社会においては、この適正さ規準の方が、標準的な経済学の教科書が前提としている**パレート規準★**という倫理的規準よりも社会的および経済的観点から望ましいものになる。その理由については第6章で説明する。

5．本書の構成

　本書の内容は大きく2つに区分され、第2章から第6章は基礎編にあたり、第7章から第13章は応用編にあたる。基礎編にあたる第2章から第6章では、制度経済学の諸仮定や諸原理を提示しながら資本主義の構造と動態を説明する。ここで提示される過程や原理は、今日の日本経済といったように特定の時代の特定の地域の資本主義に限定されるものではなく、20世紀以降の資本主義一般にほぼ通用すると考えられるものである。

　第2章「費用・利潤・価格設定に関する新しい企業理論」では、価格設定に関する企業の基本的な諸原理を説明する。本章で登場する企業は、ミクロ経済学の授業で説明されるような、完全競争市場において利潤最大化を目指す企業ではない。本章で扱う企業は、不確実な市場環境のもとで取引相手をコントロールするための力を追い求め、そのためにコストプラスの価格設定を用いて企業成長の原資となる利潤を堅実に獲得しようと励んでいるような、現実的な経済主体である。

　第3章「労働分配率の決定」では、第2章で示したコストプラスの価格設定を前提にすると、労働分配率や実質賃金率など所得分配に関わるマクロ経済変数がどのように決定されるかを理論的に解説する。現在、先進諸国の労働分配率が長期的に低下傾向にあることが問題視されているが、これには、非制度的要因はもちろんのこと、製品市場規制や労働市場制度など様々な制度的要因が関わっていることを示す。

　第4章「マクロ経済の変動」では、第3章で論じた労働分配率の変化がマクロ経済の成長、物価変動、不安定化プロセスに対してどのような影響を与えるのかを説明する。マクロ経済の不安定化プロセスを回避するための方法として、財政・金融政策のみならず、諸制度による経済調整の必要性が示される。

第5章「債務システムとしての貨幣と財政・金融制度」では、まず、貨幣の本質的特徴は何であるかを検討し、次に、債務システム（財政・金融制度）のもとで、貨幣がどのように生成・譲渡・消滅する（つまり回転する）のかを説明する。さらに、貨幣の回転には多様な公共目的（広く認められた諸価値）についての社会的合意が関わっていることを説明する。

第6章「制度変化プロセス——合意形成のための諸条件」では、権力や利害だけでなく倫理の観点も導入しながら、制度変化プロセスの交渉当事者がどのような倫理的規準に従えば、そのプロセスは望ましいといえるかを検討する。次に、交渉当事者がこの規準に進んで従うようになるには合意形成のための制度がどのような制度的条件を満たしているべきかを検討する。

応用編にあたる第7章から第13章では、近年（主題によって異なるが主に1990年代以降）の資本主義の新展開を理解するために必要と思われる、いくつかの重要な主題を取り上げる。各章では、現代資本主義の新展開がもつ特徴・意味・問題を明らかにするために、歴史的経緯と数量的データに基づく分析を行う。また、並行して、その分析を支える理論的枠組みについても紹介する。その際、現代資本主義を特徴づける諸制度とそれらの変化を重視する。

第7章「国際的な企業行動の変化とアジアの生産・消費地の多極化」では、ミクロな企業行動の変化がアジアの経済構造の変化につながっていることを説明する。まず、技術革新による通信コストの劇的な低下によって生産工程がどのように再編されたのかをみる。次に、そのような再編と関連して、アジアが生産地および消費地としてどのような特徴をもつようになったのかをみる。

第8章「国際収支の変化とグローバルな不均衡の拡大」では、前章で説明したミクロな企業行動の変化によって、主要国の経常収支に大きな構造変化が起きていることをみる。そして現代の技術的・制度的な条件をふまえて修正したリカード貿易理論も使いながら、アメリカと東アジア諸国とのあいだで、およびドイツと南欧諸国とのあいだで経常収支不均衡が拡大した制度的要因を説明する。

第9章「金融化と金融危機」では、まず、19世紀末から現代まで繰り返し起きた金融危機と、それを防ぐための金融制度改革の歴史を説明する。次に1980年代以降の先進諸国において、非金融企業と家計が有する負債の量的質的変化が生じていることを示す。そして、ミンスキーの金融不安定性仮説を使って、負債の拡大を通じた投資ブームの発生とその崩壊のメカニズムを明らかにする。

第10章「経済調整の多様性と制度的比較優位」では、まず多様な経済調整そ

れぞれがもつメリットとデメリットを説明したうえで、制度的補完性と制度的比較優位という概念を使って、世界において多様な資本主義が共存しうる理由を示す。次に、企業単位の制度的調整は発達しているが、社会単位の制度的調整は不足しているという日本の特徴が、バブル崩壊後の日本における金融再生、産業再生、社会保障制度改革の遅延をもたらしたことを示す。

第11章「経済成長の諸制約——人口減少、脱工業化、地球温暖化」では、先進諸国の経済成長を鈍化させた供給面（生産面）の制約を説明する。その際、複数の要因のあいだではたらく相互強化作用を通じて、これらの諸要因の変化が並行的・累積的に進行することを意味する累積的因果連関という観点に基づいて、これらの供給面の制約の程度が国によって異なることを示す。そしてこれらの制約を緩和するための制度的方策を明らかにする。

第12章「格差社会をどうみるか——現状と対策」では、現代の格差問題に焦点を当てる。まず格差をあらわすいくつかの指標を用いて先進諸国において所得格差と資産格差がどのように拡大しているかを示す。そのうえで、格差を縮小するための手段としての「直接的再分配」と「財政的再分配」のメリットとデメリットを明らかにし、望ましい制度や政策が導入される可能性を考慮すれば、格差是正と経済成長は両立しうることを示唆する。

第13章「新自由主義、権威主義、民主主義」では、代表制民主主義と権威主義という２つの政治経済体制の特徴と制度的限界、そして、非民主主義的な制度改革（新自由主義的改革と権威主義化）の特徴と問題点を検討する。そのうえで、先進民主主義国にとって望ましい制度改革の方向性を示す。それは熟議民主主義に基づく制度を拡充することである。

本書は、これらの章を通じて、①制度経済学の観点、②手法、③倫理的主張を読者に伝えたい。①制度経済学は、経済の多様な（市場的および制度的）調整、および、多元的な価値の重み付けをめぐる対立と妥協に注目する。②制度経済学は、それらを扱うために（特定の前提を学問的教義のように扱うことなく問題と実態に合わせて柔軟に前提や仮定を設けながら）分析枠組みをこしらえ、分析結果から制度改革の方向性を示唆するという手法をとる。③制度経済学は、多元的な価値の存在が前提となる民主主義社会での制度変化プロセスの倫理的規準として、次のような適正さ規準を主張する。それは、制度改革の理由を提示・説明して、利害や価値観の異なる相手を説得して、広範な合意をつくりだすべきであるという規準である。

第2章

費用・利潤・価格設定に
関する新しい企業理論

1. はじめに

　経済学部に入学した者であれば、誰でも一度は次のようなストーリーを聞いたことがあるだろう。収穫逓減に直面する小規模企業は、完全競争市場において短期的に利潤を最大化するという目的をもっている。そして市場価格が限界費用に一致する点で利潤が最大化され、この点における産出量が最適な水準となる。このような企業像は「ミクロ経済学」と冠する授業で取り上げられるものであり、大多数の経済学部生はその是非を判断することなく渇いたスポンジのようにそれを受け入れていく。たとえ、その理論が現実と乖離しているとしても、である。

　本章では、以上のようなミクロ経済学的企業像とは部分的に、見方によっては全面的に異なるような、現実の企業に即した費用、利潤、および価格設定の理論を展開する。本章で登場する企業は、不確実な市場環境のもとで取引相手（取引企業や消費者）をコントロールするための力の拡大を目指し、そのために製品の差別化とコストプラスの価格設定という手法を用いて企業成長の原資となる利潤を堅実に獲得しようと励んでいるような経済主体である。

　本章の構成は以下のとおりである。まず2節では、「利潤最大化」という行動原理を掲げる企業像ではなく、不確実な環境のもとで市場をコントロールできる力を希求するような企業像を提示する。3節では、企業の生産活動にはどのような種類の費用がかかり、その結果として費用曲線がどのような形状になるかを示す。4節では、費用の上に加算される利潤マージンの決定要因を明らかにする。最後に5節では、現代経済ではなぜ価格が粘着的であるのか、そし

て価格の粘着性がもつマクロ経済的含意について説明する。

２．不確実な環境下での企業の目的と行動

(1) 企業の究極的目的

　ミクロ経済学とは異なるような新しい企業像を考えるうえで、まず手始めに企業の行動目的に対して目を向けてみたい。

　現実の企業経営には「利潤最大化」以外にも様々な目的がありうることは、よく知られている。そうした目的の代表格としては、例えば、マーケットシェアを大きくすること、従業員の雇用を守ること、株主価値を最大化すること、顧客のニーズを満たすこと、地域経済に貢献すること、などがありうる。もしかしたら、近年ではSDGsに貢献するといった、大きなスケールの目的もありうるかもしれない。このように現実の企業の目的がかなり多様であるという事実はあるにせよ、企業の目的をよりシンプルに、かつ、「利潤最大化」以外の言葉で、まとめることはできないだろうか。例えば、雇用の維持や顧客のニーズを満たすといった目的はあまりに具体的であり、しかもそうした具体的目的は企業の数だけ存在するかもしれない。星の数ほどある対象物をそのまま描写しようとしても、それはきっと美しい絵にはならないだろう。また、そうした複数の具体的目的は、しばしば1つの企業のなかで併存している。例えば、マーケットシェアを大きくしようとする企業は、それと同時に従業員の雇用も守ろうとしている、といったように。

　企業の目的を短い言葉でまとめるのが困難であることを認めたうえで、本章は企業がもつ多様な具体的目的を「利潤最大化」以外の目的に集約することを試みたい。すなわち、本章においては、企業経営の究極的目的は「市場における権力（power）の拡大」にある、とやや大上段に定めることにする。ここで、「権力とは、己の目的を他者に強いるための、個人ないし集団の能力である」（Galbraith［1975］p.108）と定義しよう。企業は、「マーケットシェアを大きくすること」や「従業員の雇用を守ること」などの様々な具体的目的を実現するためにも、まずは市場をコントロールできる権力を拡大するという究極的目的をもつのである。このことを以下でもう少し詳しく説明したい。

　いま、ある企業の具体的目的を自由に定めてみよう。例えば、それは、利潤の最大化でもよいし、雇用の維持でもよいし、その両方でもよい。その具体的

目的を実現するための 1 つの方策としては、原材料費の削減が挙げられるだろう。原材料費の削減は、利潤最大化にとっても雇用維持にとっても欠かせない行為である。さて、原材料の「買い手」であるこの仕入れ先企業——すなわち利潤最大化や雇用維持を目的とする企業——は、原材料の「売り手」であるサプライヤー企業に対して交渉力を行使し、なるべく安く原材料を仕入れようと目論むだろう。このとき取引相手に対して行使できる交渉力が、先に定義した権力の 1 つである。概していえば、交渉の場において仕入れ先企業の方がサプライヤー企業より相対的に強い力をもっているため、仕入れ先企業はサプライヤー企業から有利な取引条件を引き出すことができる。権力（具体的には交渉力）の維持・拡大という究極的目的を目指すことが、結果的には具体的目的を実現することにつながるのである。

　別の例を挙げてみたい。利潤最大化や雇用の維持を掲げる企業は、製品の「売り手」として、「買い手」である顧客をコントロールしたいとも考えている。言い換えれば、できるだけ高い値段で自社製品を顧客に販売したいと企図している。この際にも、企業がもつ権力が決定的に重要である。この企業が製品市場において権力をもつということは、その市場で独占的な地位を築いて自社製品を高値で顧客に売りつけることにほかならない。価格を吊り上げるために製品の供給量を絞り込むことは現実でよく観察される現象であるが、これができるのは市場において権力を行使できる企業、言い換えれば市場を寡占ないし独占している企業だけである。このようにして市場で権力を保持する企業は、様々な具体的目的を実現できるのである。

　なぜ企業は市場をコントロールできる権力を欲するのだろうか。その答えは、企業を取り巻く環境が根本的に**不確実**＊である、というものになる。企業は、いつ自社製品の需要が急激に減退するか、いかなるときに原材料費が高騰するかを予測することができない。あるいは、自社製品の販売を阻害するような規制がいつどのように成立するかも予想できない。将来が不確実であるほど、企業は自らの存亡をかけて市場をコントロールできる権力を望むだろう。

　とはいえ、実際に権力を維持・拡大できるのは一握りの企業、すなわち大きな資本金や売り上げをもつ大企業である可能性が高い。言い換えれば、企業が有する権力の 1 つの源泉は、間違いなくその「規模」にある。それゆえ、もし市場における権力の拡大を目指す企業が仮に「何か」を最大化しようとしているとすれば、その「何か」は企業規模ということになる。したがって多くの企

業は成長の最大化を追い求めるだろう。そして、企業規模の成長には、断続的な設備投資が欠かせない。企業が利潤を追い求めるのは（あるいは利潤を最大化しようとするのは）、設備投資のための資金を十分に確保したいという欲求が存在するからである。この段階において、利潤の真の重要性が明らかになる。すなわち、利潤の獲得ないし利潤の最大化は、企業の究極的な目的なのではなく、権力の拡大という究極的目的の遂行のための「手段」として重要なのである。

　なお念のため付言しておくと、市場において権力を得ることが難しい企業——例えば中小企業——が生き残るための1つの方法は、大企業をヒエラルキーの頂点とした系列のなかに入り込み、自社を取り巻く不確実性を低減させることである。大企業の傘の下に入ることもまた、自社の権力を間接的に維持するための1つの合理的選択であるといえるだろう。

(2) コストプラス・プライシング

　企業のリーダーたちは、不確実な環境のもとで成長の礎を築く利潤をどのように確保するかという問題に常に頭を悩ませている。このとき重要になるのが、**コストプラス・プライシング★**（会計学ではコストプラス法とも呼ばれる）である（櫻井［2019］）。コストプラスの価格設定は、現実の企業が用いる価格設定方法の1つであり、製品1単位当たりのコスト（いわゆる原価と呼ばれるもので、本章では単位費用や単位直接費用と表現される）に利潤を上乗せして価格を設定する方式である。コストに利潤を上乗せすることによって、企業は確実に利益を得ようと努めるのである。

　もちろん、コストプラス・プライシングを採用しただけでは市場で生き残れないことを、企業のリーダーたちはよく知っている。コストプラス・プライシングを用いることは、当該企業が生産する財の差別化を要請するだろう。というのも、仮にその企業の製品が他の企業が生産するものと同質的（homogeneous）であるならば、市場内で激しい価格競争が生じてしまう。この場合には、コストプラス・プライシングのような悠長な価格設定を行う余地がなくなるだろう。製品差別化などを含む非価格競争は、コストプラス・プライシングと表裏一体の関係にある。

　日本の製造業においてしばしば観察される、仕入れ先企業とサプライヤー企業とのあいだの長期取引慣行においても、以下のようにコストプラス・プライ

シングと製品差別化の両立をみてとれる。

　部品の仕入れ先企業は、部品サプライヤーに対して独自の性能や規格をもつ部品を納入するように依頼する。その際、仕入れ先企業は、自社にとっての特注品を製造させるために、サプライヤー企業に対して設計図を貸与したり、資金面や技術面、人材面での援助を行ったりする。ともあれ取引が成立した時点で、サプライヤー企業が生産した特注の部品は、他のライバル企業が製造するものとは差別化されている。また、一般的には、注文する立場である仕入れ先企業の交渉力の方が強いので、部品の価格は低い水準に抑えられやすい。というのも、仕入れ先企業は「このサプライヤーからは買わない」という脅しを行使できるため、サプライヤー企業は仕入れ先企業の要求の一部を飲まざるをえないからである。仕入れ先企業がその優越的地位を利用してサプライヤー企業に過度な圧力をかけないよう下請法（下請代金支払遅延等防止法）が制定されてはいるが、現実には仕入れ先企業は部品価格を十分に低下させる力をもっている。とはいえ、こうした交渉を経て決められる価格は、サプライヤー企業における単位費用を上回る程度のものにはなる。そうでなければ、サプライヤー企業が生存できなくなり、このことは最終的に仕入れ先企業の首を絞めることにつながるからである。

　このようなプロセスを通じて、長期取引慣行のなかにいるサプライヤー企業もまた、製品の差別化とコストプラスの価格設定を両立させ、一定の需要と利潤を確保している。コストプラスの価格設定はしばしば大企業の専売特許のように誤解されることもあるが、実際には企業規模にかかわらず多くの企業がコストプラスの価格設定を採用している（吉井・藤田・徳丸［2017］）。

　企業がコストプラス・プライシングを用いることは、企業に設定される価格が需給調整の役割を基本的には担っていないということを含意する。言い換えれば、市場で成立している価格は、少なくとも短期的には市場を清算するものではない。企業は、実際に製品を市場に投入する前の段階で、コストプラスの価格設定によって価格を決定している。もちろん、そのような価格は、様々な戦略的要因や技術的要因のみならず、市場の状況なども考慮してしばしば改定されうる。例えば、その製品に対して十分な需要が見込まれない場合には、企業は市場への投入後の段階で価格を意図的に引き下げるだろう。しかし、このような価格変化は、価格調整の機能を担うほど、言い換えれば市場を清算するほど十分なものではない。現代の企業は、一般的には、需要が高水準のときに

は産出量を増やし（あるいは在庫を取り崩し）、需要が低水準のときには産出量を絞っている（あるいは在庫を積み増している）。つまり、コストプラスの価格設定に基づいて価格が決定されている市場においては、**価格調整**ではなく**数量調整**によって需要と供給のミスマッチが解消されている。このような数量調整を前提にしたモデルについては、第4章で取り上げることになる。

　ところで、価格調整が十分に機能している市場ももちろん忘れてはならない。その代表例としては、一次産品の市場や株式市場などが挙げられる。これらの市場では、価格は需要と供給のバランスによって決まっていること、逆にいえばコストプラス・プライシングによって価格が決められていないことは明白である。その理由の1つに、そうした市場で供給される財は同質的であり差別化されにくい、ということがある。一部にブランド化されているものもあるとはいえ、農業生産物や鉱物などの一次産品は基本的には同質的であり、それゆえにその市場は競争的である。そしてそのような競争的市場では、主に価格調整によって需給バランスがとられている。ただし、このように価格が伸縮的に変化するような市場の規模は、経済全体のなかでは相対的に小さいことを確認しておかなければならない。古くはリカード（D. Ricardo）が指摘していたように、資本主義経済においては、価格が固定され、需給ギャップが数量調整で是正されるような市場の方が大きなウェイトを占めている。

　以降では、コストプラスの価格設定をできるだけ平易に解説する。コストプラスの価格設定方式には、①費用はどのように測定されるか、そして②費用に上乗せされる利潤（マークアップ率）はどのように設定されるか、という2つの問題がある。以下の3節および4節では、これらの問題を順に説明する。

3．費用

(1) 直接費用と間接費用

　まずは、コストプラスの価格設定において、費用がどのように決まるかという問題を考えたい。ひとくちに費用といっても、生産する財またはサービスの種類によって、それは様々な大きさや構成をとる。ここでは説明をできるだけ簡単にするために、ある任意の財（x財と呼ぶ）を1単位生産する場合に、2種類の原材料、同質的な労働、および有形の生産設備を用いるような生産技術を考える。言い換えれば、企業は、中間投入係数（財1単位の生産に必要な原材

料の投入量）a_1 および a_2、労働投入係数（財 1 単位の生産に必要な労働投入量）l、および固定資本ストック K を用いて、1 単位の x 財を生産していると想定する。

まず、x 財を生産するために直接的に必要な費用のことを**直接費用**と呼ぶことにする。例えば、原材料や労働は財やサービスを生産するために直接的に必要な要素であり、したがって中間原材料費や人件費は典型的な直接費用となる。また、生産に直接的に関係する中間投入量や労働量は、産出量に応じて比例的に変化するという特徴をもつ。例えば、x 財を100単位生産する際には、中間投入量 $100a_1$ および $100a_2$ と、労働投入量 $100l$ が必要となる。つまり、ここでは規模に関する収穫一定（産出量を Y 倍にするときには、投入物もまた Y 倍必要になること）を仮定する。したがって、2 種類の原材料価格と名目賃金率をそれぞれ p_1, p_2, w であらわすならば、100単位の x 財を生産するための直接費用は、$100p_1a_1 + 100p_2a_2 + 100wl$ となる。この直接費用という概念は、ミクロ経済学における可変費用にほぼ相当する。

ところで、生産設備 K もまた財の生産に必要不可欠であるので、直接費用に含まれそうなものである。しかし、生産設備は、原材料と違って耐久性をもつため、1 単位の財の生産で使い切られるものではない。そこで、生産設備は直接費用には含まれないものと考える。

直接費用と対になる**間接費用**についても触れておかなければならない。間接費用は、財の生産に間接的に関係する費用を指す。例えば、販売費及び一般管理費は典型的な間接費用である。先に人件費は直接費用に該当すると述べたが、本社にいる経営幹部や経営活動全般を担う労働者は、財の生産と直接的には関係していないので、一般管理費、つまり間接費用に含まれる。このことを考慮して、生産に直接的に必要な労働は直接労働、それ以外の労働は間接労働と呼ばれることがある（このように労働を 2 種類に分けたモデルは、第 3 章 2 節であらためて説明される）。そして、間接費用は、産出量の変動とは相対的に独立であるという特徴をもっている。また、間接費用の多くが生産の初期時点から発生していることも想像しやすいだろう。したがって、間接費用はミクロ経済学でいうところの固定費用に近い概念であるといえる。

当面の間は、固定資本ストックと間接費用を考えずに、直接費用にのみ焦点を当てることにする。先に述べたように、財 1 単位の生産に直接的に必要な生産要素は、原材料と労働だけである。すなわち、a_1, a_2, l を用いれば、1 単

位の x 財が産出されるという技術的関係がある。ここで、これら 3 つの生産要素は、ミクロ経済学の教科書とは異なり、代替不可能であると仮定しよう。現在の市場で売られているほとんどすべての製品においては、ある「設計」に基づいて、部品や素材がどこにどのようにどのぐらい使われるかが確定している（塩沢［2019］）。言い換えれば、1 単位の財の生産に必要な原材料や労働の数量および構成は、生産の前段階において設計に基づいて確定している。原材料と労働に絞って考えると、それらの生産要素のうちどれか 1 つを増やしてそれ以外のもう 1 つを減らしても（例えば a_1 を増やす代わりに l を減らしても）、同じ 1 単位の財を生産することはできないだろう。この意味で、複数の原材料および直接労働は非代替的な関係にある。設計に記されていない余分な部品や労働は、生産現場においてはバッファー以外の役目を持たない。

　いま、x 財 1 単位を生産するための直接費用、すなわち単位直接費用を Unit Direct Cost の頭文字をとって UDC と記すならば、それは次のようになる。

$$\text{UDC} = p_1 a_1 + p_2 a_2 + wl \qquad (2\text{-}1)$$

(2-1)式のように記述される単位直接費用は、ミクロ経済学の教科書にあらわれる限界費用に近い概念である。なぜなら、ここでの単位直接費用は、x 財を追加的に 1 単位生産した場合の費用の増加分でもあるからである。とはいえ、ミクロ経済学では限界費用は逓増すると仮定されるが、本書ではこの単位直接費用は特別な事情がない限りほぼ一定に保たれると想定される。なぜなら、1 単位の財を生産するための原材料と労働量の量およびその組み合わせは、「設計」通りに固定され、さらにこれらの要素価格は一般的に粘着的であり変化しにくいからである（価格の粘着性については 5 節で詳しくみる）。労働の価格たる賃金も、原則的には制度的に決定されており、短期的には非弾力的である。このような理由により、単位直接費用はほぼ一定である。

（2）限界費用は一定なのか

　とはいえ、「限界費用は変化しない」といってしまうと、経済学を学んだ者にとっては奇妙なことだと感じられるかもしれない。なぜなら、経済学の初歩では、限界費用は逓増するものと説かれるからである。以下では、限界費用が逓増するのか、それとも一定なのかという問題をもう少し丁寧に検討してみよう。

　限界費用が増加する理由の 1 つに固定資本ストックの存在がある。本節の例

では、x 財を生産するために、固定資本ストック（生産機械）K を使うと想定した。そこで、この生産機械が完全稼働した状態で生産できる容量を超えて同じ製品をもう 1 単位（ここで 1 単位を最小のものと想定する必要はなく、1 ダースでも 1 セットでもよい）追加的に生産するためには、企業は（同量の）2 種類の原材料と労働、およびもう 1 台の追加的な機械を使うことになるだろう。ここで、x 財の設計に従い、1 単位目の生産であっても 2 単位目の生産であっても原材料と労働の量およびそれらの組み合わせは変化しないことに注意しよう。しかし、1 単位目の生産で用いた機械と 2 単位目の生産で用いた機械は、ともに同じ種類の機械ではあるものの、それぞれの製造年月が異なり、その結果としてそれぞれの性能も異なると考えらえる。同じ機械であっても、それぞれの製造年月および性能が異なることは、経済学では**ビンテージ**（vintage）が異なる、と呼ばれる。例えば、最初の 1 単位の生産に使う 1 台目の機械は最新式のもので性能がよい（言い換えれば、生産性が高い）一方、2 単位目の生産に使われる 2 台目の機械は旧式でその性能は劣る（生産性が低い）だろう。この場合、1 台目の機械と同等の生産性を 2 台目の機械に発揮させるためには、後者の機械をより長時間動かしたり（これは電力などの中間投入がより多く必要になることを意味する）、メンテナンスによって性能を維持・増加させたり（これはメンテナンス作業を含めたより長時間の労働が必要になることを意味する）することが必要となる。つまり、2 台目の機械を用いる場合には、より多くの原材料費や人件費がかかることになる。異なるビンテージの固定資本を使用する場合、単位直接費用もまた異なる水準になるだろう。

　以上を踏まえると、単位直接費用（あるいは限界費用）は、縦軸に限界費用、横軸に産出量をとった図 2-1 のように描かれる。企業は性能のよい機械から順次使用していくので、生産の初期段階では限界費用が最も小さくなる。とはいえ、1 台目の機械だけで生産が間に合うときには、限界費用は一定に保たれる。次に、需要が増加するにつれて、企業は 2 番目に性能のよい機械を用いて財を生産するだろう。この場合は、1 台目の機械を用いたときより限界費用は高くなる。だが、やはり 2 台目の生産機械を使っている間の限界費用は一定である。以下、順に生産機械が変わるごとに、限界費用は増加する。つまり、異なるビンテージをもつ機械（または、異なるビンテージをもつ工場でもよい）がある場合には、限界費用は階段状の増加関数になる。

　限界費用を含む費用曲線を実際に調査しようとした最初の研究は、1930 年代

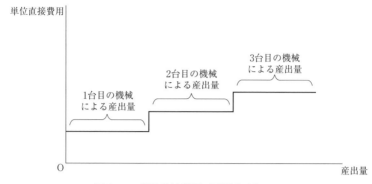

図 2-1　単位直接費用が逓増するケース

　まで遡ることができる（Hall and Hitch［1939］）。オックスフォード大学に属するエコノミストたちは、現実の企業に対してヒアリング調査を行い、各企業が利潤最大化のために限界収入と限界費用を均等化させているかどうかを明らかにしようとした。**オックスフォード調査**と呼ばれるこの調査は、現実の企業が、限界収入と限界費用を一致させるどころか、そもそも限界収入や限界費用それ自体を計算していないことを明らかにした。なぜなら、企業は自らが直面する需要曲線を認識していないし、多種の財を生産していることから限界費用を計測することも難しいからである。逆に、オックスフォード調査の主要な知見の１つは、企業は「長期の利潤最大化」を想定して価格を設定しているという事実であった。ここでの「長期の利潤最大化」とは、直接費用や間接費用、固定資本ストックの減価償却費、そして利潤をカバーできるよう価格を設定することである。つまり、オックスフォード調査は、現実の企業がコストプラスの価格設定を採用していることを示したのである。

　オックスフォード調査と類似した研究は、経済学の歴史上何度も行われている。比較的新しい研究としては、アメリカの著名な研究者であるブラインダー（A. Blinder）のそれがよく知られている（Blinder［1998］）。彼は、アメリカの200社に対してインタビュー調査を行い、産出量の増加にともなって限界費用がどのように変化するかを分析した。その結果、約39％の企業は限界費用が逓減する（限界費用曲線は右下がりである）と回答し、48％を超える企業は限界費用が一定である（限界費用曲線は水平である）と答えたという。逆に、限界費用が逓増する（限界費用曲線は右上がりである）と答えた企業は、わずか11％であった。

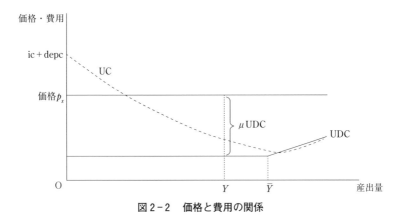

図2-2　価格と費用の関係

しかし、この結果を鵜呑みにすることはできない。回答した企業のいくつか、もしかしたらほとんどは、限界費用と平均費用（のちに説明する単位費用 UC）とを混同している可能性があるためである。回答の真偽はともあれ、この調査結果は、経済学の限界概念が実務家にとっていかに馴染みのない概念であるかをあらわす好例となっている。

　さて、ここからは限界費用は一定であると仮定して議論を進めよう。ここで読者は、限界費用は階段状に逓増するという図2-1と矛盾していると思うかもしれない。限界費用を一定とみなすのには、議論を単純化するという動機以上の理由がある。というのも、図2-1のような階段状の限界費用曲線を想定したとしても、ある階段の一部分では限界費用は一定であることに注意する必要がある。例えば、比較的小さい範囲での産出量の変化は、異なるビンテージの機械を使用することには至らせないので、限界費用を増加させない。このことをふまえると、直接単位費用をあらわす曲線は、ほぼ一定に保たれると考えられる。

　縦軸に価格ないし費用を、横軸に産出量をとった図2-2において、単位直接費用 UDC は水平の直線として描かれている。ただし、生産設備が完全に稼働した状態を越えると（すなわち、図2-2における完全稼働時の産出量 $\overline{Y}$ を超えると）、単位直接費用は増加していくことに注意しなければならない。これは先に説明した限界費用が逓増する理屈と同じである。すなわち、ある機械をその能力を超えて稼働させると、追加的なコストが嵩んでいくことになる。例えば、それは、追加的な中間原材料費であったり、メンテナンス代であったり、

あるいは、割増賃金だったりするだろう。

(3) マークアップ・プライシング

　直接費用に関してはこれまで十分に議論してきたが、間接費用や固定資本ストック（あるいは、固定資本ストックの費用を耐用年数で割った減価償却費）のコストについては検討してこなかった。先に述べたように、間接費用や減価償却費は、生産の早い段階で、極端な場合には1単位目の生産以前の段階でかかるコストである。いま、間接費用（indirect cost、以下 ic と記す）、減価償却費（depreciation cost、以下 depc と記す）、直接費用を合計した総費用を、産出量で割ったものを単位費用（Unit Cost、以下 UC と記す）と呼ぶことにしよう。単位費用は、単位直接費用に、間接費用と減価償却費の合計を産出量 Y で割ったものを加算することで得られるので、次のようにあらわされる。

$$\mathrm{UC} = p_1 a_1 + p_2 a_2 + wl + \frac{\mathrm{ic} + \mathrm{depc}}{Y} = \mathrm{UDC} + \frac{\mathrm{ic} + \mathrm{depc}}{Y} \qquad (2\text{-}2)$$

(2-2)式が示すように、産出量 Y が増えるほど財1単位当たりの間接費用と減価償却費は逓減するので、単位費用もまた産出量の増加とともに低下していくことになる。とはいえ、単位費用は、完全稼働水準 $\overline{Y}$ を産出量が超えたあとに増加傾向に転換する。図2-2の UDC 曲線が示すように、完全稼働水準を超えると単位直接費用が増加傾向となり、そしてその増加分が単位当たりの間接費用と減価償却費の減少分をやがては上回っていくからである。そのため、図2-2の破線が示すように、UC 曲線は U 字の形をとる。

　最も簡単なコストプラスの価格設定は、単位直接費用に製品1単位当たりの利潤を上乗せすることによって価格を決めることである。これは、**マークアップ・プライシング**と呼ばれるものである。マークアップは聞きなれない言葉であるかもしれないが、これは「（利潤を）上乗せする」という意味である。マークアップ・プライシングによって設定された x 財1単位の価格 p_x は、次のようになる。

$$p_x = p_1 a_1 + p_2 a_2 + wl + \mu(p_1 a_1 + p_2 a_2 + wl) = (1 + \mu)\mathrm{UDC} \qquad (2\text{-}3)$$

ここで、$\mu(>0)$ は**マークアップ率**（上乗せ率）と呼ばれるものである。(2-3)式右辺が示すように、x 財の価格は単位直接費用（第1項、第2項、第3項の合計）と上乗せされた利潤（第4項）から構成されている。もちろんマークアップ率が高いほど、財1単位当たりの利潤は大きくなる。マークアップ率は財市

場の独占度や労使の交渉力など実に様々な要因によって決まるのだが、この問題については次節であらためて説明したい。また、このプライシングを使用した応用モデルについては、第 3 章および第 8 章を参照してほしい。

さて、図 2−2 が示すように、産出量の変化にかかわらず単位直接費用は一定なので、価格 p_x や財 1 単位当たりの利潤 μUDC もまた一定となる。しかし、産出量に応じて利潤の総額はもちろん変化する。図 2−2 では、産出量が Y のときの利潤総額は面積 μUDC$*Y$ であらわされる。この利潤総額によって、間接費用と固定資本ストックの費用を補うことができる。したがって、産出量が増えるほど、間接費用や減価償却費を生産の早い時点で回収することができる。

マークアップ・プライシングは、間接費用や減価償却費を原価として計上しないという意味で、最もシンプルな価格設定である。しかし、現代では会計技術の進展にともない、直接費用だけでなく、間接費用や減価償却費を製品ごとに配賦した単位費用を求めることが容易になった。そのため、現代の多くの企業は、通常、（単位直接費用ではなく）単位費用に利潤を上乗せして価格を決定している。この場合には、単位費用は産出量の変化とともに変化するため、上乗せされた利潤が一定である限り、価格もまた変動することになる。価格が産出量にあわせて変化するという事実は、現代において価格が固定的であるという事実と整合的ではない。単位費用をもとに価格を決定するという事実と価格は固定的であるという事実を辻褄合わせする価格設定方法は、ノーマルコスト・プライシングと呼ばれるものになるのだが、これについては 5 節であらためて説明することにしよう。

図 2−2 では、単位費用が最小化するのは、産出量が完全稼働水準 $\overline{Y}$ を超えたあとである。単位費用が最小化するということは、価格水準が維持されるときに 1 単位当たりの利潤が最も増加することにほかならない。したがって、単位費用が最小化する点で企業は価格を設定するのが合理的であると思うかもしれない。しかし、現実の企業は、設備の完全稼働水準未満で操業している。例えば、図 2−3 が示すように、アメリカにおける **稼働率**（完全稼働時の産出量、すなわち潜在的産出量で現実の産出量を割った値、$Y/\overline{Y}$）はおおよそ70％から85％のあいだで維持されている。なぜなら、企業は需要の突発的な増加に対応するために、生産能力に余裕をもたせるようとするからである。仮に予期できない需要の増加が生じたときに供給を即座に増やすことができないと、ライバル企業にシェアを奪われたり、新しい企業に当該市場に参入されたりしてしまう。

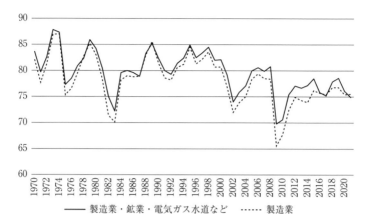

図2-3　アメリカにおける稼働率（単位：%）

出所：FRBのデータから著者が作成。

凡例：—— 製造業・鉱業・電気ガス水道など　…… 製造業

このような不利益を回避するために、企業は財1単位当たり利潤の最大化を捨ててまで遊休設備を保持しようとするのである。もちろん、企業は、需要の予期せぬ変動に備えるために、一定の在庫を保持している。しかし、在庫調整は短期的な対応にすぎないのであって、断続的に需要が変化するような状況においてはやはり生産能力に余裕をもたせておいた方がよいのである。

　なお、稼働率は第3章や第4章のモデルにおいても重要な役割を果たすことになる。それゆえ、本書を読むうえでは、稼働率という変数を常に頭の片隅に置いておくとよいだろう。

4.　原価に上乗せされる利潤

(1)　利潤マージンの決定モデル

　コストプラスの価格設定を語るうえでは、原価に上乗せされる部分である利潤（**利潤マージン**とも呼ばれる）がどのように決まるのかという問題を避けて通ることはできない。ここで、マークアップ・プライシングを用いた(2-3)式において、利潤マージンはμUDCであらわされることを思い出そう。生産技術と密接に関わる単位直接費用UDCが企業にとっては短期的に所与であるとすれば、利潤マージンの水準はマークアップ率μに依存することになる。そこで、利潤マージンを決めることは、マークアップ率の水準を決めることと同義

であることをまずは認識しておく必要がある。

　本節では、この利潤マージンの決定要因を考えるうえで、ポスト・ケインズ派のウッド（A. wood）やラヴォア（M. Lavoie）らが提示した利潤マージンの決定モデルを用いることにする（Wood［1975］、Lavoie［2006、2022］）。このモデルを紹介するのは、製品市場や労働市場などの多くの制度的要因が利潤マージンに影響を及ぼすことを総合的に確認できるからである。

　このモデルでは、企業は 2 つの制約に直面していると想定される。すなわち、企業は、より大きな投資をファイナンスするために高い利潤マージンを設定する必要があるという制約（**ファイナンス・フロンティア**と呼ばれる）と、需要を拡大するためにより低い価格、ひいてはより低い利潤マージンを設定しなければならないという制約（**拡張フロンティア**と呼ばれる）である。利潤マージンを一方では高く設定したいが、他方では低く設定せざるをえないという企業のジレンマを表現したこれら 2 つの制約について、以下で詳しくみていきたい。

　まず、ファイナンス・フロンティアは、企業にとって望ましい設備投資とその実行のために最低限必要とされる利潤マージンとの関係をあらわすものである。企業内に留保される利潤は、設備投資のために必要な内部資金の源泉となる。したがって、内部資金を潤沢にして多くの投資額を実現しようとするのであれば、利潤マージンは相応に高い水準に設定されなければならない。もちろん、企業は内部金融だけでなく外部金融に頼ることも可能であろう。しかし、利潤は貸し手（例えば銀行）にとって借り手（投資しようとする企業）の信用度をあらわす重要な指標の 1 つであり、それゆえに利潤が高ければ高いほど、企業は外部から資金を調達しやすくなる。つまり、主要な資金調達の方法が内部資金か外部資金かにかかわらず、より大きな設備投資はより高い利潤マージンを要求することになる。

　ファイナンス・フロンティアは、縦軸に利潤マージン、横軸に資本蓄積率（資本ストックの成長率）をとった図 2-4 において、右上がりの曲線で描かれる。ファイナンス・フロンティアの上側の領域は、企業にとって選択可能な利潤マージンと資本蓄積率の組み合わせをあらわす集合である。逆にいえば、それより下側の領域は、企業が選択不可能な領域である。つまり、より高い設備投資を実行するために極めて低い利潤マージンを設定することは、実現不可能なことである。さらに、企業ごとにファイナンス・フロンティアのポジションは異なる。例えば借入制約が緩和されている企業においては、通常より低い利

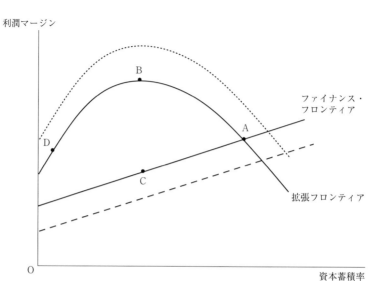

図2-4 利潤マージンの決定モデル

注：ラヴォアのモデルでは、縦軸は、財1単位当たりの利潤マージンに産出量を乗じ、
それを資本ストックで割った「利潤率」となっている（Lavoie［2006, 2022］）。
ただし、企業にとって資本ストックと産出量が短期的に固定されているとすれば、
利潤率はもっぱら利潤シェア、ひいてはマークアップ率で決定されることになる。

潤で多くの投資資金を外部から調達することができるため、そのファイナン
ス・フロンティアは下方に位置することになる。ここで借入制約が緩和されて
いる状態とは、負債にかかる金利が低下する場合や、配当が低下している場合
などが考えられる。

　次に、拡張フロンティアについて説明する。図2-4に示されているように、
拡張フロンティアは資本蓄積率の各水準に対してどの程度の収益、言い換えれ
ば利潤マージンが実現されうるかをあらわし、その形状は逆U字型になると
される。この曲線の変曲点（図2-4のB点）より左側の部分は、企業が成長し
ていくと、より大きな利潤を獲得できることをあらわす。なぜなら資本蓄積率
が比較的低い水準のときには、新しい生産技術の導入によって効率性や生産性
が上昇し、利潤マージンが増加していくからである。他方で、拡張フロンティ
アは変曲点Bを超えると右下がりとなる。企業が市場シェアを高め成長速度
をいっそう上げていくためには、企業は宣伝広告に膨大なコストを支払ったり、
大きな企業規模のもとで経営管理上の非効率性を克服するために多大なコスト

を支払ったりしなければならない。こうしたコストの増加は、価格が一定に保たれるときには利潤マージンを圧縮するだろう。また、資本蓄積率が十分に高い水準に至ると、さらなる大きな需要を獲得するために、企業は価格を十分に引き下げなければならない。技術進歩によっては原価を引き下げにくい短期においては、価格低下という目的を果たすために企業は利潤マージンを圧縮せざるをえない。

　拡張フロンティアは、資本蓄積率に対してどの程度の収益が獲得されるかをあらわした曲線であるから、同フロンティアより下方の領域が企業において選択可能な資本蓄積率と利潤マージンの組み合わせをあらわす集合となる。また、ファイナンス・フロンティアと同じように、企業によって拡張フロンティアのポジションは異なる。より高い生産技術をもつ企業においては、コスト面で有利であることから、その拡張フロンティアは上方に位置する。また市場が競争的であったり、労働者の賃金交渉力が強かったりするときには、企業は利潤マージンを低く設定せざるをえないので、拡張フロンティアはより下方に位置することになる。

(2) 利潤マージンの決定要因

　ファイナンス・フロンティアと拡張フロンティアを描いた図 2-4 を用いて、企業が利潤マージンを設定するうえで何の要因に影響を受けるか、そしてどのような選択肢がありうるかを検討しよう。ファイナンス・フロンティアと拡張フロンティアに囲まれるエリアが企業にとって選択可能な利潤マージンと資本蓄積率の組み合わせとなる。だが、合理的な企業は図 2-4 の線分 AB 上以外の利潤マージンと資本蓄積率の組み合わせを選択することはないだろう。例えば、点 C は確かに 2 つのフロンティアに囲まれたエリアに含まれているが、企業はこの点を選ぶくらいなら利潤マージンがより大きい点 B を選択する。同じように、企業は点 D を選ぶよりも、より高い資本蓄積を実現可能な点 A を選好する。そのため、企業が実際に選択する利潤マージンと資本蓄積率の組み合わせは、線分 AB のあいだに集約される。

　さらに、線分 AB は 2 つのフロンティアのシフトによって変化する。ファイナンス・フロンティアは企業が投資資金を調達するうえでの制約をあらわすため、金融的要因がその位置を変化させることになる。先に述べたように、借入制約を緩和するような金融緩和策が実施されれば（例えば利子率が低下すれば）、

ファイナンス・フロンティアは下方にシフトする（図2-4において破線であらわされている）。その結果、ファイナンス・フロンティアと拡張フロンティアの交点は下方にシフトし、企業にとってはより高い資本蓄積率とより低い利潤マージンの組み合わせが選択可能になる。さらに、拡張フロンティアは、市場占有度の増加や労働者の賃金交渉力の低下によって、上方にシフトする（図2-4において点線であらわされている）。その結果、ファイナンス・フロンティアと拡張フロンティアの交点は上方にシフトし、企業にとってはより高い資本蓄積率とより高い利潤マージンの組み合わせが選択可能になる。

　ところで、企業は、線分ABのなかで、どのような利潤マージンと資本蓄積率の組み合わせを選ぶだろうか。2節で述べたように、企業の目的は市場における権力の拡大であり、権力の1つの源泉はその規模にある。企業は、成長していくことでライバル企業や取引先企業に対する力を強めていくことができ、不確実性を低減させていくことができる。そして、成長を実現するためには資本蓄積が必須であるから、企業は、成長の最大化、言い換えれば資本蓄積率の最大化を目指すと考えられる。この点を踏まえるならば、企業にとってベストな選択は図2-4における点Aになる。

　しかしながら、現代経済においては異なる選択肢もありうるだろう。企業が株主の強い影響力にさらされる場合には、経営者は自社の成長に必ずしも固執せず、株主の顔色を窺うかもしれない。このとき、企業が選択する（すべき）戦略は、利潤マージンの最大化を通じて資本市場を満足させられるような配当や利子を支払うことである。また、忍耐強い資金の貸し手（例えば、日本企業におけるメインバンクのような存在）をみつけられない新興企業にとっては、利潤最大化によって資本市場から多くの資金提供者をみつけることが、遠回りのようにみえてかえって資本蓄積への近道になるかもしれない。以上のように、株主価値志向の影響を受ける企業や新興の企業は、主体的に点Bを選択すると考えられる。

　現実の企業は様々な要因を考慮して線分ABのあいだのいずれかの点を選択していると考えられる。このモデルは2つの目標、すなわち利潤の最大化と成長の最大化を同時には追求することができないことも示している。それゆえ成長志向の強い企業は点Aに近い点を選択するであろうし、利益や収益性を重視する企業は点Bに近い点を選ぶことになるだろう。

　本節の結果を表2-1にまとめている。まず、企業が成長率の最大化を目指

製品市場領域	市場占有度の増加	⇒ マークアップ率の増加
労働市場領域	労働者の交渉力の低下	⇒ マークアップ率の増加
金融市場領域	利子率や配当の低下	⇒ マークアップ率の低下
	株主価値志向の強化	⇒ マークアップ率の増加

表 2-1　利潤マージン・モデルの含意

している場合には（図 2-4 の点 A を選択している場合には）、市場占有度の増加
や労働者の賃金交渉力の低下が生じると、拡張フロンティアが上方にシフトし、
利潤マージン、ひいてはマークアップ率は増加することになる。また、利子率
の低下や配当の低下など企業の内部留保が潤沢になるような金融環境が成立す
るときには、ファイナンス・フロンティアが下方にシフトし、マークアップ率
は低下する。さらに、株主価値志向が強化され、企業が成長率よりも収益性を
重視する場合には（図 2-4 の点 B が成立する場合には）、資本蓄積を犠牲にしな
がらマークアップ率が増加することになる。

5．価格の粘着性

(1) 価格はどの程度粘着的なのか

　前節まではコストプラスの価格設定に焦点を当ててきた。あらためてこの価
格設定の特徴を述べようとすれば、それは次の 4 点に集約される。第 1 に、企
業は原価に利潤マージンを上乗せすることによって、確実に利益を得ることが
できる。ただし、この価格設定を採用できるかどうかは、当該企業が製品を十
分に差別化できるか否かにかかっている。第 2 に、利潤マージンないしマーク
アップ率は、市場占有度や労使の交渉力、金融環境など様々な要因に依存する。
その結果、企業ごと、あるいは産業ごとに、マークアップ率は異なる水準にあ
ると考えるのが自然である。第 3 に、コストプラスの価格設定によって定まる
価格は、市場を清算するものではない。仮に需給が一致しないときにおいても、
財によってはその価格は全く変化しないかもしれない。そして最後に、この第
3 の性質からの帰結として、コストプラスによって決まる価格は、産出量の変
化とは独立になるがゆえに変化しにくくなる。価格変化の頻度が低下する性質
は、価格が粘着的である（price is sticky）、とも言い換えられる。本節では、こ
の価格の粘着性をめぐるいくつかの論点、すなわち、価格はどのぐらい粘着的

なのか、なぜ価格は粘着的なのか、そして価格の粘着性はどのような経済学的意味をもつのか、という論点について説明する。

　まずは、価格の粘着性を指し示すいくつかのデータを確認しておこう。図2－5は、縦軸に物価、横軸に産出量をとり、1980年から2008年までの、製造業の製品における価格と産出量の推移を示したものである。この図では、製造業の価格と産出量の組み合わせについて、水平に動いている時期（例えば、1981年から1985年まで）、あるいは、垂直に動いている時期（例えば、1985年から1987年まで）が散見される。価格と数量の組み合わせが水平に動くのは、価格が一定に保たれたまま産出量が増加または減少することを意味する。また、価格と数量の組み合わせが垂直に推移するのは、価格が産出量の変動とは異なる理由で変動しているからである。例えば、1985年にはプラザ合意のために米ドルに対する円の価値が上がり（円高ドル安傾向になり）、その結果として輸入原材料価格が低下し、その原材料を用いる製品の価格に低下圧力が作用したのである。このように価格変化に対しては、産出量の変化はあまり関与せず、コストの変化の方が大きく寄与するのである。こうした簡易な図からも、価格が粘着的であるという「定型化された事実（stylized facts）」を確認することができる。

　今度はミクロレベルの価格変化に目を向けてみよう。表2－2は、3節でも触れたアメリカの経済学者ブラインダーの調査結果である。これによれば、調査対象の企業のうち、約50％の企業が価格改定を1年に1回以内でしか行っていない。これとは対照的に1日に1回以上価格を改定するような企業は、全体のなかで2％を下回っている。

　ブラインダーの研究を模倣した調査は、各国の中央銀行によっても実施されている。例えば、日本銀行は東証一部上場企業に対してアンケート調査を実施し、次のように指摘している。

　　価格の硬直性（stickiness）に関しても、アンケート調査を実施した。まず、過去1年に商品価格を何回変更したかをみると、製造業、非製造業とも「年1－2回」という回答が最も多かった（「不明」は除く）。（日本銀行調査統計局［2000］10頁）

　この調査の一部を抜粋した図2－6によれば、製造業に限ると、1年に価格改定を2回以内しか行わない企業は、70％にも上ることになる。

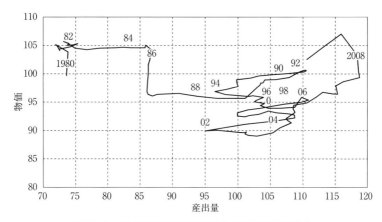

図2-5　製造業における産出量と価格の時系列変化
出所：日本銀行「製造業総合部門国内財・産出物価指数」、経済産業省「製造工業・
　　　付加価値額生産」のデータから著者が作成。
注：この図のアイデアは吉川［2000］図4-2に基づく。

　ところで多くの財の価格が粘着的だということをいったん認めたとしても、
財によってその程度は異なると考えられる。実際、表2-2において1日に1
回以上価格が改定される財の代表例はオークション企業で取り扱われるもので
あるし、図2-6においては製造業の価格は非製造業と比べて明らかに粘着的
である。そこで、次に問題になるのは、どのような財の価格がどのような理由
で硬直的になるのか、ということである。この問題については経済学の歴史の
なかで古くから議論されてきた。例えば、早くからコストプラス・プライシン
グの有効性を主張したカレツキ（M. Kalecki）は、価格の硬直性について次の
ように説明している。

　　短期における価格変化には、大きく分けて2種類のものがある。すなわち、
　主として生産費の変化によって決まる価格変化と、主として需要の変化に
　よって決まる価格変化である。一般的に言えば、完成財の価格変化は「費
　用によって決定され」、主要食料品を含む原材料費の価格変化は「需要に
　よって決定され」る。……これらの2つの型の価格形成が、異なった供給
　条件によって生じることは明らかである。生産の力に予備があるため、完
　成財の生産は弾力的である。完成財の需要が増加した場合、主として産出
　量の増加という形で対応がなされ、価格は安定的に維持される傾向がある。

価格改定の頻度	企業のシェア
1未満	10.2%
1	39.2%
1.02から2	15.6%
2.01から4	12.9%
4.01から12	7.5%
12.01から52	4.3%
52.01から365	8.6%
365より大	1.6%

表2-2　アメリカ企業における価格改定の頻度（1年間）
出所：Blinder et al.［1998］Table 4.1

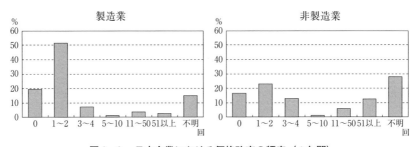

図2-6　日本企業における価格改定の頻度（1年間）
出所：日本銀行調査統計局［2000］図表13

　……原材料費に関しては、事情が異なっている。農産物の供給を増加させ
るためには、相対的にかなり長い時間を要する。このことは、農産物ほど
ではないにしても、鉱産物についてもやはりあてはまる。短期では供給が
非弾力的なので、需要の増加は在庫の減少を引き起こし、そのために価格
の上昇を招くのである。（Kalecki［1971］邦訳45頁）

　以上の説明に従うと、生産を弾力的に調整できる財の価格は硬直的になる。
例えば、そのような財の代表例は、カレツキによれば完成財となるが、もっと
わかりやすくいえば製造業で生産されるような財である。他方で、生産が弾力
的に調整されない財の価格は需給バランスの影響を受けやすい。カレツキによ
れば、そのような財の代表例は、一次産品である。
　しかし、「生産が弾力的に調整される財の価格は硬直的になる」という主張

は、実のところ「ある財の価格がなぜ粘着的なのか」という問いに対する完全な答えにはなっていない。確かに完成財に関してはその生産を弾力的に供給できる。しかし、仮にそうだとしても、企業は需要が増加したときには価格を増加させてもよいし、需要が減少すれば価格を減少させてもよいはずである。価格の粘着性に関しては、生産が弾力的に行われるか否かという基準とは異なる説明方法が求められるのである。

(2) 価格の粘着性の理由

　価格の粘着性を説明する仮説（理論と呼ぶべきかもしれないが、いずれも十分に検証されたものではないため、本節では仮説と呼ぶ）は数多く存在する。それら諸仮説は、大きく分けて、費用の面から価格の粘着性を説明するものと、市場内の相互作用の面から価格の粘着性を説明するものに大別される。以下では、それらの諸仮説のなかで有力かつ興味深いものをいくつかピックアップしておこう。

①費用の性質によって価格の粘着性を説明する仮説

　最初に、費用の側面から価格の粘着性を考えたい。価格の粘着性を説明する仮説のうち最もシンプルなものは、原価が一定であるから価格もまた一定になるというものである。例えば、価格の粘着性が著しい製造業の製品は、農林水産物などの一次産品とは異なり、「設計」に従ってつくられている。このことは、1 単位の財を製造する際の部品や労働量があらかじめ決まっていることを意味する。また、部品の価格は、それが一次産品でない限り、他の製造業製品の価格と同じように安定している。さらに、賃金もまた、労使関係が安定している状況のもとでは、短期的には変化しにくい。こうして 1 単位の製品を生産するための部品や労働量、そしてそれらの価格が生産の前段階で定まることによって、企業は原価を計算しやすくなる。3 節で述べたように、このような原価、とりわけ単位直接費用は、産出量の水準にかかわらず一定になる。そして、この一定の単位直接費用に一定の利潤が上乗せされることで、価格もまた一定になる。

　とはいえ、原価が一定であるという想定は、かなり強いもののようにみえる。実際、多くの企業は、直接費用だけでなく固定費用や間接費用も原価に含めたいと考えている。そして図 2-2 が示すように、仮に単位直接費用が一定で

あっても、単位費用は産出量が上がるにつれて低下していく傾向にある。したがって、利潤が単位費用に上乗せされるときには、産出量の変動につれて価格もまた変化しそうである。仮に企業が単位費用に利潤を上乗せする場合には、価格の粘着性はどのように説明できるだろうか。

　1つの有力な答えは次のようなものである。現実の企業が実際に計算するコストは、産出量のある一定範囲内で算定される**標準費用**（Normal Cost）である。つまり、実際には、企業は現実の産出量に基づいて間接費用を財1単位の費用に割り当てているのではなく、生産の前段階で標準的な産出量を想定し、この標準産出量で間接費用を割ったものを財1単位の直接費用に加算しているのである（Lee［1998］）。このようにして決まるコストは、標準費用（正確には標準単位費用（Normal Unit Cost））と呼ばれる。また、標準単位費用に利潤を上乗せするような価格設定は、**ノーマルコスト・プライシング**と呼ばれる。このプライシングによって決まる価格は、3節での設定を活かし、標準産出量を Y_s、標準単位費用をその頭文字をとった NUC であらわすならば、次のようにあらわされる。

$$p_x = (1+\mu)\left(p_1 a_1 + p_2 a_2 + wl + \frac{\mathrm{ic} + \mathrm{depc}}{Y_s}\right) = (1+\mu)\mathrm{NUC} \qquad (2\text{-}4)$$

(2-3)式と(2-4)式の違いは、費用のなかに間接費用や減価償却費が含まれるか否かである。(2-4)式においては、一定の標準産出量で間接費用や減価償却費などの固定費用を割っているため（そして限界費用にあたる UDC も一定であるため）、標準単位費用 NUC が一定になる。こうして、現実の産出量が標準産出量から大幅に乖離しない限り（乖離の結果として企業が標準産出量を改定しない限り）、価格が一定に保たれるのである。このような標準費用を用いたモデルについては、第3章で再び触れることになる。

　以上のような仮説とは根本的に異なるものもある。その代表例は、価格改定にはコストがともなうので企業は価格改定をしないという仮説である。これは有名な**メニュー・コスト理論**と呼ばれるものである。企業は、価格を改定した際には、それを示したメニューを新しく改訂しなければならない。誰しもレストランのメニュー表に価格を書き換えたシールが貼ってあるのをみたことがあると思うが、あのような操作（手間）もまたメニュー・コストである。このような価格調整にかかるコストは、金銭的なものに限られないかもしれない。例えば、ある製品の営業活動を行う者においては、その製品価格の度重なる改定

は顧客への追加的な説明を要することになるため、心理的負担が増加するだろう。これらの金銭的コストや精神的負担が価格改定によるメリットに比して大きくなる場合には、企業はメニューの刷新を控えるだろう。こうして企業は、産出量の変化に直面しても価格を据え置く判断をすることになる。

②市場の相互作用によって価格の粘着性を説明する仮説

　ある企業が他のライバル企業や顧客の行動を参照して自らの行動を決めるという、現実によくみられる現象によっても、価格の粘着性を説明できる。そのようなアイデアの先駆けとしては、マルクス経済学者であるスウィージー（P. Sweezy）の**屈折需要曲線**を用いたモデルが知られている。いま、同一の財を供給している少数の企業からなる寡占市場を想定する。ある企業Aが価格を上げると、他の企業は値上げに同調することを控えるので、企業Aの需要は大きく減少するだろう。逆に、企業Aが価格を下げると、他の企業は値下げに追随するので、企業Aへの需要の拡大は小さいものにとどまるだろう。こうした場合、企業Aが直面する需要曲線は、図2-7のように屈折した形で描かれるようになる。

　このような屈折した需要曲線は、**情報の非対称性***からも説明できる。はじめに、それぞれの顧客は自分の好きな企業のことについてはその製品の価格も含めてよく知っているが、他の企業の価格については知識が不完全であると仮定しよう。もし、企業Aがその製品の価格を引き下げたとしても、他の企業の製品を好んで購入している顧客はそのことについての情報を得ないか、あるいはそのことを知るのに時間がかかるだろう。その結果、企業Aは、価格を引き下げたことによる需要の増加という恩恵をわずかにしか得られないだろう。今度は、企業Aが価格を引き上げると、企業Aの製品を好んで購入する顧客は、他企業の製品の価格も同じように上がっているか、それとも据え置かれているかについての情報をもたないため、企業Aの製品の購入を控えるだろう。そうすると、企業Aは値上げによって多くの需要を失うだろう。このように情報の非対称性を考慮した場合にも、需要曲線は図2-7のように屈折した形になる。

　さて、ミクロ経済学の価格理論では、限界収入と限界費用が一致することが利潤最大化の条件である。屈折需要曲線のもとでは、図2-7の破線で示されているように限界収入曲線は非連続になる。そして、限界費用曲線が点線であ

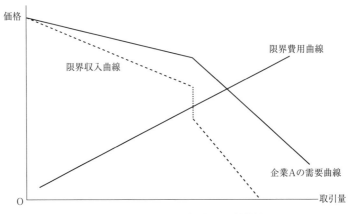

図 2-7 屈折需要曲線と価格の粘着性

らわされたこの非連続なギャップを通過する限り、産出量は固定される。そして
てまた、その量を市場に供給する際の価格水準も固定される。さらに、外部
ショックによって限界費用曲線が上下にシフトしたとしても、その曲線が非連
続なギャップの間を通る限りにおいては、産出量と価格は一定に保たれること
になる。以上のようにライバル企業や顧客の反応によって、価格の粘着性は説
明されうるのである。

　ただし屈折需要曲線の理論は、価格や上乗せ利潤がどのような水準になるか
という問題に対しては何も答えてくれない。そこで価格水準および上乗せ利潤
の決まり方については、3節で説明したコストプラスの価格設定や4節で説明
した利潤マージンの理論を参照すればよい。この意味で、コストプラスの価格
設定と、屈折需要曲線の理論は、ある程度までは補完的な関係にあるといって
よいだろう。

　屈折需要曲線の背後にある企業の行動は、**協調の失敗★**の1つである（協調
の失敗は第12章でも再び触れることになる）。屈折需要曲線の理論からは、他の企
業が動かない限り自社は価格を動かさない、あるいは自社が価格を動かさない
と他社も価格を動かさない、という企業行動が説明される。このような企業行
動はなぜ協調の失敗と呼ばれるのだろうか。例えば、ある市場において需要が
増加し、価格を上げるチャンスが生まれたとしよう。この市場内のある企業は、
他のライバル企業が値上げするなら、それに同調しようとするが、他の企業が
値上げをしなかったならば、この企業も値上げを控えようとする。ところで、

この市場の諸企業のあいだで利害を調整するメカニズムが存在すれば（例えば、値上げを先導するようなプライスリーダーが市場内に存在すれば、あるいは、諸企業で価格を吊り上げる協定が暗黙のうちに結ばれれば）、需要の増加に対して各企業は揃って値上げをするだろう。各企業が協調すれば需要の増加に対して値上げできるにもかかわらず、各企業が協調できないことによって、諸企業は値上げのチャンスを結果的に失ってしまうのである。つまり、これは同一市場に属する企業同士の協調の失敗である。

　先に触れたブラインダーの研究は、価格の粘着性に関して実に12もの仮説を取り上げ、その仮説のうちどれが正しいかについて実務家へインタビューを行っている。その調査結果によれば、「協調の失敗」仮説が実務家に最も支持された。とはいえ、これは自明のことだが、価格を改定しない事情は国ごと、産業ごと、企業ごとに異なる。例えば、愛知県の調査では、明示的な契約があるので価格改定の必要性がない、という理由が最も実務家に支持された（吉井・藤田・徳丸［2017］）。愛知県の製造業では長期の取引慣行が普及しており、その契約を無視してまで価格を動かす理由がないのだろう。

（3）価格の粘着性がどうして問題になるのか

　それにしても、なぜ価格の粘着性が問題になるのだろうか。価格の粘着性には、経済的に、あるいは経済学的に 2 つの意味がある。

　第 1 に、価格が粘着的であるときには、価格調整ではなく数量調整に基づく理論を展開する必要がある。というのも、価格が固定的な場合には、財の供給曲線は水平に描かれる。このとき、需要が多いときには均衡産出量が増加し、需要が少ないときには均衡産出量が減少する。つまり、企業の産出量を決めるのは貨幣的支出の裏付けのある有効需要となる。したがって、ケインズが提唱した**有効需要の原理**は、価格の粘着性を前提にした議論であるとも解釈できる。

　第 2 に、価格が一定にとどまる場合には、金融政策が実体経済に影響力を行使しうることになる。このことを**ニュー・ケインジアン**にならって、**貨幣数量説**★（フィッシャーの交換方程式）を用いて考えてみよう。いま、物価水準を P、実質 GDP を Y、貨幣の流通速度を v、貨幣供給量（マネーサプライ）を M であらわすならば、マクロ経済において次のような式が成り立つ。

$$PY = vM \tag{2-5}$$

ここで貨幣の流通速度が一定であると仮定すると、金融政策による貨幣供給量

の変化は、物価水準か実質 GDP に影響を与えることになる。そこで、いま物価が何らかの理由により粘着的になるときには、貨幣供給量の変化は実質 GDP に影響を与えることになる。このことは、経済学的には貨幣と実体経済は不可分であるというケインズ派の言明を支持すること、そして、政策的には中央銀行が金融政策を通じて貨幣供給量を変化させ、実体経済をコントロールすることができる、というインプリケーションを導きだす。もちろん、中央銀行が貨幣供給量を自由に操作できるのかどうかという論点は別に存在しており、これについては第 5 章であらためて論じることになる。ともあれ、先に各国の中央銀行がブラインダーの研究に倣って価格の粘着性を検証したことに触れたが、価格の粘着性を調べることは金融政策の波及効果を議論するうえでは必要不可欠なのである。

第3章

労働分配率の決定

1. はじめに

　本章では、第2章で説明したコストプラスの価格設定に基づきながら、**労働分配率**や実質賃金率など所得分配に関わる変数がどのように決定されるかを説明する。

　本章のタイトルにもある労働分配率とは何だろうか。労働分配率は、企業レベルでは、その企業の生み出した付加価値に占める人件費の割合を指す。またマクロレベルでは、国民所得（あるいは国内総生産）に占める労働所得（賃金所得）の割合を指す。労働分配率の対義語は**資本分配率**であり、これは企業の付加価値ないし国民所得のうち利潤として分配される割合を指す。なお文献によっては、労働分配率（labor share）は**賃金シェア**や賃金分配率（wage share）とも記され、資本分配率（capital share）は**利潤シェア**や利潤分配率（profit share）とも記されるが、これは表記の揺らぎにすぎない。例えば、次の章では便宜上、労働分配率を賃金シェア、資本分配率を利潤シェアと表記している。

　労働分配率の水準と推移を考えることには、2つの意味がある。第1に、労働者が付加価値のうち何割を所得として得ているかを知ることは、労働者・経営者間の分配をめぐる交渉の指針となる。例えば労働分配率が低くなると、労働者側——具体的には労働組合——が給与の昇給額や賞与の引き上げを求め、逆に労働分配率が高くなると、経営者側がそれを根拠として賃金の引き下げを求めることになる。第2に、労働分配率の変化は、経済全体のパフォーマンスに重要な影響を与えうる。例えば、労働分配率の減少は労働者の分け前が減り企業の分け前が増えることを意味するが、これはマクロ経済における投資や消

費などの各需要項目に正または負の影響を与えるに違いない。もう少し具体的にいうと、労働分配率が減少すると、総所得が一定のもとでは労働者の所得が低下するので、消費需要に負の効果を与えそうである。その一方で労働分配率の低下は、利潤の増加、ひいては設備投資のための資金の増加を意味するので、投資需要が促進される可能性がある。このような労働分配率と需要形成の関係については、第4章において考察する。さらに、労働分配率が減少すると、国内経済の所得分配——とりわけ個人的所得分配——もその影響を被ることになる。すなわち、労働分配率の低下は所得格差を拡大させる蓋然性が高い。労働分配率と所得格差の関係については、第12章で論じることになる。

　労働分配率がいかなるメカニズムによって決められるかという本題に入る前に、労働分配率の実証的な定義を確認しておこう。先に述べたように、労働分配率とは付加価値に占める労働所得の割合のことである。付加価値はマクロレベルでみれば国民所得に該当するが、国民所得には自営業主や家族従業者のような雇用者（企業等に雇用されているという意味で、労働者のこと）ではない人々の所得も含まれることに注意せねばならない。自営業者や家族事業者の所得は、自らの労働を投入することによって生み出された労働所得ともいえるし、自ら所有する資本を用いて生み出された資本所得ともいえる。したがって、このような人々の所得をどのように算定するかによって、労働分配率の水準も異なってくる。

　図3-1は、日本の、つまりマクロレベルの、労働分配率の推移を様々な測り方を用いて示している（労働政策研究・研修機構［2019］）。まず、図の①は、雇用者報酬を国民所得で割るという、最もシンプルな計算方法に基づいたものである。繰り返しになるが、①の計算方法で用いる国民所得には自営業者や家族事業者の所得が含まれているため、言い換えれば分母が大きいため、労働分配率の水準が次に説明する②の労働分配率より低くなっている。②の労働分配率は、次のように求めている。まず自営業主や家族従業者も含む就業者（自営業者、家族従業者、雇用者の合計）1人当たり国民所得が雇用者1人当たり所得と同水準であると仮定したうえで、就業者数に占める雇用者数のシェア（日本では0.9程度）を国民所得に乗じる。この値（国民所得×雇用者÷就業者）は国民所得のうち企業や雇用者の生産活動によって生み出された部分をあらわすことになる。最後にこの値で雇用者報酬を割ると、自営業者や家族事業者の所得を除いた場合の労働分配率が求まる。このようなかたちで自営業者や家族事業者

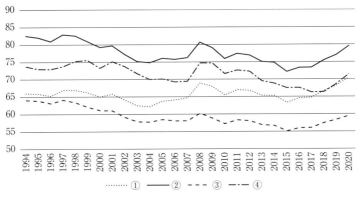

図 3-1　　日本の労働分配率（単位：%）

出所：内閣府「国民経済計算（2015年基準・2008SNA）」、財務総合政策研究所「法
　　　人企業統計調査（年次）」のデータから著者が作成。労働分配率の計算方法
　　　は以下のとおりである。
①　雇用者報酬÷国民所得
②　雇用者報酬÷（国民所得×雇用者数÷就業者数）＝ 1 人当たり雇用者報酬÷就業
　　者 1 人当たり国民所得
③　 1 人当たり雇用者報酬÷就業者 1 人当たり GDP
④　人件費÷（人件費＋営業純益＋支払い利息・割引料＋租税公課＋動産・不動産
　　賃借料）

の所得を調整した労働分配率は、「調整された労働分配率（adjusted labor share）」と呼ばれ、多くの官公庁の白書や学術研究においても用いられている。図 3-1 の③は、②の考え方をベースに、国民所得を GDP に置き換えたものである。①から③までは「国民経済計算」のデータを用いた労働分配率であるが、④は「法人企業統計調査」のデータを利用した労働分配率である。「法人企業統計調査」を用いると、図 3-1 では示していないが、産業別や企業規模別の労働分配率を計算することができる。

　図 3-1 から得られる情報を簡単に述べておきたい。自営業者や家族事業者の所得を調整していない①を除くと、1990年代半ばから労働分配率は低下傾向にあり、そして、2015年以降はやや回復の兆しをみせていることがわかる。2015年以降に労働分配率が増加し始めたのは、政府が企業に対して賃上げを積極的に呼びかけ、実際に賃上げを実施した企業に対しては税制上の優遇措置を講じたことが一因であると考えられる。とはいえ、労働分配率の短期的な増加には実は景気の悪化も大きく寄与する。こうした労働分配率の短期的な変動メカニズムについては、2 節および 3 節で詳しく説明する。図 3-1 は30年弱の

図3-2　先進諸国の労働分配率（単位：％）

出所：AMECO のデータから著者が作成。

推移を示しているにすぎず、もう少し長い期間で労働分配率のトレンドもみる必要があるだろう。

　図3-2は、図3-1とは異なるデータソースを用いて、1970年代以降の、日本を含む先進諸国の労働分配率（図3-1における③の方法で計測）の推移を示したものである。かつて、世界の著名な経済学者たちは、労働分配率が一定であると考えることが理論的にも実証的にも妥当であると考えた。労働分配率が中長期的に一定であることは、カルドア（N. Kaldor）が「定型化された事実」と名付けた経済現象の1つであったし、ケインズ（J. M. Keynes）が「ちょっとした奇跡（a bit of a miracle）」と呼んだことでもある。労働分配率の水準は国ごとに違いがあるし、労働分配率の計測方法にもいくつかのバリエーションがあるが、確かにアメリカをはじめいくつかの国では労働分配率は1970年ごろまでは安定的に推移していた。

　しかし、このような「定型化された事実」は、現代においてはもはや「事実」とはみなされていない。図3-2が示すように、1980年代前半を基準に考えると、日本では労働分配率が大幅に低下していることがわかる。日本ほど急激ではないにしても、アメリカやEU諸国においても、長期的に労働分配率が低下している。とはいえ、フランスやスウェーデンにおいては、1990年代後半より労働分配率に揺り戻しがみられることもまた確かである。

　制度を重視する本書の立場からは、このような労働分配率の推移をどのように説明できるのだろうか。まず2節では、コストプラスの価格設定をベースにして、労働分配率の導出を試みる。3節では、労働分配率が短期的にはカウン

ター・シクリカルに変動することを確認したうえで、そこには制度的要因が大きく関わっていることを明らかにする。4 節では、労働分配率の長期的低下トレンドをもたらす諸要因について説明する。

２．労働分配率のモデル

(1) 代表的企業のケース

　どの時代、どの地域においても企業は無数に存在し、そしてそれぞれの企業は質的にも量的にも異なる。企業ごとの特性の違いを認識することは極めて重要である。しかし、そのような現実をそのまま理論的に捉えることはとても難しいので、まずは企業ごとの質的・量的な違いを無視して、ある国民経済においてただ 1 つの**代表的企業*** が存在する場合を考えたい。ここで、代表的企業の性質は経済全体の性質に常に一致することに留意しよう。この代表的企業は、財 1 単位の生産にかかる費用（単位費用とも呼ばれる）に利潤マージンを上乗せすることによって価格を決定している。つまり、ここでの企業は、プライステイカー（価格受容者）ではなく、プライスセッター（価格設定者）である。さらに、議論をかなり単純化して、中間投入は存在せず、費用は直接労働費用のみから構成されると仮定する。ここで直接費用としては、生産活動に直接的に関与するために産出量の変動にともなって労働量（雇用量）が増減するような直接労働者の人件費を想定する。ただし、これらの仮定は順次緩められることになる。

　代表的企業が設定する価格 p は、次のようにあらわされる。

$$p = \frac{(1+\mu)wL}{Y} = (1+\mu)wl \tag{3-1}$$

ここで、μ はマークアップ率、w は名目賃金率、L は労働量、Y は実質産出量（ここでは中間投入が存在しないので実質国民所得に等しい）、$l(\equiv L/Y)$ は労働投入係数（労働生産性の逆数）をあらわし、すべて正である。労働投入係数は一定であると仮定する。このことは、例えば産出量が 1 ％増加すれば雇用量も 1 ％増加するというように、産出量の変化に応じて雇用量が決まることを意味する。

　(3-1)式は、財 1 単位の価格が、単位直接費用 wl に利潤マージン μwl を足し合わせることによって設定されることを示している。このように現実に実現

される費用に利潤マージンを上乗せする価格設定方式は、**マークアップ・プラ
イシング**と呼ばれる。これに対して、現実の費用ではなく企業が標準的な水準
であると想定する費用に利潤マージンを上乗せする価格設定方式は、**ノーマル
コスト・プライシング**と呼ばれる。この価格設定方法をベースにしたモデルに
ついては、のちほど確認する。

　さて、代表的企業が生産する財が消費財であるならば、p は消費財の価格を
あらわすことになるので、(3-1)式を使って実質賃金率 ω を求めることができる。

$$\omega \equiv \frac{w}{p} = \frac{1}{(1+\mu)l} \qquad (3\text{-}2)$$

(3-2)式は、労働投入係数が一定である限り、マークアップ率の増加が実質賃
金率の低下と同義であることをあらわす。またマークアップ率が一定である限
り、労働投入係数の低下（言い換えれば、労働生産性の上昇）は、実質賃金率に
正の効果を与える。労働生産性が増加すれば、消費財価格が低下し、その分だ
け実質賃金率は増加するからである。

　国民所得のうち労働者に対して分配される割合が労働分配率である。労働分
配率 m は、名目賃金の総額（名目賃金率に労働量を乗じたもの）を名目国民所
得で割った値になるので、次のようになる。

$$m \equiv \frac{wL}{pY} = \frac{1}{1+\mu} \qquad (3\text{-}3)$$

(3-3)式は、マークアップ率の増加が、労働分配率を減少させることをあらわ
している。

　ところで労働分配率と対をなす資本分配率は、国民所得のうち利潤として分
配される割合（換言すれば、国民所得のうち賃金として分配されない割合）を指す
ので、$1-m$ となる。

$$1-m \equiv \frac{pY-wL}{pY} = \frac{\mu}{1+\mu} \qquad (3\text{-}4)$$

労働分配率と資本分配率は、どちらかが増加すると、どちらかが減少する。そ
れゆえ、マークアップ率の増加が労働分配率を減少させるということは、マー
クアップ率の増加が資本分配率の増加につながるという関係を含意する。

　第2章4節においては、マークアップ率が様々な要因から影響を受けること
を確認した。簡単に振り返ると、市場占有度が増加したとき、労働者の賃金交
渉力が低下したとき、株主価値志向が強まったときなどに、マークアップ率が

増加する。したがってこれらの条件が満たされるときには、資本分配率は増加し、労働分配率は低下することになる。

(2) 間接費用が存在するケース

　(1)で説明したモデルにおいては直接（労働）費用だけが存在するケースを考えたのだが、代表的企業の費用は必ずしも直接費用のみから構成されるものではない。そこで今度は、財の生産に直接費用のみならず間接費用がかかる場合を考えよう。ここで間接費用としては、生産活動には直接的に携わらずに企業の経営・監督業務を担うような間接労働者（管理労働者）の人件費を想定する。間接労働者の人数は、産出量の変動に対して非弾力的であり、その人件費は、企業にとっては固定的なコストとみなされる。

　いま、代表的企業に従事する労働者数全体を L、直接労働の労働者数を L_v、間接労働の労働者数を L_f であらわす。すなわち $L = L_v + L_f$ である。また直接労働の労働生産性 a_v は現実の産出量 Y を使って測られ、間接労働の労働生産性 a_f は潜在的産出量（設備が完全稼働であるときの産出量）$\overline{Y}$ を使って測られると仮定すると、それぞれの労働生産性は次のように定式化される。

$$a_v = \frac{Y}{L_v} > 0 \tag{3-5}$$

$$a_f = \frac{\overline{Y}}{L_f} > 0 \tag{3-6}$$

(1)で示したモデルと同様に、ここでは両労働者の労働生産性（労働生産性の逆数である労働投入係数）は一定であると仮定しよう。(3-5)式が示すように、直接労働の労働生産性が一定であるということは、現実の産出量の変化に応じて直接労働者数が増減することを意味する。それに対して(3-6)式が示すように、現実の産出量が変化しても潜在産出量が変化しない限り、間接労働者数は変動しない。

　次に、直接労働の名目賃金率を w_v、間接労働の名目賃金率を w_f であらわす。一般的に、間接労働の名目賃金率は直接労働のそれより高い、言い換えれば間接労働には賃金プレミアムが存在すると考えられる。例えば、アメリカでは管理労働者の名目賃金率はその他の労働者のそれより4倍程度大きい（Lavoie and Nah［2020］）。ここではモデルの簡易化のために、間接労働者の名目賃金率は直接労働の名目賃金率の定数 γ 倍（ただし $\gamma > 1$）であると想定すると、次式が

成り立つ。

$$w_f = \gamma w_v \qquad (3\text{-}7)$$

生産にかかる費用は人件費のみであると仮定すると、この企業の総費用は $w_v L_v + w_f L_f$ となる。また現実の産出量 1 単位当たり費用である平均費用（単位費用）は $(w_v L_v + w_f L_f)/Y$ とあらわされる。さらに資本設備の稼働率を $u (= Y/\overline{Y})$（ただし $0 < u \leq 1$）、直接労働と間接労働の労働生産性の比を $f (\equiv a_v/a_f)$ であらわすならば、単位労働費用（Unit labor cost）は次のように書き直せる。

$$\text{Unit labor cost} = \frac{w_v L_v + w_f L_f}{Y} = \frac{w_v(1 + \gamma f/u)}{a_v} \qquad (3\text{-}8)$$

(3-8)式にみられるように、産出量が増加し稼働率が上昇すればするほど、単位費用は低下する。これは、産出量が増加すればするほど、産出量 1 単位当たりの間接費用が減少するためである（第 2 章 3 節を参照のこと）。

代表的企業は(3-8)式であらわされる現実の単位費用に利潤を上乗せすることによって価格を設定している（つまりマークアップ・プライシングを採用している）と想定するならば、その価格は次のようにあらわされる。

$$p = (1 + \mu)\frac{w_v(1 + \gamma f/u)}{a_v} \qquad (3\text{-}9)$$

稼働率が増加すると現実の平均費用が低下するので、マークアップ率が一定である限りにおいては価格も低下することになる。現実の経済においてしばしば観察されるように、大量生産されればされるほどその商品が値下がりするという現象は、このような間接費用の存在からも説明できる。

直接労働者の実質賃金率 $\omega_v (= w_v/p)$ と間接労働者の実質賃金率 $\omega_f (= w_f/p)$ は、それぞれ次のようにあらわされる。

$$\omega_v = \frac{a_v}{(1 + \mu)(1 + \gamma f/u)} \qquad (3\text{-}10)$$

$$\omega_f = \frac{\gamma a_v}{(1 + \mu)(1 + \gamma f/u)} \qquad (3\text{-}11)$$

直接労働者の実質賃金率はマークアップ率 μ と賃金格差をあらわすパラメータ γ の減少関数となる。他方で間接労働者の実質賃金率はマークアップ率の減少関数であるが、賃金格差をあらわすパラメータの増加関数となる。γ の増加にともなって間接労働者の名目賃金率が増加するほど平均費用が増加し、これが価格に転嫁される。その一方で、γ の増加は間接労働者の名目賃金率に比

して直接労働者の名目賃金率を引き下げる効果ももつ。物価の上昇と直接労働者の名目賃金率の低下は、ともに直接労働者の実質賃金率を低下させる。間接労働者の名目賃金率は γ の増加にともなって物価より大きく増加するため、その実質賃金率は増加することになる。さらに、稼働率が増加すると、単位費用、ひいては価格が低下するので、その分だけ直接労働者・間接労働者双方の実質賃金率は増加することになる。

それでは、労働分配率はどうなるのだろうか。労働分配率は、直接労働者と間接労働者双方の賃金所得の合計を名目付加価値で割ったものであるから、次のようになる。

$$m = \frac{w_v L_v + w_f L_f}{pY} = \frac{1}{1+\mu} \tag{3-12}$$

(3-12)式が示すように、労働分配率はマークアップ率の減少関数になる。この結果は直接労働だけを費用項目として想定した(1)「代表的企業のケース」のモデルと全く変わらない。

次に、企業がノーマルコスト(標準費用)・プライシングを採用している場合を考えよう。ノーマルコスト・プライシングとは、価格が標準産出量 1 単位当たり費用(すなわち、直接費用と間接費用の合計を標準産出量で割って得られる標準単位費用)に、利潤マージンを上乗せすることで設定される方式である。現実の企業では、ノーマルコスト・プライシングが採用される傾向にあるといわれるが、その理由は次のとおりである。企業は費用については経験的に得られた知識を十分にもっている一方で、製品に対する需要については正確に予測することはできない(Coutts and Norman [2013])。それゆえ、まずは標準産出量を設定し、この標準産出量で総費用を割ることによって、製品を市場に投入する前の段階で産出量 1 単位当たりの費用をあらかじめ想定しておくのである。

ノーマルコスト・プライシングを具体的に定式化してみよう。いま企業が何らかの合理的根拠に基づいて設定した標準産出量を Y_s であらわし、それは一定の標準稼働率 $u_s(=Y_s/\overline{Y})$ のもとで生産されるとする。この際、標準稼働率は、生産開始直後のしばらくのあいだは一定であることに注意しよう。企業が自ら設定した標準産出量を改定するには、それなりの時間とコストがかかるからである。企業は、標準産出量 1 単位あたり費用に定数のマークアップ率を乗じることで、価格 p を設定する。

$$p = (1+\mu)\frac{w_v(1+\gamma f/u_s)}{a_v} \qquad (3\text{-}13)$$

(3-9)式と(3-13)式の違いは、前者が稼働率によって右辺が変動するのに対して、後者は一定の標準稼働率に基づき右辺が変動しないということだけである。したがって、(3-13)式より、企業がノーマルコスト・プライシングを用いた場合には、価格は現実の産出量の変化の影響を受けずに一定になることがわかる。また直接労働者の実質賃金率は、次のようにあらわされる。

$$\omega_v = \frac{a_v}{(1+\mu)(1+\gamma f/u_s)} \qquad (3\text{-}14)$$

マークアップ率 μ の増加および賃金格差をあらわすパラメータ γ の増加が直接労働者並びに間接労働者の実質賃金率に与える効果は、マークアップ・プライシングを想定した場合と変わらない。ただしノーマルコスト・プライシングの場合には、稼働率の変化に対して費用が一定に保たれるので、実質賃金率も変化しない。ちなみに間接労働者の実質賃金率は、(3-14)式であらわされる直接労働者の実質賃金率の γ 倍になるだけである。

　ノーマルコスト・プライシングを想定した場合の労働分配率は、次のようにあらわされる。

$$m = \frac{1+\gamma f/u}{(1+\mu)(1+\gamma f/u_s)} \qquad (3\text{-}15)$$

(3-15)式右辺の分母は一定であるが、分子は稼働率の減少関数となっている。したがって、労働分配率は**カウンター・シクリカル**（counter-cyclical、景気と反対方向に動くという意味で反循環的）に変動する。労働分配率がカウンター・シクリカルに変動する鍵は、間接費用である。稼働率が増加したときに（つまり産出量が増大したときに）、直接労働者の人数はそれと歩調をあわせるように増加するが、間接労働者の人数は一定に保たれる。このような固定的な労働者がいる分だけ、利潤への分け前が増加し、労働分配率が低下するのである。逆に稼働率が低下するような景気後退期においては、固定的な量の間接労働者を産出量の減少にあわせて解雇しない（できない）ため、賃金所得の割合が相対的に増加し、労働分配率が増加するのである。

　以上の結果をまとめよう。企業がマークアップ・プライシングを採用していると想定すると、労働分配率はマークアップ率のみに依存するので、マークアップ率が変化しない限り、労働分配率もまた一定となる。逆に、企業がノー

マルコスト・プライシングを採用していると仮定すると、労働分配率はカウンター・シクリカルに変動する。もちろん、このことは裏を返せば、資本分配率は**プロ・シクリカル**（pro-cyclical、景気と同方向に動くという意味で順循環的）に変動することを意味する。

　それではどちらの価格設定方式が、現実の企業行動をより適切に表現しているのだろうか。先に述べたように、需要を正確に予測できない企業は、生産開始直後の短い期間において標準生産量をあらかじめ想定し、そのもとで計算した標準単位費用に利潤を上乗せして価格を決定している（ノーマルコスト・プライシングを採用している）と考えられる。そのため、短いスパンでは、労働分配率はカウンター・シクリカルに変動するだろう。しかし、それより長い期間、つまり標準産出量と現実の産出量の乖離が経営上の齟齬を生み出すような中長期のスパンでみれば、企業は平均費用の変化に応じて価格を随時修正していくと考えられる。例えば製品が売れてゆき稼働率が増加し続ければ、平均費用が低下する分だけ企業は（あたかもマークアップ・プライシングを採用するかのように）価格を引き下げていくだろう。このとき、マークアップ率が変化しない限り労働分配率は一定となりうる。このことを逆にいえば、労働分配率が中長期的に変動するのは、マークアップ率が変化したため、ということになる。

(3)　2つの企業（産業）があるケース

　(1)および(2)のモデルにおいては代表的企業を想定し、代表的企業で当てはまることがマクロ経済にも適用されると考えた。しかし、現実の企業は生産する財の種類についてもそれを生産する技術についても多様である。言い換えれば、企業には**異質性**がある。そこで、今度は2つの異質な財——中間財と最終財——を生産する2つの企業（ないし産業）が存在するケースを考えよう。なお、以下では、2つの企業は2つの異なる産業に属しているため、企業をしばしば産業という用語で言い換えていることに注意してほしい。

　いま中間財を第1財、最終財を第2財と呼ぶ。議論を簡単化するため、両財の生産にかかる間接費用を捨象する。また、第1財を生産する産業と第2財を生産する産業で名目賃金率が全く同一であると想定する。さらに、第1財は直接労働のみの投入によって生産され、第2財は直接労働にくわえて第1財が中間投入されることで生産されると仮定する。各企業の価格は財1単位当たり直接費用に利潤が上乗せされる、言い換えれば各企業はマークアップ・プライシ

ングを採用していると仮定すれば、各財の価格はそれぞれ次のようにあらわされる。

$$p_1 = (1 + \mu_1) w l_1 \tag{3-16}$$

$$p_2 = (1 + \mu_2)(p_1 b + w l_2) \tag{3-17}$$

ここで、p_i は第 i 財の価格を（以下、$i = 1, 2$）、μ_i は第 i 産業のマークアップ率を、l_i は第 i 産業の労働投入係数を、b は第 2 産業の中間投入係数をあらわしている。言うまでもなく、マークアップ率や労働投入係数は、産業ごとに異なる水準をとっている。

　実質賃金率については、名目賃金率を消費財でもある最終財（第 2 財）の価格で割ったものと定義する。(3-16)式と(3-17)式の両辺を第 2 財の価格で割って整理すると、実質賃金率を導出することができる。

$$\omega \equiv \frac{w}{p_2} = \frac{1}{(1 + \mu_2)[(1 + \mu_1) b l_1 + l_2]} \tag{3-18}$$

(3-18)式が示すように、実質賃金率は両産業のマークアップ率の減少関数となっている。言い換えれば、いかなる産業においてもその産業固有のマークアップ率が増加すると、実質賃金率は減少するのである。さらに実質賃金率は労働投入係数や中間投入係数の減少関数となっている。これは、どのような産業の労働生産性の増加（あるいは第 2 産業における中間投入財の節約）も、実質賃金率の増加につながることを意味する。財 1 単位の生産に必要な投入量の減少という意味での技術進歩は、仮にある 1 つの部門で起きたとしても、確かにすべての産業の労働者の厚生に正の効果を与えるのである。以上のことは、企業ないし産業が連関しているという資本主義の基本的事実から導かれる重要な帰結である。

　次に労働分配率を求める。中間財産業の産出量を Y_1、最終財産業の産出量を Y_2 であらわすならば、前者の産業の労働分配率 m_1 と後者の産業の労働分配率 m_2 は、それぞれ次のようになる。

$$m_1 = \frac{w l_1 Y_1}{p_1 Y_1} = \frac{1}{1 + \mu_1} \tag{3-19}$$

$$m_2 = \frac{w l_2 Y_2}{p_2 Y_2 - p_1 b Y_2} = \frac{l_2}{(1 + \mu_2) l_2 + (1 + \mu_1) \mu_2 b l_1} \tag{3-20}$$

ここで、(3-20)式における右辺の分母は名目産出額から中間投入額を引いた名目付加価値額になっていることを確認しておこう。また、(3-19)式および(3-

20)式から、両産業の労働分配率は非負かつ 1 より小さいことがわかる。

　それぞれの産業の労働分配率は、次のような性質をもっている。すなわち、第 1 産業の労働分配率は、これまでの議論と同じように、第 1 産業が設定するマークアップ率の減少関数であり、かつ、他の一切の要素の影響を受けない。これとは対照的に、第 2 産業の労働分配率は、同産業のマークアップ率のみならず第 1 産業のマークアップ率にも依存する。そして、いずれの産業のマークアップ率の増加も、第 2 産業の労働分配率を引き下げる。容易に想像できることだが、これら 2 つの帰結は、第 1 産業が労働以外の生産要素を一切用いず、そして第 2 産業は第 1 産業の財を中間投入しているという前提に依存している。仮に第 1 産業が第 2 財を中間投入する場合を考えるならば、第 1 産業の労働分配率もまた第 2 産業のマークアップ率の影響を受けることになる（Fujita[2019]）。また、第 2 産業の労働分配率は、第 1 産業と第 2 産業の投入係数の変化にも依存する。例えば、第 2 産業の労働投入係数が低下すると、第 2 産業の労働分配率は低下するが、第 1 産業の労働投入係数が低下すると、第 2 産業の労働分配率は増加する。労働投入係数は労働生産性の逆数であることをふまえると、これらのことは次のように説明できる。まず第 2 産業で労働生産性が増加すると、同産業で労働者が節約されることになるので、その分だけ労働者の取り分は小さくなり、そしてその労働分配率は低下する。次に、第 1 産業で労働生産性が増加すると、第 1 産業のマークアップ率が一定である限りにおいて第 1 財の価格が低下し、第 2 産業において原材料費が低廉化する。このことに応じて第 2 財（最終財）の価格が下がり実質賃金率が増加するので、第 2 産業の労働分配率は増加する。なお同じ理屈は、第 2 産業における中間投入係数が変化した場合にも当てはまる。このように、複数の企業を考慮すると、労働分配率はマークアップ率だけでなく労働投入係数や中間投入係数の影響を受けることになる。

　ここまでは各企業の労働分配率を求めてきたが、今度は経済全体の労働分配率を計算してみよう。マクロレベルの労働分配率 m_A は、経済全体の名目付加価値で両産業の名目の賃金所得の合計を割ることによって求められる。

$$m_A = \frac{w(l_1 Y_1 + l_2 Y_2)}{p_1 Y_1 + p_2 Y_2 - p_1 b Y_2} = \Delta m_1 + (1 - \Delta) m_2,$$

$$\Delta = \frac{p_1 Y_1}{p_1 Y_1 + p_2 Y_2 - p_1 b Y_2} \tag{3-21}$$

(3-21)式が示すように、経済全体の労働分配率は、２つの産業の労働分配率（(3-19)式であらわされる m_1 および(3-20)式であらわされる m_2）をそれぞれの産業の付加価値で加重平均した値となる。この式から、それぞれの産業の労働分配率が増加すれば、経済全体の労働分配率も増加することがわかる。その一方で、経済全体の労働分配率は、付加価値のシェアの変化、すなわち産業構造の比重の変化からも影響を受ける。もし労働分配率が低い企業の方に経済の重心が移行すれば（例えば m_1 が m_2 より小さいときに第１財生産企業の付加価値のシェア Δ が高まれば）、経済全体の労働分配率は低下することになる。したがって、産業構造変化の方向次第では、各産業内で労働分配率が変化しなくても、経済全体の労働分配率が変動する可能性は十分にある。

　(1)から(3)までの各モデルから得られた、労働分配率の規定要因をまとめておこう。まず第１に、短期的には稼働率が労働分配率に影響を与える。すなわち稼働率が高まれば、労働分配率が低下するという傾向がある。第２に、中長期的には、マークアップ率に作用する諸要因が労働分配率に影響を及ぼす。第２章４節で論じたように、製品市場において市場占有度が増加したり、労働市場が規制緩和され労働者の賃金交渉力が弱まったりすると、当該市場に参入している企業のマークアップ率が増加し、その結果としてその企業の労働分配率のみならず経済全体の労働分配率が低下する。また、企業が株主価値の最大化を望むようになると、マークアップ率が増加し、労働分配率が低下する。第３に、産業構造の変化によっても経済全体の労働分配率は変動する。より低い労働分配率をもつ産業の比重が大きくなれば、経済全体の労働分配率は低下する。次節以降は、労働分配率の変化をもたらすこれらの諸要因が現実的にどのように変化しているかを確認する。

3. 労働分配率の短期的変動

　本節では、日本とアメリカの労働分配率を例にとって、その短期的変動がどのようにして生じるかを明らかにする。図３-３は、日本とアメリカにおける労働分配率の変化率と実質 GDP 成長率の推移を示したものである。ここで、労働分配率は図３-１の③の手法で求めたものの対前年変化率（成長率）をとっている。したがって、労働分配率の変化率がプラスのときは労働分配率が上昇傾向にあることを、マイナスのときは労働分配率が低下傾向にあることを

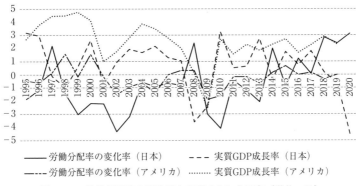

図 3-3　労働分配率の変化率と実質 GDP 成長率（単位：％）
出所：内閣府「国民経済計算（2015年基準・2008SNA）」および AMECO のデータ
から著者が作成。

意味する。実際、図 3-1 において日本の労働分配率が2015年以降に増加局面
に転じたことを確認したが、そのことは図 3-3 では日本の労働分配率の変化
率がほぼプラスに保たれていることによって示される。

　図 3-3 をみればわかるように、日本においては労働分配率の変化率は実質
GDP 成長率と逆方向に動いている。例えば、リーマンショックに端を発する
世界金融危機から回復した2010年時点の日本の GDP 成長率は 3 ％を超えたが、
そのときの日本の労働分配率の変化率はマイナス 4 ％であった。また、新型コ
ロナウイルスの蔓延によって2020年に日本の実質 GDP 成長率はマイナス4.5％
を記録したが、このときの日本の労働分配率の変化率は 3 ％を超えていた。前
節の(2)では、労働分配率が稼働率と逆方向に変動することを確認した。稼働
率と実質 GDP 成長率は異なる概念であるとはいえ、基本的には景気をあらわ
す指標であることには変わりない。労働分配率が景気と逆方向に変動すること
は、このように容易に確かめられる。

　とはいえ、労働分配率のカウンター・シクリカルな変動は、前節の(2)のモ
デルだけでは説明できない。(2)のモデルでは、産出量の変動に対して固定的
であるような間接費用が存在するときに企業がノーマルコスト・プライシング
を採用することが、労働分配率のカウンター・シクリカルな変動を生み出して
いた。しかし、間接費用とノーマルコスト・プライシングの組み合わせが労働
分配率のカウンター・シクリカルな変動の唯一の原因かといえば、そうではな
い。

このことを確認するために、まずは労働分配率の動きを分解してみよう。ここで労働分配率をあらわした(3-3)式を再掲しよう。

$$m \equiv \frac{wL}{pY} \tag{3-3}$$

この式を変化率に変形すると、以下のようになる（水準に関する式を変化率に関する式に変換すると、掛け算は足し算に、割り算は引き算になる）。

$$\widehat{m} = \widehat{w} + \widehat{L} - \widehat{p} - \widehat{Y} \tag{3-22}$$

ここで、上付きハットの変数は、その変数の変化率をあらわす。したがって、(3-22)式は言葉に直すと、「労働分配率の変化率＝名目賃金率の成長率＋雇用量（労働量）の成長率―物価上昇率―実質産出量の成長率」となる。

　いま、好景気が続き、実質産出量成長率が４％、物価上昇率は価格の粘着性によって０％である場合を想定する。このとき、仮に名目賃金率の成長率と雇用量の成長率の合計が実質産出成長率と同じ４％に達するならば、労働分配率は０％になり、労働分配率は一定に保たれる。逆にいえば、実質産出量成長率にみあうだけの名目賃金率や雇用量の上昇が実現されないならば、労働分配率は低下する。今度は不景気が続き、実質産出量成長率がマイナス１％、物価上昇率は引き続き０％である場合を想定しよう。このとき、名目賃金率の成長率と雇用量の成長率の合計が実質産出成長率と同じマイナス１％にならなければ、労働分配率は増加することになる。逆にいえば、実質産出量成長率の減少に釣り合うだけの名目賃金率や雇用の削減が実現されないならば、労働分配率は増加する。つまり、景気拡張期には労働分配率に低下圧力がかかり、景気後退期には労働分配率に増加圧力がかかるのである。

　さて、実質産出量の成長率にあわせて名目賃金率や雇用量が調整されるかどうかは、その国（その企業）の制度次第である。かつての日本では、**年功序列型賃金**、**終身雇用**、**企業別組合**をあわせた日本型雇用慣行が根付いていた、といわれる。いまやこれらの制度は形骸化しているという意見がある一方、欧米諸国に比べれば、日本では依然として賃金は勤続年数に応じて上がりやすく、平均雇用期間は長い。つまり、日本では間接労働者のみならず直接労働者の賃金や雇用も産出量の変化に対して非弾力的である（宇仁［2000］、小池［2005］）。いま実質産出量成長率がマイナス１％であったとしても、日本においては余分な労働者が企業内に滞留するという**労働保蔵**（labor hoarding）が生じたり、固定的な賃金制度のもとで賃金の下方硬直性が生じたりすれば、名目賃金率と雇

用量の成長率の合計はマイナス 1 ％より高い水準（例えば、マイナス0.5％）に
とどまるだろう。こうして、景気が悪化すると、労働分配率が増加するのであ
る。ただし、非正規労働者の増加や非正規雇用が多いサービス部門の拡大によ
り、言い換えれば、雇用調整がされやすくなることにより、労働分配率のカウ
ンター・シクリカルな変動は今後徐々に弱まっていくかもしれない。

　労働分配率の短期的変動が制度的側面から説明されうることは、図 3 - 3 の
アメリカの労働分配率をみることで確認できる。日本との比較という観点でみ
れば、まず目につくのは、労働分配率の変化率が狭いレンジに収まっているこ
とである。すなわち、アメリカの労働分配率の変化率は、マイナス 2 ％からプ
ラス 2 ％の範囲に収まっている。さらにアメリカの労働分配率は、日本ほどき
れいなカウンター・シクリカルな動きを示していない。2010年以降は、アメリ
カの労働分配率がプロ・シクリカルにすら動いているようにみえる。アメリカ
において労働分配率の変動が小さく、かつ、プロ・シクリカルに動くのは、実
質 GDP 成長率と歩調をあわせて、大部分の直接労働者の賃金や雇用量が柔軟
に調整されているからである。

　 1 節で述べたような2015年以降の日本の労働分配率の回復は、一面では時の
政権の側からの賃上げ要請のためでもあるが、他面では景気後退のせいでもあ
る。2015年以降の労働分配率の回復に、2019年の消費税引き上げや2020年以降
のコロナ禍が大きく寄与したとすれば、これは皮肉なことである。

　なお、本節では実質 GDP 成長率が労働分配率を規定するという因果関係を
重視してきたが、逆の因果関係もありうる。すなわち、労働分配率が増加する
ので実質 GDP 成長率が低下する、あるいは、労働分配率が低下した結果とし
て実質 GDP 成長率が増加する、という因果関係である。もちろんこうした因
果関係も十分に検討するに値するものであり、次の章で詳細に説明することに
なる。

4．労働分配率の長期的変動

　前節では労働分配率の短期的変動パターンとそのメカニズムを明らかにして
きたが、本節では先進諸国の労働分配率の長期的低下トレンドとそれをもたら
す諸要因について説明する。労働分配率の低下に寄与する主な要因としては、
「市場占有度の増加」、「労働者の交渉力の低下」、「株主価値志向」、「グローバ

ル化」、「技術進歩」が挙げられる。以下ではこれらを順に説明していこう。

(1) 市場占有度の増加

　労働分配率を引き下げる第1の要因は、市場の寡占化である。第2章でも説明したように、マークアップ率は市場が競争的なときには低くならざるをえないが、逆に市場の占有率が高まればマークアップ率は増加していく。そして本章2節のいずれのモデルでも共通してみられるように、マークアップ率の増加は労働分配率を引き下げる効果をもつ。

　市場の寡占化には、製品市場規制という制度的要因が関わっている。しかし、製品市場規制は市場占有度に対して相反する2種の効果を生み出す。すなわち第1に、製品市場の規制が緩和されると、新規企業の参入が容易になり、市場がより競争的になると予想される。そして第2に、これは第1のロジックとは完全に矛盾するのだが、製品市場の規制緩和が進むと、生産性や収益性が突出して高い企業が市場で一人勝ちし（Winner takes all）、これによって市場の占有度が高まるというものである。製品市場規制と市場占有度との関係に立ち入る前に、先進諸国における規制緩和について簡単に事実確認をしておく必要がある。

　ある1つの製品の市場をとってみてもその規制は多数存在するため、それらを1つひとつ取り上げることは困難である。OECD は各国における製品市場の規制を製品市場規制指数（Indicators of Product Market Regulation : PMR）と呼ばれる単一の指標に集約し、各国の規制がどのように変化しているかを表現している。この指標は、大きく分けて政府管理（State control）、企業家精神に関する障壁（Barrier to entrepreneurship）、貿易・投資に関する障壁（Barrier to trade and investment）の3本柱によって成り立つ。OECD 諸国の製品市場規制指数の推移を示した表3−1が示すように、日本・アメリカ・EU のどの指標をみても、1990年代後半から2010年代にかけて製品市場規制は全体的に緩和される傾向にある。この指数が低下トレンドにあるのは、市場の規制緩和こそが競争を通じてより新規性の高いイノベーション、ひいてはより高い経済成長を実現するという考え方が、学術の場のみならず政治の世界においても広く普及したためである。そうした考えの真偽はともかく、先進諸国では製品市場の規制緩和が進んだことは確かである。

　それでは、製品市場の規制緩和が進んだことで、市場占有度は高まったのか、

		製品市場規制指数	政府管理	企業家精神に対する障壁	貿易・投資に関する障壁
日本	1998	2.11	1.87	3.22	1.24
	2013	1.41	1.85	1.67	0.71
アメリカ	1998	1.63	1.96	2.00	0.92
	2013	1.59	2.70	1.55	0.52
EU	1998	2.21	3.00	2.89	0.80
	2013	1.39	2.16	1.56	0.43

表3-1　先進諸国の製品市場規制（単位：指数）
出所：OECD Indicators of Product Market Regulation のデータから著者が作成。EUはフランス、ドイツ、イタリア、スウェーデンの単純平均である。

それとも低下したのか。先に述べたように、製品市場の規制緩和が進むと、市場に新規参入できる可能性が高まり、市場は競争的になりうる。例えば、それまで各地域の一部の電力会社からしか電気を購入できなかった一般家庭や小規模事業者は、2016年に電気の小売業への参入が全面自由化されたことにより、電力会社や料金メニューを自由に選択できるようになった。その結果、小売電気事業者数は、2016年時点の300者から2021年時点では700者へと倍増した（資源エネルギー庁［2021］）。このように規制緩和は、明らかに市場を競争的にする効果をもつ。

　他方で、規制緩和を背景にして一部の市場で出現したのは、GAFAM（Google, Apple, Facebook, Amazon, Microsoft）のような巨大プラットフォーム企業である。検索サービスやSNS、情報やモノのやり取りを促進するネット通販などのプラットフォームは、その利用者が多ければ多いほど、その価値が高まるという性質をもつ。ちなみに財・サービスの価値が利用者の多さに依存することは、**ネットワーク効果**と呼ばれる。これら一部の「スーパースター企業」（Autor et al.［2020］）は、ネットワーク効果にくわえて規模の経済性も活かして、高い市場シェアを獲得した。言い換えれば、これらの市場ではより高水準のマークアップ率が実現された。こうしたスーパースター企業は、しばしば高い市場占有度を梃子にして、プラットフォームを利用する他企業に対して不当な支払金を求めるなど、自社に有利な市場環境をつくり出し、そしてライバル企業を排除しようとする。このように、適切な規制が欠如しているような市場においては、かえって市場占有度は高まっていくかもしれない。さらに、2節(3)のモデルが示すように、市場占有度の高い企業や産業（言い換えれば、労働分配率の

低い企業や産業）のシェアが高まっていくと、経済全体の労働分配率もまた低下することになる。

とはいえ、「スーパースター企業」仮説は、知名度のある新興企業が多く存在するアメリカにこそ当てはまりそうだ。EU圏では市場占有率は比較的安定的に推移しているという研究もあり、どの国の経済にも適用できる仮説ではないと考えられる。

(2) 労働者の交渉力の低下

労働分配率を引き下げる第2の要因は、労働市場の制度変化によって労働者の賃金交渉力が低下したことである。労働者の賃金交渉力が低下すれば、マークアップ率に増加圧力が加わり、労働分配率は低下するであろう。

それでは、直接的には計測できない労働者の賃金交渉力を、いったいどのように測ることができるだろうか。ここでは、**労働組合組織率**と**労働協約の適用率**という2つの観点から労働者の交渉力を捉えたい。労働者の交渉力を測るうえで、労働組合組織率は伝統的に最もよく用いられてきた指標である。労働組合に組織化される労働者数が多ければ多いほど、労働者の交渉力は高くなる。しかし、仮に労働者の多数が労働組合に加入していなくとも、そうした未組織労働者の労働条件についての、組織労働者による労使交渉で合意された協約の適用が法的に保障されているのであれば、労働組合が依然として労働者全体の利害を代弁する組織になりうる。労働組合の組織率が一概に労働者の交渉力に直結するわけではなく、労働協約の適用率をも考慮する必要がある。

図3-4は、各国の労働組合の組織率と労働協約の適用率の組み合わせを2時点（1990年代および2010年代半ば）でプロットしたものである。この図では労使交渉が最も集権化されているスウェーデンの組織率の高さが際立っている。スウェーデンでは、ブルーカラー系の全国的な労働組合LOと経営者連盟SAFの中央交渉によって、個々の企業の生産性格差にかかわらず、同じ職種においても産業別においても格差を小さくさせるような賃金制度が導入されてきた。このような連帯的賃金政策と積極的労働市場政策を組み合わせた成長モデルは、**レーン＝メイドナー・モデル★**とも呼ばれる。しかし、1990年代に入って、職能が高いホワイトカラー系の労働者の賃上げ要求が大きくなり、また経営者側からすれば国際競争力の維持のために賃金の柔軟性を増す必要性が生じ、その結果中央集権的に決められた賃金交渉が徐々に職能・業種別組合による賃金交

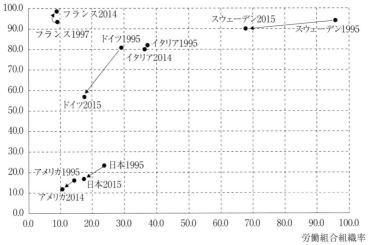

図3−4　労働組合組織率と労働協約の適用率（単位：％）
出所：OECD. Stat のデータから著者が作成。

渉にとってかわられるようになった（遠山［2010］、湯元・佐藤［2010］）。こう
して組織率は1995年から20年後に15ポイントも低下した。とはいえ、労働協約
の適用率が依然として高い水準をキープしている事実をふまえると、同国の賃
金交渉力が極端に落ちているとは言い切れないかもしない。

　労働者の交渉力が組織率だけでは測れないのは、フランスをみれば理解でき
る。フランスの組織率は低水準にとどまっているものの、労働協約の適用率は
OECD 諸国のなかで最も高い水準となっている。フランスにおいて労働協約
の適用率が高いのは、産業別で締結された労働協約がその産業におけるすべて
の労働者に適用されるからである。フランスでは、大多数の労働者は組合のな
い企業で働いているので、産業別労働協約によって一定の雇用・労働条件が担
保されることになる。

　労働組合組織率が劇的に低下している国は、ドイツである。ドイツは、かつ
ては**コーポラティズム**★の代名詞であったが、いまやその組織率は日本と同レ
ベルにまで落ち込んでいる。サービス産業に従事する労働者や女性労働の組織
化に失敗しているためである。ドイツほどではないが、日本やアメリカもまた、
組織率と労働協約の適用率の低下トレンドを阻止することができていない。

以上をまとめると、フランスやスウェーデンは労働者の交渉力がいまだ保たれている国、そして日本やドイツ、アメリカは労働者の交渉力が低下し続けている国だといえそうである。1990年代以降の格差拡大を論じるうえでも、労働者の交渉力の低下は看過できないポイントである（第12章）。

(3) 株主価値志向・グローバル化・技術進歩

　労働分配率を引き下げるその他の要因としては、「株主価値志向の浸透」、「グローバル化」、「技術進歩」が挙げられる。それぞれについて、簡潔に触れておこう。

　先進諸国における一部の企業では、株主価値志向の経営スタイルが浸透したことを背景に、利子や配当などの金融的支払いが増加する一方で、設備投資の原資となる内部留保が減少している（Stockhammer［2004］、Hein［2012］）。金融的支払いが増加していくと、企業はその一部をマークアップ率に転嫁していくことによって内部留保を維持しようとする。もちろん、マークアップ率の増加は労働分配率を減少させる効果をもつ。また、主に経営者を対象とした報酬の一環として**ストックオプション***が多くの企業で導入されたことにより、経営者が企業の長期的成長より株価の短期的上昇に注意を向けるようになった。その結果、経営者はマークアップ率を引き上げてでも（言い換えれば、労働分配率を犠牲にしてでも）、株主に支払うための収益の確保に邁進するようになった。

　次に、グローバリゼーションが労働分配率に影響を与えるメカニズムを確認する。経済のグローバル化は、以下の2つのルートを通じて労働分配率の低下に寄与する。第1に、先進国における製品市場に安価な輸入製品——その多くは賃金が相対的に低い発展途上国で製造される——が増加し、先進国の当該産業の主要コストである名目賃金に低下圧力がかかる。第2に、国外への資本移動に制限がなければ、先進国の企業は賃金が相対的に低い発展途上国に生産拠点を移したり、発展途上国の企業に一部の事業をアウトソーシングしたりする（第7章2節）。これらは労働需要の低下を通じて賃金を低下させる。また仮に生産拠点が外国に移転しないとしても、いつかは移転するかもしれないという**威嚇効果**によって、先進諸国の労働者の賃金交渉は委縮させられる。こうして、とりわけ先進国の労働分配率に対して低下圧力がかかるのである。

　他方で、グローバル化は必ずしも労働分配率を引き下げるわけではない、と

する主張もある。いかなる国の輸出財生産企業も国際市場で熾烈な価格競争に晒されている。とりわけ日本やドイツのような輸出主導型の国では、むやみに輸出財のマークアップ率を高めることは国際的な価格競争を行ううえでは不利に作用する。その結果として、グローバル化はマークアップ率にいっそうの低下を促す可能性もある。このように、グローバル化は労働者の賃金にもマークアップ率にも負の影響を与えるので、どちらの効果が大きいかによって、労働分配率の変化の方向も決まることになる。

　最後に、技術進歩が労働分配率に与える効果についても確認しておこう。1990年代以降に情報通信技術が普及し始めると、資本財の価格が労働の価格（すなわち賃金）に比して大幅に低下するようになった。例えば、コンピュータ本体やメモリなどの部品の日々の値下がりを思い起こせば、資本財価格の低下はイメージしやすいだろう。このことは企業に対して資本集約的技術を用いるよう促すことになった。その結果、生産過程において労働（雇用）がより節約されることになるので、労働分配率が低水準に陥ったというのである。とはいえ、こうしたシナリオが妥当であるかどうかは、資本と労働の代替の弾力性次第である。仮に資本財の価格が低下したときに、資本と労働の代替の弾力性が1より大きいと、資本財価格の低下を相殺するほど使用される資本の量が大きくなり、その結果、資本分配率が増加することになる（このメカニズムは格差について論じた第12章5節でも再度説明することになる）。しかし、資本と労働の代替の弾力性については、経済学の歴史上長い論争の争点になっており、短期的には資本と労働の代替がないとする意見から資本と労働は十分に代替的であるという意見まで、幅広い見解が存在している。したがって、技術進歩が労働分配率に負の影響を与えるというストーリーは、一定の留意をもって押さえておく必要があるだろう。

第4章

マクロ経済の変動

1. はじめに

　前章では賃金シェア（労働分配率）の水準や変動に影響を与える要因を説明したのに対して、本章では賃金シェアの変化がマクロ経済の変動——経済成長・物価上昇・経済の不安定化——に対してどのような影響をもたらすかを明らかにする。その準備段階として、まずは本章のマクロ経済モデルを理解しやすくするために、**国内総生産**（Gross Domestic Product、以下 GDP と記す）について簡単に復習しておこう。

　経済全体の動きを俯瞰しようとするときには、財・サービスの総量である GDP を考える必要がある。ここで GDP は、一定期間内に国内で新たに生産され、原則的に市場で取引された付加価値の総計と定義される。GDP は付加価値の合計であるから、これは生産面からみた統計である。ところで、生産された付加価値は誰か（企業、家計、地主など）の所得として分配され、それによって誰か（企業、家計、外国など）が購買（支出）する。したがって、表4-1に示すように、GDP は、国内の所得の総計である国内総所得（Gross Domestic Income）に等しいと同時に、国内の支出の統計である国内総支出（Gross Domestic Expenditure）にも等しい。これは **GDP の三面等価の原則**としてよく知られている。

　とはいえ、現実には国内で生産された財・サービスのすべてが国内または外国で購入される保証はどこにもない。表4-1にあるように、財・サービスの売れ残りは、支出項目の1つである在庫投資（支出面における「在庫品増加」）として処理されている。GDP の三面等価の原則が成立するのはこのような会

	生産面		分配面		支出面	
産業	第一次産業	6,482.9	雇用者報酬	274,679.4	民間最終消費支出	302,490.5
	第二次産業	144,618.4	営業余剰・混合所得	106,225.5	政府最終消費支出	107,234.8
	第三次産業	391,014.4	固定資本減耗	121,320.7	総固定資本形成	129,927.9
輸入品に課される税・関税		8,570.9	生産・輸入品に課される税	45,516.0	在庫品増加（在庫変動）	372.5
（控除）総資本形成に係る消費税		5,939.8	（控除）補助金	2,994.6	財貨・サービスの輸出	96,891.2
統計上の不突合		375.0	統計上の不突合	375.0	（控除）財貨・サービスの輸入	91,794.9
GDP		545,121.9	GDI	545,121.9	GDE	545,121.9

表4-1　日本経済における名目 GDP の三面等価（2017年、単位：10億円）
出所：内閣府「国民経済計算（2015年基準・2008SNA）」のデータより著者が作成。

計ルールがあるからであって、現実の経済活動において生産されたもの（市場に供給されたもの）がすべて購入される（市場で需要される）とは考えてはならない。実際の市場では、需要（より正確には、貨幣的支出の裏付けがある需要を意味する有効需要）こそが供給を決定している、言い換えれば**有効需要の原理**が成立しているのである。

　本章では、この有効需要の原理を支柱としながら、マクロ経済の変動をもたらす諸要因を明らかにする。2節では、財市場の総需要を構成するうえで最も重要な項目である投資と消費、そして消費の裏面である貯蓄について、ケインズ派の考え方に基づき説明する。3節では、利潤シェアや利子率などの諸要因が財市場の需給均衡に与える効果を明らかにする。4節では、マクロ経済における物価変動、すなわちインフレーションとデフレーションのメカニズムを説明する。最後に5節では、2節から4節までの議論をベースにして、マクロ経済の不安定化プロセスが生じるメカニズムと、その対応策としての制度の役割について論じる。

2．投資と貯蓄

(1) IS バランス

　まずは、マクロ経済学の教科書のように、マクロ経済の各需要項目を数式で記そう。いま、民間消費支出を C で、民間投資 I で、政府支出を G で、輸出

を X で、輸入を M であらわすとすれば、マクロ経済の総需要 D は次のように表現される。

$$D = C + I + G + X - M \qquad (4\text{-}1)$$

「需要」は経済学的には企業や家計などが市場において購入しようとする欲求ないし行動を指すので、総需要を構成する投資には在庫品が含まれないことに注意してほしい。次に、マクロ経済の総供給（国内総生産）を Y であらわすことにする。財市場の総供給と総需要が一致した状態を均衡と呼ぶならば、財市場の需給均衡条件は次のようにあらわされる。

$$Y = D = C + I + G + X - M \qquad (4\text{-}2)$$

(4-2)式それ自体は、総供給と総需要が等しい状態を表現しているにすぎない。それに対して有効需要の原理は、(4-2)式に因果関係を持ち込む。すなわち、有効需要の原理は、(4-2)式右辺の総需要が左辺の総供給を決定することを意味するのである。

　ここで議論を簡単にするために、思い切って閉鎖経済（輸出や輸入など外国との経済的取引が存在しない経済）を想定する。さらに、民間の経済活動に焦点を当てるために、政府の歳出・歳入などもいったん捨象してしまおう。このとき、財市場の均衡条件である(4-2)式は、次のように書き換えられる。

$$Y = D = C + I \qquad (4\text{-}3)$$

毎期フローとしてつくり出されたものから期中に消費したあとの残りの部分は、貯蓄と定義される。したがって、マクロ経済の総貯蓄 S は次のようにあらわされる。

$$S = Y - C \qquad (4\text{-}4)$$

(4-3)式と(4-4)式から、次式が導かれる。

$$S = I \quad \text{or} \quad S/K = I/K \qquad (4\text{-}5)$$

(4-5)式左側の式は **IS バランス** とも呼ばれるものであり、右側の式はこの IS バランスの両辺を（固定）資本ストック K で割ったものである。閉鎖経済のもとでは、マクロ経済において財市場の需給が均衡していることは、国内の総貯蓄が国内の総投資に等しいと言い換えることができる。もちろん財市場が均衡しないこともありうる。例えば、総貯蓄が総投資より大きければ（$S > I$ であれば）、総供給が総需要より大きくなり（$Y - C > I$、すなわち、$Y > C + I$）、財市場は超過供給となる。逆に、総貯蓄が総投資より小さければ（$S < I$ であれば）、総供給が総需要より小さくなり（$Y < C + I$）、財市場は超過需要となる。

そこで、次に考えるべきは、ISバランスを構成する投資と貯蓄はどのように決まるのか、という問題になる。

(2) 投資

　ケインズ（J. M. Keynes）は、投資と貯蓄に関して次のように述べている。

　　貯蓄は個々の消費者の行為であって、その経常所得の全部を消費に支出することは差し控えるという消極的な行為からなる。他方投資は、消費できない産出物の総額を定める意思決定をすることをその職能とする企業者の行為であり、そしてそれは、ある生産過程を開始もしくは維持し、あるいは流動的財貨を手許に保留するという積極的な行為からなるものである（Keynes［1930］邦訳177-178頁）。

ケインズにとっては、投資と貯蓄は根本的に異なる行動であり、投資と貯蓄が恒常的には一致しない。投資と貯蓄がどのように一致するのかという問題に取り組む前に、まずは互いに独立的であるところの投資および貯蓄の決定メカニズム、言い換えれば投資関数と貯蓄関数を考える必要がある。
　投資関数を設定するうえでの重要なポイントは、投資行動が将来時点での収益を見据えた行動である、ということである。例えば、中国に工場を建てようとする日系企業は、中国人の所得の伸びや自社でつくる財へのニーズの変化等の中国市場の将来性を予測するだろう。つまり企業が投資をする際には、経済変数の予測のもととなる**期待**（expectation）が特に重要な役割を果たしている。それでは、期待に基づく投資決定はどのようになされるのだろうか。本章では、**適応的期待形成**（adaptive expectation）に基づいた投資関数を取り上げる。ここで適応的期待形成とは、過去のある時点における期待値と現実値とのずれに応じて期待が部分的に修正されていく、というプロセスを指す。このことを、**利潤率**（企業の利潤 Π をその資本ストック K で割った値であり、企業の収益性の指標となる）を例にとって説明しよう。
　いま t 時点における現実の利潤率を r_t、同時点における期待利潤率を r_t^e であらわすとする。t 時点より将来である $t+1$ 期における期待利潤率は、適応的期待形成に基づくと、次のようにあらわされる。

$$r_{t+1}^e = r_t^e + \theta(r_t - r_t^e) \tag{4-6}$$

ここで、θ は調整変数をあらわし、0より大きく1より小さいパラメータである。適応的期待形成とは、(4-6)式が示すように、$t+1$ 期における期待利潤率が、t 時点の現実の利潤率とその期待値との差に応じて部分的に修正されていくプロセスである。ところで、$r_t^e = r_{t-1}^e + \theta(r_{t-1} - r_{t-1}^e)$ であることに注意し、この式を(4-6)式右辺に代入し、さらに同じような手続きを踏んでいくと、最終的に $t+1$ 期における期待利潤率は次のように書き換えられる。

$$r_{t+1}^e = \theta r_t + \theta(1-\theta)r_{t-1} + \theta(1-\theta)^2 r_{t-2} + \theta(1-\theta)^3 r_{t-3} + \cdots \qquad (4\text{-}7)$$

(4-7)式をみると、$t+1$ 期における期待利潤率は過去の利潤率の現実値の加重平均になっていることがわかる。このように適応的期待形成は、将来の期待値が最終的には過去の現実値によって規定されるという意味で、**バックワード・ルッキング**（backward-looking）な性質をもつ。また θ は1より小さいので、(4-7)式右辺の後ろの項ほどその値は小さくなる。言い換えれば、過去の利潤率であればあるほど、将来時点の期待利潤率に与える影響は小さくなる。仮に θ が1に近いときには、$t+1$ 時点の期待利潤率は t 時点での利潤率の現実値に θ を乗じたものに近似できる。

　いま、t 期における資本ストック K_t で割った t 期の投資 I_t（これは資本ストックの成長率であり、**資本蓄積率**と呼ばれる）が $t+1$ 期の期待利潤率に依存し、かつ、(4-7)式において θ が1に近似した結果として $t+1$ 期の期待利潤率 r_{t+1}^e が t 期の利潤率の現実値 r_t に近似すると想定するならば、投資関数は次のようになる。

$$\frac{I_t}{K_t} = F(r_{t+1}^e) = F(r_t), \quad \frac{dF(r_t)}{dr_t} > 0 \qquad (4\text{-}8)$$

(4-8)式は、t 時点の（資本ストック1単位当たりの）投資が t 時点の利潤率の現実値に依存して決まることを意味する。こうして適応期待形成を前提にすると、将来の期待利潤が現在の投資水準を決定するということは、現在以前の利潤が現在の投資行動を規定する、というように言い換えられることになる。

　多くの実証研究によれば、(4-8)式のように、現在ないし過去の利潤こそが現在の設備投資に決定的な影響を与えることがわかっている。言い換えれば、投資行動にはバックワード・ルッキングな企業の志向や態度が強く反映されている。その一方で、投資は、将来の収益確保を目的とすることから、本質的には**フォワード・ルッキング**（forward-looking）な性質をもつはずである。例えば将来の利益の確保が見込めるのであれば、企業は過去の収益に関する実績を無

視してでも現在時点での投資を厭わないはずである。にもかかわらず、現実の企業の投資行動が過去の利益に縛られるのは、なぜなのか。この理由を**借入制約**（信用制約）と**不確実性**という2つのキーワードから説明したい。

　多くの企業が将来予測に基づいて投資を行おうとすることは確かである。しかし、将来の展望が開けているからといって、企業は無制限に投資資金を調達できるわけではない。例えば、資金の代表的な貸し手の1つである銀行は、資金の借り手である企業の信用を評価しなければならないが、その評価は企業が実際に保有している利潤や資産などに依存する。なぜなら、貸し手にとってのリスクは、借り手（企業）が債務不履行に陥ることだからである。それゆえ企業が現在以前の時点で多くの利益を確保していれば銀行はその企業に融資しやすくなるし、逆は逆となる。このように企業は借入制約に直面しているので、現在時点の投資行動は現在または過去の利益に依存することになる。

　さらに、不確実性もまた、企業の投資行動に対して制限をかけている。将来は不確実であり（リーマンショックやコロナ禍を誰が予想できたというのか）、企業を取り巻く環境がどう変化していくかを人々は容易に予想できない。世の中には確率では決して表現できないような根本的不確実性があるため、企業は不慮の出来事に対する「保険」として投資を手持ちの利益の範囲内で行う傾向にある。というのは、手持ちの利益の範囲内で投資を行った方が、返済できない負債を抱えるなどのリスクを負わなくてすむからである。こうして現在時点の投資は、過去の利益と不可分な関係をもつことになる。

　そこで、以下で説明するマクロ経済モデルでは、投資におけるフォワード・ルッキングな性質を認めつつも、適応的期待形成に基づくバックワード・ルッキングな投資関数を想定する。それにしても(4-8)式のように利潤率だけが資本蓄積率の決定要因であると想定するのは、いささか現実を単純化しすぎている。利潤のほかに投資を規定する要因としては、稼働率、利子率、そしてケインズが重視した**アニマル・スピリッツ**（血気または動物的衝動などと訳される）などが挙げられる。以下、これらの要因を順に説明しよう。

　第1に、資本稼働率が高くなると、投資は増加する。企業は需要の突発的な増加に対応するために、生産能力に余裕をもたせながら活動している。仮に予期できない需要の増加が生じたときに供給を即座に増やすことができないと、ライバル企業にシェアを奪われたり、新しい企業に市場へ参入されたりしてしまう。それゆえ企業は稼働率を100％より低い水準、おおよそ80％程度にとどめよう

とするのである（第2章の図2-3を参照のこと）。またこのことは、稼働率が一定の水準を超えてくると、この水準を維持するために企業は追加的な投資を行って生産能力を拡大させることを意味する。こうして稼働率が一定水準を超えて高くなると投資が増加する、という関係が導かれる。なお、稼働率が100%より低い状態は不完全稼働、100%の状態は完全稼働の状態と呼ばれる。

　第2に、利子率の低下は投資に正の影響を与える。利子率を企業の負債にかかる利子率（つまり借入利子率）であると解釈するのであれば、この利子率が低下すると企業は資金を借り入れやすくなり、投資量は増加する。あるいは利子率を債券利子率であると解釈するならば、債券利子率の低下に直面した企業は資金を実物投資に多く割り当て、利潤を多く獲得しようとする。いずれの解釈のもとでも投資は利子率の減少関数となる。

　第3に、企業または企業家のアニマル・スピリッツの増加は投資を増やす効果をもつ。ケインズは、アニマル・スピリッツを次のように説明している。

　　何日もたたなければ結果が出ないことでも積極的になそうとする、その決意のおそらく大部分は、ひとえに血気（アニマル・スピリッツ）と呼ばれる、不活動よりは活動に駆り立てる人間本来の衝動の結果として行われるのであって、数量化された利得に数量化された確率を掛けた加重平均の結果として行われるのではない。（Keynes［1936］邦訳223-224頁）

このアニマル・スピリッツは、人々の合理的な計算を超えたところにある、将来に対する過度な期待（もしくは過度な恐れ）を反映している。このようにはなはだ非合理な性質をもつアニマル・スピリッツであるが、それが高まれば高まるほど、投資は増加することになる。

　以上の諸要因を考慮して、投資関数をもう一度定式化してみよう。投資を資本ストックで割った値（資本蓄積率）は、利潤率 r、稼働率 u、アニマル・スピリッツ α と正の関係をもち、利子率 i と負の関係をもつ。それゆえ、この投資関数は次のようにあらわされる。

$$\frac{I}{K} = F(r, u, i, \alpha), \quad \frac{\partial F(r, u, i, \alpha)}{\partial r} > 0, \quad \frac{\partial F(r, u, i, \alpha)}{\partial u} > 0,$$

$$\frac{\partial F(r, u, i, \alpha)}{\partial i} < 0, \quad \frac{\partial F(r, u, i, \alpha)}{\partial \alpha} > 0 \tag{4-9}$$

ここで、資本設備が完全稼動した場合の産出量（潜在産出量）を $\overline{Y}$ であらわすならば、稼働率は $u(=Y/\overline{Y})$ と定義される。なお(4-9)式以降は、適応的期待形成を仮定した結果として諸変数はすべて同一期間のものとなるため、時間をあらわす添え字 t を省くことにする。また利潤率 $r(=\Pi/K)$ は、利潤シェア（資本分配率）$\pi(=\Pi/Y)$、潜在的産出資本比率 $\delta(=\overline{Y}/K)$、稼働率 u という3つの項の積になることに注意しよう。すなわち、$r=\pi\delta u$ である。このうち、潜在的産出資本比率は明確なトレンドが存在しない技術的な要素であるため、これを定数とみなしてもよいだろう。すると、(4-9)式は次のように書きかえられる。

$$\frac{I}{K}=F(\pi, u, i, \alpha), \quad \frac{\partial F(\pi, u, i, \alpha)}{\partial \pi}>0 \qquad (4\text{-}10)$$

最終的に資本蓄積率に影響を与える変数は、利潤シェア、稼働率、利子率、アニマル・スピリッツの4つに集約される。このうちアニマル・スピリッツを除いた諸要因が投資に有意な影響を及ぼすことは、多くの実証研究で一定の妥当性があると認められている。唯一、不明瞭なのはアニマル・スピリッツであるが、それはその時々の社会経済の雰囲気に近いものであり、定量化には馴染まないからである。

(3) 貯蓄と消費

　次に貯蓄行動を考える。いま、経済には生産要素の所有（または提供）に応じて2種類の経済主体が存在すると想定する。すなわち資本を所有し労働を提供しない経済主体である資本家、および、資本を所有せず労働のみを提供する労働者である。言うまでもなく、このような古典的な仮定は、株式などの資産をもつ労働者も存在するという現実をあらわしてはいない。しかし、第12章でも示しているように、近年の先進国では資本（資産）はますます一部のトップ層のもとに集中するようになってきている。つまり、現代は「持つ者」と「持たざる者」が再び分岐する時代である。現実に合うようにモデルを変更することは可能だが、ここではその一次的接近として古典的な仮定を採用しよう。

　国内で生産された付加価値は、資本を提供した対価として得られる（資本家の）利潤所得と、労働を提供した対価として得られる（労働者の）賃金所得に分割される。利潤シェアを用いると、資本家が獲得する利潤は πY、労働者が獲得する賃金は $(1-\pi)Y$ となる。また労働者はその所得 $(1-\pi)Y$ のすべてを

支出すると仮定する。この仮定は労働者が資本を所有しないという想定と整合的である。というのも、仮に労働者がその所得の一部を貯蓄するのであれば、彼は間接的に資本（銀行預金や株、債券の形態をとる）を所有することになるからである。他方で、資本家はその所得の一定割合を貯蓄するとシンプルに仮定する。資本家の貯蓄性向を s_c（ただし $0 < s_c < 1$）であらわすならば、経済全体の貯蓄 S をあらわす貯蓄関数は、次のように定式化できる。

$$S = s_c \pi Y \quad \text{or} \quad \frac{S}{K} = s_c r \tag{4-11}$$

労働者は貯蓄しないと仮定したので、(4-11)式には労働者の貯蓄行動は反映されていないことに注意しよう。先に述べたように、利潤率 r は利潤シェア、潜在的産出資本比率、稼働率の積になるので、(4-11)式は次のように書き換えられる。

$$\frac{S}{K} = s_c \pi \delta u \tag{4-12}$$

投資関数(4-10)式と同じように、貯蓄関数もまた利潤シェアと稼働率の増加関数として表現されることになる。

　貯蓄は消費と表裏一体の関係にあるので、(4-12)式を使うことでこの経済の消費関数を次のようにあらわすこともできる。

$$C = Y - S = (1 - s_c \pi) Y \quad \text{or} \quad \frac{C}{K} = (1 - s_c \pi) \delta u \tag{4-13}$$

(4-13)式左側の式が示すように、総消費は、資本家の貯蓄性向および利潤シェアの減少関数であり、$1 - s_c \pi > 0$ により所得の増加関数となる。この式はマクロ経済学の教科書によく登場するケインズ型消費関数とかなり似ている。実際、(4-13)式の消費関数とケインズ型消費関数の違いは、前者において、基礎消費がゼロ、かつ、資本家と労働者が異なる貯蓄性向を持つという想定が置かれていることだけである。

　さて同じ需要項目であっても、投資関数については長きにわたって議論してきたのに対して、消費関数に関してはいささかシンプルにまとめすぎたかもしれない。(4-13)式のような消費関数は、現在の消費が現在時点の貯蓄性向、利潤シェア、所得に依存することを示しているにすぎず、消費のフォワード・ルッキングな性質を無視しているのが、その一端であろう。例えば将来の収入を見越してローンを組みつつ最新のスマートフォンを購入することはよくあることであり、それゆえ消費にもフォワード・ルッキングな性質が備わっている

のは確かである。しかしその一方で、現在の消費は現在の所得に制約されるという関係は頑健である。人々の消費活動におけるフォワード・ルッキングな性質もまた、投資と同じように借入制約や不確実性によって抑制されているのであり、したがって現在の消費水準は現在の所得水準と安定的な関係を結んでいるのである。

3. マクロ経済の均衡

(1) 均衡への収束プロセス

先に述べたように、マクロ経済の需給が一致している状態は、(4-5)式のようなISバランスであらわすことができる。そこでこの等式がどのように成り立つかを考える必要がある。

結論からいえば、ISバランスは、数量調整によって成立する。例えば、総貯蓄が総投資を上回っていれば（$Y>C+I$であれば）、企業は生産量Yを絞って貯蓄と投資を等しくしようとする。逆に、総貯蓄より総投資が大きければ（$Y<C+I$であれば）、企業は生産量を増やして貯蓄と投資を一致させようとする。このようにして、財市場におけるISバランスは成立するのである。実際、数量調整はあらゆる市場において観察される。逆に数量調整ではなく価格調整が支配的な市場の方が希少であるので、そちらを挙げた方がよいかもしれない。価格調整が支配的であるような典型的な市場は、一次産品の市場や株式市場である。これらの市場ではその財・サービスの生産量ないし供給量を容易には変更できないため、価格調整が支配的になる。その他の市場の多くは、数量調整によって均衡が成立している。

数量調整には**在庫調整**と**稼働率調整**という2つの調整パターンがあり、それらは密接に関係している。在庫調整では、ある財の需要が増えたときには、在庫が取り崩されることによって、需要に合うように稼働率が上昇する（供給量が増加する）。逆に、需要が減少すれば、在庫が積み増され、稼働率が低下する（供給量が減少する）。短期的には数量調整の主役は在庫調整である。しかし、在庫調整の背後には、稼働率調整が行われている。ある財の需要が増加して在庫が減少すると、その背後で財を追加的に増産するために稼働率が引き上げられ、逆にある財の需要が減少すると、在庫が増えるので稼働率は引き下げられる、といったようにである。このように在庫調整と稼働率調整は常に連動して

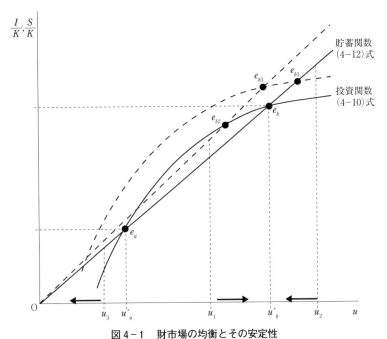

図4−1　財市場の均衡とその安定性
注：この図の元のアイデアは、ロビンソンに基づく（Robinson［1962］）。ただしロビ
　　ンソンの図の横軸は、稼働率ではなく利潤率であり、財市場の需給調整変数は稼
　　働率ではなく利潤シェアである。

いるのだが、以下で説明するモデルでは、在庫調整を捨象し、財市場の需給は
もっぱら稼働率によって調整されていると想定する。

　財市場の需給一致プロセスをもう少し詳しく検討しよう。縦軸に資本ストッ
クで基準化した総貯蓄と総投資、横軸に稼働率をとった図4−1において、（4-
10)式と(4-12)式が描かれている。この際、稼働率は数量調整の役割を担う変
数であることに注意しよう。

　貯蓄関数(4-12)式は、原点を通り、かつ傾きが$s_c\pi\delta$である直線で描かれて
いる。これに対して、投資関数(4-10)式は曲線で描かれている。なぜ貯蓄関数
が線形であるのに対して、投資関数は非線形なのかと読者は思うかもしれない。
実はそもそもあらゆる経済活動は線形の関数では表現できない可能性が高い。
だから本当はいかなる関数であれ、はじめから非線形を仮定する、あるいは非
線形を許容する方が望ましい。現実の投資関数も貯蓄関数も、この図で描かれ
る以上にもっと複雑な形をしていると考えられる。

あるいはまた、投資関数の傾きがなぜ逓減するのかと読者は訝るかもしれない。これは次のような理屈を反映している。稼働率が低い水準のときには、企業は需要の増加に（つまり稼働率の上昇に対して）比較的過敏に反応する。それゆえ稼働率が低水準のときに稼働率が1単位増加すると、資本ストックの成長率 I/K は比較的大きく上昇し、その結果として投資関数の傾きは大きくなる。しかし、稼働率が一定の水準を超えて比較的高い水準に至ると、企業は将来の需要の増加に対して次第に懐疑的になっていく。なぜなら、多くの財・サービスへの需要は長期的には飽和する傾向があるからである。その結果、稼働率の増加に対して資本ストックの成長率が上昇しにくくなり、投資関数の傾きは次第に小さくなると考えられる。

　議論を過度に複雑化しないように、ここでは線形の貯蓄関数と、傾きが逓減するような投資関数を仮定しよう。すると、両関数は最大で2回交差することになる。言い換えれば、財市場において需給が均衡する点は最大で2つ存在することになる。稼働率や資本蓄積率が小さい方の均衡を e_a、大きい方を e_b としよう。これらの均衡で、投資と貯蓄が等しくなり、正の均衡稼働率と均衡資本蓄積率が決定される。なお、以下では、均衡のもとでの稼働率や資本蓄積率については、変数の右肩に「＊」がつけられていることに注意してほしい。

　ここで、経済に何らかのショックが発生し財市場の需給バランスが崩れたときに、何が起こるかを考えたい。いま経済にパンデミックのようなマイナスのショックがあり、稼働率がその均衡値 u_b^* から u_1 に低下した場合を考えよう。このとき、u_1 から垂線を引けばわかるように、投資は貯蓄より大きい、つまり総需要の方が総供給より大きい。企業は財市場が超過需要であることを考慮し、生産量を増加させようとする。こうして稼働率は（図中の矢印が示す方向に）均衡 u_b^* まで収束していくのである。あるいは、特需の発生のように経済にプラスのショックが生じて、稼働率がその均衡値 u_b^* より増加して u_2 に至った場合を考えよう。このとき、貯蓄は投資より大きいので、財市場は超過供給の状態となる。したがって企業は生産量を絞っていき、稼働率はやがて均衡値 u_b^* まで低下する。このように、ショック後に経済が自律的に均衡に復帰するとき、その均衡は安定である、という。このモデルにおける均衡 e_b は安定である。

　今度は均衡 e_a から外れた場合を考えよう。経済にマイナスのショックがあり、稼働率が u_a^* より小さい u_3 に落ち込むと、財市場は超過供給となる。した

がって稼働率は低下し続け、均衡 e_a から遠ざかる力が働く。逆にプラスの
ショックがあった場合には、均衡 e_b に収束するのだが、このことは裏を返せ
ば均衡 e_a には復帰しないことを意味する。したがって、このような均衡 e_a は
不安定である、と呼ばれる。

　均衡 e_a と e_b の違いは、均衡点上で貯蓄関数の傾きと投資関数の傾きの大小
関係が異なることである。均衡 e_b では貯蓄関数の傾きが投資関数の傾きより
大きく、したがって均衡は安定である。財市場において数量調整が機能し均衡
が安定する条件を、**ケインジアン安定条件★**という。均衡 e_b ではケインジアン
安定条件が満たされている。逆に、均衡 e_a では貯蓄関数の傾きが投資関数の
傾きより小さく、ケインジアン安定条件が満たされない。そして経済学では、
不安定な均衡を考慮することは稀である。なぜならそれは、ショックによって
均衡からいったん外れると二度と経済が自律的には収束しない均衡だからであ
る。それゆえ、以下では安定的な均衡 e_b について考えることにする。

(2)　財市場の均衡をシフトさせる諸要因

　財市場の需給均衡に影響を与える諸要因を考える。このモデルでは、財市場
の均衡を変化させる要因として、利子率、アニマル・スピリッツ、資本家の貯
蓄性向、利潤シェアの4つがありうる。それぞれの変化が均衡にどのように作
用するかを、図4-1を用いて順にみていこう。

　第1に、利子率の低下は、企業の借入制約を緩和させる。それゆえこのこと
は、投資関数を上方にシフトさせることによって均衡稼働率と均衡資本蓄積率
を増加させる。図4-1では投資関数が破線のようにシフトし、その結果、新
しい均衡 e_{b1} が成立する。金融緩和を通じた利子率の低下によって景気回復が
期待されるのは、このためである。

　第2に、アニマル・スピリッツの上昇もまた、利子率の低下の場合と同じよ
うに、投資関数を上方にシフトさせる。したがって、アニマル・スピリッツの
増加は、均衡稼働率と均衡資本蓄積率を増加させる。

　第3に、資本家の貯蓄性向の増加は、貯蓄関数を反時計回りに回転させ、均
衡稼働率と均衡資本蓄積率を低下させる。図4-1では貯蓄関数が破線のよう
にシフトし、その結果、新しい均衡 e_{b2} が成立する。これは、**節約の逆説**(para-
dox of thrift) としてよく知られている現象である。不況期における貯蓄性向の
増加は、個々人にとっては合理的な行動ではあるものの、結果的には経済活動

のいっそうの縮小という結果をもたらすからである。このように、節約の逆説は、ミクロ的には合理的な行動であってもマクロ的には不合理な結果を生み出すという**合成の誤謬**（fallacy of composition）の代表例となっている。

　最後に、機能的所得分配をあらわす利潤シェアの効果であるが、これはやや複雑である。利潤シェアの増加は、貯蓄関数を反時計回りに回転させると同時に、投資関数を上方にシフトさせる。この結果、利潤シェアの増加は、稼働率や資本蓄積率を増加させることもあれば、減少させることもある。図4-1においては、新しい均衡 e_{b3} が成立し、均衡稼働率はやや低下し、均衡資本蓄積率は増加している。しかし、これは1つの可能性にすぎない。このことを、数式を使ってもう少し厳密に調べてみよう。

　IS バランスである(4-5)式に貯蓄関数(4-12)式と投資関数(4-10)式を代入すると、次式が求まる。

$$s_c \pi \delta u^* = F(\pi, u^*, i, \alpha) \tag{4-14}$$

この式を全微分して整理すると、利潤シェアの変化が均衡稼働率に与える効果を調べることができる。

$$\frac{du^*}{d\pi} = \frac{\partial F(\pi, u^*, i, \alpha)/\partial\pi - s_c \delta u^*}{s_c \pi \delta - \partial F(\pi, u^*, i, \alpha)/\partial u} \tag{4-15}$$

(4-15)式右辺の分母は、貯蓄関数の傾きと投資関数の傾きの差であり、ケインジアン安定条件が満たされる均衡（すなわち安定な均衡）のもとではプラスである。それゆえ $du^*/d\pi$ の符号は、右辺の分子の符号次第となる。

　まず、$\partial F(\pi, u^*, i, \alpha)/\partial\pi - s_c \delta u^* > 0$ となる場合を考えよう。この不等式は利潤シェアが変化したときに、投資の方が貯蓄よりも過敏に反応することをあらわす。この不等式が成立するとき、$du^*/d\pi > 0$ となる。ここで貯蓄は所得から消費を差し引いたものであることを思い出そう。投資が貯蓄より過敏に反応するということは、利潤シェアが増加したときに投資の増加が貯蓄の増加、言い換えれば消費の低下を上回ることを意味する。このようにして、利潤シェアの増加に対して（投資の増加がより大きく効くことで）稼働率が増加するとき、**利潤主導型需要レジーム**が成立しているという。言うまでもなく、利潤主導型需要レジームのもとでは、利潤シェアの低下（言い換えれば、賃金シェアの増加）に対しては、稼働率は低下することになる。

　次に、$\partial F(\pi, u^*, i, \alpha)/\partial\pi - s_c \delta u^* < 0$ となる場合を考えよう。このとき、$du^*/d\pi < 0$ となるが、これは利潤シェアが増加すると、投資の増加が消費の

低下を下回るため、稼働率が低下することを意味する。利潤シェアが増加した
ときに稼働率が低下するとき、**賃金主導型需要レジーム**が成立しているという。
賃金主導型需要レジームのもとでは、賃金シェアの増加（言い換えれば、利潤
シェアの低下）に対しては、稼働率は増加することになる。

　それでは利潤シェアが均衡資本蓄積率に与える効果は、どうなるだろうか。
財市場の均衡では貯蓄と投資は等しい。したがって、均衡における資本蓄積率
は投資関数を使っても貯蓄関数を使っても求められる。貯蓄関数である（4-12）
式を用いると、利潤シェアが均衡資本蓄積率に与える効果は次のようになる。

$$\frac{d(S/K)^*}{d\pi} = s_c \delta \left[u^* + \pi \left(\frac{du^*}{d\pi} \right) \right] \tag{4-16}$$

ここで、右辺の $du^*/d\pi$ は（4-15）式であらわされる。したがって、利潤主導
型需要レジームのときには（$du^*/d\pi > 0$ のときには）、利潤シェアの増加は均衡
資本蓄積率を必ず上昇させる。利潤シェアの増加に対して資本蓄積率が上昇す
るとき、**利潤主導型成長レジーム**が成立しているという。他方で、賃金主導型
需要レジームが成り立つときには（$du^*/d\pi < 0$ のときには）、（4-16）式右辺の
鍵括弧内の符号が確定しないため、均衡資本蓄積率は上昇するかもしれないし、
低下するかもしれない。仮に利潤シェアの増加に対して均衡資本蓄積率が低下
するならば、**賃金主導型成長レジーム**が成立しているという。

　ここで需要レジームおよび成長レジームという、やや紛らわしい用語の違い
について補足しておこう。稼働率は需要の水準をあらわす変数なので、利潤
シェアの変化が稼働率に与える関係は「需要」レジームと呼ばれる。他方で資
本蓄積率は資本ストックの成長率をあらわす変数なので、利潤シェアの変化が
資本蓄積率に与える関係は「成長」レジームと呼ばれる。なお、資本蓄積率は、
潜在的産出資本比率 $\delta (= \overline{Y}/K)$ が一定で、かつ、財市場が均衡しているとき
には、実質産出量成長率と一致する。潜在的産出資本比率が一定ということは
潜在的産出量の成長率が資本蓄積率と同水準であることを意味し、また財市場
が均衡にある限り稼働率 $u (= Y/\overline{Y})$ は一定水準にとどまるので潜在的産出量
の成長率と現実の実質産出量の成長率は等しくなる。したがって、潜在的産出
資本比率が一定で、かつ財市場が均衡しているときには、利潤シェアの変化が
資本蓄積率に与える効果（すなわち成長レジーム）は、利潤シェアが実質 GDP
成長率に与える効果に読み替えてもよい。

　表4-2は、利子率や利潤シェアなどの諸パラメータが均衡稼働率や均衡資

パラメータの変化	条件	稼働率に与える効果	資本蓄積率に与える効果
利子率の低下	なし	プラス	プラス
アニマル・スピリッツの増加	なし	プラス	プラス
資本家の貯蓄性向の増加	なし	マイナス	マイナス
利潤シェアの増加（賃金シェアの低下）	$\partial F(\pi,u^*,i,\alpha)/\partial \pi - s_c\delta u^* > 0$、すなわち、利潤シェアの増加に対して投資の方が過敏に反応する。	プラス、すなわち、稼働率は利潤主導型となる（利潤主導型需要レジーム）。	プラス、すなわち、資本蓄積率は利潤主導型である（利潤主導型成長レジーム）。
	$\partial F(\pi,u^*,i,\alpha)/\partial \pi - s_c\delta u^* < 0$、すなわち、利潤シェアの増加に対して貯蓄（消費）の方が過敏に反応する。	マイナス、すなわち、稼働率は賃金主導型となる（賃金主導型需要レジーム）。	マイナス、すなわち、資本蓄積率は賃金主導型である（賃金主導型成長レジーム）。

表4-2　各パラメータの変化が均衡稼働率および均衡資本蓄積率に与える効果

本蓄積率に与える効果をまとめたものである。利子率やアニマル・スピリッツ、資本家の貯蓄性向は無条件で稼働率や資本蓄積率に決まった影響を与えるのに対して、利潤シェアの効果だけは条件次第である。簡単にいってしまえば、利潤シェアの変化に対して投資が過敏に変化する経済では、利潤主導型需要（成長）レジームが成立しやすい。逆に利潤シェアの変化に対して貯蓄（消費）が強く反応する経済では、賃金主導型需要（成長）レジームが成り立ちやすい。しかし、利潤シェアの変化に対して各需要項目がどのぐらい強く反応するかは、先験的にはわからない問題である。したがって、現実の経済が賃金主導型か、あるいは利潤主導型かになるかは、実証的に調べる必要がある。この問題については、のちの(4)でもう一度取り上げることにする。

　ところで、利潤シェアが低下すると稼働率や資本蓄積率が増加するケースは、「賃金コストを上げると景気がよくなる」という意味で**費用の逆説**（paradox of cost）とも呼ばれている。個々の企業からみれば、賃金はコストの一部であるので、そのコストを引き上げた方（賃金シェアを引き上げた方）が経済状況の改善につながるというのは信じがたいかもしれない。確かにミクロレベルではそのように感じても不思議ではないし、モデル上でも賃金の増加は利潤シェアの低下、つまり収益性の低下を通じて投資に負の影響を与えうる。しかし、マクロレベルでみれば、賃金は消費需要の重要な源泉の1つであり、したがってそ

の上昇は総需要にポジティブな影響を与えるのである。賃金主導型レジームは、賃金上昇が消費需要の増大に強く結び付くこと、そして供給が需要に規定されるという有効需要の原理を前提にして、はじめて成立する現象である。

(3) マクロ経済モデルの政策的含意

　投資関数と貯蓄関数の交点で定まる均衡では、完全雇用は実現できているだろうか。おそらく実現できていない。ケインズないしケインズ派によれば、失業は均衡 GDP（均衡稼働率）が完全雇用を保証する GDP（完全雇用を保証する稼働率）より小さいがゆえに生じる。したがって、失業を解消するためには、有効需要を創出して均衡 GDP ないし均衡稼働率を高める必要がある。本章のモデルでは政府支出を捨象しているが、仮に政府支出があるとすれば（より厳密には政府が投資をするならば）、その増加は投資関数を上方にシフトさせることによって、より高い均衡を実現させうる。つまり財政支出の増加は均衡稼働率と均衡資本蓄積率を引き上げる効果をもつ。そして稼働率や資本蓄積率が高くなれば、生産の増加に合わせて雇用が増加するだろう。また先にみたように、金融緩和を通じて利子率を引き下げることもまた雇用の増加に寄与するだろう。

　しかし、政府の財政・金融政策に頼らずとも雇用を増やす道筋もありうる。例えば、社会保障制度を充実させることを通じて人々の将来不安をなだめることができれば、それは貯蓄性向の低下につながって、経済をよい方向にもっていくことができるかもしれない。くわえて機能的所得分配の変更もまた経済活動水準に決定的な影響を及ぼしうる。賃金主導型需要（成長）レジームのもとで利潤シェアを引き下げること、あるいは利潤主導型需要（成長）レジームのもとで利潤シェアを引き上げることもまた、稼働率の増加や資本蓄積率の増加をもたらすだろう。前章では利潤シェアが、市場の独占度の増加、労働者の交渉力の低下など様々な要因に依存することを確認した。したがって、例えば賃金主導型需要（成長）レジームが成立しているときには、独占禁止法の適用により市場の占有度を低めたり、あるいは最低賃金を引き上げるなど労働者保護を目的とした制度を設計したりすることによって、経済活動を刺激することが可能となるだろう。

(4) 財・サービスの輸出入を考慮するとどうなるか

　以上でみてきたような機能的所得分配と経済活動水準の関係は、いくつかの

強い仮定のもとで成り立つものである。その強い仮定の1つとして、これまでのモデルが閉鎖経済を前提にしてきたことが挙げられるが、これは明らかにグローバル化した現代の経済にはそぐわない。実際、多くの実証研究によれば、国内経済だけをみれば賃金主導型レジームが成立している国においても、海外との財サービスの取引を考慮すれば、利潤主導型レジームに転換してしまっている。もともと賃金主導型レジームが成立するロジックは、「賃金シェアの増加（実質賃金の増加）⇒投資の低下よりも消費の増加が大きくなる⇒総需要の増加⇒稼働率ないし資本蓄積率の上昇」というものであった。それに対して、貿易を考慮すると、次のようにレジームの転換が生じる。すなわち実質賃金の増加は企業にとってはコストが高まることを意味するので、輸出企業にとっては国際競争をするうえで不利に作用することになる。仮に名目為替レートが一定であれば、貿易財価格を低下させられないことは、輸出量に低下圧力を加えることになる。つまり開放経済のもとでは、「賃金シェアの増加（実質賃金率の増加）⇒投資および輸出の低下が消費の増加よりも大きくなる⇒総需要の低下⇒稼働率ないし資本蓄積率の低下」という利潤主導型レジームのロジックが強く作用することになる。とりわけ輸出産業に大きく依存している国ほど、賃金シェアの増加が輸出に与える負の効果は大きくなるので、その経済は利潤主導型になりやすい。例えば、日本は利潤主導型レジームが成立する国の代表格ともみなされている。そして利潤主導型レジームのもとでは、賃金を引き下げる誘因が生じやすい。このことが背景となって、近年、多くの先進諸国では、輸出産業の労働者が強気な賃金交渉をできなくなっていると考えられる。

　なお自国の輸出を増幅させるために、自国の賃金を不当に引き下げたり自国通貨を減価させたりすることは、**底辺への競争**＊（race to the bottom）とも**近隣窮乏化政策**＊（beggar-my-neighbour policy）とも呼ばれ、しばしば国際社会で批判の対象とされている。なぜなら、そうした手段を用いて自国の輸出を伸ばすということは、貿易相手国の自国への輸出（言い換えれば、自国の輸入）を減らして相手国のGDPを減少させてしまう行為であり、このことはひいては自国の失業を他国に押し付ける行為ともみなされるからである。

　ともあれ、自国のことだけを考えるならば、利潤主導型レジームのもとでは賃金シェアをできるだけ引き下げた方が、経済状況が改善するのだと結論づけたくなるだろう。自国の賃金シェアの増加とそれにともなう購買力の増加は、確かに純輸出の減少を通じて自国の総需要を一時的に低下させてしまうからで

ある。しかし、自国が属している経済圏全体でみれば、自国の購買力が上がったことによって、自国はもとより自国を含めた経済圏全体の総需要が増加していることも忘れてはならない。さらに、ある経済圏に属するすべての国で賃金シェアが増加すると、経済圏全体で購買力が大きく上がり、それぞれの国が互いに総需要を増やせるケースがあらわれる可能性がある。例えば、ある研究は、EU圏の国々で賃金シェアが同時に増加する場合には、ごく一部の国を除いた国々では経済成長率が増加することを明らかにした（Onaran and Obst［2016］）。つまり、各国が協調して賃上げを許容すれば、自国も貿易相手国もともにその経済を浮揚させうるのである。

　ただし、国際協調こそは政治的にも経済的にも最も困難な課題であることは、言うまでもない。たとえ自国が経済圏全体の総需要を高める目的で自国の賃上げを促進したとしても、貿易相手国はそうした自国の行動に「ただ乗り」するかもしれない。このような「ただ乗り」を回避するために、自国も相手国も結局は賃金の切り下げという「底辺への競争」に参加する可能性も残ってしまう。国際協調の枠組みをどのように構築していくかは、経済学のテキストを超えた問題であり、政治学や法学などの異分野の知識や経験をふまえながら取り組むべきものであろう。

4．物価の変動

（1）インフレとデフレ

　これまでは、稼働率や資本蓄積率など経済の数量面における変動について議論してきたが、その一方でまだ経済の価格面での変化を論じていない。第2章や第3章で繰り返し論じてきたように、多くの財・サービスの価格は、コストプラス方式で定められており、少なくとも短期的には経済の数量面とは独立に決定される。言い換えれば、財・サービスに対する需要が変化したとしても、コストが一定である限りにおいて、価格はほぼ一定に保たれる。とはいえ、価格が全く変動しないということもありえない。消費財・サービスの物価を総合した指数である消費者物価指数の上昇率（インフレ率）は、図4−2が示すように、常に変動している。物価が持続的に増加する現象であるインフレーションは、1970年代前半まで、日本を含む多くの先進諸国で観察された。それに対して、1990年代以降の日本では、物価水準が持続的に低下している状態、すな

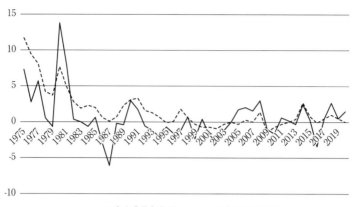

図4-2　日本のインフレ率（単位：％）

凡例：―― 国内企業物価指数　----- 消費者物価指数

出所：総務省「消費者物価指数」、日本銀行「国内企業物価指数」より著者が作成。

わちデフレーションが続いた。本節では、現代資本主義における物価の変動が、どのような要因によって引き起こされるのかを明らかにする。

　物価変動のメカニズムを考察する前に、インフレやデフレがいかなる問題を生み出すかを理解しておく必要がある。

　第1に、物価が変動すると、意図せざる所得分配が生じる。例えば、インフレが生じている経済では、名目賃金が物価と同一ペースで成長しない限りは、実質賃金が下落する。実質賃金の低下は利潤シェアの増加につながるので、インフレは労働者から企業への、意図せざる所得移転となる。また、積立方式の年金制度をもつ国でインフレが生じると、年金受給者の受けとる年金は実質的に目減りする。さらに、負債を抱える国や企業は、インフレによってその負債の実質的な価値の低下を享受できる。これは、資金の借り手にとっては喜ばしいことであるが、資金の貸し手にとっては損失である。もちろんデフレのもとでは、以上とは逆の所得移転が生じることになる。

　第2に、インフレやデフレは、総需要を変動させる効果をもつ。インフレ傾向が長く続くと人々が期待すると、家計は価格の持続的な増加を見込んで現在時点の消費を増やすことになる。またインフレは負債の実質価値や実質金利を低下させるので、企業の投資を促進する。逆にデフレ傾向が長期化すると、経済主体は消費や投資を先送りにし、慢性的な需要不足に陥ってしまうだろう。ただし、インフレが総需要にプラスの効果を与え、デフレがマイナスの効果を

与えるとは言い切れないことに留意すべきだろう。日本のように輸出産業のパフォーマンスに大きく依存している国においては、輸出財価格が増加し続けることは、国際的な価格競争を行ううえでは不利に作用するかもしれないからである。

　以上のようにインフレやデフレは所得分配や総需要に無視できないインパクトを与えるため、その原因を突き止める必要がある。インフレが生じる原因に関する見解は、学派ごとに完全に分かれている。例えば、**貨幣数量説**★をベースにしたマネタリストは、実質 GDP を上回るような中央銀行による貨幣供給の増加が、インフレの主な原因であると考える。しかし、第 5 章でも詳しく解説するように、こうした見解は本書が採用している内生的貨幣供給論の立場とは完全に相いれないだけでなく、2000年代以降の日本のデフレ傾向を説明できないものである。

　マネタリストと対極の立場にあるケインズ派においては、インフレは財市場の超過需要によって生じるとする見解と、コストの増加によって生じるという見解が併存している。財市場の超過需要によって引き起こされるインフレは**デマンドプル・インフレーション**と呼ばれ、コストの増加、とりわけ人件費の増加によって引き起こされるインフレは**コストプッシュ・インフレーション**と呼ばれる。これらは、互いに対立する見解なのだろうか。そうではない。デマンドプル・インフレーションは、経済が完全稼働の状態のもとで生じる現象である。すなわち、財市場の超過需要が生産量の増加という数量調整だけではカバーできなくなると、それ以上の総需要の増大は多くの関連する市場で価格の増大を引き起こす。その結果、インフレーションが生じる。他方で、コストプッシュ・インフレーションは、経済が不完全稼働の状態のもとで顕在化しやすい。前節のマクロ経済モデルで示したように、経済が不完全稼働であるときには、財市場の需要の増大は生産量の増加によって補われるのだから、総需要の変化が直接的にインフレ率に影響を与えるわけではない。しかしながら、以下で説明するように、中長期的には、総需要の変化は、労働者の賃金交渉力や労働生産性の成長に影響を与え、これらのことがコスト構造を変化させていく。こうしたコストの変化にあわせて価格が変化する――それゆえインフレ率も変化する――というのが、本書の立場である。

(2) インフレーションのコンフリクト理論

　実際にコストプッシュ・インフレーションをモデル化してみよう。第3章でもそうしたように、代表的企業が財1単位の生産にかかる費用（単位費用）に利潤マージンを上乗せすることによって価格を決定している、と想定する。本章では議論をかなり単純化して、費用は直接労働者の人件費のみから構成されると仮定する。いま企業が設定する価格は、次のようにあらわされる。

$$p = (1+\mu)\frac{w}{a} \tag{4-17}$$

ここで、p は代表的企業が設定する価格（すなわち物価水準）を、μ はマークアップ率を、w は名目賃金率を、a は労働生産性（労働投入係数の逆数）をあらわす。(4-17)式のような価格決定式から、利潤シェア π について、$\pi = \mu/(1+\mu)$ が求まる。またこの式を用いると、(4-17)式を次のように書き換えることができる。

$$p = \left(\frac{1}{1-\pi}\right)\frac{w}{a} \tag{4-18}$$

(4-18)式を時間微分して整理すると、次式が得られる。

$$\frac{\dot{\pi}}{1-\pi} = \frac{\dot{p}}{p} - \frac{\dot{w}}{w} + \frac{\dot{a}}{a} \tag{4-19}$$

ドットがついている変数は、その変数を時間で微分したものである。

　ここで、労働者も企業も、それぞれにとって望ましい利潤シェアの水準を実現しようと賃金や価格を変更すると想定する。例えば、労働者は、その所得の分け前である賃金シェアを増やすために、利潤シェアをできるだけ低く設定しようとする。そして仮に現実の利潤シェア π が労働者により設定された利潤シェアの目標値 π_w より大きければ、それを不満に思う労働者は名目賃金率の成長率を引き上げるよう企業に働きかけるだろう。同様に、企業も利潤シェアについての目標をもち、それを高めに設定したいと目論んでいる。もし現実の利潤シェアが企業により設定された目標利潤シェア π_f （一定と仮定する）より小さければ、価格変化率を引き上げることで利潤シェアを高めるだろう。もちろん、このように価格を自由に変化させうる企業は市場において力をもつプライスセッターであることに留意しよう。以上のような労働者の行動は(4-20)式で、企業の行動は(4-21)式であらわされる。

$$\frac{\dot{w}}{w} = \theta_w(\pi - \pi_w), \quad \theta_w > 0 \tag{4-20}$$

$$\frac{\dot{p}}{p} = \theta_f(\pi_f - \pi), \quad \theta_f > 0 \tag{4-21}$$

ここで、θ_w は労働者が現実の利潤シェアとその目標値との乖離を埋めるときの調整速度をあらわすパラメータである。同様に、θ_f は企業の調整速度をあらわすパラメータである。

　ところで、労働者が設定する目標利潤シェアは、常に一定とは限らない。例えば、失業者が多く存在している経済状況では、労働者も自己が同じ立場に転落することを恐れるだろう。その結果、労働者は賃金シェアを控えめに設定するだろう。言い換えれば、不況期には、労働者は比較的高い目標利潤シェアを設定し、名目賃金率の成長率をマイルドなものに抑えようとする。逆に経済が好調であるときには、失職するリスクが低いことから、労働者は低めの目標利潤シェアを設定しようとするだろう。このように経済活動水準または雇用水準に応じて労働者の賃金要求が変化することは、**産業予備軍効果**★（reserved-army effect）とも呼ばれる。産業予備軍効果が存在すると、労働者の設定する目標利潤シェアは、景気指標の1つである稼働率の減少関数になると考えられるので、次式が成り立つ。

$$\pi_w = Q(u), \quad \frac{\partial Q(u)}{\partial u} < 0 \tag{4-22}$$

　次に、労働生産性上昇率を考えよう。労働生産性上昇率は、**動学的収穫逓増効果**（フェルドーン効果）を通じて産出量の成長率の影響を受ける。このことは、古くはスミス（A. Smith）が「分業は市場の広さによって制限される」、つまり生産性は生産量に規定されると述べたことの別表現である。あるいは、投資拡大をともなう生産量の拡大は、技術進歩を促すことによって生産性にポジティブな影響を与える、というように解釈してもよい。ところで、財市場が均衡している状況では、実質産出量の成長率は資本蓄積率に等しく、また資本蓄積率は稼働率に依存することを先に述べた。そこで、ここでは次式のように、労働生産性上昇率は動学的収穫逓増効果を介して稼働率の増加関数となる、と仮定する。

$$\frac{\dot{a}}{a} = R(u), \quad \frac{\partial R(u)}{\partial u} > 0 \tag{4-23}$$

ここで、利潤シェアが一定の水準にとどまる、言い換えれば時間を通じて変化しないという長期の状態を想定する。というのも、利潤シェアの時間微分がプラスの場合（$\dot{\pi}>0$）には利潤シェアは長期的には1にたどり着くし、逆にその時間微分がマイナスの場合（$\dot{\pi}<0$）には利潤シェアは長期的にゼロに落ち着くのであるが、どちらのケースも現実的であるとはいえない。したがって、利潤シェアが一定の水準にとどまる状態（定常均衡と呼ばれる）を考えることには意味がある。いま利潤シェアが時間を通じて変化しないことをあらわす$\dot{\pi}=0$を(4-19)式に代入して、さらに(4-20)式、(4-21)式、(4-22)式、(4-23)式を用いると、定常状態における利潤シェア（定常均衡値と呼ばれる）π^*が求まる。

$$\pi^*=\frac{1}{\theta_f+\theta_w}(\theta_f\pi_f+\theta_w Q(u)+R(u)) \tag{4-24}$$

(4-24)式が示すように、利潤シェアの定常均衡値は、企業の目標利潤シェアπ_fと稼働率uの関数となる。企業の目標利潤シェアが増加すれば、利潤シェアの定常均衡値が増えることは、すぐに確認できる。他方で稼働率が変化したときに利潤シェアがどのように変化するかは、利潤シェアの定常均衡値を稼働率で偏微分することによって判別できる。

$$\frac{\partial \pi^*}{\partial u}=\frac{1}{\theta_f+\theta_w}\left(\theta_w\frac{\partial Q(u)}{\partial u}+\frac{\partial R(u)}{\partial u}\right) \tag{4-25}$$

利潤シェアの定常均衡値が稼働率の増加関数になるか減少関数になるかは、$Q(u)$と$R(u)$という2つの関数の性質次第である。仮に産業予備効果が強く作用する場合には、$\partial Q(u)/\partial u(<0)$の絶対値が大きくなる。また、動学的収穫逓増効果が大きくなると、$\partial R(u)/\partial u(>0)$の絶対値が大きくなる。したがって、例えば、産業予備軍効果が大きく、動学的収穫逓増効果が小さければ、$\theta_w\partial Q(u)/\partial u+\partial R(u)/\partial u<0$となり、利潤シェアは稼働率の減少関数となる。逆に産業予備軍効果に比して動学的収穫逓増効果が大きければ、$\theta_w\partial Q(u)/\partial u+\partial R(u)/\partial u>0$となり、利潤シェアは稼働率の増加関数となる。こうした稼働率が利潤シェアに及ぼす効果は、経済の安定性の問題と密接に関係してくる。この問題については次節であらためて取り上げることにして、インフレの分析に戻ることにしよう。

　(4-21)式に(4-24)式を代入することで、利潤シェアが定常状態にあるときのインフレ率を求めることができる。

$$\frac{\dot{p}}{p} = \frac{\theta_f \theta_w}{\theta_f + \theta_w} \underbrace{(\pi_f - \pi_w)}_{\text{aspraiton gap}} - \frac{\theta_f}{\theta_f + \theta_w} \frac{\dot{a}}{a} \quad \text{or}$$

$$\frac{\dot{p}}{p} = \frac{\theta_f \theta_w}{\theta_f + \theta_w} (\pi_f - Q(u)) - \frac{\theta_f}{\theta_f + \theta_w} R(u) \tag{4-26}$$

(4-26)式上段の式が示すように、インフレ率は複数の要因から影響を受けることがわかる。第1に、上段の式の右辺第1項が示すように、企業の目標利潤シェアと労働者の目標利潤シェアのギャップに応じて、インフレ率は変動する。上述したように、企業は自身の目標利潤シェアをできるだけ高めようとし、労働者は自身の目標利潤シェアをできるだけ低めようとする。したがって、両者の願望のギャップ（**アスピレーション・ギャップ**）が大きければ大きいほど、インフレ率が高まるのである。第2に、上段の式の右辺第2項が示すように、労働生産性上昇率が増加すればするほど、インフレ率は低くなる。なぜなら、労働生産性の上昇によって単位費用が圧縮される分だけ、価格を引き下げる余地が生まれるからである。

　ところで、労働者が設定する目標利潤シェアと労働生産性上昇率は、ともに稼働率の関数であった。このことをふまえて、(4-22)式と(4-23)式を代入したのが、(4-26)式下段の式である。稼働率の上昇は産業予備軍効果を通じてインフレ率に正の効果を、そして動学的収穫逓増効果を通じて負の効果を与える。もし産業予備軍効果が動学的収穫逓増効果に比して大きいならば、稼働率が高まったときに労働者が強気な賃金交渉を行い、結果として人件費が増加し、利潤シェアは減少する。そこで企業はこの利潤シェアの圧縮分を回復させるために価格を引き上げ、インフレ率は高まる。このようにして、インフレ率は稼働率の増加関数となる。逆に、産業予備軍効果が動学的収穫逓増効果に比して小さいときには、インフレ率は稼働率の減少関数となる。稼働率が増加すると、動学的収穫逓増効果を通じて労働生産性上昇率が高まり、インフレ率は抑制されるのである。

　さて、稼働率がインフレ率に正または負の影響を与えるということは、景気に応じてインフレ率がどのように動くかということを含意する。例えば、稼働率が上昇したときにインフレ率が増加することは、経済活動水準が活発なときインフレ率が高まることを意味する。このようなケースは、景気がよいときには価格が上がりやすい、という一般的な直感と符合する。

　しかし、1970年代後半から80年代にかけて、日本をはじめとする先進諸国は、

景気の低迷と高いインフレーションが組み合わさった前代未聞の経済現象である**スタグフレーション**に直面した。スタグフレーションは、低水準の稼働率（つまり経済活動水準の停滞）がインフレ率を引き上げるケースともみなすことができる。先に確認したように、産業予備軍効果が動学的収穫逓増効果に比して小さいときには、稼働率の低下がインフレ率を引き上げることになる。1970年代後半から80年代にかけては、産業予備軍効果が動学的収穫逓増効果に比して小さくなったと考えられる。高度経済成長期に強化された労働組合の賃金交渉力および賃上げ方針は、景気後退期に入ったあとも急には変化しなかった。つまり、稼働率が低水準に陥ったときでさえ労働組合は高賃金を要求することになったのだが、これは（稼働率に応じて賃上げが決まるという）産業予備軍効果が弱まったことを意味する。こうして、この時代においては景気の低迷と高いインフレとがセットになって顕在化したのである。

(3) 生産性上昇率格差インフレの理論

　インフレーションのコンフリクト理論とは異なる枠組み——生産性上昇率格差インフレーション——によっても、インフレやデフレを説明することができる。

　企業物価と消費者物価の推移を示した先ほどの図4-2をもう一度みると、両物価指数は基本的には異なる挙動を示していることに気づく。高度成長期の日本では、企業物価指数の変化率は一部の時期を除いてほぼゼロに近いが、消費者物価指数の変化率はほとんどの期間でプラスになっている。このような現象は、コストプラスの価格設定を用いて次のように説明できる。

　まず、経済を投資財部門と消費財部門という2つの産業に分割する。投資財部門は、企業間で取引される財を生産するので、その財の価格は企業物価に相当する。それに対して、消費財部門は文字通り消費用の財を生産するので、その価格は消費者物価となる。2つの産業では、製造している財の区分以外にどのような違いがあるだろうか。製造業企業が多く属する投資財部門では、技術進歩の速度が相対的に高いことから、労働生産性上昇率が高くなる傾向にある。投資財部門では動学的収穫逓増効果が作用しやすいと言い換えてもよいだろう。それに比して、農林水産業やサービス業を含む消費財部門では、労働生産性上昇率がそれほど高くならない。このことは、美容室や接客業のような典型的なサービス業において、従業員1人当たりの仕事量が歴史的にほぼ一定に保たれ

ていることを想起すれば、理解しやすいだろう。このように、産業ごとに労働
生産性上昇率に格差があると想定するのは、自然なことである。

　また、名目賃金率は、集団的ないし連帯的な賃金交渉によっていずれかの産
業の労働生産性を参照して決められると仮定しよう。例えば、労働組合の賃金
交渉力が強い国や時代においては、名目賃金率の成長率は投資財生産部門の高
い労働生産性上昇率を参照して決められる傾向にある。そして、こうした高い
名目賃金率の成長率は、消費財部門にも波及するだろう。集権的な賃金交渉が
成立している経済では、賃金水準は産業を超えて平準化されやすいからである。
賃金が平準化される理由はほかにもある。消費財部門の企業は、投資財部門と
同様の賃金水準を提示できなければ、十分な質と量の労働者を確保できない。
こうして、消費財部門においても、投資財部門と同じような名目賃金率の成長
率が実現されるのである。

　さて、投資財部門も消費財部門も共にコストプラスの価格設定を採用してお
り、かつ、間接費用や中間投入を捨象するならば、以下のような価格方程式が
成り立つ。

$$p_i = (1 + \mu_i)\frac{w}{a_i} \tag{4-27}$$

ここで、変数の添字は部門をあらわし、$i = 1$ は投資財部門、$i = 2$ は消費財部
門である。価格もマークアップ率も労働生産性も、もちろん産業ごとに異なる
水準にある。しかし、名目賃金率だけは、先程述べた理由によって 2 つの産業
で同じ水準である。この式の変化率をとり、マークアップ率が両部門で一定で
あると仮定すると、次のような式が成り立つ。

$$\frac{\dot{p}_1}{p_1} = \frac{\dot{w}}{w} - \frac{\dot{a}_1}{a_1} \tag{4-28}$$

$$\frac{\dot{p}_2}{p_2} = \frac{\dot{w}}{w} - \frac{\dot{a}_2}{a_2} \tag{4-29}$$

以上の 2 つの式から、名目賃金率の成長率が投資財部門の労働生産性上昇率に
等しく（$\dot{w}/w = \dot{a}_1/a_1$）、かつ、投資財部門成長率の労働生産性上昇率が消費財部
門の労働生産性成長率より高ければ（$\dot{a}_1/a_1 > \dot{a}_2/a_2$）、投資財部門の価格変化率は
ゼロになる一方、消費財部門の価格変化率はプラスになるだろう。つまり、投
資財価格はさほど上昇せず、消費財価格だけが上昇し続けることがわかる。そ
の結果として、消費財価格の増加によって主導されるインフレが生じること に

なる。

　ところで、1990年代以降に、日本は深刻なデフレーションに陥った。以上で述べた生産性格差インフレーション理論を反転させると、デフレーションのメカニズムを説明することが可能となる（宇仁［2009］）。1990年代以降の日本では、労働組合の賃金交渉力が弱体化する傾向にある。日本における集団的賃金交渉の典型例となっていた**春闘**★（春季賃金闘争）は形骸化し、増加し続ける非正規雇用は労働組合が主導する賃金交渉に十分に包摂されずにいる。また、経済のサービス化にともなって、就業構造の中心が、労働者が組織化されやすい製造業から組織化しにくいサービス業へとシフトしつつある。これら複合的な諸要因により労働者の交渉力は徐々に弱まり、名目賃金率の成長率は消費財部門の労働生産性上昇率に近づいていった（つまり、$\dot{w}/w = \dot{a}_2/a_2$ となった）。この場合には、消費財価格の変化率はゼロになる一方で、投資財の価格変化率は投資財部門の労働生産性上昇率が高い分だけマイナスになるだろう。こうして投資財価格の低下が主導するデフレが顕在化する。

　以上でみてきたように、インフレーションのコンフリクト理論も生産性上昇率格差インフレの理論も、コストプラスの価格設定をベースにして現代の物価変動を説明できる、強力なツールである。ケインズ経済学の核をなす**フィリップス・カーブ**（低い失業率が成立するような好景気のもとではインフレ率が高いことを示した実証的曲線）は、不景気と高いインフレ率が共存するスタグフレーションを説明できなかった。このことが、ケインズ経済学の権威を失墜させた1つの原因となったとされている（廣瀬［2018］）。しかし、技術変化（労働生産性の上昇）と労使の分配をめぐる対抗関係という2つの要因を考慮すれば、本章で説明してきたケインズ経済学の枠組みを放棄せずとも、スタグフレーションを説明できるのである。

5．マクロ経済の不安定化

(1) ポジティブ・フィードバックと不安定化

　3節のモデルでは、経済が発散する場合（図4-1の不安定な均衡 e_a）と、経済が収束する場合（安定な均衡 e_b）とがあることを示した。ここで、前者の均衡が不安定である理由を復習しておこう。まず稼働率がその均衡値より増加すると、投資関数の傾きが貯蓄関数の傾きより大きいので、投資が貯蓄に比して

大きく増加することになる。このことは、財市場が超過需要になることを意味するので、企業は生産量を増やすために稼働率を引き上げる。このようにして、稼働率が時間の経過とともに上昇し続ける、というプロセスが生じる。このように稼働率が均衡から外れていったん上昇すると、稼働率がいっそう上昇した状態が生み出されるというプロセスは、ポジティブ・フィードバック・システムの一種である。逆方向のプロセスも考えてみよう。稼働率が均衡から外れて低下すると、貯蓄が投資に比して大きく増加し（財市場が超過供給になり）、稼働率のいっそうの低下を呼び込む。このようなプロセスもまた、稼働率の低下がさらなる稼働率の低下を生み出すので、ポジティブ・フィードバックである。ある経済変数が発散していくのは、以上のようなポジティブ・フィードバックが作用しているからである。

　経済が均衡に収束する場合も考えてみよう。この場合には、稼働率が均衡値を外れて上昇すると、総供給が総需要に比して増え、稼働率が低下する。逆に、稼働率が均衡値より下がると、稼働率は上昇する。これは、ネガティブ・フィードバック・システムの一種であり、経済が安定的に推移するのはこのような諸力のためでもある。

　さて、ポジティブ・フィードバックによりマクロ経済が発散すること、言い換えれば不安定化することは、解決すべき問題の１つとなる。というのも、以下の２つの理由により、経済が不安定になるより安定的に成長する方が望ましいからである。

　第１に、ポジティブ・フィードバックにより経済活動水準の縮小傾向に歯止めがかからないのが問題であることは、誰の目にも明らかであろう。また、経済活動が拡張し続け、生産要素をそれ以上供給できないような完全稼働状態が継続するならば、デマンドプル・インフレーションが生じるだろう。この場合には、意図せざる所得分配が生まれる。とりわけインフレ率が高まるほど、低い名目所得しか得られない家計の生活を圧迫させることになる。

　第２に、不安定な成長のもとでは、企業に余分なコストがかかることになる。景気の拡張期には企業はより多くの労働者を雇い、後退期では労働者を解雇しなければならなくなるのだが、そのどちらの場合にも企業は追加的なコストを支払わなければならない。例えば、企業が新規採用者を求める場合には、その採用者が的確かどうかを判別するために長い時間と膨大なコストを費やすことになる。逆に企業が労働者を解雇する際には、企業が解雇予告を当該労働者に

対して事前に通知しておかないと、解雇予告手当を支給しなければならなくなる。さらにその解雇が不当であるとみなされた場合には、企業は訴訟リスクを抱えることになってしまう。つまり景気の拡張期や後退期では、労働者の雇用・解雇に関する過分なコストが生じる可能性がある。以上の理由により、経済は安定的に成長する方が望ましい。

ところで、マクロ経済の不安定化プロセスを生み出すポジティブ・フィードバックは、財市場においてのみ生じるものではない。ポジティブ・フィードバックは、労働市場など様々な市場を介しても生じ、このことが**制度的調整**（第10章の表10-1を参照）を正当化するのである。以下では、労働市場等を介してどのようなポジティブ・フィードバックが生じ、そして不安定化プロセスをどのように抑制できるかを説明する。

(2) 労働市場を介して生じる不安定化プロセス

本章3節では、利潤シェアの増加に対して稼働率が上昇する利潤主導型需要レジームと、利潤シェアの増加に対して稼働率が低下する賃金主導型需要レジームが存在することを示した。また4節では、稼働率が上昇した際に、動学的収穫逓増効果を通じて利潤シェアが増加する場合と、産業予備軍効果を通じて利潤シェアが低下する場合があることを確認した。利潤シェアの変化が稼働率に与えるプロセスと、稼働率の変化が利潤シェアに与えるプロセスの組み合わせ次第では、以下のように経済が不安定化する。

いま、利潤主導型需要レジームが成立している状況を想定する。つまり利潤シェアの増加に対して稼働率が上昇する場合を考える。(4-25)式が示すように、産業予備軍効果が動学的収穫逓増効果に比して小さいときには、稼働率の上昇は、労働生産性上昇率の増加を通じて利潤シェアの一層の増加を促す。そしてこの増加した利潤シェアは、設備投資を促進し、稼働率をさらに引き上げる。これは、明らかにポジティブ・フィードバック・システムであり、経済を不安定化させるプロセスである。

不安定化プロセスは、利潤主導型レジームのみで生じるとは限らない。賃金主導型需要レジームが成立しているときには、賃金シェアの低下に対して稼働率が低下する。稼働率の低下は、産業予備軍効果を通じて労働者の賃金交渉力の低下をもたらすことになる。そしてこの産業予備軍効果が動学的収穫逓増効果に比して大きく、労働者の弱気な賃金交渉によって実質賃金の伸びが強く抑

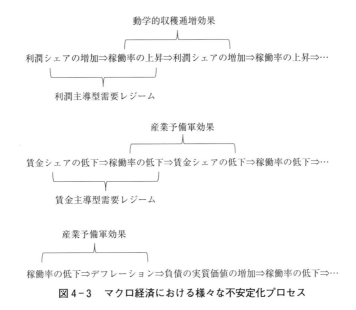

図4-3　マクロ経済における様々な不安定化プロセス

制されると、賃金シェアが低下する。賃金シェアの低下が稼働率の低下を促し、不況はよりいっそう深刻化していくのである。

　さらに、マクロ経済は、以上のような利潤主導型・賃金主導型レジームとは独立に、物価変動を通じても不安定化する。いま、稼働率が低下した局面を考えよう。産業予備軍効果が相対的に強く作用するときには、稼働率の低下はインフレ率を押し下げるだろう。そこでデフレーションに近い状態が生じると、企業が抱える負債の実質的価値が増加する。負債の実質的な増加は、利払いの増加をともなうことによって企業のキャッシュ・フローを減少させ、このことは設備投資の減少、ひいてはさらなる経済活動の停滞につながるだろう。これは、負債の実質価値の増加とデフレーションが累積的に生じる**負債デフレーション**と呼ばれる現象である。この現象もまた、ポジティブ・フィードバックが作用するがゆえに生じるものである。

　図4-3は、以上のようなマクロ経済の不安定化プロセスをまとめたものである。この図で示されるポジティブ・フィードバックをコントロールするためには、どのような手段が考えられるだろうか。財政・金融政策の裁量的運用によって経済を安定化させることは、一般的に想像しやすい。しかし、所得分配を制度的に決定することもまた、経済安定化のための一案となりうる。いま一

度利潤主導型需要レジームに話を戻すと、稼働率の上昇にともなって労働生産性上昇率が高まったときに、その労働生産性上昇率と同等以上に実質賃金率の成長率が高まれば、利潤シェアが低下し、稼働率も低下する。このとき、経済にはネガティブ・フィードバックが生じることになる。あるいは、賃金主導型需要レジームのもとでは、次のような仕組みを導入すればよい。すなわち、稼働率が低下した際に、産業予備軍効果を抑制して実質賃金の低下および賃金シェアの過度の低下を防ぐことができれば、稼働率のいっそうの低下を防ぐことができるだろう。賃金シェアの下落幅を抑制する最低賃金制度は、経済の安定化という面でも効力を発揮する（Flaschel and Greiner［2009］）。このように利潤主導型・賃金主導型のいずれのレジームの場合にも、所得分配率の過度な変化を抑制するような仕組みを構築することができれば、ポジティブ・フィードバックを抑制することができる。言い換えれば、マクロレベルで実質賃金率の成長率と労働生産性上昇率を一致させるような制度——これはかつて**生産性インデックス賃金**と呼ばれた仕組みで、先進諸国でおおむね実現されていた（山田［1991］）——を構築することができれば、安定的な成長を実現することができるのである。

第5章

債務システムとしての
貨幣と財政・金融制度

1．はじめに

　あなたの財布にはおそらく銀行のキャッシュカードが入っていることだろう。銀行口座には10万円の預金が入っているとする。この銀行預金は、あなたにとっては10万円分の**資産**であり、銀行にとっては10万円の**負債**である。この10万円の銀行預金が銀行にとっての負債であるというのは、あなたがATMから現金を引き出したくなったときはいつでも、銀行は最大で10万円の現金をあなたに引き渡さなければならない**義務**を負っている、ということからわかる。あなたがATMで預金をおろして1万円札を引き出したとする。この1万円の日本銀行券は、あなたにとっては1万円の資産であり、日本銀行（日銀）にとっては1万円の負債を記した**債務証書**である。あなたが店舗で商品を現金で買うとき、商品の代金を支払うという店舗に対する自分の債務を日本銀行券という日銀の債務証書の移転（物理的引き渡し）で解消している。また、あなたが現金でなくクレジット・カードを使ったならば、あなたは商品の代金を後日支払うという店舗に対する**債務**（義務）を負う。後日に、カード会社を介して、あなたの預金口座からのカードの利用額の引き落としと、店舗の預金口座への振り込みとが行われると（銀行預金という銀行の債務を自分宛ての債務から店舗宛ての債務へと移転させることによって）、この債務は解消される。

　このように、売買取引では当事者（自分と相手）のものではない第三者の債務証書の移転（日本銀行券の引き渡し、あるいは銀行コンピュータ間での情報の移転）が取引当事者の債務を解消している。お札や銀行預金をおカネとみなさない人はほぼいないことからわかるように、現代の貨幣とは、周りの人・企業が

受け取ってくれるこうした債務証書なのである。これを**債務としての貨幣**と呼びたい。

「カネは天下の回りもの」というが、債務としての貨幣はどのように生み出され、どのようにあなたの手元にやってきたのか。なぜ紙のお札や銀行のコンピュータにデジタル・データとして記録されている口座残高といった、素材に基づく価値をもたない債務が貨幣の機能を果たしているのか。本当のお金は「金（きん）」ではないのか。

こうした関心から、本章では、まず、2節において標準的な経済学の教科書と本書との「貨幣観」（おカネについての考え方）の違いを説明する。次に、債務としての**貨幣の回転**（貨幣の生成・譲渡・消滅）に注目しながら3節から5節において**銀行システム**（金融制度）を、6節において**課税・財政システム**（政府の国債発行・予算編成・財政支出・課税の仕組み）をみる。その結果、債務としての貨幣が様々な私的・公的制度によって成り立ち、安定化されていること、そして、それらの諸制度、すなわち銀行システムと課税・財政システムをあわせた**債務システム**全体では貨幣という共通の単位（尺度）のもとで様々な私的・公的な目的が調整・統合されていることがみえてくるであろう（なお、金融制度は、正確にいえば銀行システム、貨幣市場、証券市場などからなるが、本章では債務としての貨幣の回転、とくに貨幣の創造に注目するため、銀行システムのみを扱う）。

本章では、**負債**（liability）という言葉を使うときには、会計的にみて、ある主体の**貸借対照表**（balance sheet）の左側（借方）にある**資産**（asset）に対応する右側（貸方）のものとして負債を想定している。**債務**（debt）という言葉を使うときには、別の主体に対する債務、すなわち、**債権債務関係**という権利と義務の対応した関係における債務を想定している。債務には、民間の債務（負債の一部）だけでなく、納税の義務など家計・企業と国家との**政治的債務**も含まれる（テレ［2021］）。なお、第10章でみるように、国民が納税の義務を果たすとき、反対に、国家は、公的サービスの供給義務など、公共諸目的を実現するための再分配の義務という政治的債務を負うことになる。国民から公共諸目的がうまく達成できていないとみなされてしまうと、国家の**正統性***が損なわれうる。

2．商品貨幣説と信用貨幣説

　「貨幣」、平たくいえばおカネとは何か。それは、次の①から③の機能を果た
すものである。①円やドルといった価値を計算するときの標準となる計算単位、
つまり**価値標準**である。②それを支払えば自分の債務（義務）を解消できる
（取引の相手もそれを受領することで自らの債権（権利）が解消されることを認める）
という**支払手段**である。③円やドルといった抽象的な単位で資産を保持すると
いう**価値貯蔵手段**である。

　貨幣の本質的な要素は何であり、それがどのように貨幣の機能を果たすに至
るのか。こうしたことを説明する2つの考え方がある。1つは標準的な経済学
の教科書で採用されている**商品貨幣説**であり、もう1つは本章の立場である**信
用貨幣説**である。

　商品貨幣説では、貨幣の本質は、大半の人が欲する（受け取ってくれる）希
少な商品の内在的な（素材的な）価値にあるとみる。この説では、貨幣のない
世界、つまり物々交換経済から話が始まる。この経済において取引が成立する
には、2人の人間がたまたまお互いに相手の欲しい物をもっていることが必要
である。しかし、この「欲望の二重の一致」が起こるのは極めて稀である。
「何らかの形の貨幣が出現して、交換が簡単になる」。その「代表は金<ruby>金<rt>きん</rt></ruby>である」。
しかし、「金<ruby><rt>きん</rt></ruby>そのものを貨幣として使うと、純度と重量の確認に手間がかかる
ので、取引コストが高い。そうしたコストを節約するために、政府は一定の純
度と重量を持った金貨を鋳造する」。次の段階では、政府が民間から金を預
かって金証書（金兌換紙幣）を発行する（Mankiw［2016］邦訳　入門篇117頁）。
紙幣は金貨よりも持ち運びしやすく、取引に使いやすい。最後に、金との交換
保証が放棄された不換紙幣が発行されるようになる。このとき、それ（不換紙
幣）が貨幣だという人々に共有される信念は揺らがなかった（Mankiw［2016］
邦訳　入門篇115-117頁）。

　商品貨幣説は、このように貨幣の本質と進化を希少性、貯蔵のしやすさ、そ
して、取引の効率化（取引コストの節約）という観点から説明しているため、
直観的に理解でき、納得しやすい。しかし、驚くべきことに、取引を効率化す
るために貨幣が生まれ、進化したという私たちのよく知る常識は、歴史学でも
人類学でも実証されていない。20羽の鶏を牛1頭と交換しようといったような

等価交換が貨幣の出現に先立って行われている例は、考古学的資料からも様々な地域の現地調査からもみつかっていないのである。例えば、最近まで貨幣が流入していなかったカメルーンのとある狩猟採集民族の村では、物のやりとりは、等価交換ではなく贈与と分配のかたちでなされていた。仮に村の男たちの誰かが狩りに成功すると、彼はその肉を等分して村人全員に分配していた。しかし、貨幣が流入すると、等価交換のかたちでの物のやりとりが広まり、反対に、贈与や分配は失われ始めた（NHKスペシャル取材班［2014］）。このように、価値の共通の尺度となる貨幣が発明ないし流入すると、もともとは比較しえなかった財・サービスが1つの尺度で比較されるようになり、そこで初めて「等価」交換がなされるのではないだろうか（Graeber［2011］）。つまり、等価交換は、商品貨幣説で描かれるように貨幣の出現に先立つのではなく、貨幣の発明・流入と同時に可能になり、貨幣の浸透とあわせて取引のかたちとして主流になったと考えられる。

　貨幣についてのもう1つの考え方である信用貨幣説では、貨幣の本質は、信用取引（日常的な言葉ではツケ払い）や銀行からの借入取引で発生した債権債務関係であるとみる。信用（credit）には債権債務関係という意味がある。**信用貨幣★**、本章の用語でいえば債務としての貨幣とは、①他人が受け取ってくれる（つまり譲渡可能な）債務であり、②価値標準で数値化された債務である。この債務を記録する媒体に素材的な価値があるかはそれが貨幣として成立することとは関係がなく、媒体は粘土板でも、紙でも、デジタル・データを記録するハード・ディスクでも構わない。

　日本銀行『マネーストック統計』の2021年末残高でみると、**現金通貨**（銀行券＋補助貨幣）は116兆円、**預金通貨**（普通預金＋当座預金）は891兆円である。つまり、今日、経済で使用されている貨幣の約9割は預金通貨であるため、預金通貨を例にとって信用貨幣がどのように発生し、譲渡され、最終的に消滅するのかをみていきたい。

　本節では信用貨幣が創造される瞬間に関心があるので、企業が投資資金（設備資金）の融資を銀行に申し込み、銀行がそれを承諾して貸出を行うところから話を始めたい（図5−1の①）。銀行が仲立ちして預金者の資金を集めて企業に貸し出すという通俗的理解とは異なり、現実には銀行は信用貨幣そのものを無から創り出し、それを貸し出しているからである（全国銀行協会金融調査部編［2011］20頁）。

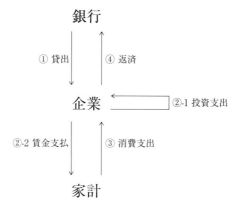

図 5－1　経済における信用貨幣（預金通貨）の流れ
出所：宇仁ほか［2010］133頁、図 5－5 をもとに著者作成。

　銀行、企業、家計の三者の取引に注目すると、経済における信用貨幣（預金通貨）の流れは図 5－1 のようになる（簿記的な説明については松本［2013］59-65頁を参照）。まず、図 5－1 の①のように、企業の融資申し込みに応じて銀行が企業に貸出をし、その企業の預金口座に貸出金を振り込む。企業は、この図の②－1 のように、その借入金で機械や原材料を購入する。このとき、企業は機械や原材料のメーカーの預金口座に購入代金を振り込む。また、企業は、図の②－2 のように、借入金で従業員（家計）に賃金を支払うこともある。このとき企業は従業員の預金口座に賃金を振り込む。図の③のように、家計が銀行口座引き落としでこの企業の商品を購入すると、信用貨幣は家計の預金口座から企業の預金口座に流れる。企業は、このようなかたちで還流した信用貨幣を、図の④のように、返済期日に銀行に返済する。その結果、銀行と企業との間の債権債務関係は解消され、信用貨幣（預金通貨）は消滅する。

　預金通貨の流れの例から分かるように、信用貨幣は、貸出時に借り手の将来の収入を返済原資に見込んで無から創り出され、第三者に譲渡され、返済時に消滅する。こうした信用貨幣の創造・譲渡・消滅を**債務の回転**と呼ぶ（Commons［1934］）。

　債務の回転は今日の貨幣の運動そのものであるが、信用貨幣説では、一般的な常識とは異なり、信用貨幣は商品貨幣（その代表格である金・）の代替物として発生したのではなく、原初からこうした運動をする債務証書としてあらわれたとみている（そのため、先に貨幣を平たく表現したときに金を想起させるお金と

書かずに「おカネ」と書いた）。世界で最初の貨幣が誕生したのは紀元前約3000年前の中東のメソポタミア文明であり、そこでは債権債務関係が記録された大小の粘土板が貨幣の機能を果たしていたという（Martin［2013]）。こうした人類学的・歴史学的発見を根拠に、かつ、少なくとも現代貨幣は信用貨幣であるという理由から、本章では信用貨幣説を採用する。なお、本章では、信用取引（商品市場におけるツケでの取引）や与信（銀行と企業の貸出取引）において生まれた債務証書の回転が現代の貨幣の運動の本質であることを強調する場合、信用貨幣を債務としての貨幣と言い換えることがある。もちろん、信用と債務は表裏一体であり、両者には、貸し手からみるか、借り手からみるかの違いしかない。

3. 銀行システムにおける私的な信用貨幣と国家の信用貨幣の連動

先のモデルでは、預金通貨という私的な信用貨幣の回転（創造・譲渡・消滅）を理解するために、信用貨幣を創造する主体として民間銀行しか登場させなかった。しかし、実際には、民間銀行は、中央銀行（日本銀行）、金融監督の当局（金融庁）、決済インフラ（金融機関のコンピュータをつなぐネットワーク）、様々な規制の仕組みからなる**銀行システム**に組み込まれている。この銀行システムでは預金通貨という私的な信用貨幣と現金・日銀当座預金という国家の（公的な）信用貨幣とが連動している。本節では、国家の信用貨幣（以下**国家貨幣**と呼ぶ）の特徴を理解し、かつ、私的な信用貨幣と国家貨幣の連動の仕方を理解するために、民間銀行と日本銀行（中央銀行）の関係性をみていきたい。

なお、国家貨幣には、日銀が発行する**日本銀行券**（私たちが利用している**現金紙幣**）、**日銀当座預金**（民間銀行・政府・外国の中央銀行が日本銀行に開設している預金口座にある信用貨幣）および政府が発行する**硬貨**があるが、硬貨はあくまで**補助貨幣**であり、国家貨幣の総額に占める割合も微々たるものなので、ここでは扱わない。また、前節で論じた預金通貨は、国家貨幣と同じ計算単位（日本では円）で表示され、かつ、国家貨幣との1対1での交換を保証されているものの、あくまで民間銀行が創造した私的な信用貨幣であり、国家貨幣とは別種の貨幣である。

先のモデルでは、民間銀行のシステム内で預金通貨の回転が完結していた。しかし、実際には、預金者が銀行から現金を引き出すことがある。銀行は、預

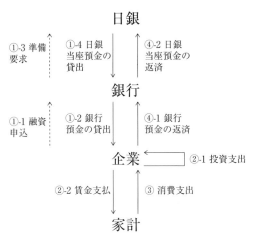

図5-2　経済における信用貨幣（預金通貨および国家貨幣）の流れ
出所：著者作成。

金者の現金引き出し要求があり次第、現金を支払わなければならない。このとき、銀行の貸借対照表では現金という銀行の資産が減ると同時に、預金という銀行の負債もその分消滅することになる。一部の預金者が引き出す可能性は常にあるため、銀行は、準備として、預金の残高に対して日銀が定める**法定準備率**（金融機関別、預金種別、預金残高により異なるが平均すると0.7％程度）を掛けた分だけ日銀当座預金口座に預けなければならない。それゆえ、銀行が企業への貸出金として預金通貨を創造したとき、銀行は新たにその準備率を満たすために国家貨幣を必要とする。

　そこで、次に、日銀を加えて貨幣の回転をみていきたい。図5-2では、民間銀行は法定準備率を満たすために国家貨幣を日銀から借り入れるという選択肢のみをもっているとする。この日銀からの借入は、後述する補完貸付制度のように現実に存在している選択肢ではあるが（日本銀行金融研究所［2011］147頁）、民間銀行全体では準備が潤沢にあり、しかもそれを民間銀行間の市場（コール市場）において容易に融通できるという今日の銀行システムの状況からすると、もはや実際にこの選択肢が採用されることはほとんどない。しかし、このモデルでは、国家貨幣の性質を原理的に理解するために、あえてこの選択肢を検討する（簿記的な説明については松本［2013］を参照）。

　企業が民間銀行に融資を申し込み（図5-2の①-1）、民間銀行が企業に預金

通貨で貸し出す（図5-2の①-2）。このとき、民間銀行が日銀に準備の貸出を要求し（図5-2の①-3）、日銀が民間銀行の日銀当座預金口座に振り込む（図5-2の①-4）。このとき、日銀当座預金という国家の信用貨幣が創造されている。

　企業は借り入れた預金通貨を用いて投資プロジェクトを実行する（図5-2の②-1から③）。なお、その流れは、先に取り上げた図5-1での②（投資支出・賃金支払）から③（消費支出）までに対応している。

　最終的には、企業は民間銀行に預金通貨で返済する（図5-2の④-1）。その分の準備の必要のなくなった民間銀行が日銀に返済すると、この民間銀行の日銀当座預金残高はゼロになり、国家貨幣は消滅する（図5-2の④-2）。

　このモデルを日銀からみると、日銀は国家貨幣（日銀の譲渡可能な債務としての日銀当座預金）を無から創り出して民間銀行に貸し出している（図5-2の①-4）。民間銀行が企業の資金需要をきっかけに無から預金通貨を創造するのと同様に、**銀行の銀行**である日銀は、民間銀行の準備需要をきっかけに無から国家貨幣を創造するのである。このように、国家貨幣もまた、準備需要という民間銀行の資金需要をきっかけに日銀の債務として創造され、譲渡され、最終的に消滅することがわかる。つまり、国家貨幣の運動も債務の回転として捉えることができるのである。

　このモデルでは日銀の貸出から始まる債務の回転を扱ったが、今日、ほとんどすべての国家貨幣の回転は、日銀が、日銀以外の主体が発行した債務証書等を**買いオペレーション**★（買いオペ）のかたちで買い取ったり、それを担保として貸出を行ったりすることから始まっている。日銀は、他者の債務を最も信用度の高い自らの債務（日銀当座預金）と交換するときに、つまり**貨幣化**（monetize）するときに、この貨幣自体を無から創造しているのである。日銀が民間銀行などから買い取っている債務の大部分は、政府の債務、つまり国債である。その際、日銀が国債の対価として民間銀行に支払った（譲渡した）日銀当座預金は、反対に、日銀が国債を民間銀行に売却するときに消滅する。

4．預入が先か貸出が先か

　ここまでの節では、現代貨幣の運動をモデルで説明するときに、借入／貸出時から話を始めていた。しかし、一般に銀行業とは、市中から集めた預金を元

①第1銀行の貸借対照表

資産		負債	
準備	1000ドル	預金	1000ドル

②第1銀行の貸借対照表

資産		負債	
準備	200ドル	預金	1000ドル
貸出金	800ドル		

③第2銀行の貸借対照表

資産		負債	
準備	160ドル	預金	800ドル
貸出金	640ドル		

④第3銀行の貸借対照表

資産		負債	
準備	128ドル	預金	640ドル
貸出金	512ドル		

図5-3　預金から始まる信用創造のモデル
出所：Mankiw［2016］邦訳　入門篇125-127
頁に基づいて著者作成。

手にして企業に資金を貸し出すことであると思われている。実際、標準的な経済学のテキストでは、そのような、預金から始まるモデルが示されている（Mankiw［2016］）。本節では、信用創造を説明するためには、預入と貸出のどちらを出発点とするモデルが適切なのかを検討したい。

　まず、標準的な経済学のテキストにおける信用創造モデルの説明をみておく（Mankiw［2016］邦訳　入門編126-128頁）。まず、家計（仮に預金者Aとする）が現金1000ドルを第1銀行に預ける（図5-3の①）。次に、準備・預金比率つまり法定準備率 q が20％である（$q=0.2$）とすると、第1銀行は、この1000ドルのうち200ドルを準備として残し、あとは別の経済主体（仮に借入者Bとする）に貸し出す（図5-3の②）。このとき、預金者Aからすると、依然として預金1000ドルを保有しているため、この図の①から②にかけて、**マネーサプライ**★（貨幣供給量、日本銀行など公的機関では**マネーストック**と呼ばれる）は1000ドルから1800ドルへと増えたことになる。マンキューの説明ではこれをもって「信用創造」と呼んでいる。第1銀行からの借入者Bがその800ドルを別の第2銀行

に預金したとする。第2銀行は、その20％の160ドルを準備として保有し、残りの640ドルを借入者Cに貸し出す（図5-3の③）。第2銀行からの借入者Cがその800ドルを別の第3銀行に預金したとする。第3銀行は、その20％の128ドルを準備として保有し、残りの512ドルを借入者Dに貸し出す（図5-3の④）。

　このようなかたちで信用創造の過程が無限回続くとすると、最初の1000ドルから生み出されるマネーサプライは次のとおりになる（Mankiw［2016］邦訳入門篇127頁）。

　　　　本源的預金＝1000ドル

　　　　　第1銀行貸出＝$(1-q) \times 1000$ドル

　　　　　第2銀行貸出＝$(1-q)^2 \times 1000$ドル

　　　　　第3銀行貸出＝$(1-q)^3 \times 1000$ドル

　　　　　　　　　……

　　　　マネーサプライの総量＝$\{1 + (1-q) + (1-q)^2 + (1-q)^3 + \cdots\} \times 1000$ドル

　　　　　　　　　＝$(1/q) \times 1000$ドル

　法定準備率qは0.2なので、最初の1000ドルから5000ドルの貨幣が生み出されたことになる。

　しかし、この標準的な信用創造のモデルには重大な欠陥がある。実際には、銀行は「現金を預け入れられたから企業への貸出を増やそう」と決定するのではない。銀行は、預金者が預け入れた現金を受動的に最大限「また貸し」することによって貸出を最大限膨らましているわけではない。企業が運転資金・投資資金を求めているならば（資金需要が旺盛ならば）結果的にそうなる場合もあるが、資金を求めていない企業に無理やり貸し出すことなどできないことからわかるように、貸出、すなわち預金通貨の創造は、企業の資金需要があって初めてできるのである（坂口［2008］）。例えば、今日、銀行には貸出資金と準備（現金・日銀当座預金）が十二分にあり、「カネあまり」の時代といわれている。『日銀短観』に掲載されている銀行の「貸出態度判断DI」の推移をみると、リーマンショックによって一時的に厳しくなっていた貸出態度は、2010年9月に回復して「緩い」が「厳しい」を上回った（DIがプラスに転じた）。それ以降、直近の2022年6月まで、DIは48四半期（10年）連続でプラスになっている。このことから、銀行は、貸し渋りをしているのではなく、貸し出しに前向きであるようにみえる。それにもかかわらずこの大量の貸出資金と準備（預金者・他行・日銀から調達した現金・日銀当座預金）に見合う貸出（預金通貨）が創造さ

れない理由は、企業が借りたいと思っていないからである。企業は、「投資プロジェクトの期待利潤率＞利子率」とならなければ当然借り入れない。なお、期待利潤率の「期待」は、個別の企業単体の期待というよりも、**集団的**に構築されているもの（**集団的期待**）である。というのも、どの企業も、これまで自社が行ってきた諸取引から、同業他社や一般大衆がもっている期待を感じ取ったり（Commons［1934］邦訳　下巻19頁）、利益諸団体の圧力、財政・金融政策、政府による規制／規制緩和、公正取引委員会や労働委員会など独立行政委員会による規制（例えば公正取引委員会の将来的な決定は巨大企業の機会を左右する）、裁判所の決定（最もわかりやすい例は原発差止訴訟や設置許可取消訴訟）といった私的・公的な集団的行動の安定性や転換を予測したりするように、様々な政治経済的な相互行為を通じて期待物価上昇率、需要予測、機会（ビジネス・チャンス）の拡大・縮小・喪失の予測を集団的に構築するからである。

　このように、預金通貨は企業の資金需要があってはじめて創造（企業に供給）されるのであり（これが本章のいう**信用創造★**）、家計からの預け入れや日銀からの資金供給というかたちで外から銀行に入ってきた国家貨幣によって預金通貨が創造（企業に供給）されるのではない。さらに、マクロレベルでみると、マネーサプライは、企業部門の資金需要に対する銀行の貸出態度（貨幣供給態度）によって左右される民間での債権債務関係の成立によって決定されると考えることができる。この考え方は、標準的な（例えば**ニュー・ケインジアン★**の）経済学テキストの多くでみられるような、中央銀行がマネーサプライを外から管理できる（貨幣供給量が外生的に決定される）とする考え方と対比させて、**内生的貨幣供給論★**と呼ばれる（内藤［2011］）。

　標準的な経済学テキストの多くが、銀行の信用創造を説明するためのモデルとして預金から話を始めるモデルを採用している理由は、労働力や財・サービスと同様に貨幣も希少な資源の1つとみなして、それを最適に配分していく運動として銀行システムを描き出そうとしているからであろう。銀行とは資金に余裕がある人々から集めた預金を資金が不足している別の人々に貸し出すところであるというイメージ（間接金融という言葉もこの通説に基づいている）、そして、貨幣を希少な物とみなし、それが経済を循環していくようなイメージは、一般にも広がっている。それは、あたかも物の動きとして貨幣の動きを想像できるため、直観的に理解しやすいからであろう。こうした貨幣観は、金などの商品貨幣が経済のなかを流通する貨幣の大半を占めるという特殊な経済的状

態のもとでは、かなりの程度当てはまるであろう。しかし、繰り返すように、少なくとも現代の貨幣（現金も預金通貨も）は、貸出時に発生する、数値化された債権債務関係（信用）の媒体上での（デジタル・データや紙などでの）記録であり、現代の貨幣の運動は、貸出から始まり返済で完了する、創造・譲渡・消滅という債務の回転である。

　信用貨幣説と内生的貨幣供給論に基づくモデルでは、資金需要の増大／縮小に応じて、経済のなかで回転する債務（その大半は預金通貨）が膨張／収縮する。したがって、金(きん)のような有限で希少な商品（資源）を最適に配分するシステムとして経済を捉える考え方に基づくモデルのように、資金需要が高まったときに希少な貨幣が自動的にますます希少になって利子率が高まることもなければ（貸出利子率は中央銀行の調節するベース金利に民間銀行が営業費用やリスクプレミアムを上乗せすることよって決まる）、限られた貨幣をめぐり、ある経済主体や階級の取り分が増えれば別の経済主体や階級の取り分が減るということもない。

　しかし、現実には銀行は私たちから預金を集めているはずである。このように貸出から話を始めると、なぜ銀行は預金を集めているのかわからなくなるかもしれない。銀行が預金を集める理由を考えてみたい。かつて、準備である日銀当座預金を日銀から借り入れたり銀行間で融通し合ったりするときの金利（コールレート）が比較的高かった時代には、これらの金利よりも預金金利の方が低くて済むため、市中（預金者）から集めてくる現金が、貸出の「準備」として重宝されていた。しかし、近年では、日銀の**ゼロ金利政策★**により、民間銀行間で融通し合うときの金利は限りなくゼロに近くなっている。こうした状況でも銀行が預金を集めるのは、以下のような理由からである。1つは、手数料ビジネスのためである。銀行の窓口やATMで預金を引き出したり、送金したりするときの手数料が銀行の収益の一部となる。2つめに、顧客を囲い込むためである。預金者が住宅ローンを組みたいときに相談してみようとまず頭に思い浮かべる銀行は、日々預けたり引き出したりしている銀行であろう。また、預金者が銀行を日々利用するということは、銀行からすれば、こうした顧客との日常的な接点を、投資信託など金融商品の販売のための営業機会として活用できることを意味する（こうした理由に加えて、2016年からの**マイナス金利政策★**以前の理由になるが、銀行が預金を集めていたのは、日銀が当座預金に利子をつけていたから、および、利回りがプラスであった国債を購入するためでもあった）。

5．支払共同体——信用貨幣と制度

　以上みてきたように、現代の貨幣は信用貨幣であり、その運動は、貸出から始まり、返済で完了する、借り手からみれば債務の回転（貸し手からみれば信用の回転）である。信用貨幣の創造のきっかけは集団的期待に基づく資金需要であり、それを創造するときに金などの物理的な資産による兌換保証が必須条件とされているわけではない。信用貨幣は制度的に成り立っており、その価値は制度的に安定化されている。まず、公的な制度（中央銀行、国際的・国内の規制、金融監督当局、決済インフラ）による銀行システムの安定化をみていきたい。

　日銀は、**物価安定**を第一義的な目標として金融政策を行っている。物価の安定化とは、銀行システムにおいて回転する信用貨幣の価値の安定化である。この目標は、家計・企業が物価水準の（これまでの／将来的な）変動に煩わされることなく消費・投資できる状況を保つための、つまり信用貨幣の価値および価値尺度という信用貨幣の根本的な機能を維持するための政策目標である。ただし、これは必ずしも物価上昇率での０％を意味するわけではなく、デフレーションと景気停滞との悪循環が続いているとみられる今日では年０％から２％程度であれば中長期的な目標の範囲内に収まるとされている（日本銀行[2006]）。

　中央銀行の目標は物価の安定だけとは限らない。例えば、アメリカの**連邦準備制度理事会**★（FRB）は、それに加えて**雇用の最大化**も目標にしている。さらに、近年、主要国の中央銀行は、「ESG（環境・社会・企業統治）重視の政策運営を加速」させている。例えば、FRBは2020年、政策目標に「低所得者層の雇用拡大」、つまり「雇用の格差是正」を加えた。欧州中央銀行は、量的緩和政策のために買い入れる資産の対象に「「グリーン資産」を加え、企業の環境投資を後押しする」（日本経済新聞[2021a]）。日本銀行は民間銀行への**立ち入り考査**★において、2021年度より、民間銀行の気候変動問題についての経営戦略上の位置づけやESG推進の取り組みを確認することを決めた（日本経済新聞[2021b]）。このように、今日の中央銀行は、物価の安定にくわえて、様々な公共目的の追求に関与している。

　ところで、3節の図5-2では日銀が民間銀行の借入申込みに対して「順応的に」（いわば自動的に）国家貨幣を供給するとしていたが、現実に日銀にはそ

うする用意がある。民間銀行から借入の申込みがあれば、民間銀行が差し入れた担保の価値の範囲内で、その銀行が希望する金額を貸し出す。金利は日銀が決定・変更する一定の**基準貸出金利**であり（2020年末現在、0.3％）、貸出期間は1営業日である（翌日物の貸出）。この仕組みを**補完貸付制度**という。もし民間銀行が、民間銀行間の資金貸借市場（**コール市場**）において上記の基準貸出金利以下の金利で資金を借りることが難しいとき、日銀から借りた方が有利であるため、このことが、民間銀行間の資金貸借市場における翌日物金利を基準貸出金利以下に抑える効果をもつ。くわえて、この制度は、民間銀行がこれを利用しないときでも、必要が生じれば日銀から一定の金利で資金調達できるという安心感を生み出すため、民間銀行間の貸出金利を安定させる効果をもつ（日本銀行金融研究所編［2011］121-122頁）。

　さらに、この補完貸付制度とは別に、緊急時、日銀は、一時的に資金不足に陥った民間銀行に日銀当座預金を（場合によっては無担保で）貸し出すことがある。経済・金融危機や決済システムの不具合などによって、民間銀行が資金不足に陥ると、預金取り付け騒ぎ、銀行による企業への極端な貸し渋りや貸しはがしが起き、銀行システム全体の危機につながる可能性がある。それを予防するために日銀は資金不足に陥った民間銀行に国家貨幣を供給するのである。この**最後の貸し手**という日銀の機能は、危機を収束させることに貢献するだけではない。こうした対応策が備わっているという制度的な保障（security）が、平常時であっても、銀行システム、ひいては信用貨幣への社会的な信頼をつくり出すことにつながっている。もう１つの制度的な保障は、預金者が負担する保険金を原資とし、預金保険機構が運営する**預金保険制度★**である。銀行が破綻したとしても、預金者は、１行につき1000万円までの預金を補償される。こうした保障も、信用貨幣への私たちの安心感をもたらしている。

　民間銀行は、銀行システムに組み込まれていることによってこうした保障、言い換えれば日銀から国家貨幣を無制限に調達できるという特権を得るかわりに、平常時から規制や監督を受けることになる。銀行が経営危機に陥らないようにするための代表的な規制として**自己資本比率規制**と**貸倒引当金**が挙げられる。

　国際的統一基準の自己資本比率規制は、（銀行が保有する資本金、準備金、有価証券（株式などの）含み益といった自己資本）÷（リスクの大きさに応じて加重した、現金、国債、貸出金などの資産）で定義される自己資本比率が８％

以上になることを義務づけたものである（鹿野［2013］144-157頁）。銀行が一定の資金・資本を積んでおくことにより、貸出金の回収が困難になったり不能になったりする事態（資産の不良債権化）などのリスクに備えることができる。この規制の目的は、銀行の信用の基礎を、政府の監督・保護（預金者保護など）といった政府への信頼を通じて確保するのではなく、銀行に自力で確保させることである。この規制は、国際決済銀行（Bank for International Settlements：BIS）における常設委員会であり、27か国・地域の中央銀行と金融監督当局の代表によって構成されている**バーゼル銀行規制監督委員会★**での国際的な合意として策定・更新される。そのため、この規制は**バーゼル合意★**や BIS 規制とも呼ばれる。日本の民間銀行もこのバーゼル合意に準拠した国内法に従っている。90年代、バーゼル合意が国内で施行されるとき、日本の民間銀行は、もともと自己資本比率が低かったのにくわえ、バブル崩壊で保有株式の株価が下落（したがって自己資本を構成する株式含み益が減少）したり貸出金が不良債権化したりしたため、国際的に活動する銀行の多くがその基準を満たすために苦労した。

　貸倒引当金は、銀行が経営危機に陥らないようにするための規制の1つであり、これは銀行に関していえば、貸出先企業の倒産などによって貸出金が回収できなくなった（つまり貸倒れの）ときに自行の損失が急激に膨らまないようにするために、貸倒れという起こりうる損失に充てるための資金として自行の利益の一部を積み立てておく与信費用である。例えば、銀行が貸出先の諸企業の貸倒れリスクを査定し、貸倒引当金を1億円積み増すことが適当であると判断した場合を考えたい。このとき、ある企業が実際に倒産し、1億円の貸出金が回収不能になったならば、その貸倒引当金1億円を、その1億円の回収不能貸出金を償却する（消滅させる）ために充てることができる。銀行はあらかじめ損失として積み立ててあった貸倒引当金を貸出金の償却に充てたため、銀行の損失は1億円の貸出金が貸倒れになったときでも増えずに済んでいる。かつては貸倒引当金をどれだけ積み増す（繰り入れる）のか、反対に取り崩す（利益に戻し入れる）のかといった会計処理は銀行の裁量にまかされており、貸倒引当金の積立額が過少になることがあった（齊藤［2020］）。バブル崩壊後、少数の貸出先の倒産によって銀行そのものが経営危機に陥ることがあり、その経験から、金融庁が貸倒引当金の算定ルールを定めた。

　金融監督当局である金融庁は、これらの規制が守られているか、貸出先の経

営状態（貸出金回収の可能性）を甘く見積もっていないかなどについて銀行を検査する。もちろん銀行は金融庁検査に誠実に対応しなければならず、虚偽の答弁や資料の隠ぺいによって検査を逃れようとした場合、刑事罰に問われることがある。

　以上のような政府・日本銀行の法的な保障と強制力、つまり公的な制度だけでなく、私的な制度である商慣習もまた、私たちや企業が信用貨幣を使わざるをえない私的な強制力として作用している。例えば、ある企業が銀行口座での決済を頑なに拒むならば、その企業は現代の商取引から締め出されるであろう（少数の現金問屋を除く）。このように、もし商慣習に従わない場合にはその共同体からの排除という集団的・経済的な制裁が課されることになるため、私たちや企業は銀行口座決済を利用することになる。

　このように、信用貨幣の価値、受領性、回転は、ある共同体内の様々な公的・私的な制度によって維持されている。こうした諸制度の複合体は、ある領域（領土）をもった共同体として存在している。こうした共同体を**支払共同体**と呼ぶ。円を計算単位とする信用貨幣（国家貨幣＋預金通貨）の支払共同体は日本国である。

6．債務システムのなかの国債

　前節では、支払共同体の公的・私的な制度が信用貨幣の基礎にあることをみたが、財政制度、とりわけ今日、世の中の関心を集めている政府債務つまり国債もまた、銀行システムと密接に結びついている。例えば、先の量的緩和政策でみたように、国債の売買は日銀の金融政策の手段の１つである。くわえて、これからみるように、国債発行による財政支出が銀行システムの貨幣量（マネーサプライ）を増やすという点で財政政策は信用貨幣の回転とも関わっている。本章では、銀行システムと課税・財政システム（政府の国債発行・予算編成・財政支出・課税の仕組み）をあわせて**債務システム**と呼ぶことにする。

　国債を含めたこの債務システム全体についても、政府が金のような商品を国民から吸い上げて使うといった希少な資源の再分配という見方は適切ではなく、これまで示してきたような複数の種類の債務の回転（政府の国債、日銀の国家貨幣、民間銀行の預金通貨の発行・譲渡・消滅）として捉える必要がある。貨幣は政府と民間がその取り分をめぐって争い合う商品ではない。しかし、これから

みていくように、債務システムにおけるその創造額には物価安定という公共目的の制約がある。本節では、その制約内で様々な公共目的が追求されるべきであるという主張、および、それらの公共の諸目的と民間の諸利害が倫理的・政治的に調整された結果が毎年の政府予算であるという見方を提示する。

(1) 国債・日銀当座預金・預金通貨の関連性

　政府が国債発行によって民間の貯蓄から資金を調達しているといわれることがあるが、そこには大きな誤解も含まれている。日経新聞のコラムには、「家計の金融資産すなわち貯蓄はいま約1800兆円。一方、国と地方の長期債務残高は1100兆円余りだから、今は政府債務を国内の貯蓄で賄えている。しかし、いずれ債務残高が貯蓄を超えると、大変なことになる」と書かれていた（日本経済新聞［2019］）。しかし、図5-4および図5-5のように、国債、日銀当座預金、預金通貨を区別しながらそれらの動きを追いかけていくと、国債発行による政府支出は、日銀当座預金（マネタリーベース）を変化させず、民間の預金通貨（マネーサプライ）を減らすのではなくむしろ増やすことがわかる（三菱東京UFJ銀行円貨資金証券部［2012］30-31頁にも同じことが明記されている）。

　まず、図5-4と図5-5の前提を述べておきたい。わざわざ日銀当座預金（国家貨幣）と預金通貨を区別しなければならないのは、政府は日銀にしか口座をもっておらず、日銀としか取引できないからである。それゆえ、政府は、国債発行によって預金通貨ではなく日銀当座預金を調達する。反対に、企業は、民間銀行にしか口座をもっておらず、民間銀行としか取引できない。以下の①から③の操作を、図5-4は図式的にあらわしており、図5-5は貸借対照表であらわしている。②-1と②-2の操作は同時に行われる。図5-5では、量的緩和という今日の実情にあわせ、民間銀行が日銀当座預金を大量に保有している状態から始める（なお、仮に最初の状態において民間銀行が日銀当座預金（超過準備）を保有していなくても、島倉［2019］が説明しているように、原理的には、国債発行前の日銀の売りオペや民間銀行が国債を購入した後の同行への貸出によって政府の国債発行は可能である）。

　国債発行で得た資金で政府は道路建設を企業に発注し、全額前払いすることとする。そのために、次の②-1と②-2の操作が行われる。

　①　政府が国債を発行し、民間銀行がそれを購入すると、銀行が保有している日銀当座預金は、政府の日銀当座預金勘定に振り替えられる。

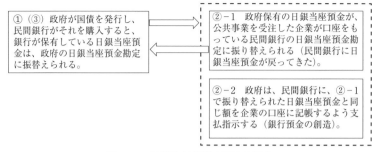

図5-4　国債と日銀当座預金の動き

出所：中野［2018］（221頁）を参考に著者作成。

②-1　政府保有の日銀当座預金が、民間銀行（公共事業を受注した企業が口座をもっている）の日銀当座預金勘定に振り替えられる。ここで民間銀行に日銀当座預金が戻ってきたといえる。

②-2　政府は、民間銀行に、②-1で振り替えられた日銀当座預金と同じ額を企業の口座に記帳するよう支払指示する。このとき預金通貨が創造される。

③　民間銀行は戻ってきた日銀当座預金でふたたび国債を購入することができる（①と同じ）。以下、②、③と続く。この循環は、ひとたび始まれば論理的には無限に続きうる。ただし、政府の負債は増加するので、利払い額も増加する。

なお、図5-5では国債の発行と譲渡までを扱うが、その消滅を扱わない。国債は借り換えられることが多いが、税収などによって償還された（消滅された）場合、そこで国債という政府債務の回転が完了したことを意味する。納税は、本文の②から③の操作とおおよそ逆の流れになる。現金で納税するならば、政府・日銀が民間に支出していた国家貨幣（現金）が政府に回収（譲渡）される。預金通貨で納付するならば、国民の「債権　預金通貨／債務　納税義務」、民間銀行の「債権　日銀当座預金／債務　預金通貨」がそれぞれ消滅し、反対に、政府の「債権　日銀当座預金／債務　政治的債務（公共目的を達成する義務）」がそれぞれ発生する。政府がこの税収で国債を償還する場合、政府の「債権　日銀当座預金／債務　国債」がそれぞれ消滅する。

図5-4および図5-5からわかるように、国債発行による財政支出は、マクロ経済全体で結果としてみれば、マネタリーベースの日銀当座預金（国家貨幣）を循環させ、かつ、マネーサプライの預金通貨（私的な信用貨幣）を創造

最初の状態　民間銀行は超過準備10億円を保有し、また政府は過去に発行した国債10億円で建設したインフラを保有しているとする。

<table>
<tr><td colspan="2" align="center">政府</td><td colspan="2" align="center">日銀</td></tr>
<tr><td align="center">資産</td><td align="center">負債</td><td align="center">資産</td><td align="center">負債</td></tr>
<tr><td>固定資産10億円</td><td>国債10億円</td><td>国債10億円</td><td>民間銀行保有の日銀当座預金10億円
政府保有の日銀当座預金0円</td></tr>
</table>

<table>
<tr><td colspan="2" align="center">民間銀行</td><td colspan="2" align="center">企業</td></tr>
<tr><td align="center">資産</td><td align="center">負債</td><td align="center">資産</td><td align="center">負債</td></tr>
<tr><td>日銀当座預金10億円</td><td>純資産10億円</td><td></td><td></td></tr>
</table>

①（③）　政府が国債1億円を発行し、民間銀行がそれを購入すると、銀行が保有している日銀当座預金は、政府の日銀当座預金勘定に振り替えられる。

<table>
<tr><td colspan="2" align="center">政府</td><td colspan="2" align="center">日銀</td></tr>
<tr><td align="center">資産</td><td align="center">負債</td><td align="center">資産</td><td align="center">負債</td></tr>
<tr><td>固定資産10億円
日銀当座預金1億円</td><td>国債11億円</td><td>国債10億円</td><td>民間銀行保有の日銀当座預金9億円
政府保有の日銀当座預金1億円</td></tr>
</table>

<table>
<tr><td colspan="2" align="center">民間銀行</td><td colspan="2" align="center">企業</td></tr>
<tr><td align="center">資産</td><td align="center">負債</td><td align="center">資産</td><td align="center">負債</td></tr>
<tr><td>日銀当座預金9億円
国債1億円</td><td>純資産10億円</td><td></td><td></td></tr>
</table>

②−1　政府保有の日銀当座預金が、公共事業（道路建設）を受注した企業が口座をもっている民間銀行の日銀当座預金勘定に振り替えられる。②−2　政府は、民間銀行に、②−1で振り替えられた日銀当座預金と同じ額を企業の口座に記帳するよう支払指示する。

<table>
<tr><td colspan="2" align="center">政府</td><td colspan="2" align="center">日銀</td></tr>
<tr><td align="center">資産</td><td align="center">負債</td><td align="center">資産</td><td align="center">負債</td></tr>
<tr><td>固定資産10億円
建設仮勘定1億円</td><td>国債11億円</td><td>国債10億円</td><td>民間銀行保有の日銀当座預金10億円
政府保有の日銀当座預金0</td></tr>
</table>

民間銀行に日銀当座預金が戻ってきた。民間銀行はこれで再び新発債を購入できる。

<table>
<tr><td colspan="2" align="center">民間銀行</td><td colspan="2" align="center">企業</td></tr>
<tr><td align="center">資産</td><td align="center">負債</td><td align="center">資産</td><td align="center">負債</td></tr>
<tr><td>日銀当座預金10億円
国債1億円</td><td>純資産10億円
銀行預金1億円</td><td>銀行預金1億円</td><td>1億円の道路を建設し、政府に引き渡す義務</td></tr>
</table>

銀行預金が創造された。

図5−5　国債発行による国家貨幣の回転と預金通貨の創造

出所：著者作成。

させる。国債発行による財政支出が民間の貯蓄を吸い上げて使うことを意味するのではなく、民間の貯蓄をむしろその支出額だけ増やすことを直観的に理解するには、次の事例を思い起こしてみるのがよい。2020年、主に国債発行によって政府から国民1人当たり10万円の預金通貨が給付された（実際のところ、基本的には歳入の個々の項目は歳出の個々の項目と紐づけられてはいないため、給付のうちどれだけが国債発行によって賄われたかを算出することはできない）。このとき、国民の貯蓄は、10万円×人口（およそ1億2000万人）分増えた。このように、民間の貯蓄は、政府債務の原資ではなく、政府債務の発行をともなう支出の結果として創造されるのである。先に取り上げた、「政府債務を国内の貯蓄で賄えている」という誤解は、4節で検討した預金が貸出をつくるモデルの誤りと同様に、希少な資源の配分という経済の見方を、回転する権利義務関係、つまり回転する「債務」に当てはめてしまったことに起因する。

　先の図5-4の①（あるいは③）において民間銀行がどれだけの国債を購入（消化）できるかは、「原理的には」日銀が民間銀行にどれだけ国債の買いオペによって（民間銀行にとって国債購入資金となりうる）国家貨幣を民間銀行に供給するか、あるいは、売りオペによって国家貨幣を民間銀行から回収して消滅させるかに依存する。すなわち、民間銀行の国債消化能力は、日銀の日銀当座預金の創造額（正確には超過準備の創造額）に依存するのである（建部［2014］621頁）。ここで「原理的には」と書いたのは、実際のところ、政府の国債発行や民間銀行による国債消化、日銀による国債売買には、金融市場の動態が関わり、また、金融市場の安定という公共目的や次節で取りあげるその他の多様な公共目的、そして中央銀行の独立性という制度的な原則が関わるからである。

(2) 社会的合意としての予算

　政府予算の編成には、**多様な公共目的**（例えば、物価安定、平和と安全、国内の連帯や国際連帯の強化、男女の機会均等、教育機会の平等、少子高齢化社会で必要とされる福祉の提供、科学技術の発展、生産性上昇）や社会的に合意された事柄（例えば、国債発行による財政規模拡大、公務員の賃金水準、社会保障改革の構想）も関わっている。予算の歳入と歳出の内訳は、政治過程において様々な公共目的や合意が調整された結果を貨幣であらわしたものである。したがって、予算自体も、毎年つくられる社会的合意の1つとみなすことができる。

　予算の編成に関わる社会的合意として、特に大きな影響を与えるものを3つ

取り上げたい。1 つめは、**国債発行による財政規模拡大**である。前項 6（1）で述べたとおり、債務システム全体として国債を消化できる余地は残されている。しかし、もちろんこのことは、政府が国債発行によって無制限に財政規模を拡大してもよいことを意味しない。国債発行による財政規模の拡大は、近年の日本に代表される多くの先進資本主義諸国のように、需要が生産力を下回っている状態、言い換えれば、不完全稼働・不完全雇用の状態に限り、認められるべきである。なぜなら、経済が完全稼働の状態になってからも国債発行によって政府支出を増やし続ければ、第 4 章で述べたディマンドプル・インフレをもたらすからであり、それは、公共目的の 1 つとして先に挙げた物価安定に反するからである。

　インフレは公共の利益にはならない。なぜなら、過度なインフレのもとでは、人々が所得や富を得るために着実な生産ではなく、将来の価格変化による売買差益獲得を狙った賭けのような行動をとるようになり、経済の生産能力を劣化させることにくわえ、以下の 2 つの分配変更が合意なしに生じるからである。1 つは、インフレは給与所得者や年金生活者など名目で所得が固定されている人々の所得の実質価値が低下することである。もう 1 つは、債権者から債務者への、合意形成を省略した（暴力的な）富の移転をもたらすことである。国債の発行体（債務者）である政府にとって、インフレは債務の実質的な削減を意味するので、この点ではインフレは政府を利する。インフレによる債務削減は、増税するならば必要になるであろう困難な合意形成を省略した、債権者（国債保有者）から債務者（政府）への合意なき非民主主義的な富の移転であり、したがって民主主義の観点からは認められるべきではない。

　これらの理由から信用貨幣の価値は制度的に安定化されるべきであり、それゆえ、財政規模は物価安定という公共目的によって制約されなければならない。そのための制度的な仕組みとして、大部分の国は、政府からの**中央銀行の独立性**の原則を法制化している。

　ただし、この制限を守りきることは簡単ではないかもしれない。なぜなら、1 つに、先に述べたように債務者としての政府はインフレによる実質的な債務削減の誘因をもつかもしれないし、もう 1 つに、利益代表としての政党・政治家は、支持団体の利益につながる予算を自制する態度をとりにくいからである。政府の投資は民間投資と異なり、事業の収益性という制約が働かない。そのため、公共目的（失業者の雇用など）に合致しない事業（過大な軍事支出、必要と

は言い難い道路・鉄道・公共施設）に支出されたり、政府の投資に政治家や官僚の私的な目的が入り込んだりする可能性が大きい。このように財政には物価安定に反する誘因がからんでいるため、物価安定は、広く社会で認められた目標、つまり、社会的に合意された実効力ある目標でなければならない（あり続けなければならない）。

　予算の編成に関わる社会的合意として特に大きな影響を与えるものの２つめは、**公務員の賃金水準**（広く捉えると公益事業を含む公共部門の賃金水準）**についての社会的合意**である。公務員の賃金水準は、日本の政府予算では人件費を左右する。人件費は、国の2018年度収支の「業務支出」（公債の収支などを除き、人件費・給付費・交付金などからなる）では約３割強を占めるように、予算のなかで大きな割合を占めている（廣光編［2021］281頁）。また、多くの国では公共部門の労働組合が社会的な賃金相場の形成において大きな役割を果たすため、公共部門での賃上げや賃下げが民間部門に波及する。そして、マクロ経済の需要水準によっては、全般的な物価の変動つまりインフレやデフレにつながる可能性もある。このように、予算の規模・内訳とその制約としての物価安定目標には、国会や行政での予算編成プロセスだけが関係するのではなく、公務員の賃金水準についての社会的合意も関係している。

　日本では、1980年代の公共事業体の民営化や行政改革により公共部門の労働運動が弱体化したため、また、日本の労働運動全体の方針として賃上げよりも雇用維持が重視されるため、公共部門の賃上げは抑えられている。最近の日本はこうした特殊な状況にあるため、公務員の賃上げを起点とするインフレが懸念されることはない。むしろ、この賃金抑制が、デフレの原因の１つになっていた。公共部門および民間部門の賃金が抑えられている状況を打開するためには、正規雇用者の利害を代表してきた既存の労働運動だけでなく、男女間や正規・非正規間の賃金格差の縮小、最低賃金の引き上げ、働き方改革による時短（それは実質賃金の上昇を意味する）といった、既存の企業別労働組合の利害関心よりも広い社会的関心のもとでの合意が必要になるであろう。

　予算の編成に関わる社会的合意として特に大きな影響を与えるものの３つめは、**社会保障改革についての社会的合意**である。都市部への人口集中や少子高齢化によって、年金・医療の支出額が増大し、また、育児・教育・介護サービスといった新たな福祉ニーズが発生した。その結果、一般歳出（一般会計から国債費や地方交付税交付金を除いた国が政策的に支出する経費）に占める社会保障

120

費の割合は、1990年代末の約33％から2020年の58％へと急激に上昇した（廣光編［2021］97、113-114頁）。何度か部分的対応がなされたあと、ようやく2010年代前半、こうした給付の急増・多様化に対処するために「社会保障・税一体改革素案」が政府・与党によって決定された。これを社会保障改革についてのいったんの社会的合意とみなすことはできる。

　しかし、この素案に基づく改革は、第10章で詳述するように、**国民連帯**（世代間、所得階層間、都市・地方間など）や将来への過度な不安なく「安心して生活できる」という素案そのものに記載されている公共目的に照らすと不十分な改革にとどまっている。素案では消費税の段階的引き上げが明記され、実際に消費税は2014年に 5 ％から 8 ％へ、2019年10月に10％へと引き上げられたが、結局、消費税の増税分 5 ％のうち社会保障費に充てられるのは 5 分の 1（ 1 ％）になり、負担感と受益の実感が乖離した。しかも、この拡充分のうち、子育て支援に配分される額は、高齢者が主な受益者となる年金・医療・介護への配分額の 3 分の 1 にとどまり、世代間の配分は不均等になった（井手［2017］172-173頁）。また、改革後の社会保障制度のもとでも、依然として現在および将来のリスクや費用の大きな部分を個人が負わなければならないという不安が残る。この不安は、少子化や消費低迷の大きな原因の 1 つになっている。

　以上のように、様々な公共目的を見据えながら形成される様々な社会的合意（例えば、国債発行による財政規模拡大、公務員の賃金水準、社会保障改革についての合意）が、予算という毎年の社会的合意の形成に影響を与えている。反対に、物価安定目標によって制限されている予算（財政）規模が、社会保障改革などの合意形成において合意できる内容・規模を制約している。

　 1 つの予算のなかに様々な公共目的が貨幣という共通の単位のもとで調整・統合されているが、そのことは、予算そのものが公共諸目的の完全な実現をあらわしていることを意味しない。というのも、まず、先に述べた子育てと高齢者福祉との相克のように、複数の公共目的を十分に達成するには予算規模は限られている（つまり、諸目的を達成するために予算規模を大きく膨らませると物価安定という公共目的が達成できなくなる）からである。次に、予算その他の社会的合意には、公共諸目的だけでなく、各勢力（政党、労働組合、経営者団体、産業団体、省庁など）の利害も反映されているからである。社会的な合意形成や予算編成の過程では、諸勢力は、多様な公共目的を引き合いに出して自らの主張を正当化しながら、限られた予算のなかで自らの取り分（share）を増やそ

うと争っている。例えば、公務員の諸労組が賃上げを主張すれば、それは予算の人件費の上昇をもたらしうる主張である。また、予算におけるある産業の取り分が増えることは別の産業の取り分が減ることを意味するかもしれないので、医療産業、教育産業、防衛産業、建設業それぞれを代表する諸団体の利害は衝突しうる。このように、様々な公共目的や私的な利害が、社会的な合意形成や財政という政治過程において衝突し、調整され、妥協されているのである。それゆえ、予算は、公共諸目的の完全な実現ではなく、あくまでも、その年度における、様々な公共目的や利害の調整の帰結という意味での、貨幣であらわされたいったんの社会的合意である。この倫理的・政治的な調整の帰結としての予算が政府によって支出されると、先に述べたように、その予算規模の信用貨幣（預金通貨）が民間銀行によって創造される（その規模のマネーサプライが増加する）ことになる。

(3) 望ましい財政の方針

　ここまで政治過程のいったんの帰結として予算を捉えてきたが、それだけでは、毎年形成される予算の制度経済学的な捉え方を示したにすぎず、将来の財政について望ましい方針を示したことにはならない。ここからは、さらに踏み込んで、本書の立場から、積極的に支出すべき項目、抑制すべき項目、そして、税制改革の望ましい方向性を大まかに示したい。なお、それぞれの項目で取り上げる制度の機能や社会経済的意義については、第10章を中心に、本書の他の章で詳述する。

　まず、積極的に支出すべき項目を示したい。先に述べたように、経済が不完全稼働の状態であるならば、以下で提示する項目の積極的な支出によってある程度予算全体の規模が大きくなることは物価安定という公共目的の制約を破らない。しかし、経済が完全稼働の状態に達すれば、以下で提示する支出項目は、物価安定目標に制約された予算全体の適正な規模のなかで他の支出と調整されねばならない。以下で提示する支出項目は、経済の生産力と生産性を高めたり、経済の好循環をつくったり、経済以外のリスクによる経済活動の長期的・大幅な落ち込みを防ぐことを目的にしている。

　第1に、国民の知識・技能の形成と拡充とそれを活かした社会参加のための支出である。イノベーション政策（徳丸［2020］）・教育・科学技術への支出にくわえて、第10章・第11章で説明される**レーン＝メイドナー・モデル***やフレ

122

キシキュリティ政策★の構成要素である失業者の技能訓練制度および失業給付制度の拡充も挙げられる。これらの支出は、生産性の高い産業への労働者の就職ないし転職を促進し、一国の生産性を高め、かつ、内外で稼ぐ力の向上（ひいては経常収支の黒字と通貨価値の維持）をもたらすことを目標とした支出である。

　第2に、第4章で述べた、**節約の逆説**や**費用の逆説**といった**合成の誤謬**への対処である。こうした状態が生じている場合、マクロ経済全体の好循環への復帰のための（ミクロの観点からは不合理な）政府の支出が正当化される。

　第3に、社会インフラの劣化への対応や防災・減災のための支出である。後者については、災害大国において頻発する激甚災害から社会経済活動を迅速に立ち直らせるために平時から必要な支出として正当化されるが、社会的な合意形成によって他の公共目的（例えば平時の効率性）とバランスをとる必要もある。

　次に、支出を抑制すべき項目を示したい。インフレを誘発しうるものへの支出、および、できるだけ広範な人々の合意を得た公共諸目的の実現に寄与しない支出は抑制すべきである。なお、望ましい合意形成プロセスについては次の第6章で論じる。日本および外国の事例を参考にすると、支出を抑制すべき項目として、例えば以下の項目が挙げられる。

　第1に、軍備拡張のための支出である。日本では、高橋是清蔵相の積極財政後、高橋が悪性インフレを懸念して国債発行を減らす方針を出すと、軍事費の拡大を要求する軍の激しい反発を招き、高橋は二・二六事件で殺害された。その後、国債発行による軍事費の増大などによりインフレ率（東京小売物価指数）が1941年にはいったん20％にまで上昇した（富田［2006］424-427頁）。

　第2に、公務員への過剰な賃金と年金払いである。ギリシャは巨大な公共部門を抱え、しかも、公務員に民間給与水準を大幅に上回る給与が支払われ、彼らへの退職後の年金も過大であった。これが財政を圧迫し、また、インフレをもたらしていた。

　第3に、衰退が不可避な産業・企業を維持するための補助金や投資である。日本では、他国と比べて過大な土木建設業を支えるためのいわゆる「箱もの」の建設、利用者の少ない道路や鉄道の建設が現在でも続けられている。政府の支出によって民間企業を救済・維持するかどうかは、その企業が、できるだけ多くの人々の合意を得た公共目的に合致した活動をしているかにかかっている。

衰退企業・産業で生じる失業者は、先にも述べたように、失業給付と技能訓練によって生産性上昇率の高い産業への移転を促されるべきである。

　ここまで積極的に支出すべき予算項目と抑制すべき項目を論じてきたが、税制改革も重要であろう。インフレ予防の観点から、所得税の累進性の強化や法人税の増税といった、好景気のときに政府がより多くの国家貨幣を吸収できて景気の過熱を防ぐ**ビルトイン・スタビライザー機能**を強化する必要がある。なお、第10章では、国民連帯の側面を強化する方向に税制を改革すべきであると主張するが、そうした税制改革はビルトイン・スタビライザー機能の強化と両立できる。

第6章

制度変化プロセス
合意形成のための諸条件

1．はじめに

　私たちが暮らしている民主主義社会では、多様な価値が認められており、また、認められるべきであるとされている。そのなかには、経済的な豊かさだけでなく、自由や安全も含まれる。この**価値の多元主義**★のなかで、制度変化は、**諸価値の重み付け方**★（価値観）の対立と妥協の結果として起きると捉えることができる。例えば、新型コロナウイルス対応では、安全を確保するために経済的な豊かさや経済的・文化的・政治的活動の自由をどれくらい制約すべきかという諸価値の重み付け方をめぐる調整が常に問題になっていた。

　ここで諸価値の「重み付け方」というややこしい言い回しをし、ある価値と別の価値との対立とは書かなかったのは、民主主義社会では、対立相手が重視する価値を完全に否定するべきではないし、多くの場合、する必要もないからである。さらに、相手が重視する価値を尊重することによって相手をうまく動機づけることができるかもしれない。先の例でいえば、いくら安全や健康に極めて重きをおく（おかざるをえない）立場の人々であっても、他の人々が重きをおく活動の自由や豊かさ（そもそも収入を得なければ当座の暮らしができなくなる人々もいる）を完全には否定しないだろうし、すべきでもない。民主主義社会での制度変化のプロセスは、こうした多様な価値の重み付け方について何とかして妥協するまでのプロセスになる（その簡潔な例は2節で取り上げる）。

　制度変化のプロセスには様々な要因が関わる。マクロレベルでは、経済危機、政権交代、イノベーション、人権侵害の外交問題化、戦争、大災害、資源の枯渇、生態系の劣化などの様々な要因（すなわち経済的・政治的・技術的・外交

的・軍事的・自然環境的要因）が、制度変化のきっかけとなることがある。ミクロレベルでは、従業員の自由な働き方の推進、女性の積極登用、工場移転（の脅し）、法律その他の制度の新解釈の発見と実践といった企業の行動変化が制度変化のきっかけになることがある（Boltanski and Chiapello［1999］）。また、合意形成のプロセスでは、交渉力が結果を左右しうる。社会集団や利益団体を組織化するために人々が共有できるよい**理念**（idea）がつくられれば、特定の価値観をもった社会運動、労働運動、政治運動の影響力が増すことがあるといったように、賛同者を増やしたり対立相手を屈服させたりするために、これらの**経済的・道徳的・物理的な力**（force）のいくつかないしすべてが混合された政治的な**権力**（power）が行使される（安［2013］、Best［2017］）。また、このプロセスでは、新しくつくられることになる制度の運営のコストが経済的論点として取り上げられることもあるだろう。

　ところで、制度変化は、慣習の変化のように、交渉や妥協なしに他者の行動の模倣などによって生じることもある。しかし、本章は、民主主義社会における望ましい制度変化プロセスを検討したいので、議会、行政委員会、審議会、労使交渉といった、これからの制度（政策の構想や方向性、新規制基準、職場での働き方のルールなど）をめぐる合意形成が展開されるところ、つまり制度をつくるための制度（以下**メタ制度**と呼ぶ）を検討の対象にしたい（メタ制度は、第10章の用語でいうと、企業単位ないし社会単位のコーディネーションのための制度のことである）。また前述のように制度変化のプロセスには様々な要因が関わるのではあるが、本章は、それらには立ち入らず、制度変化プロセスにおいて交渉当事者が守るべき倫理的規準――**適正さ規準***――を提示したい。それは、制度改革の理由を提示・説明して、利害や価値観の異なる相手を説得して、広範な合意をつくり出すべきであるという規準である。本章（3節）では、制度変化プロセスにおいて交渉当事者（支配的集団を含む）がこの規準に従うことが、社会にとってはもちろんのこと、（少なくとも長期的にみれば）支配的集団にとっても望ましいことを主張したい。

　さて、たとえ適正さ規準を示したとしても、もちろん交渉当事者たちがそれに従うとは限らない。そこで、本章では、次に（4節および5節において）、交渉当事者たちがこの適正さ規準により自発的に従うためには（ひいては、合意形成によって成立した新しい制度に、関係者たちが自発的に従うようになるためには）メタ制度がどのような制度的条件を備えていることが望ましいといえそう

かを考えてみたい。

　その素材として、3つの事例を取り上げる（4節）。1つめは、2011年3月の福島原発事故後の日本におけるエネルギー政策をめぐる政治的・国民的議論である。2つめは、福島原発事故の社会的衝撃を受けたドイツでのエネルギー政策をめぐる政治的・国民的議論である。3つめは、アメリカのウィスコンシン州における独立行政委員会の形成と運営である。この最後の事例は、アメリカにおける行政委員会の原点かつ理想形の1つであり、それは、他州や連邦においてモデルとして模倣された。日本では、敗戦後、アメリカ型の行政委員会が導入され、また、原発事故後の規制組織改革では、やはりアメリカの行政委員会（原子力規制委員会：NRC）を参照していた。これらの点で、ウィスコンシン州の行政委員会の事例は、日本のメタ制度を考えるうえで有用な事例である。

　本章では、最終的に（5節において）、交渉当事者たちが適正さ規準により自発的に従うようになるためにメタ制度が満たしているべき制度的条件を提示する。それは、**独立性、公開性、非匿名性、代表性、科学的手法のための調査能力、審判**である。

2．諸価値の重み付け方が競合した事例──労働時間規制をめぐる対立と妥協

　前節の冒頭で述べたように、民主主義社会における制度変化は、諸価値の重み付け方（価値観）の対立と妥協の結果として起きると捉えることができる。しかし、そもそも読者にとって、この諸価値の重み付け方の対立と妥協を具体的に想像することが難しいかもしれない。そこで、本節では、複数の価値観が競合した事例として、本章の導入のための短めの事例を取り上げたい。それは、2019年に労使で合意された労働時間規制をめぐる対立と妥協である。

　2019年に時間外労働の上限規制が労使で合意される以前、時間外労働の上限は実質的に存在しなかった。長時間労働の問題は、2000年代から取り上げられてきた。年間労働時間の平均値は、働き過ぎをよしとしない社会的な風潮や労働組合の時短闘争などによって1999年には最も短い1949時間になったが、2000年代以降、景気低迷によって増加傾向にあった。2015年に電通社員が過労自殺したことが大きく報道された。この象徴的な事件が、実質的な上限規制が必要であると社会に強く認識させた。

時間外労働の上限規制についてどのような価値観がありうるか。「過労死ライン」と呼ばれる厚生労働省通達を参考にして考えてみたい。この通達は、これまでの医学的知見に基づいて時間外労働時間と健康障害リスクとの関連を次の２点にまとめており、労災認定の判断基準（ベースライン）として利用されていた。第１に、発症前１か月間ないし６か月間にわたって、１か月当たり時間外労働がおおむね45時間を超えると、業務と発症との関連性が徐々に強まると評価できる。第２に、発症前１か月間におおむね100時間または発症前２か月間ないし６か月間にわたって、１か月当たりおおむね80時間を超える時間外労働が認められる場合は、業務と発症との関連性が強いと評価できる。

　すべての労働者について過労死のリスクを完全にゼロにすべきという価値観に基づくと、時間外労働の上限は月45時間にすべきであるという主張が導かれるだろう。

　しかし、実際には、納期のひっ迫、大規模なクレームへの対応、機械のトラブルへの対応などにより、臨時的に業務量が大幅に増加することがありうる。それに対応しないと事業や安定的な雇用が難しくなる場合もあるだろう。事業や雇用の継続を最優先すべきであるという価値観に基づくと、時間外労働の上限は設定すべきではないという主張が導かれるだろう。

　これら２つの価値（目的）、すなわち過労死の強いリスクの回避と事業や雇用の継続とを両立すべきだという価値観に基づくと、月100時間未満、かつ２〜６か月平均80時間以内を上限にすべきであるという主張が導かれるだろう。

　実際の議論では、労働者の代表と使用者の代表はどのような主張をしたのか。労働者の代表である日本労働組合総連合会（連合）は、「過労死ライン未満」を、すなわち「月100時間未満、かつ２〜６か月平均80時間以内という上限にすべきである」と主張した。この主張は、「過労死のリスクを完全にゼロにすべき」という価値観からは認められないのはもちろんのこと、過労うつを防ぐといった労働者の健康維持の観点からみても過大な労働時間を上限にしているように感じられる。実際、過労死ライン未満という連合の主張に強く反対した傘下の組合や別の労働団体もあった。しかし、連合は、これまで実現できなかった実質的な上限規制、つまり罰則（懲役または罰金）付きの法的規制を今回は導入したいという理由から、そして、業務量の変動の大きな業種の労働組合も抱えており、そうした業種には厳しい上限規制を課すことは困難であるといった事情から、過労死ライン未満を主張した。

　他方、当初、経営者の多くは、「事業や雇用の継続を最優先すべきである」という価値観に基づき、上限規制の新設に反対の立場をとった。しかし、経営者の代表である日本経済団体連合会（経団連）は、業務量の変動や突発的な出来事に社員の残業の増減で対応できる余地を十分に残しながらも、実質的な時間規制がない状態で過労死が起こって世間から批判される可能性を小さくしたいという理由から、「過労死ライン以下」、すなわち月100時間以下という罰則付き上限規制の新設には合意できると主張した。しかし、連合は、過労死ラインの月100時間を容認することを意味してしまう過労死ライン以下という上限規制は認められないとして強く抵抗した。最終的に、政労使の協議のもとで、連合が主張した「過労死ライン未満」、つまり月100時間未満の罰則付き上限規制の新設が合意された。

　ところで、連合は、こうした経団連との厳しい交渉においてなんとか合意に至ろうと躍起になっていたため、労働側内部からの批判を省みる余裕をもてなかった。連合が上記の規制に合意したことに対して、一部の傘下組合や他の労働団体は、法律が長時間の時間外労働を許容しているという誤った認識がもたれかねないとの理由で強く反発した。そのため、連合が労働者をうまく代表できているのかという「代表性」の問題が浮上してしまった（安［2022]）。

　以上みたように、この制度変化（制度形成）の事例では、まず、2つの価値、すなわち過労死リスクの低減という価値（目的）と雇用の安定化・事業の継続という価値（目的）の重み付けが立場や集団によって異なることから、複数の主張が示された。こうして議論に参加する諸集団（ここでは労使）のなかで複数の主張が競合するとき、諸価値の重み付けについてお互いが許容できるベースは何かを模索する必要がある。この事例の場合、ベースは、医学的知見に基づくことであった。すなわち、労使は、厚生労働省通達が示した、医学的知見に基づく諸価値の重み付けを採用することで合意した。こうして労働時間規制における特例の上限、つまり時間外労働の法律上の実質的上限は、厚生労働省通達に依拠して「月100時間未満かつ2〜6か月平均80時間以内」とされた（なお、この事例では交渉の前にすでに整理されていた医学的知見が諸価値の調整のベース、つまり労使交渉の参照点になったが、必ずしも合意形成一般が医学的・科学的知見に依拠して達成されるとは限らない）。

3. 制度変化の適正なプロセス

(1) 制度変化のプロセスにおいて守られるべきこと

　民主主義社会では、様々な価値が併存すること、つまり**価値の多元主義★**が認められている。したがって、諸価値の重み付けの仕方（つまり価値観）が人や集団によって異なることも認められている。ただし、自分の求める諸価値を実現しようとするならば、諸価値の重み付け方がそれなりに異なるが（決定的に異なるわけではないので）連携できる人々とともに集団をつくって要求した方が実現可能性は高まるだろう。それゆえ、一般に社会集団、利益集団、圧力団体と呼ばれるような集団をつくるときには、諸価値の重み付け方をいかに調整するかが問題になる。さらに、組織された集団のあいだでの交渉プロセスでも、前節の例でみられたように、やはり諸価値の重み付け方が争点になる。

　繰り返しになるが、ここで**諸価値の重み付け方**という言い回しをし、ある価値と別の価値の対立というふうに書かなかったのは、たとえ労使のように利害の対立する集団同士であっても、相手側が特に重視する価値を根本的に否定することはあまりなく、むしろその重要性や自分たちにとっての有用性を理解しているからである。例えば、使用者は、労働者が「健康」を害してしまえば、労働や創意工夫への「意欲」や「生産性」が低下したり、最悪の場合、休職したり離職し、それまでの訓練コストが埋没したり、新たな採用コストがかかってしまったりすることを理解しており、したがって、労働者の心身の健康を維持することの自分（使用者側）にとっての意義を理解している。さらに、企業（特に大企業）は、先に述べたとおり、従業員の過労自殺などで「評判」に傷がつくことを恐れている。また、労働者は、自分たちが努力や創意工夫を重ねて「生産性」を高めたり、「売上」や「利益」をあげたりすることが、会社の存続につながり、ひいては自分たちの雇用の「安定」につながるという意義をもつことを理解している。それゆえ、民主主義社会の制度変化プロセスにおける争点は、どの価値が正しいかではなく、多元的な価値の重み付け方になる。

　こうした諸価値の重み付け方をめぐる対立と妥協は、標準的な経済学のテキストの背後にある単純な**功利主義★**では扱いにくい論点である。功利主義は、1人ひとりの効用（あるいは負担）の社会での集計値を最大化（最小化）することが望ましい、という考え方である。しかし、そもそも多元的な価値を個人の

心理的な効用という一元的な量に還元できるのだろうか。例えば、割増賃金の増大と過労自殺のリスクの増大は、正の効用と負の効用として合算しても差し支えないのだろうか。異なる人々の効用を集計することができるのだろうか。標準的な経済学は、人々の効用を集計するとき、多くの場合、**代表的個人**★や代表的企業を設定し、代表的個人の効用×人数を集計値としている。しかし、現実には異質な人々がいる。労働者たちのなかだけでみても健康の価値は異なる。例えば、仕事が生きがいで長時間労働もいとわない人にとっての健康の価値と、日々の生活や定年退職後の生活を大切にしたい人や持病を抱えている人にとってのそれは大きく異なるだろう。企業のなかだけでみても、利益最大化を求める企業もあれば、売上高自体、市場支配力、存続、伝統的な技術や独自な技術の継承、地域の一員としての貢献度をより重視する企業もあるだろう。

　民主主義社会での制度変化プロセスでは、前節で例示したように諸価値の重み付け方が主な争点になっているが、標準的な経済学にみられる単純な功利主義では、こうした現実での主な争点（の少なくとも1つ）を扱うことが難しいのである。

　諸価値の重み付け方をめぐる対立と妥協には、説得のし合いの局面があったり、権力闘争の局面があったり、それらが絡み合っていたり、さらに、裁判所などの審判が事後的に介入したりと、様々な局面が関わっている。このうち、交渉相手を説得し合う局面が**正当化**★（justification）**の闘い**である。諸集団は、自分の主張がより反映されたかたちでの妥協を相手と結ぼうとする。そのために、相手の価値観でも理解しうるような、自分の主張の根拠や自分の主張を採用するに値する理由を示そうとする。ここでいう**説得**とは、自分の主張を、自分の価値観とは異なる相手の価値観や世間一般の価値観からみて理解できるように根拠づけ、推論を組み立て、相手に同意を求めようとすることである。これは、自分の権力を明示的ないし暗黙裡に相手に対して用いる脅迫や強要とは区別される。正当化の闘いでは、直接の交渉相手だけでなく、より世間の納得感や共感を得られる根拠や理由をメディアなどを通じて示すことによって世論を形成し、それを交渉の追い風にしようとすることもある。

　しかし、正当化の闘いでは合意に至らず、権力が行使されることもある。わかりやすい例を挙げると、国会において法案の審議時間が極端に短いにもかかわらず与党が「議論を尽くした」と主張して採決に移ることは、多数者の権力の行使である（なお、本書はこれが不当であると言いたいわけではなく、第13章で

述べるように、議論において多数決に至るまでになすべきことがあると主張する）。

　さらに、交渉当事者ではない権威が事後的に介入することもある。交渉当事者たちの合意後、新しい制度が執行されているなか、その新制度から不利益を被っている者が訴えを起こしたり、あるいは、ある社会的課題についての政治的な論争自体が代表者たち（国会議員や利害団体の代表）に好まれず、その棚上げ状態から不利益を被っている者が訴えを起こしたりすると、民間や行政の調停・仲裁機関、あるいは、裁判所といった別の権威が介入することもある。

　このように諸価値の重み付け方をめぐる闘いは現実には複雑であるが、民主主義社会の制度変化プロセスにおいて望ましいこと、目指されるべきこと、つまり**制度変化プロセスの倫理的規準**を、簡潔に提示することはできる。それは、自らの主張が正当である理由を示してできるだけ広範な合意を得ようと努めることであり、したがって、権力行使による交渉相手への強要や少数派の抑圧を最小限にとどめようと努めることである。より詳しく書くと、本章の提示する倫理的規準——**適正さ規準***（reasonableness criterion）——は次のようになる。

　　交渉当事者は、自分たちの主張（改革案）が正当である公共的理由を、科
　　学的手法に基づいて組み立て、他の交渉当事者を説得しようとし、できる
　　だけ広範な（より多数の、かつ、利害や価値観についてより多様な）関係者の
　　同意を求めようとすべきである。

　ここでいう**公共的理由***（public reason）（Rawls [1993]）とは、交渉相手や公衆を説得するための理由である。そのため、これは、ある集団（第一者）のなかだけで納得できる理由では意味がなく、異なる価値観をもつ交渉相手（第二者）にも通用しうる理由であり、さらに、望ましくは、公衆（第三者）にも通用しうる理由である。理由が第二者および第三者にも通用しうるものを目指すべきなのは、主張や合意が、より多数の、かつ、利害や価値観についてより多様な関係者の賛同を得るものになることが望ましいからである。上で示した倫理的規準は、このように公共的理由による自らの主張、つまり理に適った(reasonable）主張の正当化を重視するものであるため、あとで説明する功利主義に基づくパレート規準と区別するかたちで、以下では制度変化プロセスの適正さ規準と呼びたい。"reasonable" や "reasonableness" という用語には、日本語では様々な訳語が充てられるが、その基本的な意味は、理由（reason）を相互

に認め合い納得できることである。

　ところで、この規準に出てくる**科学的手法**（Rawls［1993］邦訳168頁）とは、ここでは、科学的な論拠と推論に基づいて主張を展開することであるとする。もう少し詳しくいうと、科学的手法とは、十分に広範な科学的調査によって得られ、交渉当事者みなに共有された情報から論理的に推論するという、社会的に通用する議論の作法である。もちろん、そういった情報や推論がたとえ「科学的」であると社会的にみなされるものであっても、それは完全に価値中立的な真実や事実ではありえず、何らかの価値判断から切り離すことはできない。くわえて、どのような論拠や推論の手法が科学的手法として社会的に通用するのかは、科学の発展や社会的な慣習の変化に応じて徐々に変わるだろう。とはいえ、少なくとも、何らかの根拠を集めて帰納する、社会的に認められた基本原則から演繹する、といった推論の手法をとるべきだという極めて基本的なことは、議論の守るべき前提として交渉当事者のあいだで合意できるだろう。

(2)　なぜ適正さ規準に従うことが望ましいのか

　なぜ制度変化プロセスにおいて適正さ規準をできる限り守ろうとすることが望ましいのか。それは、賛同者をより多く集めた合意の方が、合意によってできあがった制度の安定性が高まるからである。

　新しい制度が権力によって無理に決められた場合を考えてみたい。権力によって合意を強要された当事者や抑圧された少数派が、合意後の制度を支えるために自発的・積極的に貢献するとは考えにくい。そのため、合意への賛同者が少なければ、執行のコストがかさんだり、その新しい制度が再び論争の対象になり、再び論争や修正のコスト、手間、時間といった限りある政治的資源を費やさなければならなくなったりするかもしれない。第10章で取り上げる社会保障制度改革でいえば、もし改革に賛同できない国民が多ければ、保険料の不払い率が高まり、徴収コストがかさんだり、改革論議が再燃して再び長期にわたって政治的資源を費やさなければならなくなったりするかもしれない。したがって、たとえ権力をもつ立場であっても、合意後のコストのことを考えると、権力の行使は最小限にとどめるべきであるといえる。

　さらに、むやみな権力行使は、上記の制度運営のコストや政治的資源の消費といった狭義のコストのみならず、より広い意味でのコストを高めてしまう恐れがある。それは、相互の信頼や社会の凝集力の低下によって、次の制度変化

プロセスにおける妥協の困難さを高めてしまうという意味でのコストである。『民主主義の死に方』を著したレビツキー（S. Levitsky）とジブラット（D. Ziblatt）は、「組織的自制心」の規範が崩れると民主主義が壊れてゆくと主張した。彼らのいう組織的自制心とは、「法律の文言には違反しないものの、明らかにその精神に反する行為を避けようとすること」である（Levitsky and Ziblatt［2018］邦訳137頁）。例えば、政府が報道機関に圧力をかけること、国会において法案の審議時間がまだかなり短いにもかかわらず多数決をとること、政府が国会議員からの質問や追及に対して丁寧な説明をせずに、紋切り型の答弁を繰り返し、逃げ切ることがそれにあたるかもしれない。何らかの違反すれすれの合法的な手段をとることは、政府・与党への国民の信頼感を落とすかもしれないし、与野党のあいだで相手への敬意、すなわち、同じ国家の一員としての競争的かつ協働的な相手に対する寛容と尊重が損なわれるかもしれない。すると、次の制度変化プロセスにおいて相対的に権力をもたない諸集団は、多数派との妥協を模索しなくなり、機会主義的な行動に走るかもしれない。相対的に権力をもつ集団もまた、そうした行動をとる諸集団との妥協をあきらめ、違法ではない強硬手段をとるかもしれない。すると、再び、新しい制度ができたあとの運営コストが高まる。こうして権力のむやみな行使は、長期にわたる論争・妥協・協働の経験からその社会で培われてきた相互の尊重・寛容・信頼といった一種の共有財を目減りさせ、分断を深め、その社会の凝集力を落とすことにつながりうる。以上のように相互の信頼や社会の凝集力といった社会の基盤に注目しても、やはり言えるのは、権力のむやみな行使は、権力をもつ立場にとっても将来のコストを高めてしまうので、最小限にとどめるべきであるということとである。

　このように、適正さ規準は、支配的集団にとっても、その他の集団にとっても、社会にとっても、合意後の制度を安定させ、かつ、社会の凝集性を保ち、ひいては制度運営や次の合意形成のコストを下げる点で、交渉当事者が守るに値する規準であるといえる。

　実は標準的な経済学のテキストでも、変化を評価するときの倫理的規準を導入している。それは**パレート規準***である。これは、「資源配分をどのように変えても、だれかの効用を下げることなしには他の人の効用を上げることができない状態」を「効率的な資源配分がなされている」状態とみなすという倫理的規準である（伊藤［2018］247頁）。この規準に従うとき、ある状態から別の状

態への移行を提案する、ある改革案は、別の案ではそれ以上のパレート改善ができないならば、効率的な資源配分を実現する案として肯定される。

　しかし、パレート規準では、諸価値をいかに重み付けるかという民主主義社会の制度変化における主な争点（の１つ）をうまく論じることができない。というのも、先に標準的な経済学の問題点として取り上げたように、パレート規準での関心は、諸価値ではなく、効用という一元化された価値だからである。はたして過労自殺など命に関わるリスクの増減と賃金の増減を、個人の効用に一元化して足したり引いたりしたうえで、資源配分の効率性を論じても差し支えないのだろうか。少なくとも、上述の労働時間規制をめぐる実際の対立と妥協では、当事者たちはそのような考え方をとっていない。

　くわえて、功利主義に基づくパレート規準は、平等・不平等の問題を扱うことができない。功利主義では、社会全体で集計された効用の最大化が、制度や政策の評価規準である。この社会的効用を最大化する際に、社会の資産や所得が構成員のあいだでどのように分配されるべきかについては何も問われない。大きな効用を生み出しやすい少数の人たちに、大部分の資産や所得が集中することも、功利主義では正当化されてしまうことがある。

　その一方で、適正さ規準は平等・不平等の問題を扱うことができる。適正さ規準において、ある制度改革案が所得分配に関してそれなりに平等であると評価されるのは、あるいはある程度の経済的不平等が容認されるのは、提案者が、その案を公共的理由によって正当化し、交渉相手や公衆を説得できるとき（少なくともそう努めている場合）である。

　ところで、適正さ規準は、繰り返し述べるように、あくまで本書の提案する規準であるが、先の労働時間規制の事例にみられたように、現実の制度変化でも、交渉当事者たちがこの規準にそれなりに配慮していることがある。とはいえ、様々な制度変化を見渡すと、日々の報道などからすぐに思い浮かぶように、広範な人々の賛同を集めることに十分に心を砕いているようにみえない交渉当事者がいることもまた事実である。

　それでは、交渉当事者たちが適正さ規準に（より自発的に）従うようになり、したがって、彼らが、他の交渉当事者たち、および、直接には交渉に参加していない関係者から、より広く支持されうる公共的理由をつくり上げようと努めるようになるには、合意形成のための制度、つまりメタ制度がどのような条件を満たしているのがよさそうだろうか。

それを考えるための素材として、次の4節では、3つの事例を取り上げる。まず、(1)では、2011年3月の福島原発事故後の日本におけるエネルギー政策をめぐる政治的・国民的議論を取り上げる。これは、合意形成に至らず、また、メタ制度にも問題がみられる事例である。対照的に、(2)で取り上げるドイツの事例、すなわち、福島原発事故の社会的衝撃を受けたドイツでのエネルギー政策をめぐる政治的・国民的議論では、メタ制度においてうまく合意が形成され、エネルギー政策の政治的転換が生じた。(3)で取り上げる最後の事例は、やや古いが、20世紀初めのアメリカのウィスコンシン州における独立行政委員会の形成と運営の事例である。これは、独立行政委員会というメタ制度のモデルの1つとして、他州で類似の委員会をつくるときに模倣ないし参考にされた有名な事例であり、したがって、本章が、メタ制度が満たしておくべき条件を考えるときに有用である。

4．メタ制度の形成と運営についての事例

(1) 福島原発事故後の日本における制度変化

　2011年3月11日、東日本大震災での津波被害で東京電力福島第一原子力発電所の事故が発生した。事故原因の1つは原子力行政の「組織的、制度的問題」であった（東京電力福島原子力発電所事故調査委員会［2012］）。具体的には、推進省庁と規制機関が分離できていないこと、規制機関の議論や決定に政治や利害関係者からの影響が及ぼされていること、委員と利害関係者との接触、議論が最終段階しか公開されていないこと、などが問題であったという。与野党（当時の与党・民主党および野党・自由民主党と公明党）の合意形成を経て2012年9月に規制機関が再編され、原子力規制委員会が新たに設立された。こうした事故後の行政再編（制度変化）は、原子力規制委員会という、高度な公開性をもち、政治はもちろんのことあらゆる社会経済的な利害を考慮せずに科学的判断に徹する制度を構築できた点では高く評価できる（一般財団法人アジア・パシフィック・イニシアティブ［2021］30、52頁）。その一方で、エネルギー政策全体の方向性をめぐる議論では、以下でみるように、日本では政治的・国民的な合意形成に失敗し、また、その土俵になったメタ制度にも問題がみられる。

　事故後、当時の与党・民主党は、脱原発の方針を打ち出した。2011年6月、民主党政権は、原子力関係の閣僚を議長・副議長とする政府の関係閣僚会議と

してエネルギー・環境会議を設置した。この会議の目的は、エネルギー政策を白紙から見直し、政府として新たな方向性を定めることであった。例えば、2030年における火力・再生可能エネルギー・原子力の発電構成比の目標を定めることが挙げられる。この目標をいかに定めるかを議論すると、原発依存度の低減、低コスト、エネルギーの安定供給、地球温暖化対策などの諸価値の重み付け方が問題になる。

　このエネルギー・環境会議、および、会議の下に設けられた、学者を中心とする専門的な委員会では、上述の諸価値（論点）について、科学的手法に基づき、かつ、価値判断（社会的・倫理的判断）を交えながら、現状の理解や実現可能性の検討がなされた。そして、諸価値の重み付け方を調整するためにどのような合意形成プロセスをつくるかについての検討がなされた。これらの検討は議事録で公開された。2011年12月、この会議は、基本方針として、原発依存度の低減、国民的議論の展開、そして、国民的議論に用いる選択肢原案の、諸審議会への策定指示を決定した。

　ところで、政府のエネルギー政策の方向性（エネルギー基本計画）は、事故前まで経済産業省（総合資源エネルギー調査会）主導で策定されてきた。事故後、政権はエネルギー政策の白紙からの見直しを決めたため、そのための委員会（基本問題委員会）が上記の調査会の部会として2011年10月に新たに設置された。

　この委員会は、原発推進派の委員長、その他、推進派・中立・反対派の委員の数がおおむね同じ比率（8人ずつ）になるように選ばれた24人の委員から構成された。事故前までは、通常、エネルギー政策の方向性に関わる委員会での反対派の割合は非常に低く抑えられていたため、こうした委員比率になったのは画期的な出来事であった。こうした変化には、原発事故の（経産省への）衝撃、政権の脱原発の方針、世論が強く影響したと考えられる。

　先に述べた政府のエネルギー・環境会議から、**国民的議論**のための選択肢原案の策定指示を受けて、この基本問題委員会は、議論を重ねて（議事録は公開された）、2030年の電源構成の選択肢原案（①原子力発電比率0％、②約15％、③約20〜25％、など）を2012年6月に策定した。

　エネルギー・環境会議は、この選択肢原案を基本問題委員会から受け取り、最終的に上記の①から③の選択肢を国民的議論のための3つの選択肢とした。7月から8月にかけて、パブリック・コメントの募集、全国での意見聴取会、討論型世論調査（討論の前後で参加者の意見がいかに変化したかの調査）が行われ

た。意見や議論は政府の情報提供データベースにおいて随時公開された。

　たしかに、国民的議論では、準備期間の短さや（やらせと批判されても仕方のないような）事務局による聴取会の運営の不適切さなど、いくらか問題がみられた。とはいえ、政府がエネルギー政策の方向性をめぐる国民的・政治的合意形成のための制度（つまりメタ制度）の一部として公開の国民的議論の仕組みを設けたことは、できるだけ広範な人々から賛同される合意をつくるための試みとして評価できる（泰松［2013］）。

　国民的議論の結果、上述の①原子力発電比率０％の選択肢が最も支持されることがわかった。しかし、その後、（議事録に発言者とその主張の理由が残らないという意味で）匿名の諸集団がそれぞれの利益を反映させてゆく（その利益の反映がどのような公共的理由によって正当化されるのか明らかにされていないという意味で）不透明な政治的プロセスが進められていった。政府の国家戦略室は「エネルギー・環境戦略」（以下、「戦略」と呼ぶ）原案を作成したが、その後、公開の会議に至る前の非公開の修正協議において諸省庁や地方自治体などが自分たちの利益を文書に盛り込んでいった（上川［2018］）。本章が提示した適正さ規準に照らすと、広範な合意を形成するために理由を示して交渉相手や公衆を説得することを回避している点でこの不透明な政治的プロセスは**不適正**(unreasonable)であり、匿名の利害関係者それぞれの振る舞いもまた、公共的理由を広く示そうとすることなく自らの利益を盛り込もうとした点で不適正である。メタ制度（エネルギー・環境会議、基本問題委員会、国民的議論）で続けられてきた、できるだけ広範な人々から賛同される合意をつくるためのプロセスは、国民的議論の終了時に途切れてしまったようにみえる。

　エネルギー・環境会議は2012年９月に「戦略」を決定した。そこには「2030年代に原発稼働ゼロを可能とするよう、あらゆる政策資源を投入する」ことが明記された。政策文書に初めて原発ゼロが明記された点では「戦略」は画期的だったが、上述のように匿名の関係者たちの利害が反映されたことにより、「核燃料サイクルは推進する」とされるなど矛盾を含むものになった。さらに、同月の閣議では、エネルギー政策の「不断の検証と見直し」といういかようにも解釈できる文言だけが閣議決定され、「戦略」は参考文書の扱いになった。

　国民的議論後のこうした一連の政治的プロセスでは、匿名の利害関係者たちはもちろんのこと、非匿名の当事者（首相・閣僚など）も、国民的議論の結果（**国民的合意**）をどのように認識したのか、そして、どの点を反映させたか

（させなかったか）、その理由はなぜか、を明確に示さなかった（泰松［2013］）。これ以後、今日（2022年）に至るまで、政府がエネルギー政策をめぐる国民的議論を展開することはなかった。

　2012年12月、衆議院解散総選挙で民主党が下野したのち、自民党・公明党の連立政権は、前政権の「戦略」を白紙に戻し、原発回帰に舵を切った（大島・除本［2014］）。しかし、原発の再稼働は、以下のような理由から政府の期待通りには進んでいない。第1に、規制委が設けた厳格な規制基準を原子力事業者が満たすのに時間がかかっているからである。第2に、再稼働を望まない地方の民意があり、立地自治体の首長が抵抗するからである。第3に、原発訴訟において裁判所が運転差止命令を下すことがあるからである。実際、規制委の規制基準に合格した原発が地方裁判所によって再稼働を止められたことがある。

　このように、日本のエネルギー政策は、国民的議論を欠いたまま、再稼働を望む政府や事業者と、地方自治体や司法との「綱引き」によって膠着状態に陥っている（一般財団法人アジア・パシフィック・イニシアティブ［2021］198頁）。この状態がもたらされた原因の1つは、政府が、できるだけ広範な人々から賛同される合意を形成しようとした試みを、（国民的議論のあとの）政策決定の段階まで続けられず、国民的合意が政府そして国会の決定として制度化されなかったことにある。

　こうしたエネルギー政策の方向性が定まらない状態は、脱原発派だけでなく、推進派として強い影響力をもつ経済界にも、見通しの立たなさという不利益をもたらしている。実際、経団連会長は、この状態に危機感をもち、2019年の記者会見では「エネルギーの全体像を踏まえた国民的議論をせず、現状のまま看過していれば日本の将来は危ういものになる」と述べた（一般財団法人アジア・パシフィック・イニシアティブ［2021］198頁）。

(2) ドイツにおけるエネルギー政策をめぐる国民的な合意形成

　ドイツでは、1970年代から始まった草の根からの社会運動が、選挙や環境政党（緑の党）を介して原子力政策に大きな影響を及ぼしてきた。さらに、ドイツでは、1970年代以降、原発反対派による訴訟を通じて裁判所が原子力関連施設の建設を中止させた例が10件以上ある。2002年には、2022年までに原発を廃止することが立法化された。ドイツでは、一度、脱原発が規定路線となっていたのである。しかし、そのときの与党・社会民主党が2009年の選挙で下野し、

政権をとった保守政党（CDU/CSU）は原発廃止の時期の延長を決定した。なお、あとで述べるように、この決定は国民的合意形成を経て2011年6月に変更されることになる。

　福島原発事故の社会的・政治的衝撃を受け、連邦首相は、事故後1か月たたないうちに「安全なエネルギー供給に関する倫理委員会」（以下、倫理委員会）を設けた。これは、本章のいう、エネルギー政策の方向性について合意形成するためのメタ制度の設立にあたる。

　倫理委員会の目的は、原発の大事故が発生しうるのであればそのリスクにいかに対処すべきかを経済的・技術的な判断を超えて社会的・倫理的に判断することであった。委員には、科学技術界の代表、宗教界の代表、社会学者、政治学者、環境経済学者、実業家など、企業的な考え、消費者の考え、諸宗教（プロテスタントやカトリック）、環境問題への関心といったドイツ社会の広範な価値観を包摂しうる人選になっていた。原子力の事業者や専門家は委員に含まれていない。

　倫理委員会で主な争点になったのは、原発の大事故や放射性廃棄物の被害といったリスクにいかに対処するかであった。大きく分けると「絶対的拒否」と「相対的比較考量」という2つの立場が対立した。絶対的拒否の立場は、福島原発事故で示されたように、リスクをある想定の枠内での確率として計算し、想定外の出来事を残余リスクとして片づける評価手法には限界があり、倫理的に許されないとみる。評価不可能で未知の事態を予防する方法は、原子力利用の拒否、つまり脱原発である。

　相対的比較考量の立場は、原子力とその代替エネルギーのリスクは比較可能であり、リスクのない代替エネルギーはないので、あるエネルギーが受容できるかの判断は、科学的な知見での比較衡量、および、倫理的な比較衡量に従うべきであるとする。倫理的な比較衡量にあたっては政治的に合意された衡量の仕方に従うべきであるとする。この立場からも、絶対的拒否の立場と同様に、今日のドイツでは原子力をよりリスクの低いエネルギーに代替すべきという結論になる。その理由は、ほとんどの学術研究が、原子力よりも再生可能エネルギーやエネルギー利用の効率化の方が健康と環境に対するリスクを小さくできると結論づけているから、というものであった。

　こうした異なる諸価値の重み付け方のあいだで強く意見がぶつかり合うこともあったが、合意形成のために相手側の立場を理解しようとし、ある点では歩

み寄りも行われたという。重要なのは、立場の根本的な違いを残したまま、これからドイツがとるべきエネルギー政策の方針については共通の実践的な結論に至ったことである。それは、今日のドイツでは、脱原発が望ましく、原子力をより低いリスクのエネルギーに代替することができるという結論であった。

　倫理委員会の報告書では、こうした諸価値の重み付け方をめぐる対立、相互理解の努力、そして、制度変化の方向性についての一致点の発見、という合意形成プロセスにもかなりの紙幅が割かれている。このことから、この委員会がそのプロセス自体を国民に公開・周知することも重視していることがわかる。

　ところで、倫理委員会は、委員のあいだの合意形成プロセスにできるだけ国民も巻き込もうとした。倫理委員会は、公聴会や公開の討論会を開いた。これらはテレビ中継され、そのときに委員長が視聴者と意見交換する場面もあった。

　エネルギー政策の方向性をまとめた倫理委員会の報告書は、2011年5月末に連邦首相に提出された（Ethik-Kommission Sichere Energieversorgung［2011］）。首相はこの報告書を尊重し、6月の閣議で2022年までの原発廃止を決定した。この決定は、連邦議会において党派を超えて圧倒的多数で承認された。

　倫理委員会の報告書を邦訳した吉田文和は、ドイツでは国民的な合意形成ができた諸要因を整理した（吉田［2015］239頁）。そのうち、メタ制度（倫理委員会）が備えている制度的要因を取り上げると、それは、参加と公開性の重視、事実と論理性（本章のいう科学的手法）の重視、世論形成の重視であった。

(3)　アメリカ・ウィスコンシン州における行政委員会の設立と運営

　19世紀から20世紀にかけて、アメリカでは機械化によって労働災害が頻発するようになり、大きな社会的損失をもたらしていた。鉄鋼業などの大企業では、労災防止のために「安全専門家（safety expert）」を雇い入れ、また、企業の労災保険制度を私的に設立する事例がみられるようになった。制度経済学者コモンズ（J.R. Commons）は、1900年代、こうした大企業の先駆的な試みを調査した。1910年、彼はウィスコンシン州知事から法案の作成を依頼され、州の労働組合や経営者団体を議論に参画させながら法案を作成した。これは州安全法として州議会で可決され、1911年に施行された。

　この法律では、2つの制度的工夫がなされていた。1つは、コスト削減と安全向上という異なる価値を両立させるために、工場安全規制と労災保険制度を結びつけたことである。労災保険制度は任意加入の相互保険であり、ある加入

雇用主の職場における労災発生が少なければ、その分だけ次期の保険料が引き下げられるという仕組み（経験料率）になっていた。この仕組みは、保険料すなわちコストを引き下げたいという動機で安全の向上を図るという、雇用主に対するインセンティブを与えるものであった。

　もう1つの工夫は、この法律（と労災保険制度）の運用を、新たに設立するウィスコンシン州産業委員会（industrial commission）の管轄下に置いたことである。というのも、工場の安全を高めるには議会による立法・法改正と行政府による執行という従来のやり方では不十分だったからである。具体的には2つの理由が挙げられる。1つは、技術の急速な発展とそれにともなう専門性の急激な高度化に立法者や行政官はついていけなかったからである。技術が急速に発展するなかで、安全規制はすぐに時代遅れになったが、彼らはそれに応じて法律を改正することはできなかった。もう1つは、コストの増加を恐れる経営者が法改正に強固に反対したからである。

　州産業委員会は、本章の用語でいえば、新しい安全規制（制度）をめぐって合意形成し、かつ、それを執行するメタ制度にあたる。州政府が委員を選ぶのではなく、利害関係組織それぞれが自主的に委員を選ぶため、各委員は自身の組織のメンバーから信頼されており、また、他の利害関係組織を代表する委員からも交渉や協働の相手として信頼を置かれていた（なお、コモンズは最初の2年間、委員を務めた）。それゆえ、この委員会は、議会に比べると、安全規制の改正プロセスのなかで利害をより上手く、より迅速に調整することができた。

　州産業委員会は、安全専門家、医師、技術者、建築技師など専門性をもった約200名のスタッフを抱えていた。彼らは、健康、安全、労災補償、児童労働、労働時間をめぐる問題について委員会の事実認定や決定の基礎になる情報を科学的に調査し、整理する。また、委員会の科学的調査によって、州内のある企業などにおける最良の実践例が発見されることもあり、委員会では、その事例を参照しながら、実行可能であり、かつ、できる限り高い水準の安全を実現する新しい規制をつくるために委員間で折衝がなされる。この合意形成プロセスは議事録で公開される。

　州委員会の規制案は、反対意見を発見するために公聴会にかけられる。公聴会では、例えば経営者が産業委員会に修正を求めることができる（新規制の決定後、それによって権利が侵害されたと主張する者には裁判所への提訴という権利回復の機会が用意されている）。

　こうした手続きを経て最終的に発せられる産業委員会の規則は、自分たちの代表者によって合意形成されたものとして、州内の個々の労使によって広く受け入れられた。そのため、規則は自発的に遵守されることが多く、委員会はその強制を最小限にとどめることができた。

　自発性の尊重は、産業委員会のスタッフである安全専門家の振る舞いにもみられた。彼らは、工場監督官としてというよりも、むしろ工場の管理者や技術者、労働者に対して継続的に助言を与える者として振る舞い、追加のコストや生産への悪影響なく企業が実行できる労災防止策を発見することに努めた。

　ただし、必ずしもインセンティブの仕組み（労災保険の経験料率）と安全専門家の気づきだけで労災を防止できるとは限らなかった。というのも、当時の労働者たちには安全専門家の安全向上策に素直に従うことを阻害する慣習、例えば、危険を恐れていると同僚からみられることを極度に嫌う悪弊があったからである（上野［1996］）。今日では「安全第一」などの標語で知られる「安全精神（safety spirit）」は、当初、全く自明の原理ではなかったのである。それゆえ、委員や安全専門家は、全州での大々的な安全向上キャンペーン、全州・地区別・地域別での安全会議（協議会や大会）の開催、そして、教育や助言を通じて労働者の集団的精神を刷新しようとした。彼らが主導したこれらの運動を通じて、労働者たちの、進んで協力しようとする精神や安全精神が徐々に形成された。しかも、経験料率のインセンティブなどから、経営者たちもこれらの会議に熱心に参加した。会議では安全のための進歩的な事例がさかんに報告された。会議の場は並外れた安全精神を急激に発達させた。「経営者たちは、労災防止に関して、州政府が強制力を使ってできることよりも、はるかに多くのことを自主的にできることを示した」（Commons［1934］邦訳 下巻392頁）。

　安全へのインセンティブづくり、安全専門家たちの教育・助言、そして、安全会議における進歩的な知識の共有によって、労災による死亡者数がある 5 年間で61％減少したほか、労使間の信頼が醸成されたり、工場の効率性（時間当たりの労働生産性）が向上する例があったという（Harter［1962］）。

　労使は、州委員会、安全会議、職場内での合議といった**重層的な熟議**、職場改善の実践、そして、その（上にあげたような）効果から、交渉相手の動機を理解し、それを自分たちの利益の実現や全体の福祉の向上に利用できることを実感していった。具体的には、労働者は、経営者の利潤（生産性上昇やコスト削減）動機を安全向上にうまく結びつけることができることを理解し、その動

機とうまく結びつくように自分たちの主張を理由づけることを覚えていった。経営者は、生活保障（例えば労災補償による）の動機や民主主義的な意思決定への参加の動機を満たすことによって職場の**労使信頼**が醸成され、職場の安定的運営や生産性上昇につながりうることを理解した。

　ところで、州産業委員会が設立されてから約20年後、ウィスコンシン州はアメリカのなかで失業保険法を可決した最初の州になった。州産業委員会や上記の会議といった労使の交渉と協働の制度は、この失業保険法案をめぐる合意形成のための制度（メタ制度）にもなった。

　1929年に始まる大恐慌によってウィスコンシン州経済は悪化の一途をたどった。失業者の救済による景気回復と失業の予防による景気安定化のために失業保険が強く求められるようになった。1931年、失業保険法案が審議され、公聴会にかけられた。この時点で経営者の一部は、もはや失業保険法の成立は避けられないと考え、経営者の裁量権を可能な限り残すための例外規定を盛り込むことを条件に労働側と妥協し、法案の支持に回った。その例外規定とは、自主的な失業補償プランを導入している企業にこの法律を適用しないといったことである。この法案は1932年に成立した。

　コモンズは、利害関係組織の代表からなる交渉と協働の制度が失業保険法をめぐる合意形成プロセスでも有効に機能したとみた。たしかに、利害対立という視点からみると、利益代表が妥協に至った理由は、労組にとっては大同団結することによって何よりもまず廃案を回避したかったからであり、経営者にとっては、もはや成立が不可避であるとみて経営者の裁量権を可能な限り盛り込みたかったからである。しかし、コモンズによると、この利害対立が妥協に至るプロセスを支えていたのは、労災防止に関する約20年にわたる交渉と協働の枠組みを通じて形成され、政労使のなかで定着していた以下の共有信念であったという。

　1つは、この対立する諸組織の代表のあいだでの交渉制度が、ルールを制定しそれを管理運営する仕組みとして有効である、という信念である。もう1つは、ルールについての妥協が成立したあとは、個々の労使はそのルールの管理運営に積極的に関与するであろうという信念である。

5．適正な制度変化プロセスのための制度的条件

　先の3節では、下に再掲するように、諸価値の重み付け方をめぐる合意形成において交渉当事者たちが従うべき**適正さ規準***を示した。

　　交渉当事者は、自分たちの主張（改革案）が正当である公共的理由を、科学的手法に基づいて組み立て、他の交渉当事者を説得しようとし、できるだけ広範な（より多数の、かつ、利害や価値観についてより多様な）関係者の同意を求めようとすべきである。

　2節および4節で取り上げた事例を振り返ると、原発事故後の日本でのエネルギー政策をめぐる国民的・政治的議論の事例以外では、交渉当事者が適正さ規準に従い、そして、合意された新制度は、安定的に運用されたり、関係者によって自主的に遵守されたりしているようにみえる。これは、関係者が将来の見通しをつけることができる点（第1章でいう**期待の保障**の点）、および、制度の運営のコストの点で、社会、（支配的集団を含む）諸集団、個々の関係者たちの利益になっている。

　その一方で、日本でのエネルギー政策をめぐる国民的・政治的議論の事例では、適正さ規準が満たされていない。公開での議論において公共的理由を示しあいながら進められた合意形成プロセスは、政府内のメタ制度での議論から国民的議論へと続いたが、そこで断絶し、その後は、非公開のプロセスにおいて匿名の利害関係者による協議が、それぞれの主張の公共的理由が広く示されることなく進められた。メタ制度における非匿名の交渉当事者（委員など）はそれを修正する力をもたなかった（それゆえ、委員たちが、交渉当事者ではない、政権、政党、その他の特定の強力な利害からの影響を受けずに自律的に判断できるという意味での独立性が不十分であった）。しかも、政治的決定も見送られた。その後、国民的な合意形成が試みられないまま、エネルギー政策の方向性をめぐる利害対立の膠着状態が続いている。この見通しの立たない状態は、強力な利益集団である経団連などからなる原発推進派にとっても不利益をもたらしている。

　さて、表6-1にまとめられるこれらの事例を参照しながら、交渉当事者た

本章の事例 メタ制度の帰結と特徴	2節 日本 労働時間規制をめぐる労使の合意形成	4節(1) 日本 エネルギー政策をめぐる政治的・国民的議論	4節(2) ドイツ エネルギー政策をめぐる政治的・国民的議論	4節(3) アメリカ ウィスコンシン州産業委員会の設立と運営
適正さ規準が守られたか	○ ただし一部の労組は連合の理由づけと合意に強く反発	×	○	○
帰結	初の実質的な労働時間規制についての労使の**合意が形成された（法制化）**	国民的合意が**形成されず**、利害対立の膠着状態が続く。経済界にとっても見通しが立たない点で不利益	**国民的合意が形成され**、政府は脱原発へと政策転換	関係者による自発的な改善や**規制の自発的な遵守**。このメタ制度は失業保険の法制化のためのメタ制度にもなった
代表性	△ 労働内部から連合の代表性への疑念が生じた	×	○ 社会の多様な価値観を広範に包摂	○
科学的手法のための調査能力	-	-	-	○
独立性	○	×	○	○
公開性	○	×	○	○
非匿名性	○	×	○	○
審判	-	○ 市民団体等の訴訟	-	○

表6-1　本章の事例の整理

注：表中の「-」は、その事例ではその事柄が大きくは問題にならない条件のことを意味する。
出所：著者作成。

ちが適正さ規準に（より積極的に）従うようになるためにメタ制度（制度をつくる合意形成のための委員会制度など）が満たしておくのがよい制度的条件を整理したい。その制度的条件として本章が挙げたいのは、**代表性、科学的手法のための調査能力、独立性、公開性、非匿名性、審判**である。以下では、順を追ってこれらの条件の重要性を説明したい。

　メタ制度における交渉当事者（委員会であれば委員）たちの**代表性**が重要になる。たとえば、委員たちが、委員会で検討される問題の利害関係者たちの利害を広く代表していることが重要である。ドイツにおけるエネルギー政策をめ

ぐる政治的・国民的議論では、首相や委員長が社会の多様な価値観の代表者を包摂しうる人選をすることが大切であった。アメリカのウィスコンシン州産業委員会では、自発的に組織されていた集団（労組や経営者団体）が自主的に選出した代表者を委員として委員会に送ることが委員相互の信頼および利害関係者たちの委員会への信頼にとって大切であった。その一方で、日本の労働時間規制をめぐる労使の合意形成は、連合が労働内部での意見調整を十分に行えなかったため、労働内部から、連合が労働者の交渉代表であることへの疑問の声が上がった。

　ところで、諸価値の重み付け方をめぐる妥協は容易ではないことが多い。それでも合意を形成するためには、事実をお互いに共有し、議論を通じて相手側の価値観を理解しながら（場合によっては自分の価値の重み付け方を変えながら）妥協点や限られた一致点を探り出すことを促進する仕組みを整えなければならない。

　そのために、まず、事務局には委員が科学的手法に基づいて議論できるようにするための**調査能力**が必要になるだろう。事務局の大切な役目は、課題についての諸事実を調査し、整理し、委員に共有された事実にすることである。委員たちは、その共有された事実を自らの主張の論拠にしたり、その事実から推論して主張を組み立てたりすることになる。ウィスコンシン州産業委員会では豊富かつ多様な専門家が科学的調査に従事した。

　困難な合意形成をなんとかして実現するためには、次に、メタ制度の**独立性**を保つことが大切だろう。ここでいう独立性とは、交渉当事者が、議論に直接参加していない派閥政治や強力な特殊利害からの圧力から独立して議論できることを指す。独立性は、交渉当事者たちが公共的理由による正当化の闘いを通じて自分たちの判断で妥協点を探り出すために必要である。くわえて、独立性は、直接には交渉に参加していない関係者たちが、合意に納得するためにも必要である。交渉に参加していない関係者たちが、交渉当事者たちは特定の狭い諸利害に支配されず、おおむね公共的理由による正当化の闘いを通じて合意を形成できていると感じるためには、少なくとも交渉当事者たちの独立性が確保されていなければならず、かつ、交渉に参加していない関係者たちが、メタ制度の独立性は確保されていると感じられるようになっていなければならないだろう。

　独立性を確保することは容易ではないが、**公開性**がその助けになる。公開性

は、利害関係者が交渉当事者に匿名的なかたちで影響を及ぼすことを抑制しうる。くわえて、公開性は、公共的理由による正当化の闘いを促進しうる。議論がリアルタイムないし事後的に公開されるとき、交渉当事者は、関係者や公衆の批判的なまなざしを意識して、公共的理由を示そうと努めるだろうからである。例えば、ウィスコンシン州産業委員会では、議事録の公開や公聴会の開催により、委員が政治に振り回されたり、議論に参加していない特定の利害関係者たちに不当に干渉されたりすることを抑えている。対照的に、日本のエネルギー政策をめぐる政治的・国民的議論では、公開の委員会に至る前の事務局提案の作成プロセスが不透明であり、そこに利害関係者が介入したため、独立した委員同士での合意形成は実質的にできなかった。

　困難な合意形成をなんとかして実現するには、さらに、交渉当事者たちの**非匿名性**が大切になるだろう。というのも、交渉当事者たちが（脱原発派の1人や原発推進派の1人といった匿名的な関係性で接するのではなく）固有の人同士の関係性でじっくりと議論することは、お互いの価値観を理解し、信頼関係をつくり、最終的には膠着状態を打破するためにお互いに妥協の構えをみせることにつながりうるからである。具体的には、交渉当事者はある程度限定された人数であり、かつ、毎回同じ顔ぶれが出席することが望ましいだろう。ウィスコンシン州産業委員会では、非匿名的関係での長期にわたる交渉や協働の経験から相互信頼が形成され、それが新たな制度（失業保険制度）について合意形成するための基盤になった。

　もちろん、諸価値の重み付け方についての交渉は、合意に至らず、膠着状態に陥ることもある。状況が動かないことで権利の侵害が続いてしまったり、不利益を被ったりする人々もいる。そこで、交渉当事者の合意形成を補完する制度として、民間の調停・仲裁機関、行政審判所、裁判所といった**審判**の制度が設けられていることも大切だろう。実際、日独の反原発運動やウィスコンシン州の安全法のもとでも、権利回復を求める人々は審判の判断を仰いでいる。

　本章の議論をまとめたい。本章は、制度変化のプロセスが適正であるための条件を提示した。**適正さの十分条件**は、交渉当事者たちが適正さ規準に従うこと、すなわち、より広範な人々の支持を得られるように公共的理由を組み立て、相手を説得しようとすることであった。次に、本章は、交渉当事者たちが適正さ規準に（より積極的に）従うようになるために、メタ制度が備えていることが望ましい制度的条件、つまり**適正さの必要条件**を提示した。それは、代表性、

科学的手法のための調査能力、独立性、公開性、非匿名性、審判であった。

　ところで、合意形成のプロセスのなかで交渉当事者たちがどのように振る舞うことが望ましいのかについては第13章で検討したい。

第7章

国際的な企業行動の変化とアジアの生産・消費地の多極化

1．はじめに

　商品を海外に輸出するには、第2章で説明した原材料費や人件費など生産に必要な費用に加えて、海外への輸送費がかかる。また先進国から発展途上国に工場を移転すると、賃金コストは低下するが、異常時にはもちろんのこと、平常時においても、本社と海外工場とのあいだで様々な情報交換が必要となり、国際通信費がかかる。したがって、輸送費や国際通信費の低下は、企業活動のグローバル化を促進する諸要因の1つである。ボールドウィンの『大いなる収斂』（Baldwin［2016］）は、3つの**距離のコスト**、すなわち**貿易コスト**（輸送コスト）、**通信コスト**、**対面コスト**（人を移動させるコスト）に焦点を当て、技術革新により、これらのコストが劇的に低下したことが、企業をコスト制約から解き放ち（アンバンドリングして）、グローバリゼーションを加速させたという見方を示した（表7-1参照）。まず、蒸気船や蒸気機関車の普及による貿易コストの劇的な低下が**第1のアンバンドリング**（グローバリゼーションの加速）をもたらした。次に、情報通信技術（ICT）革命による通信コストの劇的な低下が**第2のアンバンドリング**をもたらした。さらに、今日、極めて臨場感の高いテレビ会議システムの普及や精密かつ超低遅延の遠隔操作ロボットの技術進歩によって、人を移動させるコスト（対面コスト）の一部が不要になりつつある。私たちは**第3のアンバンドリング**のただなかにいると捉えることができるかもしれない。

　第1のアンバンドリングは貿易コストからの企業の解放であった。18世紀半ばから19世紀半ばにかけて、輸送費や関税などを含む実質貿易コストは、ほぼ

		第1のアンバンドリング	第2のアンバンドリング
技術革新		**産業革命**（蒸気機関の発明・普及）	**ICT革命**
距離の コスト	貿易コスト	**劇的に低下**	低
	通信コスト	高	**劇的に低下**
	対面コスト	高	高
企業行動		・自国（北）の工場で生産して（北の比較優位を活用して）消費地に輸出	・生産工程の分解→国・組織をまたいでのグローバルな再配置 ・北のアイデアと南の低賃金労働力を組み合わせる
グローバルな富のシェアの変化		大分岐（ヨーロッパの富の絶対的・相対的上昇と中国・インドのそれの低下）	大収斂（中国やインド、その他の新興国の急速な台頭）
グローバルな格差		南北問題（先進国と途上国との格差）	南南問題（グローバル・バリューチェーンに組み込まれた途上国とそうでない途上国との格差） エレファント・カーブ（先進国中間層の所得がほとんど増加せず）
二国間／多国間交渉の焦点となる制度		・北で生産された製品の輸出を促進する自由貿易主義、南の産業を保護することを目的とした保護貿易主義	・北の企業の国外展開、例えば国外への工場移転や生産委託を支援することを目的とした包括的な（知的財産権保護の共通ルールなどを含む）経済連携協定

表7-1　距離のコストの低下によるグローバリゼーションの加速

出所：Baldwin［2016］をもとに筆者が作成。

半分に減少し、さらに19世紀半ばから20世紀半ばにかけても半減した（Baldwin ［2016］邦訳71頁、図17）。工業製品に比較優位をもつようになったイギリスをはじめとする「北」の国の企業は、国内で工業製品を生産して、国外の消費地に輸出した（比較優位については、第8章において詳しく説明される）。このようなかたちの企業活動は、北におけるさらなる工業化、産業集積、産業イノベーションをもたらし、その結果、北の生産と輸出は持続的に増加した。

　図7-1は、世界全体のGDPに占める、中国とインドの合計GDPのシェアと、G7（アメリカ、日本、ドイツ、フランス、イギリス、イタリア、カナダの7か国）の合計GDPのシェアの推移を示している。1000〜1820年までは、中国＋インドのGDPは、世界全体の約5割を占めていて、G7のGDPを大きく上回っていた。しかし、1820年以降、中国＋インドのGDPシェアは急減し、G7のGDPシェアは急増した。この1800年ごろから西ヨーロッパ地域で始まっ

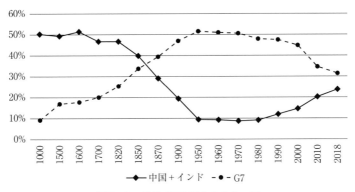

図 7 - 1　世界 GDP に占めるシェア

出所：1700年までは Maddison［2007］p.381、邦訳480頁、Table A.6.のデータに
　　　基づいて、1820年以降については、フローニンゲン大学が公開している
　　　Maddison Project Database 2020（https：//www.rug.nl/ggdc/historicalde-
　　　velopment/maddison/?lang＝en）のデータに基づいて筆者が計算した。
　　　Baldwin［2016］邦訳106頁、図23も参考にした。

た持続的経済成長を、ポメランツは**大分岐**（great divergence）と呼んだ（Pomer-
antz［2000］）。ポメランツによると、それ以前は、西ヨーロッパ地域、中国の
長江下流域、日本の江戸周辺は、資源と土地の制約を突破できないために、持
続的な経済成長を実現できずにいた点で共通しており、経済発展水準に大きな
違いはなかった。この 3 地域のうち、西ヨーロッパ地域だけが制約を突破でき
た決定的理由は、ポメランツによれば、ヨーロッパ諸国によるアメリカ大陸の
土地と資源およびアフリカ大陸の奴隷労働力の支配、しかもかなりの暴力をと
もなう支配というヨーロッパ外的な、グローバルな要因である。

　大分岐の結果、19世紀半ばに中国＋インドの GDP シェアと G 7 の GDP
シェアは逆転し、その後20世紀半ばまで両者の格差は拡大し、1990年までこの
格差はほとんど縮小しなかった。ボールドウィンの説明によると、その主な要
因は、この時期において、「北」の先進諸国の発展が、「南」の発展途上諸国に
波及しなかったことにある。すなわち、依然として通信コストが高かったため
に、**アイデア**を北から南に移動させることができず、上述の好循環によって北
に蓄積していったアイデア（生産に関する技術や知識）が北にとどまったからで
ある。

　しかし、図 7 - 1 に示すように、1990年以降、G 7 と中国＋インドのあいだ
の GDP シェアの格差は急速に縮小していった。これをボールドウィンは、**大**

収斂（great convergence）と呼ぶ。この大収斂の主な要因は1990年代から本格化した情報通信技術（ICT）の劇的な進歩である。例えば2018年のアメリカの通信コストは2000年の約3分の2となった（経済産業省［2020］263頁）。遠隔地への業務指示やアイデアの伝達を制約していた通信コストが技術革新によって劇的に低下したことをきっかけに、北の企業は、従来の生産・流通体制、すなわち先進国内の生産工程で製品をつくって国外に輸出するという体制を解体し始めた。企業は、一連の生産工程を分解し、各工程を、グローバルにみて最適な場所に再配置したのである。本章では、このような生産工程の分解とグローバルな再配置を**フラグメンテーション**という用語であらわす。

　本章は、フラグメンテーションによって、グローバルにみた経済構造や所得格差がどのように変化したかをみていく。まず、次節では、フラグメンテーションの実態と、それがグローバルな所得格差に及ぼした影響をみる。日本企業の分解された生産工程が再配置された先は、主にアジアであった。そこで、3節では、日本、次いで台湾・韓国・中国などの企業のグローバル展開がもたらした、アジアの経済構造の変化をみる。

2．フラグメンテーションの進展とグローバルな所得格差の拡大

(1) フルセット型生産体制からグローバル・バリューチェーンへ

　日本企業の海外直接投資が活発化する大きな契機となったのは、1985年の**プラザ合意**によって始まった急激な円高であった。アメリカの貿易赤字の累積が日米貿易摩擦などのかたちで国際的な政治問題となり、1985年、G5（日本、アメリカ、イギリス、フランス、西ドイツ）の財務大臣・中央銀行総裁が、アメリカの貿易収支を改善するためにドル高抑制を目指し、外国為替市場に協調介入することを合意した。この「プラザ合意」後の急激な円高によって、ドル建て輸出価格が上昇し、日本の輸出企業は打撃を受けた。とりわけ労働集約的な産業は、安価な労働力利用によるコストダウンを求めてアジアに工場を移転させた。

　1996年と2011年のアジア各国における製造業の時間当たり賃金コスト（労働者に直接支払われる賃金報酬＋社会保険費用＋労働に関わる税金）を、日本を100とする値で示すと次のとおりである。韓国は40（1996年）と53（2011年）、シンガポールは50と63、台湾は30と26、フィリピンは6と6である　（U.S. Bureau of

一企業内で完結するフルセット型生産体制

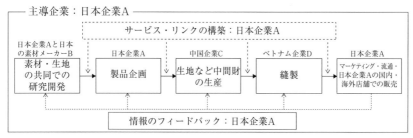

図 7-2　アパレル産業における生産・流通体制の変化

出所：後藤［2019］を参考に著者が作成。

Labor Statistics, *International Comparisons of Hourly Compensation Costs in Manufacturing,* Supplemental Table1.2から筆者が計算)。2010年ごろまでは日本とアジア諸国とのあいだにかなり大きな賃金格差があったことがわかる。フラグメンテーションが進展した要因として、ボールドウィンは、先にふれたように、1990年代からのICT革命によって、通信コストが劇的に低下した点を強調するが、上記のような為替レートの変化や賃金格差の存在も重要である。

　フラグメンテーションの特徴は**フルセット型生産体制**と対比することによってうまく理解できる。図 7-2は、フルセット型生産体制からフラグメンテーションへの変化を日本のアパレル産業でみられる一例であらわしている。なお、アパレル産業以外では、自転車産業のフラグメンテーションの事例が知られている（渡辺・周・駒形編［2009］）。

　1980年代までのアパレル企業では、工程のほとんどが一企業内で完結していた。一企業（図 7-2では企業Aとする）が素材や生地などの研究開発、製品企画、生地など中間財の自社生産ないし外部からの調達、縫製、そして、マーケティング・流通といった全工程を担っていた。それはフルセット型生産体制と

呼ばれる。例えば、スポーツウェア・メーカーのデサントは1980年代までフルセット型生産体制をとっていた。

　一般的には、アパレル産業は労働集約的な産業とみられているが、実は、工程ごとにみると、一連の工程のなかには**資本集約的**な工程もある。例えば、研究開発や製品企画といった上流の工程、および、マーケティングや流通といった下流の工程は、人々のライフスタイルの変化の兆候をつかんだり、取引先との取引履歴や自社店舗での購買履歴などの情報を収集・分析・活用したりするのが極めて重要であり、資本（とりわけ組織に蓄積された顧客データ、ノウハウといった無形資本）集約的な工程である。同じく、高機能な素材の研究開発と生産も無形資本集約的な工程である。素材を編んで染めるという生地の生産は、紡績機や織機、染色機など資本財が必要なことから資本（とりわけ有形資本）集約的な工程である。その一方で、縫製の工程は機械化が難しく、アパレル産業のなかでも特に労働集約的な工程である。

　アパレル産業におけるフラグメンテーションとは、それぞれの工程を、その工程の**生産要素集約度**に応じて比較優位をもつ場所に再配置することである。その例は、図7−2の下半分に示されている。**無形資本集約的**な製品企画、マーケティング、流通は日本企業Aの国内・海外の拠点や店舗が担う。同じく無形資本集約的な高機能素材の研究開発では、A社は日本の素材メーカーBと共同開発する場合があり、さらに、このB社に素材を生産委託する場合もある。生地の生産は**有形資本集約的**な工程であるため、A社は、東南アジアなどに比べて機械の導入が進んでいる中国での提携工場Cに外注する。縫製は労働集約的な工程に比較優位をもつベトナムやバングラディシュの提携工場Dに外注する。

　実際、デサントの場合、特定の品質の生地を中国の提携工場から調達し、ベトナムの提携工場にその縫製を外注することがある。ほかにも、黒木亮の取材に基づく小説『アパレル興亡』（黒木［2020a］）によれば、ユニクロのフリースの場合、原料素材は東レから調達し、糸の生産をインドネシアの工場に委託（外注）し、編み・染めを中国の提携工場に生産委託していたことがうかがえる。また、ユニクロが東レと共同開発したヒートテックの場合、（素材の生産がどの企業・どの立地でなされているかわからないが）編み・染めを中国の提携工場に外注し、その縫製をベトナムの提携工場に外注していた（ロイター通信社［2010］）。

　しかし、フラグメンテーションの結果、分解されてグローバルに配置された各工程は、工程全体を見据えながら連結されなければ一連の生産工程として成り立たない。それゆえ、フラグメンテーションには工程間の連絡・調整の機能、つまり**サービス・リンク***と呼ばれる機能の構築が不可欠である。例えばユニクロの場合、自社工場をもたないため、どれだけうまく外注先とのサービス・リンクを構築できているかが商品の品質や在庫管理の適切さを左右する。ユニクロの海外拠点には提携工場の品質や進捗を管理する技術者が常駐しており、彼らが提携工場に出向いて、その問題解決や技術支援（技術移転）をする。

　サービス・リンクを構築・運用するには、現地での人脈や物流ネットワークをもっていることや現地の制度（労働慣行、文化、警察・税務署等の行政機関の性質）を理解していることが大切になる。それゆえ、アパレル会社は、生地の調達から縫製、納品までの生産工程をまるごと総合商社に委託することがある。世界各地で長年にわたりビジネスを展開している日本の総合商社は、豊富な人脈、ネットワーク、知識を有しているからである。デサントの場合、この生産工程を、総合商社の伊藤忠に委託し、その際、デサントと契約している技術者が伊藤忠の社員と一体となって生産委託先の工場の生産管理を行うことがある。ユニクロの場合、取引先の工場のうち相当な割合の工場との取引（工場への原料供給、工場の生産物の買い付け、日本への輸出）を、総合商社の三菱商事、丸紅、双日などに委託している（黒木［2020a］431頁、黒木［2020b］）。

　サービス・リンクを構築し、運用するには、貿易・通信・対面コストという3つの距離のコストがかかる。2000年代以降、この**サービス・リンク・コスト**が劇的に低下した。東南アジア諸国連合（ASEAN）の域内関税が低下したこともその理由の1つであるが、主な要因は、ICT革命による通信コストの劇的な低下である。アパレル産業では、詳細な仕様書やCAD（コンピュータを使った設計・製図）で作成した型紙をデータ化して電子メールで送ることができるようになったり、リアルタイムで生産量や売れ行きを共有して柔軟に生産量を調整したり、日々の連絡・調整をSkypeやZoomなどの高精度なビデオ通話アプリケーションを用いて安価かつ高速で行えるようになった。

　以上述べたように、サービス・リンク・コストの劇的な低下によってフラグメンテーションが容易になったことが、先に述べた1980年代後半から始まる円高に対応する必要性や、日本とアジア諸国とのあいだの大きな賃金格差の存在とともに、日本企業の海外生産の拡大を促進したと考えられる。経済産業省

「海外事業活動基本調査」によると、日本の製造業法人企業の全売上高に占める海外現地法人の売上高比率（製造業の海外生産比率）は、1985年の約3％から2015年の約25％へ直線的に上昇している。

ただし、この統計で集計されている日本企業の海外現地法人とは、海外子会社（日本側出資比率が10％以上の外国法人）と海外孫会社（日本側出資比率が50％超の海外子会社が50％超の出資を行っている外国法人）に限られている。出資比率が上記よりも小さい現地の日系企業への生産委託や、地場企業への生産委託や、現地市場からの調達は集計対象外である。したがって、実際の海外生産比率は上記の値を上回ると考えられる。

子会社や孫会社以外への生産委託に関する情報は企業の競争力に直結するのでほとんど開示されない。というのも、それをしてしまうと現地での生産委託先や調達先を他社に利用される恐れがあるからである。ただし、少数の例外はある。ユニクロは、海外の生産委託先の工場で劣悪な労働がなされているという批判を受け、海外の生産委託先のリストを一部公開した。このリストから、ユニクロは少なくとも7か国、146の工場に外注していることがわかる。

このように分解され、グローバルに再配置され、さらにサービス・リンクによって調整された諸工程は、**グローバル・バリューチェーン★**と呼ばれる。この言葉は、どういった企業が生産工程の連鎖をどのように構成しているかという観点を内包した「サプライチェーン」という言葉と比べると、ある工程を担うことによってある国・ある企業はどれくらいの利益シェアを占めているのかという観点を内包しており、工程別に利益の格差があることを暗示している。**スマイル・カーブ★**という名でよく知られているとおり、川上（研究開発や製品企画）と川下（マーケティングや流通）の付加価値は比較的高く、中間の工程、とりわけ縫製の付加価値は比較的低い。これらの付加価値の落差はフルセット型生産体制が分解され、グローバル・バリューチェーンが一般的な仕組みになるなかで大きくなり、スマイル・カーブは深くなっているという（猪俣[2019]）。

ところで、フルセット型生産体制からグローバル・バリューチェーンへの変化に対応するかたちで政府の通商政策の重点も変化している。「第1のアンバンドリング期」には、つまり、フルセット型生産体制が主流であった1980年代までは、通商政策において優遇ないし制限すべき主な対象は、一国内で生産された製品の輸出入であった。それゆえ、北の諸国の多くが採用した自由貿易主

義であれ、南の諸国の多くが採用した保護貿易主義であれ、通商政策の焦点は、ある製品への補助金（輸出の促進）、関税や数量規制（輸入の制限）であった。

　しかし、フラグメンテーションが進展した「第2のアンバンドリング期」においては、製品・サービスの生産・販売は、複数の国と複数の企業で構成されるバリューチェーンのかたちをとるようになった。それゆえ、通商政策の焦点は、そのグローバル・バリューチェーン全体の付加価値のなかで自国の企業が獲得する付加価値の割合を高めること、および、自国企業が生産活動を通じて有形・無形の資本をより蓄積できるように後押しし、その資本の価値を保護することである。典型的な方法は、**特許**など**知的財産権**について、自国企業にとって可能な限り有利になるように国際的な取り決めを結ぶことである。現在、労働力や有形の資本のみならず、先進国の競争力の源泉になっていた無形の資本（革新的なビジネス・モデル、生産ノウハウ、マーケティング手法など）も従来よりも容易に途上国に移転できるようになっているため、自国企業の利益シェアを守り切ろうとするならば、無形の資本からの利益獲得を制度的に保護する国際的な取り決めが必要なのである。実際、先進国は、世界貿易機関（WTO）における「知的所有権の貿易関連の側面に関する協定」などのグローバルな協定、環太平洋パートナーシップ（TPP）協定や大西洋横断貿易投資パートナーシップ（TTIP）協定といったメガ・リージョナル協定、そして、日EU経済連携協定などメガ・バイラテラル協定を通じて**自国企業のアイデアを保護するための国際的な制度**を構築してきた。

(2) フラグメンテーションが所得格差に及ぼす影響

　本項では、上述したフラグメンテーションによって、グローバルな所得格差がどのように変化したかをみていく。先進国企業が進めたフラグメンテーションの結果、一例を挙げると、ポーランド（ドイツなどからの工程の移転）、タイ（日本などから）、メキシコ（アメリカから）、中国、インドといった南の一部の経済発展が促進された。ただし、北のアイデア（技術や知識）は、あらゆる南の国々に均等に流入したわけではない。技術移転や知識流入、そして、その成果としての経済発展は、北から選ばれた一部の国々、より正確にいえば、北の企業のバリューチェーンの一部として組み込まれた南の一部の国々に限られていた。その理由の1つは、3つの距離のコストのうち貿易コストと通信コストは劇的に低下したが、対面コストは、最近まで高いままであったからである。

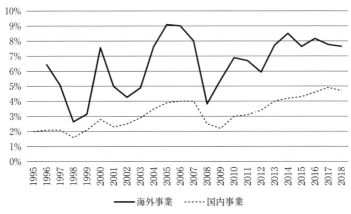

図7-3　日本企業の海外事業と国内事業の ROA

出所：　筆者作成。海外事業の ROA＝直接投資収益受取÷対外直接投資ストック
　　　　（IMF, *Balance of Payments and International Investment Position Statistics*）
　　　　国内事業の ROA＝総資産経常利益率（財務省『法人企業統計』）

注：日本企業の海外事業は、海外に設立した子会社や関係会社の活動として行わ
　　れているが、これらの海外子会社や関係会社は、『法人企業統計』の集計対
　　象ではない。したがって、『法人企業統計』の ROA は、国内事業の ROA を
　　表すことになる。アメリカについては *Financial Account of the United States*
　　という１つの統計から海外事業と国内事業の ROA を計算することができる。
　　日本と同様に、海外事業の利益率の方が高い。

ある工程の立地を探すとき、対面コストをできるだけかけずにすむように、本社の社員がそこに出張するのにかかる時間や日数、そして、両者が連絡・調整する際に重要になる時差を考慮すると、本社の国からある程度「近い」南の国を選ぶことになる。また政治的に不安定な国は、対面での調整の必要性が頻繁に生じる可能性が高いので選ばれない。このように、高い対面コストが、第２のアンバンドリング期における先進国企業の行動の制約として働いているのである。この制約が、工程の再配置先として選ばれた南の国々とそうでない南の国々との格差、つまり**南南問題、南南格差**をもたらした。近年ではこの対面コストの制約は、さらなる技術進歩、例えば、テレビ会議システムの臨場感の向上や遠隔操作ロボット技術の発展によって弱まりつつあるといえるかもしれない。しかし、コロナ禍でのロックダウンなどによって起きたグローバル・バリューチェーンの切断は、異常時に必要となる対面コストの高さを企業に再認識させたことも事実である。

　フラグメンテーションは、北の国内での格差拡大の一要因でもある。北の企

業は、海外直接投資を通じて北の高度な知識と南の安価な労働力を組み合わせることによって、海外事業では国内事業より大きな利益を得ることができる。図7-3は日本企業の海外事業と国内事業の総資産利益率（Return On Assets：ROA＝利益÷総資産）を示している。より多くのリスクにさらされている海外事業の利益率は、変動が大きいものの、その水準は国内事業の利益率よりも一貫して高い。こうして、事業のグローバル展開を進めた企業と、もっぱら国内で事業を展開する企業とのあいだで利潤所得の格差が生じる。

　また、グローバル展開した北の企業が、南の労働者を訓練し、彼らを北の低・中技能労働者のかわりとして活用することは、北の賃金所得に影響を及ぼす。例えば、北の低・中技能労働者は、彼らが担ってきた工程が国外に移転されることによって職と賃金所得を失う。そうならなくとも、生産工程をかなり容易に南に移転できる状況のなかでは、北の低・中技能労働者の賃金交渉力は低下し、その賃金水準は停滞する。ただし、次に述べるように、フラグメンテーションの進展によって、北のすべての労働者の賃金が停滞するのではない。先に説明した繊維・アパレル産業の例でいうと、日本は、繊維産業・アパレル産業のなかでは比較的に資本集約的な工程である新素材の研究開発・生産の工程の立地場所であり続けているのである。例えば、ユニクロは、東レとヒートテックの素材を共同開発したり、伝統的な繊維産業の地域である広島県福山市にあるカイハラ社の工場からデニム生地を調達したりしている。このように、北の労働者は、工程単位のグローバルな競争にさらされるなかでも、北に比較優位のある無形資本集約的な工程の仕事に関しては、確保し続けることができる。そして、このような北の高技能労働者層の所得は、フラグメンテーションによる企業利益上昇の恩恵を受けて上昇する可能性が高い。

　以上みたようなフラグメンテーションがグローバルな所得格差に及ぼした影響は、第12章で説明する**エレファント・カーブ**（図12-7）にあらわれる。北から移転した工程を担う南の国々の低・中技能労働者の所得はフラグメンテーションの恩恵を受けて大きく上昇した。その一方で、かつてその工程を担ってきた北の低・中技能労働者の所得は、南の労働者との競争にさらされ、ほとんど増えなかった。他方、北の高技能労働者層の所得は、フラグメンテーションによる企業利益上昇の恩恵を受けて上昇した。

　北の低・中技能労働者がグローバルな競争によって打撃を受けた例として典型的なのが、アメリカ中西部・北東部の**ラストベルト**（錆びついた工業地帯）

である。この地域は鉄鋼、石炭、自動車関連工場の集積地として発展したが、その後、高度には資本集約的ではない工程がアメリカ国外に移転し、工場の閉鎖が相次ぎ、地域全体の経済、雇用が悪化した。こうした地域では、「社会との断絶、疎外感、社会的紐帯の弱体化……によって人々は強い虚無感を抱き、自殺に至る」ことがあるという（Baldwin［2019］邦訳269頁）。経済的な要因からの疎外感や虚無感の政治的な「反動」として、アメリカでは、2010年代後半から、自らのアイデンティティを、反エリート、反移民、反中国などで安易に再確立するような**ポピュリズム**が勢いづいた（本書では、Müller［2016］にならい、ポピュリズムを、自分たちだけが「真正な人民」を正統に代表すると主張する者たちによる反多元主義的な政治運動と捉える）。

　アメリカのラストベルトと比べると、日本やドイツで自動車関連産業の仕事に就いている労働者の苦難は（確かにあるとはいえ）相対的に小さいようにみえる。例えば、中京工業地帯は、現時点ではこの産業の集積地であり続けている。アメリカと日独とのあいだでグローバルな競争の帰結が異なる一因は、その集積地が1つの地域としてイノベーションの能力をもっているかどうかであろう。したがって、北の労働者にとってのよい仕事（工程）を国内に残すために企業や政策担当者が意識すべきことは、イノベーションの制度的基礎、例えば教育・訓練制度を発展させたり、ベンチャー企業を含む諸企業、大学、自治体等の連携を促進したりすることであろう。

3．生産地、消費地としてのアジアの多極化

　日本企業の場合、分解された工程の主な配置先は韓国、台湾、次いで中国や東南アジア諸国連合（ASEAN）であった。今日でも日本の海外直接投資収益の4割以上がアジアからの収益である（日本銀行『2019年国際収支統計』）。そこで、本節では、日本、次いで台湾・韓国・中国などの企業の海外直接投資の拡大がアジアの経済構造にどのような影響を及ぼしたかをみていきたい。

（1）生産地としてのアジアの多極化

　グローバルにみた産業発展プロセスは、雁行形態的発展またはプロダクト・サイクルとしてモデル化されることがある。**雁行形態的発展**とは、一国の中心的な輸出品が、雁の群れが空を飛ぶようなかたちで、軽工業品から重化学工業

品へ、そしてアイデア集約的な製品へと、時間を通じて変遷してゆくことである。雁行形態的発展のプロセスを、特定の製品に注目してグローバルな観点でみると、その製品の主な生産地は、先進国から新興国へ、さらに発展途上国へと、時間を通じて空間的に変遷していく。この変遷は、**プロダクト・サイクル**と呼ばれるモデルの一部である。雁行形態的発展も、プロダクト・サイクルも、いずれも繊維産業や家電産業といった産業を単位とした捉え方である。この産業単位の見方は、1980年代までのアジア諸国の経済発展の特徴をよくあらわしている。この時期のアジア諸国の経済発展は、産業単位での高度化に駆動されていたからである。すなわち、途上国は技術レベルが低い産業から、より高い産業へ移行し、この技術的キャッチアップ（追いつき）をかわすために、先進国はもう一段高度な産業へ移行するという、グローバルに展開する産業の高度化が、1980年代までの経済発展の原動力であった。

　しかし、1990年代以降の日本企業、それに続いて台頭した台湾、韓国、中国などの企業の対外直接投資は、前項で述べたようなフラグメンテーションにともなう、主にアジア諸国への生産工程の移転であった。この時代には、先進国・新興国の企業は、ある程度まとまったワンセットの工程をまるごと移転するのではなく、分解された工程ごとに最適なアジアの国々を選んで再配置し始めたのである。そのとき、先進国・新興国の企業は、その特定の工程に関するアイデア（技術やノウハウ）だけを移転した。移転先の国にとっては、特定の工程のみに関するアイデアを集中的に学習する方が、ワンセットの工程に関する総合的なアイデアを学習するよりも容易である。移転先の国は、このような特定技術の移転と集中的な学習によって新たな比較優位を獲得することにより、この工程に限り、高い国際競争力をもつようになった（第8章2節では、このような学習による労働生産性の上昇も考慮に入れて、比較優位の変化を説明している）。ベトナムの事例（後藤［2019］110、126、130頁）を用いてそのことを説明したい。

　ベトナムの縫製産業では、労働者1人当たりのシャツの生産量は2000年代初めでは1日4枚程度であった。しかし、2010年ごろには、1日20枚を超える工場が出てきた。この水準は、日本が縫製工程に比較優位をもっていた時代の先進的な縫製企業よりも高い。特定の工程における労働生産性のこうした著しい上昇の要因の1つは、日本企業から縫製の工程について積極的な技術や技能の移転を受けたうえで、その技術や技能を集中的に学習したからであった。とこ

ろで、ベトナムの輸出品の出荷額の順位をみると、2011年には電子機器・機械類が、縫製産業の製品を上回ってトップになった。このことは、ベトナムが電子機器・機械産業の国際競争力をもつまでに産業を高度化したことを意味するのではない。ベトナムは、グローバル・バリューチェーンにおける労働集約的な工程についてグローバルな競争力をもっている。そのため、ベトナムは、電子機器・機械産業のグローバル・バリューチェーンのなかでも、縫製と同じく労働集約的な工程である組み立てを担っているのである。

　このように、生産工程のフラグメンテーションは、新興国や発展途上国に、その国が集中的学習によって比較優位を獲得できる工程に限ってではあるが、多様な産業や製品のグローバル・バリューチェーンに参入する機会を与えたのである。アジアの様々な新興国や途上国がこのようにグローバルな生産ネットワークに参入した状態を**生産地としてのアジアの多極化**と表現できる（後藤［2019］）。なお、先の図7-2ではアパレル産業を例にとって国境・企業をまたぐネットワークを単線的に描いたが、実際には（特に電機・電子産業では）、生産工程が国境（日本・台湾・韓国・中国・ASEAN諸国）と企業をまたいで複雑にネットワーク化している。

　生産地としてのアジアの多極化という見方は、アジア国際産業連関表を使った**対外連結強度**の測定結果とも整合的である。対外連結強度とは、国際産業連関表から計算されるレオンチェフ逆行列係数（例えば1990年表の場合、780行×780列の行列となる）とゴーシュ逆行列係数を要素ごとに単純平均したうえで、10か国×10か国の行列に集約したものである（対角要素は分析から除外する）。レオンチェフ逆行列のi番目の縦列は、i番目に該当する国・産業の最終需要が1単位変化した場合における、各国の諸産業の生産額の変化をあらわす。またゴーシュ逆行列のi番目の縦列は、i番目に該当する国・産業の労働や資本の供給が1単位変化した場合における、各国の諸産業の生産額の変化をあらわす。

　したがって、両者の単純平均を10か国×10か国の行列に集約したものを横方向にみれば、中間財供給者としてのある国が、中間財使用者としての他の諸国とどれだけ強く連結しているか（**中間財供給者としての連結強度**）をあらわしている。例えば、1990年の連結強度を示す図7-4では、中間財供給者としての日本は、中間財使用者としてのシンガポール、アメリカ、マレーシアと特に強く結びついている。すでにこの時期には、シンガポール、アメリカ、マレーシ

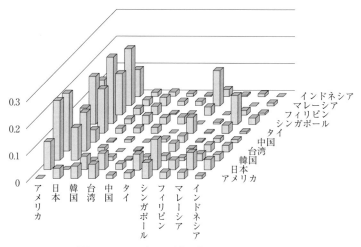

図 7−4 1990年のアジア諸国の対外連結強度
出所：日本貿易振興機構アジア経済研究所『1990年アジア国際産業連関表78部門
表』から、エスカット・猪俣［2011］127頁記載の方法により筆者が計算。

アには半導体の生産拠点が多く立地していたが、半導体材料の多くは日本から
供給されていたという事実はわかりやすい一例である。

　また、縦方向からみると、中間財使用者としてのある国が、中間財供給者と
しての他の諸国とどれだけ強く連結しているか（**中間財使用者としての連結強
度**）をあらわしている（中間財は、財だけでなくサービスも含む）。例えば、1990
年、中間財使用者としての日本は、シンガポール、マレーシアなどほとんどの
アジア諸国と強く結びついている。しかし、1990年においては、アメリカ、日
本、シンガポール、マレーシア以外の諸国の中間財使用者としての対外連結強
度は低い。このことは、フラグメンテーションの初期段階の1990年においては、
アメリカ、日本、シンガポール、マレーシア以外の諸国は、グローバル・バ
リューチェーンに組み込まれていなかったことを示唆する。

　しかし、2005年の対外連結強度を示す図7−5では、インドネシアとフィリ
ピンの対外連結強度は低いままであるが、韓国、台湾、中国、タイの対外連結
強度は高くなり、またシンガポール、マレーシアの対外連結強度は、1990年よ
りもさらに高まっている。このことは、生産工程のフラグメンテーションが展
開した結果、2005年には多くのアジア諸国がグローバル・バリューチェーンに
組み込まれ、生産地が多極化したことを示している。

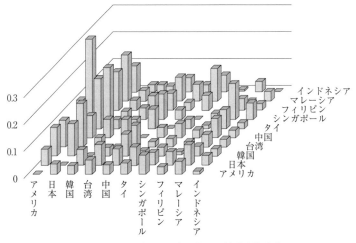

図7-5　2005年のアジア諸国の対外連結強度
出所：日本貿易振興機構アジア経済研究所『2005年アジア国際産業連関表76部門
表』から、エスカット・猪俣［2011］127頁記載の方法により筆者が計算。

図7-4と図7-5はエスカット・猪俣と同じ方法で計測した結果を図示した
ものであるが、エスカット・猪俣自身の計測結果を示す図（エスカット・猪俣
［2011］63頁、猪俣［2019］46頁にも再掲）と比べると、日本とアメリカの中間財
使用者としての対外連結強度がかなり大きくなっている。猪俣哲史は、日本と
アメリカの対外連結強度の低さを理由に「2005年までに、ネットワークの中心
は完全に中国に移行し、米国と日本は周辺部へと追いやられた」（エスカット・
猪俣［2011］70頁、猪俣［2019］68頁）と評価しているが、図7-5によれば、
このような評価は支持されない。日本とアメリカの対外連結強度は2005年にお
いてもかなり高く、日本とアメリカは、グローバル・バリューチェーンにおい
て重要な位置を保持し続けている。

(2) 消費地としてのアジアの多極化

アジアは生産地としてだけでなく消費地としても発展しつつある。というの
も、経済発展にともなって最低賃金法などの制度が整えられ、労働者の所得が
向上し、消費が活発になっているからである。先進国企業の有形・無形資本が
投資先の国の産業に流れ込むと、さらにその国の労働者の学習が進むと、労働
生産性が大幅に上がり（単位労働コストが大幅に下がり）、輸出が増えて生産量

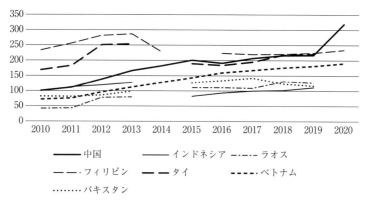

図7-6　法定最低賃金の推移（月額、単位：ドル）
出所：ILOSTAT（https://ilostat.ilo.org/data/）の Statutory nominal gross monthly
　　　minimum wage のデータから筆者が作成
注：各年の12月末の名目最低賃金（月額）を実勢為替レートで米ドル換算したも
　　の。2014年あたりにデータ集計方法の変更による不接続がある国が多い。

が増える。生産量の増加は雇用量の増加をもたらす。このとき、農村の労働力
が都市に移動する。農村に余剰労働力のプールがある限り、現地の輸出企業は
賃金を上げる必要に迫られない。しかし、都市部の労働者の不満を吸い上げる
かたちで、政府が法定最低賃金の制定や引き上げなどによって賃上げを主導し
ていく。実際、アジア諸国の最低賃金は、継続的かつ急激に引き上げられて
いった。図7-6のデータには不接続部分があるが、この部分を接続して、**法
定最低賃金**の推移をみると、2010年以降の約10年で、多くの国で1.5〜３倍に
上昇している。さらに、労働組合のある都市部企業や外資系企業での労使交渉
による賃金の引き上げが、地方企業や地場企業の賃金の引き上げへと波及して
いくこともある。くわえて、中国、インドネシア、タイなどでは、経済発展に
ともなう格差拡大や人権意識の強まりからか、ストライキなど**労働争議**が頻発
するようになった。労働争議の活発化もまた、賃金上昇の要因である。
　今日、先進国・新興国の企業は、消費地としてのアジアに注目している。先
進国・新興国の企業は、輸出向けの製品を低コストでつくるために海外直接投
資を行うだけでなく、直接投資先国内の現地市場に販売することや、投資先の
国を生産拠点として巨大な発展途上地域市場で販売することを直接投資の目的
とするようになったのである。賃金上昇にともなう巨大な消費市場の形成に対
応するかたちで、企業のグローバル・バリューチェーンの川下にあたる物流、

販売、取引先が多様化することを、**消費地としてのアジアの多極化**と表現できる（後藤［2019］）。例えば、ユニクロは、日本、中国、インドネシア、タイ、ベトナム、カンボジア、インド、トルコなどをまたぐ生産ネットワークで商品をつくり、それを日米欧、中国、インドネシア、タイ、フィリピン、ベトナムなどの店舗で販売している。各国での販売を通じて収集される各国の販売状況やライフスタイルの傾向といった情報がバリューチェーンをさかのぼり、川上の研究開発、商品企画、そして、世界的な生産・物流ネットワークの管理に活用されることになる（図7−2の点線「情報のフィードバック」を参照）。

（3）多極化への政府と企業の対応

　生産地としても消費地としても多極化しているアジアの経済構造において、投資先の国ではどのような機会とリスクが生じているのか、そして、日本の政策はどうあるべきであり、日本企業はどう動くべきなのかを最後にみておこう。

　投資先の国についてみると、消費地の多極化（とりわけ現地市場の形成）は、現地企業がバリューチェーンに参入する機会を拡大しうる。なぜなら、現地企業は、外国企業よりも現地市場の情報を収集する力や流通ネットワークを構築・利用する力に長けていることがあるからである。反対に、もし投資の受け入れ国や現地企業が、これからも外国企業の統括下でバリューチェーンの川中の工程、つまり付加価値の低い工程を担うという役割から脱却できなければ（あるいは、外国企業によって釘付けにされるならば）、賃金（労働コスト）上昇のせいで競争力が喪失して経済成長が滞る**中所得国の罠**に陥る可能性もある。

　日本の政策についていえば、1つに、日本がグローバル・バリューチェーンの一部（特に川上および川下）を担う立地として選ばれるために、労働者が将来にわたって技能を発展ないし変化させ続けるために再教育や技能訓練をするための制度（仕組み）を構築・発展させる必要があろう。もう1つに、グローバル・バリューチェーンを統括・連結・調整できる人材をつくるために、異なる社会的習慣をもつ人々と接続・交渉・対話する能力を向上させることも有効であろう（後藤［2019］198頁）。

　日本企業についていえば、ユニクロのヒートテックのように、グローバル・バリューチェーンの川中の工程を外部委託しながら、川上および川下という高度に資本集約的かつ高付加価値の工程を保持するという方法はもちろん有効であろう。川下から収集された各国の市場の情報は、川上の研究開発、商品企画、

生産・物流管理で利用されたり創造的に解釈されたりする。その一方で、川上での素材の研究開発は、ヒートテックのように川下での新たな需要の創造につながりうる。高付加価値とグローバルな競争力を維持するには、こうして川上の工程と川下の工程を連環させて相互に発展させることが有効であろう。

　グローバル・バリューチェーンを主導・統括するという道のほかにも、日本企業には、外国企業のグローバル・バリューチェーンの一部に選ばれる財・サービスをつくるという道もある。例えば、日本電産は、電気自動車に用いられる電動パワーステアリング用モータや省エネ家電に用いられるブラシレス直流モータでは世界でトップのシェアを占める。これらのモータは、特許で保護されており、世界中の電気自動車メーカーや家電メーカーの完成品に中間財として組み込まれている。

　自動車産業を典型例とするように、日本企業はこれまで、最終製品をつくるために部品の設計・品質を緻密に相互調整していく**擦り合わせ型（インテグラル型）**製品の生産を得意としていた。そこでは、企業内での、また関連企業間での密接で長期的な関係性のなかで培われてきた客観化しにくいノウハウが決定的に重要であった。途上国にそのような無形資本を移転することは困難であり、こうした無形資本の模倣の困難さが先進国内の立地の優位性をもたらしていた。しかし、電子・電機産業では、インターフェース（接続部）が標準化された**モジュラー型**の部品が普及した。アジアの新興企業は、上述のような無形資本を備えていなくても、こうしたモジュラー部品を調達して製品をつくるという方法をとることによって容易に完成品メーカーとして市場に参入できるようになったのである。自動車産業でも、電気自動車が普及するのにあわせて、モータやバッテリーなどのモジュラー型部品が活用できるようになった。日本電産のように、ある企業が電気自動車のモジュラー型部品生産で高いシェアを占めることができれば、その企業は、外国企業を含む様々な企業が主導するグローバル・バリューチェーン（付加価値連鎖）の全付加価値のうちかなりの部分を獲得することができる。また、日本電産がモータの製造方法を**特許**で保護しているように、グローバル・バリューチェーンに欠かせない財の無形資本集約的な工程を制度的に模倣・移転できないようにすることも重要である。先進国企業がバリューチェーンに占める付加価値のシェアをこのように先進国政府が制度的に保護することは、先進国の国内での雇用を守ることにもつながる。

第8章

国際収支の変化とグローバルな不均衡の拡大

1．はじめに

　前章ではミクロな企業行動の変化に注目し、技術進歩によって企業の生産工程の分解とそれらのグローバルな再配置が促進されたことをみた。企業の利潤獲得の方法は、国内の自社工場で生産して国内外に売るという従来のやり方から、**グローバル・バリューチェーン**を主導することによって、あるいは、他企業が主導するバリューチェーンで欠かせない役割を果たすことによって、そのバリューチェーンで生み出される付加価値全体に占める自社のシェアをできるだけ大きくすることへと変わっていった。本章では、こうしたミクロレベルでの企業行動の変化が、国際収支や直接投資ストックといった一国のマクロレベルの数量の変化をもたらし、**グローバル・レベルでの経常収支の不均衡**の拡大につながっていることをみていきたい。その際、国と国とのあいだでの、また国内の産業部門間での技術的な不均等発展に加えて、国と国とのあいだでの制度的な不均等発展に注目する。

　制度的な格差のなかでもとりわけ重要なのが、国際的な賃金格差である。この賃金格差は、労働市場の需給状態や労働生産性の違いだけからではなく、労働法制度の整備の度合いの違いからも生まれる。他の制度的な不均等の例として、2国間・多国間の資本移動規制、営業規制、環境規制、財産権保護法制の違いが挙げられる。先進国企業は、海外直接投資を通じて、こういった国際的な制度的不均等と自らがもつ先進的技術やアイデアとを組み合わせることにより、すでに経済成長が鈍化ないし停滞している先進国内における事業よりも高い収益率を外国での事業で達成できる。さらに、企業は、国際的な既存の制度

的不均等を活用するだけでなく、新たな制度的不均等をつくろうとして、例えば自国政府に対して、外国の制度や国際的な制度を自らにより有利なものに変更するために交渉するよう働きかけることもある（西村［2013]）。

　本章の構成は以下のとおりである。2節では、貿易利益の発生を帰結として導くリカードのモデルを、その技術的・制度的な前提を考慮しながら、再検討する。リカードの時代とは大きく異なる現代における技術的・制度的な条件を導入するならば、どのような帰結が生じるかを考察する。3節では、主要国における経常収支の近年の推移をみる。**グローバル・インバランス**と呼ばれる経常収支不均衡の累積的拡大が、アメリカと東アジア諸国とのあいだで、およびドイツと南欧諸国とのあいだで起きていることを確認する。そして、賃金制度や為替制度など制度的条件にも着目して、グローバル・インバランスの累積的拡大メカニズムを説明し、その抑制・是正策について検討する。

2．貿易利益とその限界

　企業活動が国境を越えてグローバルに展開していくことによって、各国の経済システムの政治的、経済的な相互依存は強まる。経済的な相互依存関係には、貿易フローによる相互依存という側面と、資本フローによる相互依存という側面がある。この2つの側面は、3節で説明する国際収支統計によって数量的に捉えられる。ある国の輸入額が輸出額よりも大きく貿易収支が赤字になると、その赤字分に対応するかたちで資本収支は黒字になる。つまり資本流入額が資本流出額を超える。このような不均衡のすべてが是正を必要とするわけではないが、不均衡の累積的な拡大はどこかで抑える必要がある。この調整は、その国あるいは貿易相手国の所得および支出という数量面の変化や、為替レートや価格や賃金という価格面の変化を通じて行われる。こうした不均衡とその調整については、3節で説明することにして、本節では、貿易収支の均衡を仮定し（つまり資本フローを捨象し）、貿易フローがなぜ生じるか、また貿易が両国の経済にどのような利益や損失をもたらすのかをみよう。

　資本主義が本格的に確立したのは、まず19世紀初めのイギリスにおいてであった。19世紀の貿易フローと資本フローの中心は、いずれにおいても先発国のイギリスであった。貿易面では、イギリスは自ら自由貿易政策を推進しただけでなく、政治的軍事的パワー（**覇権**）を使って他国に対して関税引き下げや

開国など自由貿易政策の採用を要求した。当時、後発国であったドイツなどでは、幼稚産業の保護育成のため関税の必要性を説く保護貿易主義が優勢であった。また当時のイギリス国内においても、強い国際競争力を有していた製造業企業を経営する資本家は**自由貿易主義**を支持したが、農産物の競争力は弱かったので、地主などは保護貿易主義を支持していた。国内外に根強く残る**保護貿易主義**に対抗して、自由貿易主義の正当性を理論的に主張したのが、リカード（D. Ricardo）の**比較生産費説**である。リカードは、貿易開始によって、先発国も後発国もともに、利益を得ると説いた。

　以下では、リカードが説いたこの貿易利益とはどのようなものか、また貿易利益の限界はどこにあるかを、3種の商品を生産する2つの国の経済モデルを使って考察する。

　先発国であるA国と後発国であるB国からなる世界経済を考え、どちらの国の経済も鉄・小麦・金を生産する3つの産業からなるとする。金は自国通貨（金貨）の鋳造だけに使用されるものとするが、その年間生産量は金貨ストックの摩耗分の補充に必要な量に限られるので、その生産量は非常に小さく、このモデルでの金の主な役割は価値表示の尺度（「ニュメレール」と呼ばれる）であり、その価格は1である。両国の各産業において、鉄と労働の2種類の流動的要素を投入して生産が行われているとする（固定資本は無視する）。資本投入係数（商品1単位を生産するために原材料として必要な鉄の量）は両国で等しく、鉄産業で0.5、小麦産業で0.8、金産業で0.1とする。利潤率（固定資本がないのでマークアップ率に等しい）は両国で、また3つの産業で等しく、10％とする。労働投入係数（商品1単位を生産するために必要な労働量、すなわち労働生産性の逆数）については、A国では、鉄産業で0.5、小麦産業で1.6、金産業で0.1とする。B国の労働投入係数については、次の3つのケースを考える。いずれのケースにおいても、後発国であるB国の3つの産業の労働投入係数は、先発国であるA国と比べて大きい。すなわち、すべての産業においてB国の労働生産性の水準はA国よりも低い。しかし、A国とB国との間の労働生産性の格差の大きさは、ケースによって異なる。ケース1では、すべての産業の労働生産性について、A国とB国とのあいだには10倍の格差がある。ケース2では、鉄産業の労働生産性について、A国とB国とのあいだには20倍という大きな格差があるが、小麦産業については5倍という小さな格差である。ケース3では、鉄産業の労働生産性格差は2倍に縮まっており、金産業の労働生産性格差は4倍

	労働投入係数			生産価格		賃金率
	鉄産業	小麦産業	金産業	鉄	小麦	
A国	0.5	1.6	0.1	5	11.6	4.09…
B国ケース1	5 （10倍）	16 （10倍）	1 （10倍）	5	11.6	0.409…
B国ケース2	10 （20倍）	<u>8</u> （5倍）	1 （10倍）	6.45…	8	0.263…
B国ケース3	<u>1</u> （2倍）	8 （5倍）	0.4 （4倍）	3.44…	15.08…	1.41…

表8-1　比較優位と貿易利益の発生

注：括弧内の倍率は労働生産性格差（B国の労働投入係数÷A国の労働投入係数）である。ア
　　ンダーラインは、B国の比較優位財を示す。

に縮まっている。

(1) ケース1：2国の価格構造が同一のケース

　リカードを含む古典派経済学者は、分業をともなう経済システム全体が長期的に存続するという観点から、諸商品や労働の価格すなわち交換比率を考察した。例えばA国において、鉄産業は鉄だけを生産し、小麦産業は小麦だけを生産するが、第1期の生産が終わったあと、第2期の生産を開始するためには、小麦産業は、第1期の生産物である小麦の一部と引き換えに、第2期の原材料として使う鉄を入手しなければならない。また、鉄産業は、第1期の生産物である鉄の一部と引き換えに、第2期の賃金を支払うために金を入手しなければならない。そして、労働者はこの賃金と引き換えに、第2期に消費する小麦を入手しなければならない。このような産業間あるいは労働者とのあいだでの諸商品の交換は、どのような比率で行われるだろうか。つまり価格や賃金率はどのような値になるだろうか。古典派経済学者は、第2期も第1期と全く同じかたちでの生産を可能にする価格や賃金率はただ1つであることを発見した。それは次のような連立方程式を解くことによって求められる。古典派経済学者は、経済システム全体の再生産を可能にする、このような価格を**生産価格**と呼んだ。他方、需要と供給のギャップに応じて日々変動する価格を**市場価格**と呼んだ。そして生産価格は、日々変動する市場価格の「重心」であると捉えた。

　以下において、金で測った鉄と小麦それぞれの生産価格をp_1、p_2、利潤率をμ、賃金率をwであらわすことにする。A国における各商品の価格の決め方を次のような方程式で表現できる。

鉄　　　　$(1+\mu)(0.5p_1 + 0.5w) = p_1$

小麦　　$(1+\mu)(0.8p_1+1.6w)=p_2$

金　　　$(1+\mu)(0.1p_1+0.1w)=1$

　先に述べたように利潤率は10％、つまり $\mu=0.1$ で固定されていると仮定すると、未知数は p_1、p_2、w の３つである。この３元連立方程式の解は、$p_1=5$、$p_2=11.6$、$w=4.09\cdots$ である。

　B国についても同様の方法で、鉄と小麦それぞれの生産価格と賃金率を求めることができる。まず、３産業ともに、A国とB国の間の労働生産性格差が10倍であるケース１を考えよう。上記の３つの式において、賃金率 w の係数となっている労働投入係数をそれぞれ10倍の５、16、１に置き換えれば、そのままB国における各商品の価格方程式になる。利潤率は10％、つまり $\mu=0.1$ を仮定して、この連立方程式を解くと、その解は、$p_1=5$、$p_2=11.6$、$w=0.409$ $\cdots$ となる。B国の鉄と小麦の価格はA国と同じである。したがって、このケース１では、国内で販売しても輸出しても生産者の売上は変わらない。運送費や貿易取引の費用を考慮すれば、輸出はむしろ不利になる。諸商品の価格の組み合わせを**価格構造**と呼ぶ。ケース１は、両国の価格構造が同じ場合、両国にとって貿易利益は存在しないという事実を示している。

　このケース１は、もう１つの重要な事実を明瞭なかたちで示している。B国の賃金率は0.409$\cdots$はA国の賃金率4.09$\cdots$の10分の１である。つまり国と国とのあいだの労働生産性格差はそのまま賃金格差につながっている。言い換えると、利潤率が不変の場合、労働生産性が上昇すると賃金率は上昇するだろう。そして、A国とB国のあいだの労働生産性格差が小さくなれば、賃金格差も小さくなるだろう。

(2) ケース２：２国の価格構造が異なるケース

　ケース２では、ケース１と同様、どの商品においてもA国の労働生産性の方がB国のそれよりも高いが、A国の生産性優位の程度が産業ごとに異なる。A国の労働生産性は鉄産業ではB国の20倍、小麦産業では５倍、金産業では10倍である。A国の労働投入係数はケース１と同じであるが、B国の労働投入係数は鉄・小麦・金の順に、10、８、１である。よって、B国における価格方程式は次のようになる。

鉄　　　$(1+\mu)(0.5p_1+10w)=p_1$

小麦　　$(1+\mu)(0.8p_1+8w)=p_2$

金　　　$(1+\mu)(0.1p_1+1w)=1$

　$\mu=0.1$を仮定して、この連立方程式を解くと、鉄価格p_1は6.45…、小麦価格p_2は8、賃金率wは0.263…となる。A国の価格方程式とその解はケース1と同じである（結果は、表8-1にまとめられている）。

　価格構造（鉄の価格、小麦の価格）は、A国が（5、11.6）、B国が（6.45…、8）であるから、鉄の価格はB国よりもA国で安く、小麦の価格はA国よりもB国で安い。このとき、両国にとって貿易利益が存在する。A国は鉄を輸出、小麦を輸入し、B国は小麦を輸出、鉄を輸入することにすれば、両国とも、今までよりも安く商品を獲得できるからである。この貿易による利益を最大限に得るためには、A国は鉄生産に特化し、小麦はすべてB国から輸入し、B国は小麦生産に特化し、鉄はすべてA国から輸入すればよい。

　このように、国により価格構造が異なるとき、貿易を自由化し国際分業を進めれば、両国ともに、貿易利益が得られる。この考え方は、リカードの**比較生産費説**として知られるものである。比較生産費説を政策的主張の形であらわせば、「各国は比較優位財の生産に特化し、自由貿易を採用すべし」ということになる。ここで**比較優位財**とは、A国の鉄、B国の小麦のことである。では**比較優位**とは何か。まず、A国の鉄と小麦の労働生産性の絶対水準はB国よりも高いが、これを「A国は両商品に関して絶対優位である」もしくは「B国は両商品に関して絶対劣位である」という。ところが、このとき国内の商品同士で比べると、A国においては、労働生産性格差が20倍の鉄の方が、格差が5倍の小麦に比べて、優位の度合いが大きい。これを「A国は鉄に関して比較優位をもつ」もしくは「A国の比較優位財は鉄である」という。他方、B国においては、格差が5倍の小麦の方が、格差が20倍の鉄に比べて、劣位の度合いが小さい。これを「B国は小麦に関して比較優位をもつ」もしくは「B国の比較優位財は小麦である」という。

　比較生産費説は単純化されたモデルを用いた説得的な理論であり、そこで導出された共同利益（貿易利益）の存在は、リカードの時代においても、それ以降の時代においても、貿易自由化に反対する人々を説得するための強力な論拠となった。

　しかし、それぞれの国が比較優位をもつ商品の生産に特化し、その商品を交換することによって、つまり貿易を開始することによって、両国が利益を得るという帰結は、このモデルで仮定されているいくつかの技術的・制度的諸条件

に依存している。第1に、このモデルでは労働生産性の水準は不変であると仮定されている。さらに利潤率も不変であると仮定する場合、賃金率も変化しない。第2に、国内の**金本位制**★と**国際金本位制**★が仮定されているため、為替レート（国際通貨と各国通貨との交換比率）は存在せず、当然、為替レートの変化もありえない。第3に、各国が比較優位をもつ商品に生産を特化していくには、労働力や資本の国内での産業間移動が必要であるが、それは、失業や資本損失を発生させることなく、スムースに進行すると仮定されている。他方、労働力や資本の国境を越えた移動は起こらないと仮定されている。つまり移民などの国際労働力移動もないし、資本の国際移動つまり海外直接投資や海外証券投資などの国際金融取引も存在しない。

　しかし、19世紀以降の資本主義の発達のなかで、リカードの貿易モデルが仮定していた上記の技術的・制度的諸条件はしだいに現実妥当性を失っていった。第1に、現実には、教育や職業訓練によって、あるいは技術や知識の国際移転によって、時間を通じて、労働生産性は上昇する。その結果として、比較優位財になる商品は、時間が経過すると変化することもありうる。そして、多くの場合、労働生産性が上昇する場合、賃金率も上昇し、所得も上昇する。ただし、賃金上昇率は労働者の賃金交渉力など様々な要因に左右され、労働生産性上昇率と等しいとは限らない。第2に、国内の金本位制および国際金本位制はともに、20世紀初めに崩壊し、国内の貨幣制度は**管理通貨制度**★に移行した。また、先進国間の国際通貨制度は、第2次大戦後の**ブレトンウッズ体制**★（集団的に管理された固定相場制）を経て、1970年代には変動相場制に移行した。発展途上国の為替レート制度にはいくつかの選択肢があるが、多くの場合、政府が為替レートを裁量的に変更できる制度が採用されている。第3に、国内において労働力や資本が産業間で移動する際には、多かれ少なかれ失業や資本損失が発生する。また労働力の国際移動については制度的な規制のため今日でも多くの国では容易ではないが、資本の国際移動は、近年の規制緩和によって、かなり容易になっている。

　リカードの時代と比べてこのように大きく変化した技術的・制度的条件を考慮に入れると、上記のようなリカードのモデルとその帰結に基づいて、現代の国際経済を理解することや通商政策の是非を判断することには、かなり無理がある。リカードのモデルで仮定されている技術的・制度的諸条件のうち、いくつかを現代の現実的な条件に変更すると、貿易によって両国が利益を得るとい

う帰結にはならない可能性が高い。例えばクルーグマン（P. R. Krugman）らは、上記の第3の仮定を変更し、国内の産業部門間を移動できない資本財（「特殊要素」とも呼ばれる）を、リカードのモデルに導入した。そして、貿易は、各国の輸出部門の特殊要素には利益を与え、輸入競争部門の特殊要素には損失を与えるという帰結を導いている（Krugman, et al.［2015］第4章）。以下では、労働生産性が不変という上記の第1の仮定を変更し、労働生産性の上昇およびそれにともなう賃金率の上昇を考慮に入れて、リカードのモデルを再考してみよう。

　ケース2の労働投入係数（労働生産性の逆数）の値は恣意的に設定された数値例にすぎないが、先発国と後発国とのあいだの労働生産性格差は、農業部門よりも工業部門で大きいという設定は、現実を反映した設定である。マルクス（K. Marx）が『資本論』第1巻第13章「機械と大工業」で詳細に分析しているように、資本主義的生産システムは特に工業部門において労働生産性の急速な上昇をもたらすからである。したがって先発国の比較優位財は工業製品であり、後発国の比較優位財は農産物となる可能性が高い。もし、リカードのモデルが示す政策的含意に従って、先発国が工業製品の生産に完全に特化し、後発国が農産物の生産に完全に特化した場合、何が起きるだろうか。資本主義は両国で発展するとしても、上記のように特に工業部門において労働生産性の急速な上昇が起きるので、工業に特化した先発国の労働生産性上昇率は、農業に特化した後発国の労働生産性上昇率よりも大きいだろう。賃金率の水準は、大まかには労働生産性の水準を反映すると考えられるので、先発国の賃金上昇率は、後発国のそれよりも大きく、先発国と後発国の間の賃金格差や所得格差は拡大していくだろう。

　さらに、家計の所得が増えるにしたがって消費支出合計に占める食費（食料）の割合が低下するという**エンゲルの法則**が作用する。その場合、増加率の格差はあるとはいえ、両国で、労働生産性上昇に応じて1家計当たり所得が増加していく場合、後発国が生産する農産物への需要の伸び率は、先発国が生産する工業製品への需要の伸び率を下回るだろう。こうして、農産物生産に特化した後発国は、先発国と比べて低い労働生産性上昇率という供給サイドの制約に加えて、低い需要の伸び率という需要サイドの制約にも直面するだろう。

　実際の歴史においては、リカードのモデルが示す政策的含意に従って、工業生産をやめて農産物の生産に完全に特化した後発国はほとんどなく、大部分の

後発国は工業化つまり自国の工業生産の拡大・発展を目指した。つまり、後発国の政府と民間企業は、先発国の技術を模倣・学習・移転することによって、工業部門における労働生産性を高め、先進国との大きな労働生産性格差を縮めることを目指した。工業化の戦略・政策としては大きく分けて、**輸入代替工業化★**と**輸出志向工業化★**という2つの選択肢があるが、それについてはあとで説明することにして、まず、工業部門における労働生産性を高め、先進国との大きな労働生産性格差を縮めることに成功した後発国の状態をケース3の数値例で確認しておきたい。

(3) ケース3：後発国の労働生産性が上昇したケース

　ケース3では、ケース1やケース2と同様、どの商品においてもA国の労働生産性の方がB国のそれよりも高いが、ケース2と比べて、鉄と金に関して、A国のB国とのあいだの労働生産性格差は縮まっている。ケース2ではA国の労働生産性は鉄産業ではB国の20倍であったが、ケース3では2倍に縮まっている。また金産業では10倍であったが4倍に縮まっている。小麦産業では格差は縮まらず5倍のままである。A国の労働投入係数はケース1やケース2と同じであるが、B国の労働投入係数は鉄・小麦・金の順に、1、8、0.4である。よって、B国における価格方程式は次のようになる。

$$\text{鉄} \qquad (1+\mu)(0.5p_1 + 1w) = p_1$$
$$\text{小麦} \qquad (1+\mu)(0.8p_1 + 8w) = p_2$$
$$\text{金} \qquad (1+\mu)(0.1p_1 + 0.4w) = 1$$

　$\mu = 0.1$を仮定して、この連立方程式を解くと、鉄価格p_1は3.44…、小麦価格p_2は15.08…、賃金率wは1.41…となる。A国の価格方程式とその解はケース1と同じである（結果は、表8−1にまとめられている）。

　価格構造（鉄の価格、小麦の価格）は、A国が（5、11.6）、B国が（3.44…、15.08…）であるから、鉄価格はA国よりもB国で安く、小麦価格はB国よりもA国で安い。つまりこのケース3では後発国B国の比較優位財は鉄であり、先発国A国の比較優位財は小麦である。B国において、鉄の労働生産性が上昇して、A国との格差が大きく縮小したことによって、このケース3では、ケース2と比べて、両国の比較優位財が入れ替わっている。その結果、後発国B国は先発国A国に向けて鉄を輸出できるようになる。

　このケース3が示すように、後発国が工業製品で比較優位を獲得し、工業製

品を先発国に輸出できるようになるためには、工業部門の労働生産性を、先発国と同じ水準に引き上げる必要はない。現にケース３においても、Ｂ国の工業部門の労働生産性の水準はＡ国の半分にすぎない。このように絶対的水準でみれば、先発国と比べて半分にすぎない労働生産性でも、その製品価格を、Ａ国製品よりも低くできる理由は、Ｂ国の賃金率が1.41…であり、Ａ国の賃金率4.09…と比べて、大幅に低いからである。

　以上のように、先発国と比べて大幅に低い後発国の賃金率を前提に考えると、後発国がその工業部門の労働生産性を、先発国と同じ水準に引き上げることは不可能であっても、先発国の技術の模倣・学習・移転によって労働生産性格差を、上記のような程度にまで縮めることが可能である場合には、それを行うべきである。そのようにして工業製品で比較優位を獲得して、工業製品の輸出をてこにして、工業化を進める方が、農産物生産に特化するよりも、急速な経済発展を後発国にもたらすからである。

　リカードのモデルをベースに考える場合には、先発国の技術の模倣・学習・移転が、後発国の工業製品の輸出を可能にする唯一の手段となるが、あとで説明するように、今日の賃金制度や国際通貨制度のもとでは、後発国が有する手段には、賃金上昇の抑制と為替レートの過小評価という別の２つの手段が加わる。実際、こうした手段を活用して、東アジア諸国は輸出が主導するかたちの経済成長を達成した。そのメカニズムおよび結果として生じた貿易収支不均衡については３節で考察する。

　さらに、近年の資本の国際移動規制の緩和によって、先発国企業が、後発国に子会社をつくって、現地労働者を雇って生産を行うことが容易になっている。その場合、先発国がもつ技術やノウハウがほぼそのまま後発国に移転されるので、先発国の高い労働生産性と後発国の安い賃金率が結合される。ケース３の数値例をそのまま使うと、この先発国企業が後発国に設立した現地子会社では、生産する鉄の価格のうちの**単位労働コスト**部分（先発国の労働投入係数×後発国の賃金率）は、後発国企業（後発国の労働投入係数×後発国の賃金率）の半分になる。

　後発国の賃金が低いのは、その国の生活水準や生産性が低いからだけでなく、労働組合法や最低賃金法など労働者の権利を守る制度が未整備であるからという理由もある。先発国の企業が後発国に積極的に対外投資するのは、主に国際的な賃金格差を利用するためであるが、こうした背景を考慮すると、企業は**国**

際的な制度的格差を利用するために対外投資すると捉えることもできる。この
ように、海外直接投資というかたちの資本移動が可能になると、先発国企業は、
工業製品価格での優位性を取り戻すだろう。近年の海外直接投資の増加とそれ
がもたらす収益の増加は、世界における経常収支不均衡の構図を変化させつつ
ある。

　リカードのモデルは、先述した3つの仮定を設定することによって、労働生
産性という技術的条件だけに焦点を当てて、どの国がどの商品で価格優位性を
もつかという問いを解いている。しかし、この問いの現実的な解を導くために
は、技術的条件だけではなく、賃金制度や国際通貨制度や資本移動規制などの
制度的条件を考慮する必要がある。

　実際に国際経済の歴史をたどると、長期的にみれば国際的相互依存が深化し
ているのは事実であるが、そのプロセスは調和や均衡とはかなりかけ離れた世
界であり、貿易収支の不均衡の累積的な拡大がたびたび起きている。そして貿
易や国際通貨に関わる諸制度は、不均衡の累積的拡大を抑制するメカニズムと
して進化しているともいえる。次の3節では、この不均衡に焦点を当てて、国
際経済を考察する。

3．貿易収支不均衡の累積的拡大のメカニズム

（1）経常収支の推移

　国際収支統計とは、一定の期間における当該国居住者と非居住者のあいだで
行われたあらゆる対外経済取引（財、サービス、証券等の各種取引や、それらに
ともなって生じる決済資金の流れ等）を体系的に記録した統計である。国際収支
は経常収支、金融収支、資本移転収支、誤差脱漏からなる。

　そのうち経常収支は、貿易収支、サービス収支、第1次所得収支、第2次所
得収支の合計である。財の輸出額から輸入額を差し引いた値である貿易収支は、
大部分の国において近年まで長らく、経常収支の大部分を占めていた。経常収
支の第2の項目のサービス収支は、国際的に取引されるサービスの収支であり、
主なサービスは「輸送」と「旅行」と「知的財産権使用料」である。第3の項
目の第1次所得収支は、対外直接投資や対外証券投資から得られる収益受け取
りと、対内直接投資や対内証券投資から得られる収益支払いとの差額である。
近年の海外直接投資や証券投資の増加によって、経常収支におけるこの項目の

重要性が増している。第4の項目の第2次所得収支は、政府が行う外国への「無償資金協力」（例えば発展途上国への援助）や「国際機関分担金」（例えば国連への拠出金など）や、「個人間移転」（例えば海外出稼ぎ労働者たちが本国の家族に送る仕送り）などである。

　金融収支には**直接投資、証券投資、金融派生商品、その他投資、外貨準備**という項目がある。直接投資の定義は、「ある国の居住者（直接投資家）が、他の国にある企業（直接投資企業）に対して支配または重要な影響を及ぼすことに関連したクロスボーダー投資」（『IMF国際収支マニュアル』）である。原則として出資比率が10%以上の場合、直接投資に分類され、10%未満の場合、証券投資に分類される。日本企業による海外への直接投資額が、外国企業による日本への直接投資額を上回れば、日本にとって資産である前者から、負債である後者を引いて求められる直接投資収支はプラスとなる。

　国際収支統計では、経常収支＋資本移転収支＋誤差脱漏＝金融収支という恒等式が成り立つ。なぜなら国際収支統計への取引計上の原則は次のように複式であるからである。例えば日本のメーカーA社が10億円相当の製品をアメリカに輸出し、アメリカの販売会社がその代金10億円相当の米ドルを、A社の銀行口座に振り込んだ場合、経常収支のうちの貿易収支の収入側（輸出）に10億円が計上され、金融収支のうちのその他投資の収入側（海外預金の増加＝対外資産の増加）に10億円がそれぞれ計上される。金額が比較的小さい資本移転収支と誤差脱漏を捨象して考えると、経常収支がプラス（黒字）になれば、金融収支は、同時に、必ずプラス（黒字）になる。直接投資、証券投資、金融派生商品、その他投資、外貨準備のうち、どの項目の変化によって金融収支がプラスになるのかも重要である。

　表8-2は、アメリカ、中国、日本の経常収支と直接投資ストックの推移を示している。アメリカの経常収支は一貫して赤字である。その内訳をみると、貿易収支が大きな赤字となっており、サービス収支と第1次所得収支は黒字である。2008年以降はサービス収支と第1次所得収支の黒字額が増加し、経常収支の赤字額が減少している。第1次所得収支の増加は対外直接投資ストックの増加に基づく。日本と中国の経常収支は黒字である。しかし、その内訳はかなり異なる。中国では、アメリカとは逆に、貿易収支が大きな黒字となっている。2008年以降はサービス収支と第1次所得収支は赤字であり、経常収支のかつての大幅黒字は解消されつつある。中国の第1次所得収支の赤字は、対内直接投

	アメリカ			中国			日本		
	1998	2008	2018	1998	2008	2018	1998	2008	2018
経常収支	−2150	−6814	−4910	315	4206	491	1147	1421	1747
（貿易収支）	−2482	−8325	−8873	87	3599	3952	1231	553	112
（サービス収支）	821	1238	2596	352	−111	−2922	−501	−379	−72
（第 1 次所得収支）	43	1296	2540	−166	286	−514	506	1378	1891
（第 2 次所得収支）	−532	−1023	−1173	43	432	−24	−88	−130	−184
対外直接投資ストック	20367	58579	89100		1160	18090	2739	5475	15513
対内直接投資ストック	17948	41342	89255		7037	27257	291	1377	2562

表 8 - 2　経常収支と直接投資ストックの推移（単位：億ドル）

出所：IMF, *Balance of Payments and International Investment Position Statistics*
注：直接投資ストックは年初の値。

資ストックが対外直接投資ストックを大きく上回ることに基づく。かつての日本も、貿易収支は大きな黒字を記録していたが、2008年以降の日本では、貿易収支の黒字額は小さく、第 1 次所得収支が大きな黒字となっている。第 7 章でみたように日本企業が海外直接投資を増やし海外生産を拡大し続けた結果、その収益受け取りが増える一方で、日本からの輸出が減ったからである。日本の対外直接投資ストックは急増しているが、対内直接投資ストックは依然として小さい。

　この 3 つの国の観察から次のことがわかる。1998年には日米間に、2008年と2018年に米中間に貿易収支不均衡がある。しかし、サービス収支と第 1 次所得収支の変化により、経常収支の不均衡は2018年には縮小した。このように、近年の経常収支は、大きな構造変化をともなって変化している。その主要要因は第 7 章でみた直接投資の動きである。

　以下では、分析対象国を広げて、経常収支の推移をみよう。図 8 - 1 と図 8 - 2 は、ユーロ圏諸国と東アジア諸国（アメリカを含む）における経常収支の対GDP 比を示している。プラスの場合は経常収支が黒字であり、マイナスの場合は赤字である。図 8 - 1 のユーロ圏諸国においては、ドイツの経常収支黒字が累積的に増加する一方で、スペイン、ポルトガル、ギリシャでは経常収支赤字が2008年までは累積的に増加した。つまりこの図 8 - 1 に示されている 8 か国だけをみても、経常収支黒字が増加したドイツとオランダと、赤字が増加したり、黒字から赤字に転じたりしたその他の 6 か国とのあいだの不均衡が2008

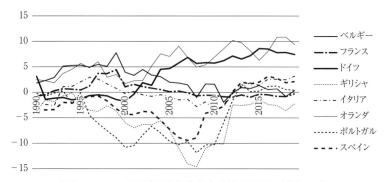

図 8-1　ユーロ圏諸国の経常収支の対 GDP 比（単位：%）

出所：IMF, *World Economic Outlook Database,* October 2021から筆者作成。

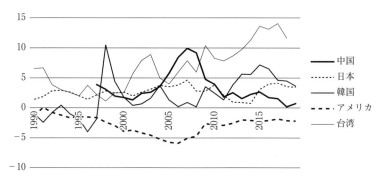

図 8-2　東アジア諸国の経常収支の対 GDP 比（単位：%）

出所：IMF, *World Economic Outlook Database,* October 2021 から筆者作成。台湾につい
　　　ては,*Central Bank of the Republic of China*（Taiwan）と *The Directorate General of
　　　Budget, Accounting and Statistics*（DGBAS）から筆者が計算。

年までは年々拡大したことがわかる。図 8-2 に示す東アジア諸国にアメリカ
を加えた 5 か国のあいだでも、経常収支不均衡の拡大がみられる。中国、韓国
と台湾において経常収支黒字の増加傾向がみられる一方で、アメリカでは、2006
年まで赤字の顕著な増加が起きている。

　このようにグローバル・レベルで発生した経常収支の不均衡は、**グローバ
ル・インバランス**とも呼ばれ、2008年のアメリカ発の世界金融危機や、2009年
末からのユーロ危機の一因に挙げられることもあるし、その後の国内・国際的
な所得格差や資産格差の拡大、ポピュリズムや保護主義の台頭の一因に挙げら
れることもある。

　経常収支を対 GDP 比でみれば、ピークでもマイナス10%、あるいはプラス

10%程度であるが、経常収支は年当たりのフローの金額であり、年々その赤字が続けば、対外負債ストックとして累積していく。そして、対外負債ストックの過度な累積は、その国の経済にとって、次のような重大なリスク要因となる。まず、対外負債ストックの過度な累積が自国通貨の信認喪失につながり、通貨が減価するリスクがある。経常赤字は、外国為替市場では自国通貨の売り圧力をもたらす。この通貨安圧力を、通貨当局による外貨準備を使った自国通貨買いの介入、あるいは外国からの資本流入超過によって吸収できる場合は、自国通貨は減価しない。しかし、自国通貨買いの介入が続けば外貨準備はいずれ枯渇する。その結果として、通貨が減価すると、その国の債務負担は重くなるので、返済がさらに困難となる。そして対外債務の多くが外貨建ての場合、債務返済のための外貨調達が困難となる可能性がある。また、対外債務の多くが外国からの証券投資の受け入れによってファイナンスされている場合、新たなファイナンスのためには国内金利の引き上げが必要となり、国内景気を悪化させる。最悪の場合、外国の資金が急速に引き上げられるリスクもある。

　アメリカのドルは、いまのところ、事実上の**基軸通貨**★の地位を維持しているために、事情が一部異なる。アメリカの対外債務はドル建てであり、返済のために外貨を調達することは不要であり、上記のような為替リスクは存在しない。しかし、経常収支赤字の拡大と並行して財政赤字も過度に拡大すると、アメリカ国債への需要が減少して金利上昇をもたらすリスクは存在する。また「アメリカ第一主義」に基づく保護主義的な通商政策や産業政策が続けば、海外投資家はそれを投資リスクと認識するかもしれず、海外からアメリカへ向かう直接投資も減少するかもしれない。

　したがって、経常収支不均衡のすべてが悪とはいえないが、対外負債ストックを過度に累積させるような経常収支不均衡は抑制されるべきである。そのためには、経常収支不均衡の基本的要素である貿易収支不均衡が累積的に拡大するメカニズムを理解することが必要であり、また、どのような方法によって、それを抑制することが望ましいかを考察することが必要である。

(2) 貿易収支不均衡の拡大メカニズム

　貿易収支を決定づける大きな要因は、その国の輸出財生産部門の国際競争力である。品質やブランドなど非価格競争力が重要な製品分野も一部にあるが、ここで分析するのは、輸出財全体の**価格競争力**である。国際競争で競われるの

は、ドルあるいはユーロという国際通貨建ての輸出財価格である。

　本書第2章での「プライシング」の説明にならって、利潤は、国際通貨建て労働コストと国際通貨建て輸入原材料コストの和に、一定のマークアップ率（μ）で上乗せされると考える場合、国際通貨建ての輸出財価格pは、次のようにあらわせる。

$$p = (1+\mu)(ewv_f + m)$$

　eは自国通貨と国際通貨間の為替レートである（以下、為替レートは、ドル／自国通貨またはユーロ／自国通貨という比率で表現されるものとする。この値の上昇は、ドルまたはユーロに対して、自国通貨が切り上がることを意味する）。wは賃金率、v_fは輸出財1単位の生産に直接的・間接的に必要な国内の労働量である（つまり当該産業で直接的に雇用される労働者の労働だけでなく、それに加えて、当該産業で投入される国産原材料の生産に必要な労働も含まれる。**垂直的統合労働係数**と呼ばれる）。以下では「労働生産性」という用語も使い、a_fという記号であらわすが、この「労働生産性」はこの垂直的統合労働投入係数v_fの逆数である。mは、商品1単位当たりの国際通貨建て輸入原材料コストである。

　総コストに占める輸入原材料コストの割合を$\alpha = m/(ewv_f + m)$とすれば、次の式が成り立つ（変数の変化率を、ハット記号を付すことによって示す）。

$$\hat{p} = (1\hat{+}\mu) + (1-\alpha)(\hat{e} + \hat{w} + \hat{v}_f) + \alpha\hat{m}$$

　以下では、次の理由で、国際通貨建ての**単位労働コスト**部分ewv_fの変化率（つまり、$\hat{e} + \hat{w} + \hat{v}_f$）に焦点を当てる。第1に、総コストに占める輸入原材料コストの割合（α）は、本章の分析対象国においては0.1〜0.4程度であるので（宇仁［2014］参照）、輸出価格変化のかなりの部分は単位労働コストの変化によって説明できる。第2に、顕著な長期的トレンドを有するのは、単位労働コストを構成する垂直的統合労働投入係数（その逆数である労働生産性）と賃金率である。輸入原材料コストとマークアップ率は明確な中長期的トレンドをもたない。したがって本章のような中長期的変化の分析対象にふさわしいのは単位労働コストである。

　国際通貨建て輸出財単位労働コストの変化率は次のようになる。

$$\hat{e} + \hat{w} + \hat{v}_f = \hat{e} + \hat{w} - \hat{a}_f$$

つまり、国際通貨建て輸出財単位労働コスト上昇率＝為替レート増価率＋賃金上昇率－輸出財労働生産性上昇率である。

　上式によると、賃金上昇率が輸出財労働生産性上昇率を上回るとき、自国通

貨建ての単位労働コストは上昇し、そのままだと輸出価格の上昇によって輸出
量が減り、貿易収支赤字が累積的に増加する可能性が高い。このとき、この単
位労働コスト上昇を相殺する分だけ自国通貨を切り下げれば、国際通貨建て輸
出価格の上昇による貿易収支赤字の拡大を回避できるだろう。このように、為
替レートは、過剰な賃金上昇による貿易収支赤字の拡大を緩和するための調整
変数としての役割を果たす。実際に、このような為替レートの調整は、ヨー
ロッパ通貨統合以前の時代においては、スペイン、ポルトガル、ギリシャなど
で頻繁に行われてきた。しかし、次の(3)項でみるように、1999年のヨーロッ
パ通貨統合後は、各国通貨を廃止しユーロという共通通貨を導入したので、こ
のような為替レート変更による調整は行えなくなり、それがドイツと南欧諸国
との間の貿易収支不均衡の拡大につながった。

　また、(4)項でみるように、逆に、東アジア諸国では固有の様々な制度的要
因により、賃金上昇が抑制され、賃金上昇率が輸出財労働生産性上昇率を下回
ることが多い。それは輸出価格の低下をもたらし貿易収支黒字の累積的な増加
につながった。このとき、この単位労働コスト低下を相殺する分だけ自国通貨
を切り上げれば、あるいは輸出財労働生産性上昇に見合う賃上げを行えば、貿
易収支黒字の拡大を抑制できるだろう。しかし、労働組合の力が弱い東アジア
諸国では、このような賃上げは行われず、また為替レートを裁量的に管理する
通貨当局は自国通貨の切り上げを嫌い、逆に切り下げることさえあった。これ
がアメリカと東アジア諸国とのあいだの貿易収支不均衡の拡大の一因となった。

(3) 通貨統合後のヨーロッパ

　次の図8-3は、ユーロ圏諸国の非貿易財労働生産性上昇率、輸出財労働生
産性上昇率、賃金上昇率を示している。いずれも2000〜2008年の8年間の平均
年率であらわされている。

　ユーロ圏諸国は、賃金上昇率が輸出財労働生産性上昇率を上回る諸国と下回
る諸国とに分化している。一方で、ドイツとオランダでは賃金上昇率は輸出財
労働生産性上昇率を下回るので、輸出財単位労働コストは低下する。他方で、
ベルギー、フランス、ギリシャ、イタリア、ポルトガルおよびスペインでは賃
金上昇率は輸出財労働生産性上昇率を上回るので、輸出財単位労働コストは上
昇する。先に述べたように、単位労働コストの変化は輸出価格の変化に大きく
影響するので、上記のような分化は、先に図8-1で示したドイツとオランダ

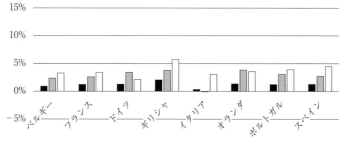

図8-3　労働生産性と賃金の変化率（2000～2008年の平均年率）
出所：*The World Input Output Database* のデータより、筆者が計算。データの
詳細と計算方法については宇仁［2014］に記載。

における経常収支黒字の増加と、その他の国における経常収支赤字の増加をもたらしたと考えられる。

　このような経常収支不均衡は、2009年末からの**ユーロ危機**につながった。ギリシャ、ポルトガル、スペインなどでは、経常収支赤字を縮小するために、賃下げ、社会保障給付の引き下げ、財政支出縮小、国有財産の売却などの**緊縮政策**が実行された。このような手段で強制的に総需要を減らすと輸入が減少して、貿易収支赤字が縮小する。しかし、この緊縮政策は、これらの国の経済活動の水準を低下させ生産能力を縮小させる政策なので、失業の増大など大きな痛みをともなった。図8-1によれば、南欧諸国の経常収支赤字は、緊縮政策の実施によって、いったんは縮小した。しかし、2020年からの新型コロナウイルスの感染拡大は、緊縮政策により弱体化し縮小したこれらの国の経済に大打撃を与え、経常収支赤字が再拡大している。

　先に述べたように、国際収支統計では、経常収支＋資本移転収支＋誤差脱漏＝金融収支という恒等式が成り立つので、資本移転収支と誤差脱漏を捨象して考えるとき、経常収支がマイナス（赤字）になれば、金融収支は、同時に、必ずマイナス（赤字）になる。金融収支には直接投資、証券投資、金融派生商品、その他投資、外貨準備という項目があり、どの項目の変化によって金融収支がマイナスになるのかも重要である。例えば外国企業によるスペインへの直接投資額がスペイン企業による海外への直接投資額を上回れば、スペインにとって負債である前者から資産である後者を引いて求められる直接投資収支はマイナスとなる。棚瀬順哉によれば、「金融収支のなかでも最も長期的な安定性が高

いのは直接投資と考えられる。……他方、証券投資は長期安定投資の度合いが小さい。また、対外借り入れは相対的に資金引き揚げリスクが高い」（棚瀬編［2019］144-145頁）。実際に、1990年代後半から2007年までは、経常収支赤字が拡大した南欧諸国には、外国から民間資本が持続的に流入することによって、経常収支赤字をファイナンスした。この流入した民間資本には、製造業への直接投資が含まれており、それは南欧諸国の産業発展に貢献した。

　しかし、リーマン・ショックが起きた2008年から民間資本は流出に転じ、さらに2009年末からのユーロ危機を契機に、南欧諸国からの民間資本の流出量は増大した（田中［2016］）。逃避した民間資本にかわって、現在の南欧諸国の経常収支赤字をファイナンスする役割を果たしているのは、主として**ヨーロッパ中央銀行**（ECB）における**ターゲット・バランス**と呼ばれる口座残高の変化である。ユーロ圏の決済システムである TARGET 2 においては、各国の中央銀行はヨーロッパ中央銀行にターゲット・バランスという口座をもち、民間資本逃避が起きた国などにおいてはこの口座の債務残高が自動的に急増することで、経常収支赤字がカバーされる。つまり、ユーロ危機以降、南欧諸国の経常収支赤字を主にファイナンスしているのは、ヨーロッパ中央銀行からの借入である。ヨーロッパ中央銀行の公表データによると、例えばイタリア、スペイン、ポルトガル、ギリシャ4か国の合計でのターゲット・バランスは2008年末の－664億ユーロから、2012年末の－7568億ユーロへ債務が急増した。逆に、経常収支黒字国では、債権が積み上がることになる。ドイツのターゲット・バランスは2008年末の1153億ユーロから、2012年末の6557億ユーロへ、債権が積み上げられていった。2021年末に至っても、上記4か国のターゲット・バランスは－1兆2604億ユーロ、ドイツは1兆2607億ユーロであり、ユーロ圏の不均衡はさらに拡大している。

　このような不均衡の累積的な拡大は、**政治統合なき通貨統合**を先行して実施するというヨーロッパ統合の制度設計に含まれていた構造的難点の帰結でもある。つまり、公的債務（税や国債）の支払システムの不統合が経常収支不均衡問題の根源にある。このことは、**政治統合をともなう通貨統合**を想像することによりよく理解できるだろう。日本やアメリカなど政治的に統合された共同体の内部においては、同一労働同一賃金や共通の労働条件基準が、一般的な原理となるだろう。もし技術的・構造的な理由により、例えば、ある地域の生産性が低く、同一労働同一賃金や共通の労働条件基準を満たしえないときは、国家

がその地域に対して補助金を給付する。つまり統合された課税・財政システム
を通じて、技術的・構造的に強い地域から、弱い地域への所得移転が行われる。
つまり、この所得移転を通じて、地域間での構造的な格差はある程度是正され
るだろう。

ところがヨーロッパで実施された**政治統合なき通貨統合**においては、例えば
ドイツでの生産性上昇率以下への賃上げ抑制と、南欧諸国での生産性上昇率を
越える賃金上昇という形で、ヨーロッパ域内での賃金の均等化への動きが生じ
ると、それは輸出品の国別競争力の格差拡大およびその結果としての貿易収支
と経常収支の不均衡に直結する。なぜなら、通貨統合以前のような為替レート
調整による是正メカニズムも働かないし、また上記のような課税・財政システ
ムを通じた格差是正メカニズムも働かないからである。

通貨統合後のヨーロッパで起きた経常収支不均衡の拡大は政治統合なき通貨
統合という制度設計そのものの見直しを要請しているといえる。ユーロ危機を
契機に、財政統合に向けたいくつかの制度改革が行われたが、まだ、本格的な
政治統合や課税・財政システム統合には至っていない。

(4) アジア通貨危機後の東アジアとアメリカ

次の図8-4は、中国、日本、韓国、台湾およびアメリカにおける、非貿易
財の労働生産性上昇率、輸出財の労働生産性上昇率、賃金上昇率、対米ドル為
替レート増価率を示している。いずれも1995〜2008年の13年間の平均年率であ
らわされている。

ユーロ圏諸国と比べても、中国、韓国、台湾においては、輸出財労働生産性
上昇率は非貿易財の労働生産性上昇率を大きく上回り、**輸出にかたよった生産
性上昇**が顕著である。東アジア諸国において、輸出財の高い労働生産性上昇率
が実現した主な原因は次の2点にある。第1に、NIEsにおける**輸出志向工業
化***の成功以来、多くのアジア諸国は、先進国資本と先進国技術を積極的に導
入して、輸出財の生産を促進する政策を採用している。その結果、最新技術を
装備して大規模生産を行う輸出向け製品生産工場では、高い労働生産性上昇率
が実現するのである。第2の要因は、輸出量の高成長が、輸出財の高い生産性
上昇をもたらすという強い**動学的収穫逓増効果**である（第4章、第11章参照）。

韓国以外では、東アジア諸国の賃金上昇率は、輸出財労働生産性上昇率をか
なり下回る。例えば、台湾においては、自国通貨での賃金上昇率1.2%は輸出

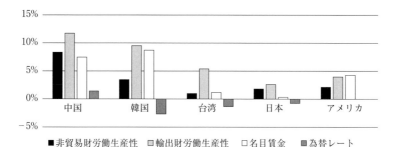

図 8−4　労働生産性、賃金、為替レートの変化率（1995〜2008年の平均年率）
出所：図 8−3 と同じ。

財労働生産性上昇率5.4％を大きく下回る。為替レート変化がない場合、ドル建ての単位労働コストは年率4.2％で低下しただろう。しかし実際には為替レートが年率1.3％で切り下がり、ドル建ての単位労働コスト低下率はさらに大きくなり、年率5.6％となった。

　韓国と台湾では、為替レートの減価がドル建ての単位労働コストの急低下に寄与している。例えば韓国においては、自国通貨での賃金上昇率8.7％は輸出財労働生産性上昇率9.5％とほぼ等しい。為替レート変化がない場合、ドル建ての単位労働コストはほとんど変化しなかっただろう。しかし実際にはウォン・レートが年率2.7％で切り下がり、ドル建ての単位労働コストは年率3.5％で低下した。図 8−4 に示す1995〜2008年の平均変化率でみれば、中国の人民元レートは年率1.4％で緩やかに切り上がっているが、中国は1993〜94年に33％に及ぶ人民元レートの大幅切り下げを行っている。この大幅切り下げを考慮に入れると、中国も上記の韓国と台湾と同じように、自国の輸出を増加させるために為替レートを裁量的に切り下げたといえる。

　先に述べたように、国際通貨建て輸出財単位労働コスト上昇率＝為替レート増価率＋賃金上昇率−輸出財労働生産性上昇率である。図 8−4 のデータから、輸出財の国際通貨建て単位労働コストの変化率（年率）を計算すると、中国は−2.8％、韓国は−3.5％、台湾は−5.6％である。ドル建て単位労働コストのこの急速な低下は、この 3 国のドル建て輸出価格の急速な低下をもたらし、輸出量の急増と貿易黒字の急増をもたらし、図 8−2 に示すような経常収支の拡大をもたらした。わかりやすい具体例としては、これら 3 国で生産された液晶テレビやパソコンの激しい価格低下と世界市場でのシェアの急増が挙げられる。

　2000〜08年の中国、韓国、台湾における輸出の実質伸び率はそれぞれ年率

15.2%、9.5%、6.8％であり、実質経済成長率（年率10.1％、4.3％、3.7％）の1.5
倍、2.2倍、1.8倍にも達する。これら3国の経済成長は、輸出の成長が主導す
る**輸出主導型成長**であったことがわかる。そして、それが一因となってアメリ
カなどで製造業の雇用量が減少し、一部の地域でいわゆる**産業空洞化★**が起き
たことも事実である。

　このようなアメリカと東アジア諸国とのあいだでの経常収支不均衡の累積的
拡大を、どのようにして抑制するべきかについて、考えてみよう。

　中国による知的財産権侵害に対する制裁措置として、アメリカのトランプ政
権は2018年7月に、産業機械などの中国製品に25％の関税を上乗せした。それ
に対抗して、中国も大豆などのアメリカ製品に報復関税をかけた。それ以降、
関税の引き上げ合戦が続いた。このような保護主義的政策は、輸入も減るが輸
出も減るので貿易収支不均衡を是正する効果は小さく、また相互依存関係にあ
る両国の経済に打撃を与えるので望ましくない。

　アメリカと東アジア諸国とのあいだでの貿易収支不均衡の累積的拡大は、上
記のように東アジア諸国における賃上げの抑制や為替レートの裁量的コント
ロールにも原因があるが、アメリカ国内における過剰な支出（消費、投資、政
府支出）にも原因がある。貿易収支赤字国と黒字国とが協調して是正策を講じ
ることが重要であるが、以下では東アジア諸国の側が貿易収支黒字を抑制する
ために、賃上げを行うべきか、為替レートの切り上げを行うべきかという問題
を取り上げる。どちらも価格面の調整であるが、労働生産性上昇益の分配面で
の変化を引き起こす。労働生産性上昇益をだれが享受するのかという観点で、
賃上げのケースと為替レート切り上げのケースを比較してみよう。

　最初に、比較基準を示すために、賃上げも為替レートの切り上げも行われな
い無策のケースにおいて、どうなるかを示しておこう。輸出財の労働生産性が
上昇したのに、賃上げも為替レート切り上げも行われない場合、他の諸変数が
不変とすると、輸出財の国際価格が低下する。その場合、労働生産性上昇益は、
価格が低下したその財の海外の購入者が享受する。つまり、この無策のケース
では、自国の労働者の努力によって実現した労働生産性上昇益は、自国民には
分配されず、海外の購入者が受け取っているのである。ただし、輸出価格の低
下により、輸出量が増加するので、それによる国内の雇用量の増加という利益
が自国にも生じるが、その代償として、貿易相手国における産出量や雇用量の
減少、および貿易収支の不均衡拡大が生じる。

　賃上げのケースでは、輸出財の労働生産性上昇率と同じ率での賃上げが行われるので、他の諸変数が不変とすると、国際通貨建て輸出財価格は変化しない。したがって、輸出量の増加は起こらず、貿易収支の不均衡拡大は止まる。労働生産性上昇益は、賃金上昇という形で自国の労働者が享受する。

　為替レート切り上げのケースでは、輸出財の労働生産性上昇率と同じ率での為替レート切り上げが行われるので、他の諸変数が不変とすると、国際通貨建て輸出財価格は変化しない。したがって、輸出量の増加は起こらず、貿易収支の不均衡拡大は止まる。為替レートが切り上がるこのケースでは、輸入財の自国通貨建て価格が低下するので、輸入量は増加するだろう。輸入品が国産品に置き換わっていく場合、その分、国産品の産出量が減少し、国内雇用も減少するという損失が生じる（この輸入品を生産する国では産出量と雇用量の増加という利益が生じる）。他方、安価になった輸入財を購入する者は利益を得る。つまり、為替レート切り上げのケースでは、輸出財部門で実現した労働生産性上昇益の一部は、自国内の輸入財購入者に分配されるが、残りは輸入品生産国に漏出する。

　以上のような考察に基づくと、無策のケースで起きる貿易収支の不均衡拡大を抑制するには、為替レートの切り上げよりも、賃上げによる方が、国民が得る利益が大きく望ましい。そして賃上げのケースでは、**輸出主導型成長**から**内需主導型成長**への転換が進むであろう。

（5）賃上げに関する制度的制約

　しかし、東アジア諸国での賃上げの実現については次のような2つの制約もある。

　第1は、労働者の賃金交渉力の不足およびそれを支える制度的基礎の未整備である。本書第3章で説明したように、賃金の決定には、様々な要因が関係する。労働市場の需給状態（発展途上国の場合は農村部の余剰労働力も影響する）、労働組合の賃金交渉力（それには労働組合の組織率、組織形態、運動方針、労働法制度などが関係する）、企業の価格支配力（賃金コスト上昇を価格に転嫁できるか）などである。2節で取り上げた3商品のモデルでは、利潤率は先決変数であるので、経済システムの再生産を可能にするように、未知数である価格と賃金が同時に決定する。例えば生産された小麦の売れ残りが発生しないような水準に賃金率は決まる。また労働生産性と賃金率は連動している。

しかし、実際には、19世紀のイギリスでは、工業部門の労働生産性は持続的に上昇したが、工業部門の賃金は1870年ごろまで、ほぼ横ばいであった（Mitchell[1998]）。労働組合法が成立し労働組合が合法化された1871年ごろから、賃金は上昇し始めるが、その上昇率は労働生産性上昇率をかなり下回った。そのため、国内の労働者の消費財購入量が、生産量を下回り、残りの消費財の販路は海外に求めることとなった。このことが、19世紀末から、先進諸国が植民地拡大を求めて軍事的に衝突する一因となった。

アグリエッタ（Aglietta［1976］）によれば、第2次大戦後に多くの先進諸国において、労働生産性上昇に応じた賃金上昇が社会全体で実現したが、それには、労働者側が機械化や作業の単純化を受け入れ、そのかわり経営者側は、労働生産性上昇に応じた賃金上昇を認めるという**フォード主義的労使妥協**が形成されることが必要であった。また、その前提条件としては、大恐慌と第2次世界大戦という悲惨な経験をふまえて、各国が民主化や労使関係の転換を含めて社会関係総体を革新することが必要であった。

韓国や台湾ではこのような社会革新がかなり進行し、労働者の賃金交渉力を支える制度的基礎が整備されているが、今の中国には、このような制度的基礎がまだ不十分である。

東アジア諸国における賃上げの実現に関する第2の制約は、非貿易財の労働生産性上昇率が低いことである。先に説明した輸出財価格の決定に関する考え方を、非貿易財に応用すると、次のようになる。

非貿易財単位労働コスト上昇率

＝賃金上昇率−非貿易財労働生産性上昇率

非貿易財労働生産性上昇率が低く、賃金上昇率がそれを上回る場合、非貿易財の単位労働コストが上昇する。これは非貿易財（その多くは消費財）の価格上昇につながる。つまりインフレ（消費者物価の上昇）が起きる。実際に、図8−3と図8−4において、賃金上昇率が非貿易財労働生産性上昇率を大きく上回るギリシャ、スペイン、ポルトガル、韓国では、インフレ率が大きく、このギャップの小さいドイツ、中国、台湾、日本のインフレ率は小さい。このことは、労働生産性上昇に応じた賃上げを行う際に制約があることを示唆する。

現代においては、企業や産業や職業によって労働生産性上昇率は大きく異なるにもかかわらず、1つの国のなかでは賃上げ率を、かなりの程度平準化させる様々な仕組みが制度化されている（例えば日本の春闘）。その背景には、労働

者が、賃金を決める原理の1つとして公平性を重視していることがある。したがって輸出財生産性上昇率が非貿易財生産性上昇率を大きく上回る場合でも、賃上げ率は両部門でかなり近い値となる。**輸出にかたよった生産性上昇**によって、輸出財生産性上昇率が非貿易財生産性上昇率を大きく上回る韓国、中国、台湾のような国において、輸出財生産性上昇率と等しい率での賃上げが行われると、その賃上げ率は非貿易財労働生産性上昇率を大幅に上回るので、非貿易財（その多くは消費財）の価格の大きな上昇つまり高インフレを引き起こす。

　このような高インフレは、名目賃金上昇の一部を帳消しにするほか、債権者から債務者への所得移転、また「インフレ税」による国民から政府への、合意によらない所得移転を引き起こすので、避けるべきである。また、労働生産性上昇率を上回る賃上げを行う場合、そのギャップを価格に転嫁できず、利潤が圧縮される企業も存在する。つまり価格支配力をもたない中小企業の多くは、事業継続が困難になり、最悪の場合、倒産に追い込まれる。

　したがって、輸出財生産性上昇率と等しい率での賃上げが高インフレを引き起こす場合には、賃金上昇率を高インフレが起きない限度内にとどめるべきであろう。この場合には、賃上げが足りない部分を、為替レート切り上げで補うという方法で貿易収支不均衡の拡大を抑制できる。

(6)　為替レート調整に関わる制度的制約

　そして、為替レートの切り上げの実現についても、東アジア諸国には、次のような制度的な制約がある。中国は1993～94年に33％に及ぶ大幅切り下げを行ったが、それ以前の時代においては、ほとんどのアジア諸国の国際通貨制度は、**ドル・ペッグ制**であった。つまり、アジア諸国の通貨価値は、各国の通貨当局によって、ドルに対して釘付けされるように固定的に管理されており、対ドル為替レートはほぼ不変であった。小国がドル・ペッグ制を維持するための条件の1つは、輸出での競合度が高い他の諸国が固定的ドル・ペッグを続けることであるが、中国人民元の切り下げにより、この条件は崩れた。したがって、アジア諸国は、新たな為替レート制度を何にするかという為替レート制度の選択問題と、新たな為替レート水準をどの程度にするかという為替レート水準の選択問題に直面した。

　各国がこの本格的調整に着手する前の1997年、過大評価された通貨への投機アタックを投機的ファンドが開始した。各国の通貨当局の通貨防衛努力は及ば

ず、アジア諸国の通貨価値は短期間で暴落した。このような急激で暴力的な為替レート調整は、短期資本の流出、株価など資産価格の暴落、不良債権増加による銀行の経営危機など金融面へ破壊的影響を及ぼし、さらに産出量の減少や失業の増加など実体経済にも破壊的影響を及ぼした。この1997年に起きた**アジア通貨危機**を契機に、マレーシアと中国以外の国は為替制度を変更し、従来のドル・ペッグ制から、主として中央銀行の為替市場介入により非公表の目標レートの維持を計る**管理フロート制★**に移行した。管理フロート制では、自国の利害を優先したかたちの為替レートのコントロールが可能である。図8−4でみたように、輸出財の労働生産性上昇率に賃金上昇率が及ばない場合に、為替レートを切り上げるのではなく、切り下げて、国際通貨建て輸出価格のよりいっそうの低下を実現するという韓国や台湾の調整パターンは、管理フロート制であるからこそ可能になっている。管理フロート制は、このように貿易収支不均衡を拡大させる為替レート調整を誘発する傾向をもつので、そのような調整を各国に自制させるための国際的な制度的枠組みが必要である。

第9章

金融化と金融危機

1．はじめに

　金融とは、余剰資金をもつ経済主体から、資金が不足している経済主体への資金の融通である。このような資金の融通がなければ、資金が不足している経済主体が関係する取引は中断され、その悪影響は連鎖的に取引関係でつながっている多くの経済主体に波及する。金融は、このような社会的な悪影響の発生を回避することを可能にする。

　この資金移転（貸出）は、借り手の将来における返済能力に関わる様々な情報を貸し手が収集し、分析したうえで、返済能力ありと判断した場合にのみ実行される。この場合においても、将来の状況を完全に予測することは困難であるから、借り手が当初の予定通りに資金を返済しないという債務不履行リスクを完全に排除することは不可能である。貸出を行ったあとにおいても、借り手の経済状態に関する情報を収集、分析し、もし返済の遅延や停止など問題が起きれば、督促や担保の差し押さえなど、それに適切に対処することも必要になる。銀行や証券会社などの金融機関は、個々の貸し手にかわって、このような一連の情報の収集、処理、伝達、対処を集中的に請け負っているといえる。このような作業の集中化により情報の収集、処理、伝達コストは低下するが、近年の情報通信技術の進歩により、それはいっそう低下し、資金余剰主体から資金不足主体への資金融通は促進される。

　しかし、銀行や証券会社などの金融機関の情報収集能力は限られていることに留意すべきである。借り手の個人や企業に関する情報の多くは公開されていないからである。したがって、過去と現在に関する断片的で少ない情報に基づ

いて金融機関が行う将来予測はしばしば外れる。また、情報不足のもとでは、自身が収集した情報を自力で分析するのではなく、周りの人たちの予想を模倣する、追随するという行動もよくみられる。多数の人たちがこのような行動をとるとき、その社会において根拠のない楽観的予想（あるいは悲観的予想）が支配的になり、リスクの過小評価（あるいは過大評価）が起きる。例えばリスクが過小評価されると、返済能力のない人にも貸出が行われ、それは回収不能となる。回収不能な貸出金が増えていくと、その金融機関は経営危機に陥る。金融機関が機能停止すると、取引関係にある企業の経営も危機に陥る。逆にリスクが過大評価されれば、返済能力のある人にも貸出が行われず、その人の関係する取引は中断し、その悪影響は社会に波及し、危機につながることもある。

さらに、金融機関の多くは営利企業である。営利企業は、適切に管理されない場合、自身の利益を短期的に高めるために、顧客である個人や企業に不利益を押し付けたり、特定の顧客だけを優遇したり、ハイリスク・ハイリターンの取引に専念したりする潜在的な傾向をもつ。

このように、金融は、経済と社会の安定的な存続にとって不可欠な役割を有するが、その役割を専門的に担う金融機関の情報収集能力や処理能力には限界があり、将来のリスク評価の誤りをゼロにすることはできない。そして、金融機関は取引ネットワークの結節点に位置するため、金融機関それ自体の経営危機は経済全体の危機へと波及する。

次の2節では、このような特性をもつ金融機関の行動に焦点を当てて、19世紀末から現代まで、繰り返し起きた金融危機と、それを防ぐための金融制度改革について、アメリカを中心に時系列に沿って説明する。3節では、主に資金の借り手である企業と家計の負債面に、大きな構造変化が起きていることを1980年代以降の先進諸国の具体的データを示しながら、説明する。それは**金融化**という用語を使って説明されることも多い。この用語から、金融企業（金融資本）による非金融企業（産業資本）の支配や両者の融合を連想する人も多いが、1980年代以降の構造変化は、それとは異なることを説明する。つまり先進諸国の非金融企業は、資金調達において外部資金の割合を減らし、内部資金の割合を増やしている。このことは、非金融企業の負債面では、**脱金融化**が進んでいることをあらわす。他方、家計の負債面では、いずれの国においても、住宅ローンを中心とする金融機関からの借入が急増する局面が存在し、いくつかの国ではそれが金融危機の一因となったことを説明する。最後の4節では、金

融危機の発生メカニズムを説明する理論的フレークワークとして、ミンスキーの**金融不安定性仮説**を取り上げる。この理論の1つの特徴は、資金の貸し手である金融機関の行動と、資金の借り手である企業や家計の行動の両方が組み込まれている点にある。両者のリスク評価が同時並行的に変化することによって、投資ブームと発生とその崩壊が起きるのである。そして、金融の制度的な調整の必要性も指摘する。

2．金融危機と金融制度変化の歴史

(1) 19世紀末～20世紀初めの銀行の産業支配

19世紀末から20世紀初めにかけて、ドイツなど多くの国で銀行と企業との関係が密接になった。銀行は、企業の運転資金や投資資金を融資するとともに、企業の株式発行を仲介するようになった。ドイツなどでは取引関係が強まった企業の監査役や取締役を銀行から派遣するケースも増えた。ヒルファーディング『金融資本論』（Hilferding［1910］）やレーニン『帝国主義』（Lenin［1917］）では、このような変化は、銀行による産業の支配、銀行と産業との融合あるいは癒着として捉えられた。そして、このような方向での変化は資本主義発展の法則の1つとして捉えられた。しかし、このような主張の論拠として両者が参照しているヤイデルス『ドイツ大銀行の産業支配』（Jeidels［1905］）によると、当時、産業への積極的介入に反対する銀行指導者も多くいて、銀行の産業への積極的介入は確固とした目標とはなっていなかった（Jeidels［1905］邦訳223頁）。製造業企業などは景気循環や恐慌の影響を受けやすく、銀行の産業への積極的介入が銀行経営の安定性を損なう事例が19世紀には多く発生したからである（Jeidels［1905］邦訳116-119頁）。

アメリカにおける変化については、コモンズ（J. R. Commons）が次のように述べている。「19世紀には、商業銀行家は、短期信用貸しを行う典型的な銀行家であった。20世紀には、銀行シンジケートや投資銀行家は、通例、商業銀行と提携して、会社や国の証券を特別に発行するという従来の断続的な活動から成長し、企業合併、国内外の証券の一般向け販売、会社の取締役会のコントロールに関して、支配的な地位を築いた。……銀行シンジケートや投資銀行家は、不況期に破産しかけている会社を次の方法で救済する。すなわち、その会社を買収し、景気上昇期になると、それを再編し、かつそれに資金を供給する

のである。散在する何百万もの投資家は、信用ある銀行家に勧められて彼らの貯蓄を投資に回すことにより、いまや自動的に銀行家のリーダーシップに従っている」(Commons［1934］邦訳　下巻272頁)。

　ただしコモンズは、このような**銀行家資本主義**★がもつ決定的な欠陥を次のように指摘している。「インフレや不況の時期に銀行は数百万の投資家を搾取し、その信用を失った」(Commons［1934］邦訳　下巻440頁)。当時は、証券取扱業の資格制度や登録制度もなく、顧客の投資判断にとって必要な情報の説明義務もなかったので、「青空を証券化するような」証券詐欺も横行していた。1910年代から、投資者保護のため会社証券の発行を規制し、会社の発起人の詐欺的行為の禁止をする州法（ブルースカイ法）が、多くの州でつくられた。しかし、規制内容が州によって異なることや規制の抜け穴が多いことなどにより、この州法の実効性は弱かった。そして銀行家資本主義がもつこの欠陥は、下記のように大恐慌後に顕在化した。

(2) 1929年大恐慌

　1929年に始まる**大恐慌**は、アメリカにおいて実質 GDP の約３割減、ダウ平均株価の約９割減、約25％に達した失業率など、世界経済に大損失をもたらした。その原因については論争があるが、「大量の銀行破綻による金融システムの麻痺が大恐慌の底の深さと長期化に大きな影響を与えたことについては、研究者間での幅広い合意がある」(国際銀行史研究会編［2012］211頁)。この大量の銀行破綻の原因究明のためにアメリカ議会に銀行調査委員会が設置された。その報告は、「銀行経営の不安定化の一因として、証券子会社が引き受けた証券を銀行が買い取ったことを指摘したほか、いわゆる利益相反の問題にも言及した。後者について具体的にみると、①銀行が、証券子会社を引受業者として、経営悪化の著しい取引企業に証券を発行させ、その発行代わり金（証券取得者が払い込んだ金銭）により同企業への貸付を返済させるといった行為がみられたこと、および②そうした行為は、投資家の利益を犠牲にして銀行や預金者の利益を優先させる行為であり、問題視されるべきであること、といった内容が報告書に盛り込まれていた」(日本銀行金融研究所［1995］29頁)。ここで指摘されているのは、銀行が証券業を兼営していた時代に、しばしば起きた典型的な**利益相反問題**である。銀行は貸出先企業の経営状態に関する情報を得ることができるが、一般投資家はそれを入手できない。銀行は貸出先企業の経営悪化と

いう情報を、兼営する証券業部門に伝えることによって、上記のような手法で、何も知らない投資家に将来価値が低下する証券を買わせて損をさせて、銀行自身の貸出金を回収できるのである。このようにして事業者（銀行）と顧客（証券購入者）のあいだで、さらに銀行の顧客（預金者）と証券業の顧客（証券購入者）とのあいだで利益相反が起きる。

(3) 金融規制の強化

　1933年に発足したルーズヴェルト政権のニューディール政策は、大規模公共事業の実施などによって政府の経済介入を拡大させたほか、労働や金融の分野で重要な制度改革を行った。1933年には、連邦レベルでの証券法が成立し、証券に関する情報開示義務や、証券発行者の連邦取引委員会への登録届出義務を定めた。また同年には、1933年銀行法（**グラス・スティーガル法**と呼ばれる）も成立し、その要点は、①商業銀行業務と投資銀行業務の兼営禁止、②連邦準備制度による定期預金金利の上限規制、③連邦預金保険公社の設立、であった。

　①の**銀証分離**（銀行と証券の分離）は、商業銀行の預金は流動性の高い資産の保有に利用されるべきであり、リスクの高い証券投資に利用されるべきではないという考えに基づく。これにより、商業銀行は証券子会社を分離しなければならなくなった。また、これまで預金を受け入れていた投資銀行は、預金受け入れのできない投資銀行か、預金受け入れの可能な商業銀行かのどちらかを選択することとなった。②の**預金金利の上限規制**は、商業銀行が預金獲得競争に勝つために、高金利を預金者に提示する傾向を抑制するためである。高金利を支払う銀行は、高リスクの融資・投資を行ないがちであり、その場合、預金の安全性が損なわれる。③の**預金保険制度**★は、銀行危機時に起きる預金取付騒ぎを減らすためである。

　1933年証券法は証券の発行時の規制であったが、1934年に成立した証券取引所法は証券の流通に対する規制であり、特に証券の価格操作を禁じることを目的としていた。さらに、株式ブローカーや株式ディーラーの負債比率を営業用純資本額の20倍までとした。

　また1935年に成立した銀行法によりワシントンの連邦準備局は、**連邦準備制度理事会**★（FRB）へと改組され、公開市場操作が連邦公開市場委員会に一元化された。アメリカでは反中央銀行の考えが根強く、単一の中央銀行ではなく、12の地域ごとの連邦準備銀行のネットワークとしての「中央銀行」が1913年連

邦準備法によって設立された。12の連邦準備銀行の運営全般の監督を行うためにワシントンの連邦準備局が設置されたが、その権限は弱かった。1935年銀行法による改組は、従来の連邦準備法の分権性から生じた問題を是正し、連邦準備制度の集権化を目的としていた（国際銀行史研究会編［2012］206、213-215頁）。

(4) 金融規制の効力低下と廃止

　1933年銀行法（グラス・スティーガル法）が定めた銀行業務と証券業務の分離と預金金利の上限規制は1970年ごろまでは効力を維持し、金融危機は防止され、アメリカの金融システムは比較的安定していた。しかし、1970年代以降、この2つの規制を回避する動きが強まり、さらに規制が撤廃されたことが、1980年代の**S&L**★（貯蓄貸付組合）の大量破綻、および2008年の**世界金融危機**につながった。

　1960年代半ばまでは、市場金利は規制された預金金利上限を上回ることはほぼなかったが、60年代末からのインフレに対処するために、FRBは政策金利を引き上げ、各種の市場金利も1970〜80年代は高い状態が続いた。しかしながら銀行や貯蓄貸付組合の預金金利の上限は6％に規制されていたので、預金よりも金利の高い別の金融商品への資金流出が始まった。主な流出先となったのは、大手証券会社や投資信託会社が始めたMMF（マネー・マーケット・ミューチュアル・ファンド）である。MMFは顧客の資金を財務省証券や高格付けの社債など短期で安全な証券に投資する投資信託の一種である。その投資先として拡大していったのは、財務的に優良な企業のみが発行できるコマーシャル・ペーパー（CP）と呼ばれる無担保の短期（1190日）社債である（CPは2000年代に入ると資産担保コマーシャル・ペーパー（ABCP）とともに、**証券化商品**★の母体となる）。こうした預金金利の上限規制などを回避する金融の仕組みは、**シャドーバンキング**（影の金融システム）と呼ばれる。このような事態に対応するため、商業銀行は預金金利の自由化を強く要請した。レーガン政権下で新自由主義の政策への影響力が増すなかで、1986年に預金金利の上限規制は撤廃された。

　この預金金利の上限規制撤廃は、S&L（貯蓄貸付組合）の大量破綻の引き金となった。S&Lは、個人の短期貯蓄預金を引き受け、それを原資に長期固定金利での住宅ローン等の貸付を行う組合型の金融機関である。貯蓄がMMFなどに流出するのを防ぐために引き上げられた短期の預金金利が、長期固定の貸

出金利を上回るようになると S&L の収益は悪化する。また、1982年に成立した預金金融機関法により、従来は固定金利の住宅ローン貸出に限定されていた S&L の業務範囲が一定の範囲において自由化された。リスク管理のノウハウを十分にもたないにもかかわらず、収益改善のため S&L はいわゆるジャンクボンド等の高リスク・高リターン投資の割合を拡大させていった。その結果、1980年代に多くの S&L が経営破綻した（内閣府［2007］）。

　また、グラス・スティーガル法が定めた銀行業務と証券業務の分離という規制は、銀行持株会社の子会社による証券業務への参入や銀行の保有債権の証券化を認めるなどの緩和が行われたのち、1999年に成立した**グラム・リーチ・ブライリー法★**によって実質的に撤廃された。グラス・スティーガル法のもとでは分離されていた銀行業、証券業、保険業は、これ以降、相互参入や業種間統合が促進され、同質化していった。

(5) 2008年世界金融危機

　2000年代のアメリカではかつてない住宅ブームが起きた。それを下支えしたのは、**サブプライム住宅ローン**と呼ばれる信用力の比較的低い借り手に対する住宅ローンである。「サブプライム住宅ローンの普及の背景には、①住宅ブームにおいて住宅価格の上昇期待が高まり信用力の低い者や投資目的の住宅取得が促されたこと、②証券化によってリスクの効率的な分散や貸付機関における資産債務の期間ミスマッチの解消等が図られたこと、③低金利や十分な流動性の存在といった良好な国際金融環境の下でアメリカの証券化市場等への資本流入が進んだこと、などが挙げられる」（内閣府［2007］）。

　しかし、特に2005～06年に貸付機関の融資基準が弛緩し、高リスクな貸出が増加したこともあり、2006年後半以降、アメリカのサブプライム住宅ローンの延滞率、差押率が急上昇した。この住宅金融市場の混乱は、アメリカ金融市場全体の混乱をもたらし、2008年9月のアメリカ大手投資銀行リーマン・ブラザーズの破綻を契機として、ヨーロッパや新興国などを巻き込む、世界的な金融危機へと発展していった。その価値が暴落した証券化商品は世界中で購入されていたからである。

　投資銀行を中心とする民間金融機関によるローンの証券化自体は、1980年代から行われていた。したがって、仮に銀行業務と証券業務の分離規制が1999年以降も継続されていたとしても、サブプライム住宅ローン問題を引き金とする

金融危機は生じたであろう。現実には、銀行と証券の分離規制が1999年に撤廃された状況でこの問題が生じたために、高リスクの証券化業務にも関与していた商業銀行も巻き込んだ大規模な危機となった。

　2008年11月のG20の宣言によると、金融危機の根本原因は、「高い成長が続いた期間に市場参加者がリスクを適切に評価することなく高利回りを求めたことにくわえて、資産担保証券の引受け基準が易きに流れたこと、不健全なリスク管理慣行、不透明な金融商品といった事情が重なって生じた過度のレバレッジが金融システムを脆弱にしたこと」である。このほか、先進諸国の政策立案者や規制監督当局が金融市場において積みあがっていたリスクを適切に評価のうえで対処することを怠ったこと、金融取引に関わる規制監督が金融革新のスピードに対応できなかったこと、さらには各国での規制行為が世界全体としての金融システムにもたらす影響を考慮しなかったことが、危機の原因とされている（鹿野［2013］38-39頁）。

(6) 金融規制の再強化

　G20などでの国際的な合意を受けて、2010年代には規制強化に向けた金融制度改革が進行した。国際的なレベルでの制度改革としては、**バーゼル銀行規制監督委員会★**による銀行の自己資本比率規制の強化（バーゼルⅢと呼ばれる）が挙げられる。第5章6節で述べたように**自己資本比率**とは、銀行の自己資本を分子、リスクの大きさを分母とする比率であるが、バーゼルⅢでは、自己資本比率の最低基準の引き上げという量的見直しと、自己資本として普通株や内部留保などより資本性の高いものを求める質的見直しが行われた。さらに、国のレベルでも規制強化に向けた金融制度改革が行われた。アメリカでは2010年1月、オバマ大統領が改革案を公表した。そのなかには、**ボルカー・ルール**と呼ばれる提案が含まれていた。ボルカー・ルールの主要内容は、銀行が、ヘッジファンドを保有、投資またはスポンサーになることの禁止、および自行の利益のために顧客サービスに無関係な自己勘定取引を行うことの禁止である。これらはかねてからP.ボルカー元FRB議長が主張してきたことであり、税金を使った公的支援の受益者となりうる商業銀行の活動から、資本市場に関わるリスクの高い活動を閉めだすべきであるという考え方、つまりグラス・スティーガル法にもつながる考え方に基づく。

　ボルカー・ルールを取り入れた金融改革法案は、ドッド・フランク・ウォー

ルストリート改革および消費者保護法（**ドッド・フランク法***）として、上下両院で可決されたのち、2010年7月にオバマ大統領が法案に署名して成立した。ボルカー・ルールの施行に必要な最終規則については、FRB、通貨監督局、連邦預金保険公社、および証券取引委員会による共同規則案が2011年11月に、また、商品先物取引委員会による規則案が　2012年2月にそれぞれ公表され、意見募集が行われた。利害関係団体から寄せられた約1万7000件の意見をふまえて調整が行われ、2013年12月に上記の5つの金融監督機関はボルカー・ルールの最終規則を承認し、2015年7月より全面適用した（山口［2014］）。

　トランプ政権下の2019年10月にボルカー・ルールの最終規則の一部が改正されたが、それは規制内容を明確化・簡素化し、各金融機関の不要な負担を軽減するための改正であり、ボルカー・ルールの上記の2点の主要内容は維持されている。

3．非金融企業と家計の金融化

(1)　金融化

　前節で概観したのは、主に、金融機関の情報収集能力や処理能力には限界があるために、また金融機関も営利企業であるために、金融機関がしばしば、将来のリスク評価を誤ったり、高リスク・高リターンの投資や融資に傾斜したりすることによって、金融危機が繰り返し起きたという歴史である。そして金融危機のたびに、金融危機を予防するための金融制度が創設・拡充されてきたが、金融機関などの圧力により、その緩和や廃止が行われ、次の金融危機を招来してきたという歴史的事実もみた。このような金融機関の内的特性と制度的環境をふまえて、以下で検討するのは、金融機関を通じて資金を調達する非金融企業と家計の近年の行動変容が、金融危機の発生可能性を高めているのではないかという問題である。

　1節で述べたように、情報通信技術の進歩により情報の収集、処理、伝達コストが低下したことは、金融の拡大に寄与する。実際、以下で示すように、先進諸国では、家計の金融負債の対GDP比は1980年代後半や2000年代前半に増加した。これらの増加は、単に情報通信技術の進歩という技術的要因によってもたらされたものではなく、前節の(4)で述べた金融規制の緩和の影響も受けている点も重要である。

先進諸国における1980年頃からの金融の拡大・深化の傾向は**金融化**（financialization）と呼ばれる。その定義は、エプシュタイン（G. Epstein）によると「金融的動機、金融市場、金融的主体、金融機関が、国内および国際的な経済活動において果たす役割が増していくこと」（Epstein［2005］）である。この定義は、金融化が多様な側面をもつことを指摘しているが、経済を構成する部門ごとの特徴について触れていない。ラパヴィツァス（C. Lapavitsas）はそれを明示したかたちで金融化を次のように定義している。「成熟した資本主義諸国において際立っており一般的である３つの傾向があり、それにより金融化を定義することが可能である。その第１は、大銀行と大企業のあいだの距離が徐々に拡大していることである。……第２のものは、銀行の変容であり、それらは金融市場における取引や個人・家計への貸出から利潤を得るように対応してきたのである。第３のものは、個人・家計の金融の領域への関わりの増大であり、それは借入および年金のような資産保有の両面におけるものである」（Lapavitsas［2013］p. iv）。

　この節では、ラパヴィツァスが指摘するこれらの傾向のうち、「大銀行と大企業のあいだの距離の拡大」、つまり銀行からの借入の比重の低下という**非金融企業の負債面の脱金融化**を以下の(2)において検討し、「個人・家計の金融の領域への関わりの増大」のうち、ローン残高の増加に代表される**家計の負債面の金融化**を(3)において検討する。以下では説明しないが、非金融企業の総資産に占める金融的資産の割合は1980～90年代に増加し、資産面では非金融企業の金融化は進んだ（宇仁［2020］［2023］）。また家計の有する株式などの金融資産残高の増加に代表される家計の資産面の金融化も1980年代後半の日本や1990年代後半の米独仏英で進んだが、2000年以降も金融化が持続したのはアメリカだけであった。

(2) 非金融企業の負債面の脱金融化

　企業は設備投資を行う際、利潤から利子・配当や法人税などを差し引いた純利潤に基づく**内部資金**を使うこともできるし、外部から調達した資金を使うこともできる。外部からの調達方法としては、銀行など金融機関から借り入れる方法（**間接金融**）と、株式や社債を発行することにより株式市場などの資本市場から調達する方法（**直接金融**）とがある。企業の資金調達において、内部資金、間接金融、直接金融が占める構成比は、国によって、また時代によってか

なり異なることが知られている。企業の外部資金調達に着目して分類するなら
ば、間接金融つまり銀行借入が主なルートとなる**銀行主導型金融構造**と、直接
金融つまり資本市場での株式や債券の発行が主なルートとなる**市場主導型金融
構造**との2つのパターンがあり、日本やドイツは前者に属し、アメリカは後者
に属するというのが通説となっている（野下［1995］）。この違いは、日本やド
イツでは、特定の銀行が企業と密接な関係をもち、安定的に長期資金を貸し出
してきたことによって説明されてきた。

　資金調達のパターンを判別する方法として、従来は、「グロス・フローに基
づく方法」が使われることが多かった。この方法によれば、『国民経済計算』
の非金融法人企業部門の「金融勘定」にあるフロー・データを使う場合、負債
フロー側の「ローン」（金融機関からの借入）が間接金融による資金調達額とみ
なされ、同様に、負債フロー側の「債務証券」と「株式・投資信託」の和が直
接金融による資金調達額とみなされる。

　「グロス・フローに基づく方法」を使った先進6か国の1970～2007年の非金
融企業の資金調達パターンの測定結果によれば、アメリカでは、間接金融と比
べて、直接金融がやや優位であり市場主導型金融構造であること、日本、ドイ
ツ、フランスでは、1990年代半ばまでは、間接金融の方がかなり優位であり、
銀行主導型金融構造であることが確認でき、上記の通説と一致した結果が得ら
れている（宇仁［2009］第9章の図9-1～図9-6参照）。また日本、ドイツ、フ
ランス、イギリスでは、1990年代半ば以降は、間接金融の比重の減少や、日本
以外での直接金融の比重の上昇により、直接金融の方がやや優位となっており、
資金調達の直接金融化が進んだことも確認できる。

　近年は、「ネット・フローに基づく方法」が使われることも多い。この方法
によれば、「金融勘定」の負債フロー側のデータ（金融負債の増加額）だけでな
く、資産フロー側のデータ（金融資産の増加額）も考慮される。負債フロー側
の「ローン」（金融機関からの借入）から資産フロー側の「現金・預金」を差し
引いた値が間接金融による資金調達額とみなされる。非金融企業からみれば預
金は金融機関への資金貸出にあたるからである。同様に、負債フロー側の「債
務証券」と「株式・投資信託」の和から、資産フロー側の「債務証券」と「株
式・投資信託」の和を差し引いた値が直接金融による資金調達額とみなされる。

　「ネット・フローに基づく方法」で5か国におけるこれらの資金調達額を計
算して、対GDPで示すと図9-1～9-5のようになる。「ネット・フローに

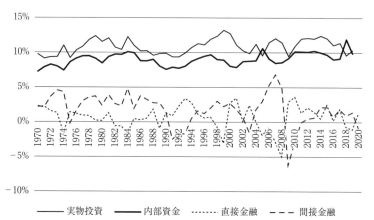

図9-1　アメリカ非金融企業の資金調達額の対 GDP 比

出所：OECE iLibrary, *OECD National Accounts Statistics*、実物投資（NFP 5 P : Gross capital formation）と内部資金（NFB 6 GP : Disposable income, gross）は Detailed National Accounts,14A. Non-financial accounts by sectors ; 直接金融と間接金融（計算方法は本文に記載）は Financial Accounts, Non-consolidated flows, annual, SNA 1993, 2008 ; GDP は Aggregate National Accounts のデータから筆者が作成。FRB, *Financial Account of the United States*－Z-1, Table F.103から取得した海外直接投資フローのデータを使って直接金融による資金調達額を調整した。また実物投資は海外直接投資を含む値である。

基づく方法」を使用したいくつかの先行研究でも確認されている結果と同じく、この方法で計測すると、アメリカと、日本・ドイツとの違いはほとんどなくなる。「グロス・フローに基づく方法」でアメリカにおいて確認される間接金融に対する直接金融の優位は、「ネット・フローに基づく方法」による図9-1では消え失せ、ほとんどの年において、直接金融よりも間接金融の比重の方が大きい。資産面の金融化が進んだ結果、1980〜2000年においてアメリカの非金融法人企業部門が保有する資産ストックとしての株式の対 GDP 比率は増加した。これは「金融勘定」においては、資産フロー側の「株式」の購入額の増加をもたらし、それを負債フロー側の発行額から差し引く「ネット・フローに基づく方法」では、「株式」による資金調達額は小さくなってしまうのである。

　また、図9-2に示す日本と、図9-3に示すドイツでの直接金融と間接金融の推移をみれば、1990年代半ばまでは、間接金融がかなり優位であり、この点は「グロス・フローに基づく方法」による測定結果と同じである。しかし、1990年代半ば以降については、「グロス・フローに基づく方法」による測定結

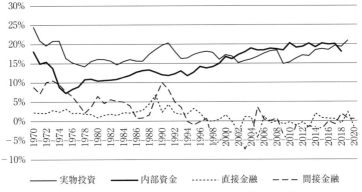

図 9 - 2　日本非金融企業の資金調達額の対 GDP 比

出所：図 9 - 1 と同じ。ただし1970〜1994年のデータは、『1998年度国民経済計算（1990
　　　基準・68SNA）』表3. 制度部門別資本調達勘定による。日本銀行、時系列統計
　　　データ検索サイト「資金循環」から取得した海外直接投資フローのデータを
　　　使って1981年以降の直接金融による資金調達額を調整した。また1981年以降の
　　　実物投資は海外直接投資を含む値である。

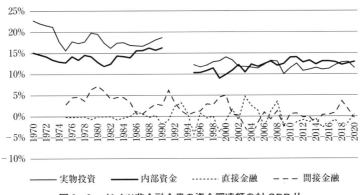

図 9 - 3　ドイツ非金融企業の資金調達額の対 GDP 比

出所：図 9 - 1 と同じ。ただし1970〜1994年のデータは、OECD, *National Accounts II*,
　　　Table11, Capital Finance Accounts by Sector, SNA1968による。1970〜1990年 の
　　　データは旧西ドイツの数値である。

果では、直接金融が優位に立つという直接金融化が確認できるが、「ネット・
フローに基づく方法」による図 9 - 2 と図 9 - 3 では、直接金融と間接金融の比
重には大差はなく、直接金融化は認められない。

　「グロス・フローに基づく方法」と「ネット・フローに基づく方法」はとも
に一長一短があるといわれている。しかし、資産面の金融化が進んだ結果、非

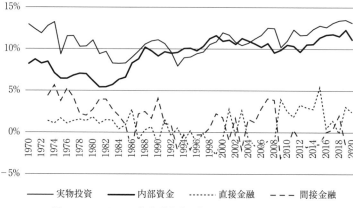

図 9-4　フランス非金融企業の資金調達額の対 GDP 比

出所：図 9-1 と同じ。ただし1970~1995年のデータは、OECD, *National Accounts II*, Table11, Capital Finance Accounts by Sector, SNA1968による。

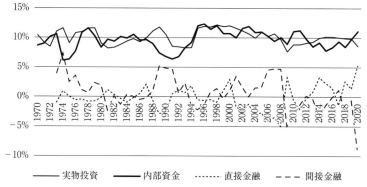

図 9-5　イギリス非金融企業の資金調達額の対 GDP 比

出所：図 9-1 と同じ。ただし1970~87年のデータは、OECD, *National Accounts II*, Table11, Capital Finance Accounts by Sector, SNA1968に よ る。1988~94年 の デー タは ONS, Financial Statistics Dataset, Table11.1B に よ る。

金融法人企業の総資産ストックに占める金融資産ストックの割合（**金融的資産割合**）は、2000年以降、どの国においても約50％に達している（宇仁［2023］）。それにともない、金融資産フローの額も大きくなったはずである。金融資産フローの額が小さい時代には、それを捨象して金融負債フローの額を外部資金調達額とみなすこともできたかもしれないが、金融資産フローの額が大きくなった時代においては、金融負債フローの額から金融資産フローの額を差し引いた

額を外部資金調達額とみなす「ネット・フローに基づく方法」の測定結果の方が正確であると考えられる。

　図9-1～図9-5で確認できる重要な事実は、非金融企業の投資資金の源泉の大部分は「内部資金」（つまり利潤の内部留保）であるという点である。1970年代においては、日本、フランス、イギリスで、間接金融による資金調達額が大きく、内部資金による資金調達額に近い値となっているが、それも1980年以降は小さくなった。このことは、非金融企業の平均的姿の長期的傾向をみれば、非金融企業が資金調達に関して銀行と証券市場から分離・自立したことを意味する。つまり非金融企業は、負債面では**脱金融化**したといえる。このような1980年代以降の動きは、大銀行が非金融企業の支配を強めた19世紀末～20世紀初めとは逆の動きである。

　非金融企業の投資つまり資本蓄積のほとんどが、内部資金（つまり利潤の内部留保）で行われるようになった要因の候補としては、投資の減少という要因と、内部資金の増加という要因がありうる。図9-1～図9-5に示されている実物投資の対 GDP 比でみると、各国とも非金融企業の実物投資の長期的な減少傾向はみられない。他方、内部資金の長期的な増加傾向が図9-2～図9-4に示す日本、ドイツ、フランスにおいて顕著である。内部資金の源泉は利潤であり、1980年代以降の先進諸国における GDP に占める内部資金すなわち利潤の増加は、本書第3章で説明された労働分配率の低下の帰結であると考えられる。それが、日本、フランス、イギリスにおける非金融企業において外部資金調達の必要性を弱め、負債面での脱金融化（正確には脱間接金融化、いわゆる銀行離れ）をもたらしたといえる。

　ただし、次の点に留意する必要がある。非金融企業の投資のほとんどが、内部資金（つまり利潤の内部留保）で行われるようになったという事実は、非金融企業の平均的姿の長期的傾向としてはいえるが、個々の非金融企業をみればばらつきがあること、および一時的には、逆の動きがみられる期間があることも重要である。

　表9-1は、総資産に占める借入金の比率を企業規模別に示している。日本では、資本金10億円以上の大企業においては、総資産に占める金融機関借入金の比率は1970年の35.6％から2020年の12.7％へと減少している。しかし、この「大企業の銀行離れ」と呼ばれる変化は、この表9-1の日本の資本金1000万～1億円の中小企業ではみられない。また、全体的に金融機関借入金比率が日本

	1970	1980	1990	2000	2010	2020
日本、資本金10億円以上	35.6	30.9	15.2	14.0	14.0	12.7
1億〜10億円	29.3	29.4	29.2	26.0	16.3	12.9
1千万〜1億円	26.2	29.2	38.1	35.8	29.0	26.9
米国、総資産10億ドル以上	6.4	3.3	6.5	7.0	4.3	2.9
1億〜2.5億ドル	12.1	11.4	20.4	19.8	16.4	17.2
25万〜5百万ドル	12.1	16.6	18.7	20.3	19.4	16.3

表9-1　企業規模別にみた総資産に占める金融機関借入金の比率（単位：％）
出所：日本については財務省『法人企業統計』の製造業合計の流動負債の金融機関借入金、固
　　　定負債の金融機関借入金の和を「金融機関借入金」とした。アメリカについては、商務
　　　省 *Quarterly Financial Report for Manufacturing, Mining and Trade Corporations* の Short-
　　　term debt, original maturity 1 year or less：Loans from banks と Current portion of long-
　　　term debt, due in 1 year or less：Loans from banks と Long-term debt, due in more than 1
　　　year：Loans from banks の和を「金融機関借入金」とした。各年度の第4四半期の数値
　　　である。

より小さいアメリカでも、大企業の銀行離れが起きているが、中小企業では起きていない。

　図9-1〜図9-5に示された資金調達額の対GDP比によると、直接金融、間接金融ともに、どの国においても長期的趨勢としては右下がりとなっている。しかし、図9-1に示すアメリカでは、2004〜08年において、間接金融による資金調達額の対GDP比が、かつてない高さになっている。また図9-2に示す日本では1988〜92年において、間接金融および直接金融による資金調達額の対GDP比が、1980年以降では例外的に高い値となっている。これらは、いずれも経済バブルの形成と関連している。つまりこの時期において、借り手である企業の投資判断の際のリスク評価が甘くなり、また貸し手である銀行の融資判断の際のリスク評価が甘くなった結果として、過剰貸出が起きたことを示している。このメカニズムについては、4節で説明する。

(3) 家計の負債面の金融化

　大企業の銀行離れは、銀行の貸出先別の資産構成においては、企業向けの貸出の割合の減少としてあらわれる。それにかわるかたちで顕著に増加したのは、家計への住宅ローンの貸付である。図9-6は、家計のローン（金融機関からの借入金）残高の対GDP比を示している。その大部分は住宅ローンである。日本では、1980年代後半のバブル経済期に、住宅建設ブームが起き、住宅価格の

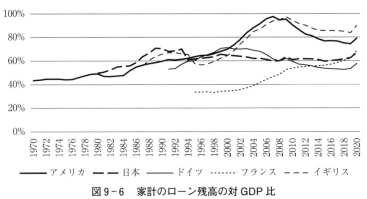

図9-6　家計のローン残高の対 GDP 比

出所：OECE iLibrary, *OECD National Accounts Statistics,* Financial Balance Sheets, SNA2008（1994年までは SNA1993）Non-consolidated Stocks, annual, Households and NPISH のデータから筆者が作成。

上昇と、家計の金融機関からの借入の大幅な増加がみられた。また、これと同様の現象は、ドイツでは1990年代後半、アメリカとイギリスでは2000年代前半、フランスでは2000年代後半に起きた。図9-6をみると、ドイツでは、住宅建設ブームが終焉したあと、家計のローンの対 GDP 比は、ブーム前の水準にほぼ戻っているが、ドイツ以外の4か国では、ブームの後もかなり高い水準が続いている。この意味で、家計の負債面では金融化が進んだといえるだろう。2節の(5)において、アメリカにおける2000年代前半に**サブプライム住宅ローン**が急増し、その多くが返済不能に陥った経緯をみた。**シャドーバンキング**や住宅ローンの**証券化**の発展が住宅バブルを増幅したことはアメリカ特有の事情であるが、金融規制緩和が進行するなかで、金融機関側の融資基準が弛緩し、高リスクな貸出を許容した点と、借り手である家計が将来の住宅価格上昇を過大に予想した点は、各国に共通する事情である。これらの事情によって、一時的な住宅建設ブームがつくり出され、住宅価格は上昇したが、後に住宅価格上昇は停止、あるいは下落し、その結果として、家計の側には、大きな負債が積み上げられた。このプロセスの説明には、次の4節で概説するミンスキー（H. P. Minsky）の理論を応用できる。

4．金融不安定性の理論

　2節では、繰り返される金融危機と、それを予防するための金融制度改革の歴史をたどることによって、資金の貸し手である金融機関の行動特性とそれを規制する制度的環境の不備に、金融危機の要因が伏在していることを明らかにした。すなわち金融機関は、その情報収集能力や処理能力の限界と営利企業としての高利益追求ゆえに、しばしば、将来のリスク評価を誤ったり、高リスク・高リターンの投資や融資に傾斜したりする傾向をもつ。

　また3節では、主に資金の借り手である企業と家計の負債面に、1980年代以降、大きな構造変化が起きていることをみた。先進諸国の非金融企業は、1980年代以降、資金調達において外部資金の割合を減らし、内部資金の割合を増やしている。このことは、**非金融企業の負債面では脱金融化**が進んでいることを示す。他方、家計の金融負債の構成の推移をみると、発生のタイミングは異なるが、いずれの国においても、住宅ローンを中心とする金融機関からの借入が急増する局面が存在し、**家計の負債面の金融化**が起きた。特にアメリカにおいては、2000年代前半に低所得者向けの**サブプライム住宅ローン**が急増し、その多くが返済不能に陥り、多くの不良債権を抱えた金融機関が倒産した。そしてこれらのローンは**証券化**され、他の金融商品と組み合わされて、世界中に販売されていたために、2008年には**世界金融危機**に発展した。

　2008年の世界金融危機の際、金融危機の発生メカニズムを説明する理論的フレームワークとして、ミンスキーが1970〜80年代に唱えた**金融不安定性仮説★**が再評価された。以下では、ミンスキーのこの理論を簡単に説明したい。

　ミンスキーの理論の1つの特徴は、資金の貸し手の行動と、資金の借り手の行動の両方に焦点を当てて、双方のリスク評価が同時並行的に変化することによって、投資ブームとその崩壊に起因する経済全体の不安定化が起きることを説いている点である。ミンスキーは資金の借り手つまり負債に依存した投資を拡大する主体として非金融企業を想定しているが、資金の借り手を、住宅ローンに依存した住宅投資を拡大する家計に変更しても、理論の骨格には影響しない。つまり以下で説明するミンスキーの理論は、2008年に起きたような住宅建設ブームの崩壊に起因する金融危機にも応用できる。ただし家計と企業のあいだには、直面する不確実性の程度において、また将来を予測するための情報の

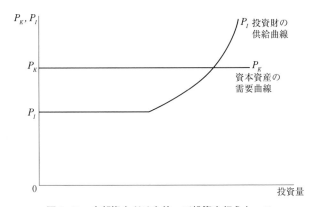

図9-7　内部資金だけを使って投資を行うケース
出所：Minsky［1986］邦訳231頁。一部の表記を改変した。

収集能力や処理能力において、かなりの差があることも事実である。

　ミンスキーはこの理論から導かれる帰結を、「金融不安定性仮説の基本命題」と呼ぶ次の2つの命題にまとめている。「1. 資本主義市場経済は持続的な、安定価格・完全雇用均衡をもたらすことができない。2. 深刻な景気循環は、資本主義にとって本質的な金融属性のために生ずる」（Minsky［1986］邦訳212頁）。

　ミンスキーは、**金融過程**（具体的には外部資金調達）**を組み込んだ投資の決定過程**の考察から、上記の2つの命題を導出するのであるが、金融過程をともなわないケース、つまり非金融企業が内部資金だけを使って投資を行うケースについても、比較対象として考察している。それは次の図9-7に示される。この図の縦軸は価格である。ミンスキーは、資本主義経済の基本的な特徴は、2種類の価格が存在する点にあると捉える。第1の種類の価格は**生産される財の価格**である。本書第2章で説明されたように、そのような財の価格は、基本的には、生産に要する費用に利潤を上乗せするかたちで、生産者が決定する。図9-7では、投資財（例えば機械設備）の生産者が決定するこの価格と投資量との関係は**投資財の供給曲線** P_I と表記されている。横軸で示される投資量が増加すると、この増加に対応するために、投資財生産者は、投資財生産量を増やす。この図9-7に示されているように、ある一定限度内であれば、投資財1単位当たりの生産費用はほとんど変化しないので、投資財の供給曲線 P_I は水平である。しかしこの限度を超えると、この線は右上がりになっている。その理由は、この限度以上に生産量を増やそうとすると、労働者の労働時間延長に

よる時間当たり賃金の増加や、機械の酷使によるメンテナンス費用の増加など が発生し、財1単位当たりの生産費用が上昇するからである。

第2の種類の価格は**資本資産の需要価格**である。図9-7では、投資財の需 要者すなわち投資財の買い手が決定するこの価格と投資量との関係は**資本資産 の需要曲線**P_Kと表記されている。投資財の買い手は、それを買ってもよいと 判断する価格の上限をどのようにして決めるのだろうか。投資財（例えば機械 設備）は、買ったあと、数年間にわたって生産に使われる。そして基本的な使 用目的は、利潤の獲得である。したがって、買い手がその投資財を買ってもよ いと判断する価格の上限、つまり需要価格は、その投資財を使用する将来の一 定期間に獲得されると期待される利潤の合計と等しい。ただし、将来の期待利 潤は、利子率iで割り引いて現在価値化する必要があるので、次のような式で 計算される。

資本資産の需要価格＝1年目利潤の期待値／$(1+i)$＋2年目利潤の期待 値／$(1+i)^2$＋……＋n年目利潤の期待値／$(1+i)^n$

この式によると、利子率が低いとき、あるいは将来利潤の期待値が大きいと き、需要価格の水準は高くなる。またこの式の右辺には、投資量は含まれない ので、需要価格は投資量には依存しない。なぜなら外部資金を使用せずに内部 資金だけで投資を行う場合は、投資量が増えても、つまり購入する機械の台数 が増えても、1台当たり将来利潤の期待値は変化しないからである。したがっ て、図9-7の資本資産の需要曲線P_Kは水平であり、利子率の変化や、将来利 潤の期待値の変化は、この水平線の高さの変化をもたらす。

そして、図9-7のような内部資金だけを使って投資を行うケースにおいて、 投資財の売り手と買い手のあいだで取引が行われる場合の、取引価格と取引数 量は、資本資産の需要曲線P_Kと投資財の供給曲線P_Iとの交点の縦座標と横座 標で示される。

以上で説明した図9-7は、非金融企業が内部資金だけを使って投資を行う ケースであるが、内部資金だけでなく外部から調達した資金を使って投資を行 うケースは、図9-8に示される。もし内部資金総額がQ_Nの場合は、それに よる制約は、図9-8において、$Q_N Q_N$の線分で示されている。したがって、 例えば取引価格がP_I'であれば、内部資金で実行可能な投資量はI_Iである。価 格に数量を乗じれば投資総額になるので（$P_I' \times I_I = Q_N$）、$P_I' = Q_N/I_I$であり、Q_N Q_Nの線分の形状は双曲線である。投資量がI_Iを上回るとき、外部資金の調達

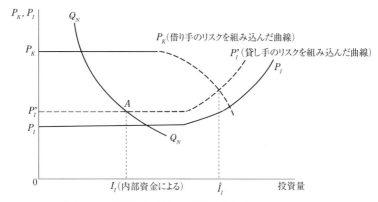

図9−8　外部資金も使って投資を行うケース
出所：Minsky［1986］邦訳235頁。一部の表記を改変した。

が必要となる。外部資金調達方法としては銀行からの借入と、株式・債券の発行があるが、以下では銀行からの借入を想定して説明する。また、投資財生産企業も、生産費用の一部を銀行から借り入れると想定する。この場合、投資財の供給曲線 P_I も、資本資産の需要曲線 P_K も、図9−7とは、位置や形状が異なる。

　投資財生産企業が、生産費用の一部を銀行から借り入れる場合、金利の支払いが発生し、その分、投資財の供給曲線 P_I は、上方にシフトする。図9−8では、シフトしたあとの位置が P_I' の点線で示されている。また、水平部分よりも右上がりの部分でのシフトの幅が大きくなっているのは**貸し手のリスク**の上昇が影響している。貸し手である銀行は、貸出額が増えると、貸し倒れリスクの増加を考慮して、貸出条件を厳しくするからである。金利を高くするほかに、担保、貸出期間などの条件も厳しくする。

　他方、資本資産の需要曲線 P_K は、図9−7では水平直線であったが、外部資金も使って投資が行われるケースを示す図9−8では、**借り手のリスク**が影響して、投資額が一定値を超えると資本資産の需要曲線 P_K の形状が右下がりになる。投資増加にともなって負債が増加すると、将来の返済額も増加するので、返済不可能となり、債務不履行による倒産に追い込まれるリスクが高まるからである。このような借り手のリスクの増加は、投資財の買い手が買ってもよいと判断する価格すなわち需要価格を低下させる。

　このようにして、借り手のリスクを反映して右下がりとなった需要曲線 P_K

と、貸し手のリスクを組み込んだ供給曲線 P_i' の交点で投資量 $\hat{I}_i$ が決まる。

　問題はこの貸し手のリスクと借り手のリスクの評価が、不確実な将来における収益性の予測に基づく点にある。この予測が、過度に悲観的あるいは過度に楽観的になることにより、図9-8において、借り手のリスクを組み込んだ需要曲線 P_K と、貸し手のリスクを組み込んだ供給曲線 P_i' の位置がシフトしたり、形状が変化したりする。そして実行される投資量を示す交点の位置が右に大きく動いて、投資量が急増したり、左に大きく動いて、投資量が急減したりする。こうして投資が不安定化して、それが**乗数効果**で増幅されて、経済全体が不安定化する。

　このことを説明するために、ミンスキーは、資金を借り入れる主体の資金調達態度を3つに分類する。第1は、資金借入主体が、将来において債務返済に十分な所得キャッシュフローが期待できるケースであり、**ヘッジ金融**と呼ばれる。主としてヘッジ金融が使用される経済は、金融的に頑健である。しかし、資金借入主体が、将来において債務返済に不十分な所得キャッシュフローしか期待できないケースもあり、その際、負債を転がす、つまり返済と同時に同額の借入を行うことで対処する場合は**投機的金融**と呼ばれ、負債を増やすことで対処する場合は**ポンツィ金融***と呼ばれる。これらのケースでは、金融市場の変化（利子率上昇など）の影響を受けやすくなり、主として投機的金融が使用される経済は金融的に脆弱であり、主としてポンツィ金融が使用される経済は金融的に非常に脆弱である。

　時間の経過のなかで考えると、好況期の初期においては、ヘッジ金融が中心であり、利子率も低く、金融構造は頑健である。しかし、好況の最盛期には、企業の側では、将来の所得キャッシュフローに関する楽観的な期待が支配的となり、また将来のリスクを過小に評価するので、投機的金融やポンツィ金融を利用して負債を増加させる傾向が強まる。図9-8で考えると、需要曲線 P_K の水平部分が上にシフトするとともに、借り手のリスクを反映する右下がりの部分では下がり方が緩やかになる。また、供給曲線 P_i' の水平部分は、利子率が低いので、比較的低い位置にある。さらに、好況の最盛期では、貸し手である銀行の側でも、貸し手のリスクを過小評価するので、供給価格 P_i' の曲線の右上がり部分の上がり方が緩やかになる。これら企業と銀行の双方におけるリスク評価の変化の結果として、交点は右方向に動いて、企業の負債すなわち銀行の貸出は増え、その結果、投資量は増える。

　好況期末期には、次のように逆の変化が起きて、交点は左方向に動いて、投資量は減っていく。景気の過熱を抑制するために中央銀行が政策金利を引き上げるので、また民間銀行が貸し手のリスクを強く意識して貸出条件を厳しくするので、供給曲線 P_I' の水平部分が上方にシフトし、右上がり部分の上がり方が急になる。また、借り手である企業の側でも、将来の所得キャッシュフローに関する期待が悲観的になり、需要曲線 P_K の水平部分が下にシフトするとともに、借り手のリスク評価が厳しくなり、それを反映する右下がりの部分では下がり方が急になる。これら双方の変化の結果として、交点は左方向に動いて、投資量は減っていく。

　不況がさらに進行して、需要曲線 P_K は下方向に大きくシフトし、供給曲線 P_I' が上方向に大きくシフトすると、2 つの曲線の上下関係が逆転し、交点をもたなくなる可能性についてもミンスキーは言及している。このようなことが起きると、投資は停止し、資本資産・金融資産の売却が増加する。そして、資本資産・金融資産の価格が累積的に低下するという**負債デフレーション**が起きる。

　実際には、借り手が将来の所得キャッシュフローで返済ができないほど、負債を増やすことによって、経済は脆弱な金融構造へ移行するが、この移行を妨げるいくつかの障壁が存在することについても、ミンスキーは述べている（Minsky［1986］邦訳262、272頁）。次の5点が挙げられている。

　1）借り手のリスク、貸し手のリスクそのもの。

　2）金融市場で活動している様々な業者の伝統主義や保守主義。

　3）投機的金融に従事している組織が借り替えによる資金再調達の保証を必要としている、ということ。

　4）潜在的な利潤獲得見込みについての（実業家の）楽観的な予測を信じようとしない銀行業者の抵抗。

　5）銀行預金保険の組織化を含む中央銀行の介入。

　つまり、金融危機を防止するためには、中央銀行による適切な金利コントロールと、制度・政策を通じた民間銀行の貸出態度の是正が、ある程度は有効なのである。ミンスキーが強く主張したのは、銀行の自己資本比率（総資産に占める自己資本の比率）を規制することによって、さらに規制当局による銀行監査を強化することによって、銀行貸出の増加を抑制して、金融構造の脆弱化を防ぐことであった。銀行の総資産の大部分は貸出金であるので、一定水準以上の自己資本比率の維持が義務づけられると、貸出の拡大は困難になる。1988

年の**バーゼル合意**★以降、この規制方法は、国際的にも、また国内的にも広く
採用されていった。

第10章

経済調整の多様性と制度的比較優位

1．はじめに

　1980年代には、日本、アメリカ、ドイツのなかで、日本の経済成長率が最も高い年が多くあり、「Japan as No.1」という言葉も流行した。この時期、日本での労働生産性の上昇や、円の過小評価（ドルの過大評価）によって、自動車や電機製品の輸出が好調であった。日本は、毎年、膨大な貿易黒字を達成し、資産大国になりつつあると思われた。1980年代の後半になると、株式や土地など資産価格の急上昇が起き、このバブルは1990年に崩壊した。1990年からの約30年間では、半分以上の年で、日本の経済成長率は、上記３つの国のなかで、最低である。

　この1990年代以降の日本の長期停滞の原因としてはいろいろ挙げられるが、本章では次の２つに注目する。第１は、1990年のバブル崩壊後の金融再生と産業再生がうまくいかなかったことである。第２は、少子高齢化に対応する社会保障改革がうまくいかなかったことである。この２つの経緯と原因については、４節で説明するが、どちらも、日本の経済調整の制度的特徴すなわち**企業単位のコーディネーション**は発達しているが**社会単位のコーディネーション**が不足しているという特徴と関係している。次の２節と３節では、経済調整の制度的特徴と経済の長期的動態とを関係づける理論的枠組みとして、**経済調整の多様性、制度的補完性、制度的比較優位**について説明する。

2．経済調整の多様性

　1990年代に有力となった新自由主義は、経済調整はもっぱら市場を通じて行うべきと主張する。「市場原理主義」とも呼ばれるこの主張によれば、所有権制度など市場の機能を支える一部の制度は必要であるが、今日存在する多くの制度およびそれに基づく政府の規制は市場の機能を阻害するものであり、撤廃ないし緩和すべきものとされる。以下で説明するように、このような経済や制度の捉え方は誤っており、市場原理だけでなく、制度による調整も、実際の経済調整には不可欠である。制度による経済調整は、特に20世紀以降の先進資本主義国において顕著となった。つまり、20世紀初めに起きた資本主義の「大転換」が、制度による調整の比重を高めた。その結果、ポランニー（K. Polanyi）の言葉を借りると、いったん社会から自立化しようとした市場経済は、再び社会に埋め込まれた（Polanyi［1944］）。制度は、経済を社会へ埋め込む作用をもつとともに、この社会に埋め込まれた経済の調整を方向づける働きをする。

　経済調整の分類は、分析目的に応じて様々なかたちがありうる。よく知られているのは**資本主義の多様性アプローチ**（Hall and Soskice［2001］）である。それによれば、先進資本主義経済は、あとで説明する**市場的調整**と**コーディネーション**との比重の違いによって、アメリカに代表される**自由市場経済**（liberal market economies）と、ドイツに代表される**コーディネートされた市場経済**（coordinated market economies）とに分けられる。その分析目的は、アメリカ型資本主義への収斂理論を批判し、多様な資本主義の併存を根拠づけることにある。その分析は、**制度的補完性**と**制度的比較優位**という考え方に基づくものであるが、この２つの考え方については、３節で説明する。

　以下では、市場による経済調整を**市場的調整**、制度による経済調整を**制度的調整**と呼ぶ。さらに制度的調整を、次の２種の区別により４つに分類する。第１の区別は、社会単位の調整か、企業単位の調整かという区別である。第２の区別は、協議・妥協に基づく調整か、権力・命令に基づく調整かという区別である。表10-1に示すように、協議・妥協に基づく**社会単位の調整を社会単位コーディネーション**と呼び、協議・妥協に基づく企業単位の調整を**企業単位コーディネーション**と呼ぶ。また、権力・命令に基づく社会単位の調整を**規制**と呼び、権力・命令に基づく企業単位の調整を**ヒエラルキー**と呼ぶ。表10-1

	市場的調整	制度的調整	
		協議・妥協ベース	権力・命令ベース
企業単位の調整		企業単位コーディネーション	ヒエラルキー
社会単位の調整	市場	社会単位コーディネーション	規制

表10-1　市場的調整と制度的調整

のような分類は、特に日本の経済調整を特徴づけるという分析目的にとって有用である。日本の経済調整は、これら5つの調整が組み合わされて行われているが、4節で説明するように、他の先進諸国と比べると企業単位コーディネーションの比重が大きい。そして1990年代以降、社会単位のコーディネーションは縮小する傾向にある。このことが日本の経済調整がもつ限界であり、バブル崩壊後の長期停滞、賃金格差の拡大など様々な経済的諸問題の根本的原因となっている。すなわち、経済調整にともなう痛みや損失を社会全体でどのように分かちあうかといった問題に関して、広範な合意をつくり出すのに、日本では多くの年数がかかるのである。第6章で述べられた**制度変化プロセスの適正さ規準★**（reasonableness criterion）という概念を使うならば、日本は適正さ規準を達成する能力が低い。つまり、社会構成員が制度を変更する理由（reason）を相互に認め合い納得できる状態に達するのに、日本では多くの年数がかかるのである。

　この社会単位のコーディネーションが不足しており、適正さ規準を達成する能力が低いという日本の経済調整がもつ限界を乗り越える道としては、社会単位のコーディネーションを拡充することが必要であると本章では主張する。このような本章の主張は、規制緩和を日本経済再生策の中心にすえる新自由主義的主張とは全く異なる。このかなり流布している主張によると、1990年代以降の日本経済の長期停滞の原因は、規制の比重が大きいことにあり、打開策は、規制の緩和や撤廃により市場的調整を拡充することである。

（1）市場的調整

　典型的な市場的調整では、供給者と需要者のあいだでの情報の直接的なやりとりや協議も存在しないし、力を背景とする強制も存在しない。つまり諸経済主体間の結びつきは、当事者同士の情報交換や協議や強制というかたちでの直接的な結びつきではない。すべての結びつきは、市場を介した間接的なかたち

をとる。すなわち経済を構成する基本的関係は、供給者と市場との関係と、需要者と市場との関係との２つだけである。

　まず、供給者と市場との関係をみてみよう。最初に、供給者は自分のもつ情報だけで決定した需要見込みに基づいて生産を行う。そして、生産が完了した商品を市場に供給したのちに、市場内部で総供給量と総需要量との対照が行われ、需要量と供給量のギャップが明らかになる。この需給ギャップの情報が、価格変化や売れ残りというかたちで、供給者にフィードバックされる。この価格情報と数量情報に基づいて、供給者は需要見込みを修正し、次期の生産量を修正する。このフィードバックがネガティブ・フィードバックになるケースでは、需給ギャップは縮小していく。このとき市場的調整は**安定**である。逆にポジティブ・フィードバックになるケースでは需給ギャップは拡大していき、市場的調整は**不安定**である。

　また、価格変化や売れ残りに関する情報は、次期の生産量に反映されるだけでなく、商品そのものの質的内容の変化にも反映される。例えば価格や販売量が低下した場合には供給者は商品の改良や生産方法の改良を試みる。しかし市場的調整の場合、生産量の決定にせよ商品の質的内容の決定にせよ、生産に関する決定は、分散的、私的に行われる。つまり他の供給者との協議も行われないし、需要者との協議も行われない。また企業の経営者が生産に関する決定権を独占的に握っている。また、生産行為を動機づけ、生産に関する決定を方向づけるのは私的利益の獲得である。市場を通じて社会的需給の一致がもたらされるとしても、それは生産が行われたあとである。したがって、商品が売れ残り、社会的損失となる可能性がある。

　次に、典型的な市場的調整における需要者と市場との関係をみておこう。市場的調整において、需要者が得ることのできる情報の大部分は価格情報である。基本機能、基本素材、主要成分、生産国などの基本的な情報以外の、生産活動の質的内容に関する情報の大部分は需要者側に伝達されない。そもそも供給者がこれらの情報を公開しないからである。結局、供給者側から発する情報の伝達という側面で市場の果たす機能とは、供給者側に存在する質的情報の大部分を捨象し、生産の効率性に関する情報だけを抽出し、それを価格という一次元の量的情報に集約して、需要者側に伝えることである。効率的に生産している供給者の商品の価格は安く、逆の場合は高くなる。他方、需要者側が市場に対して発信できる情報とは、買うか買わないかという単純な情報だけである。市

場はすべての需要者の、買うか買わないかという判断を総需要量というかたちで集約し、さらにそれを価格変動というかたちに翻訳して供給者に伝える。需要者はたとえ商品の質的内容に関して様々な要求をもっていたとしても、それは買うか買わないかということでしか表現できない。需要者側から発する情報の伝達という側面でも、市場は情報を集約して一元化する機能を果たしているのである。

　一方、このような価格というかたちへの情報の集約化、一元化によって、調整の速度が高まる。それゆえ、市場的調整はかなりの広範囲でも機能し、商品によっては世界規模の市場も成立するのである。他方で、この市場による情報集約化によって、生産の効率性以外の多くの情報が捨象され、特に需要者側からはみえなくなる。したがって価格情報への集約化、一元化は、市場的調整が多くの問題を引き起こす根本の原因にもなっている。例えば欠陥製品販売、虚偽品質表示、誇大広告、生産活動に付随する労働者の権利侵害や自然破壊や環境汚染などである。また、市場による情報集約化によって、所与の商品を需要者が買うか買わないかという情報以外の、商品に対する需要者の質的要求が、供給者の側からみえなくなる。このことは需要者にとって不必要な機能、成分、装飾や加工を付加した商品などをつくり出す一因となっている。

(2) コーディネーション

　通常、「コーディネーション」という用語は、調整一般を意味し、市場による調整や権力・命令に基づく調整についても「コーディネーション」と表現されることもある。しかし、本章では、協議・妥協に基づく調整だけを**コーディネーション**と呼ぶ。コーディネーションの典型例としては、生産量や価格などを当事者間の協議・妥協に基づいて調整する次のようなメカニズムがある。以下では、消費者生活協同組合が媒介して行われている消費者と契約生産者とのあいだの商品の価格と質的内容の調整を例にとって説明するが、コーディネーションは賃金、雇用、資金調達、労働基準、ベース金利、公共サービスの内容や料金、税の対象範囲や税率、政府の経済介入の範囲や規模など、様々な経済的調整にも使われる。

　ある商品を生産するに先立って、その商品の供給者と需要者（それぞれ複数の場合もありうる）が情報のやりとりを行ったうえで、協議を経て、生産量や価格などについて合意する。やりとりされる情報としては、生産コストや商品

の基本的な仕様に関する情報だけでなく、原材料、生産方法、労働条件、生産コストの内訳、詳細な品質などに関する情報も含まれることも多い。例えば商品の信頼性や安全性、生産時点および使用時点の地球環境への影響、労働者に支払われる賃金や利潤率などに関する情報も合意の形成にとって重要性をもつこともありうる。また供給側だけでなく、消費者やユーザー企業など需要側の情報も必要となる。例えば需要の量や時期、必要とされる品質などである。市場的調整と比べると、やりとりされる情報の量は非常に多くなる。貨幣量に還元可能な生産コスト情報だけでなく、数量に還元できない質的情報が数多くあるからである。したがって、コーディネーションの発展は、この多種で大量の情報のやりとりを可能にするコミュニケーション技術の発展にも、ある程度依存する。いずれにせよ、ある商品の取引の当事者間すなわち複数の供給者と複数の需要者間の双方向のコミュニケーションを通じて形成される集団的合意に基づいて供給者はその商品を生産する。

　コーディネーションにおいては、生産の効率性に関する情報だけではなく、生産活動がもつ社会的側面の評価を可能にする質的情報もやりとりされるので、次のようなメリットがある。つまり私的利益はもたらすとしても社会的には損失となるような生産行為は事前の合意が得られず、実行には至らない可能性が高い。また生産に先行する事前的調整であるために、社会的な需給一致は、達成される可能性も高く、売れ残りなどの社会的損失も少ない。

　他方、コーディネーションでは、協議を通じた事前の合意という手続きが不可欠である。またその際、価格情報だけではなく、多くの質的情報のやりとりが必要である。当事者の数が少ない場合は、事前の合意形成に要する時間はそれほどかからない。しかし、当事者の数の増加は、その数倍のコミュニケーションルート数の増加をもたらす。したがって当事者数が膨大になったり、あるいは社会的分業の深化によって企業間の取引が多段階になったりすると、事前の合意を成立させるためには、膨大な量の情報や意見のやりとりが必要となる。情報通信技術や次に述べる協議手続きの発展度にも依存するが、合意形成にはかなりの時間を要するだろう。

　社会単位コーディネーションと企業単位コーディネーションとを比較すると、企業単位コーディネーションは当事者の数が限定されており、その分、上記のメリットとデメリットはともに小さくなる。また、社会単位コーディネーションと企業単位コーディネーションのあいだには、当事者の数の違いだけではなく、

次のような質的な違いがある。第1に、構成員の考え方の複数性の程度が異なる。社会の全構成員と比較すると、企業や企業グループの構成員は、職業や居住地に関して共通性が高く、また所得や資産の格差も小さく、さらに当該企業の発展・衰退に関して共通利害を有しているからである。これらの要因は、構成員の考え方を収斂させる効果を有するであろう。第2に、社会単位での協働と比べて、企業単位での協働は、より直接的であり、構成員相互の匿名性は低い。多くの経済実験では、被験者同士の匿名性を低下させると、利己主義的主張の割合が低下することが知られている。

　以上のような、構成員に関する量的、質的な違いを考慮すると、社会単位での協議・妥協は、企業単位での協議・妥協と比べて、当事者の数が多く、また各当事者の考え方も大きく異なっており、そのうえ利己主義的主張の割合が多いという困難を抱えているといえる。とはいえ、これらの困難を軽減するための協議手続きもいくつか生み出され、制度化されて実践されていることも歴史的事実である。第6章でも説明されたように、コモンズ（J. R. Commons）は、自身が参画したウィスコンシン州の労災補償法や失業保険法の法制化と運用の経験に基づいて、コーディネーションを促進するための方法を定式化した（Commons［1934］の第10章参照）。それは利害を異にする諸集団、諸組織の代表者が自主的（voluntary）に協議をする常設的な場を行政システムのなかに位置づけることである。日本での例としては、公益を代表する委員、労働者を代表する委員、使用者を代表する委員のそれぞれ同数によって組織される労働委員会などが挙げられる（菅野［2020］）。このような**諸利害関係者の自主的な代表制**が、利己主義的で、互いに対立する個人を連携させ、社会的責任を認識させ、実行させるために、効果的である。その理由は、コモンズによると自主的代表制がもつ次のような諸特徴に基づく。

　1）当事者の数の増加にともなうコミュニケーションルート数の増加を軽減できる。

　2）ある程度の期間、固定された代表者間での協議によって、説明、説得、理解、合意の有効性が高まる。

　3）行政機関の役人への信頼よりも、自身の組織の代表への信頼の方が高い。

　4）行政機関の役人が知らず、当事者だけが知る諸事実に基づく協調が可能である。

　5）代表者同士の協議のなかで、対立する集団や組織を動かす動機について

認識でき、その動機を全体の福祉向上の手段に利用できる。

　6）強制的な社会的責任という考えから非常に遠く離れており、規制されているが自主的（voluntary）な個人的責任という考えに非常に近い人々からも協力を引き出すことができる。

　このような諸利害関係者の自主的な代表制という仕組みのなかで起きているのは、諸個人、諸集団の**認識の転換**である。この転換は、利害や理念を異にする各集団が、それぞれの理由づけを提示して議論・説得を経て合意することに基づいて、また、合意に至らない場合は、多数決の結果や司法機関による裁定を受け入れることに基づいて、起きている。

(3) 規制とヒエラルキー

　先に述べたように本章では、権力・命令に基づく社会単位の調整を**規制**と呼び、権力・命令に基づく企業単位の調整を**ヒエラルキー**と呼ぶ。規制のこのような定義でわかるように、本章では、行政機関による法や政策の執行は、規制という概念に含まれるものとして捉える。他方、民主主義国家においては法や政策の策定や変更は、社会単位コーディネーションによって行われる。規制とヒエラルキーでは、ある経済主体の意志に、他の経済主体が服従することを通じて、調整が行われる。この意志の強制は、命令として直接的に行われる場合もあるし、法やルールを通じてシステム的に行われる場合もある。いずれにしてもこれらの命令や法やルールは**強制力**をもち、その強制力は、企業組織や国家に内在する権力によって構造的に担保されている。行政機関が国民に対して規制の順守を強制する権限は、国家が有する**主権**に由来する行政権に基づく。また、企業内のヒエラルキーを基礎づける**業務命令権**は、労働契約の締結によって、労働者がその労働力の処分を使用者（企業）に委ねることによって生じる。正当な理由なく、労働者が業務命令を拒否した場合、懲戒処分を受けることになる。

　規制やヒエラルキーの場合、情報伝達は一方向であり、多くの場合1回限りである。また多くの場合、単数の命令者から複数の被命令者へ同一内容の情報が伝達されるので、コーディネーションと比べると情報伝達のルート数は少ない。したがって、規制とヒエラルキーによる経済調整の速度は速い。他方、上位者の命令に下位者は従う義務を負うが、監視や評価が不完全な場合や両者が有する情報が非対称な場合には、下位者による完全な義務の履行は保証されな

	市場的調整	コーディネーション	規制・ヒエラルキー
調整手続	需給ギャップ→市場価格変化→需要量、供給量調整	事前の協議を通じた合意	命令、法やルールへの服従
調整のタイミング	生産完了後	生産開始前	生産開始前
伝達される情報量	少ない（価格情報とごく一部の質的情報）	多い（需要量など量的情報と質的情報）	（マニュアル化、法制化、ルール化の程度による）
情報伝達ルート数	少ない	多い	少ない
調整速度	速い	遅い	速い
認識の転換作用	弱い	強い	弱い
イノベーション促進作用	強い	弱い	弱い
社会的費用の処理	調整の対象外	調整対象にできる	調整対象にできる

表10-2　市場的調整と制度的調整の比較

出所：筆者作成。

い。また、自発的な行為と比べて、下位者が義務を履行するモチベーションは低い。

(4) 市場的調整と制度的調整の動的比較

　表10-2は、以上説明した諸調整の特徴をまとめている。以上説明した諸特徴は静的な次元での考察から導かれたものである。これに加えて、動的な次元、すなわち、経済諸関係や経済構造の時間を通じた変化という次元で、市場的調整と制度的調整を比べることも必要である。市場的調整は、生産者に対して生産方法や生産物の改善を強制するという重要な特性をもつ。競争に負けた生産者は存続をおびやかされたり、従属を強いられたりする。逆に、競争に勝った生産者は大きな利益や権力を獲得できる。競争において優位に立つための主な手段は、生産方法を改善し生産コストを下げることや、新商品を開発して新たな需要を獲得することである。したがって、資本主義経済においては、生産者に対して生産方法や生産物の技術的、組織的な革新を強いる圧力がたえずシステム的に作用している。この「イノベーション圧力」あるいは「イノベーション促進作用」が、資本主義のもとで加速した技術進歩の基本的要因である。通常のミクロ経済学では、一時点における諸資源配分の効率性という静的な性質が市場的調整のメリットとして称揚されるが、市場的調整のより本質的な意義は、イノベーションの促進という時間を通じた動的な性質にある。

他方、コーディネーションと規制・ヒエラルキーの場合は、このようなシステム的な強制によるイノベーション圧力は作用しない。したがって、市場的調整と比べるとイノベーション促進作用は弱い。

　ただし、市場的調整からもたらされる生産コストの低下とは、生産者（今日では多くの場合、企業）というミクロレベルでみた場合の経済的コスト低下であるということに注意する必要がある。企業レベルでのコスト節約が、失業や公害などのかたちで、社会レベルでのコスト増大を引き起こすことは十分ありうる。このため、市場的調整がもたらす生産方法や生産物の革新のすべてが、社会的に望ましい変化であるとは限らない。

3．制度的補完性と制度的比較優位

　前節で説明したような、経済調整の多様性あるいは制度の多様性については、19世紀末以来、様々な経済学者が着目し、それを説明する理論をつくり出してきた（いくつかの理論の系譜については宇仁［2009］第2章参照）。近年、経済学だけでなく政治学分野でも大きな成果を生み出している理論は**資本主義の多様性アプローチ**（Hall and Soskice［2001］）である。それによれば、次のような先進資本主義の2つの典型が析出される。第1の典型は、市場的調整が重要な役割を果たす**自由市場経済**（liberal market economies：LMEs）であり、アメリカなどアングロサクソン諸国の多くがこれに属する。第2の典型は、コーディネーションが重要な役割を果たす**コーディネートされた市場経済**（coordinated market economies：CMEs）であり、ドイツなど大陸ヨーロッパ諸国の多くがこれに属する。

　LMEs と CMEs は、ともに高い経済パフォーマンスを有するが、諸制度の組み合わせと経済パフォーマンスとのあいだの関係を説明する際に使われるのが**制度的補完性**という概念である。企業経営に関係する制度だけをみても、例えば、雇用、賃金、労使関係、社会保障に関わる制度や、資金調達や運用、企業統治に関わる制度など、分野を異にする多くの制度が存在する。1つの国における、このような分野を異にする多くの制度は互いに無関係ではなく、互いに補い合うことにより、その国の企業のパフォーマンスやその国全体のパフォーマンスを高めていることが多い。これが制度的補完性という概念の意味である。

　技能、生産、雇用、賃金、資金調達、企業統治、福祉など様々な分野における調整形態をみると、アメリカでは多くの分野で市場的調整が大きな役割を果たしている。その結果、アメリカでは労働力や資本の移動は迅速であり、雇用期間、失業期間や株式所有期間はいずれも短期的である。ドイツでは、社会単位コーディネーションと企業単位コーディネーションとが大きな役割を果たす。日本ではほとんどの分野で企業単位コーディネーションが支配的である。日本とドイツでは、雇用期間、失業期間、株式所有期間や銀行からの資金借入期間はいずれも長期的である。経営者、労働者、銀行が長期的で密接な関係を通じて、多くの情報を共有しているからこそ、コーディネーションによる調整が可能になっているともいえる。

　日本では、なぜ多くの分野で企業単位コーディネーションが支配的なのか、アメリカでは、なぜ多くの分野で市場的調整が支配的なのか、といった問いについても、制度的補完性という概念を使って説明できる。一例として、技能形成制度と雇用制度の補完性について考えてみよう。技能形成制度として、企業内教育訓練を中心とする制度と、学校教育を中心とする制度の2種類があり、雇用制度として、長期的雇用を保障する制度と、それを保障しない短期的雇用の制度の2種類があるとする。この場合、次のような4つの組み合わせがありえる。

　①企業内教育訓練を中心とする制度＋長期的雇用の制度
　②企業内教育訓練を中心とする制度＋短期的雇用の制度
　③学校教育を中心とする制度＋長期的雇用の制度
　④学校教育を中心とする制度＋短期的雇用の制度

　しかし、この4つの組み合わせのそれぞれが、それを採用する企業の業績に及ぼす効果は同じではない。例えば、①企業内教育訓練を中心とする制度＋長期的雇用の制度という組み合わせのもとで達成される労働生産性は比較的高い。なぜなら、長期的な雇用が保証されている場合、労働者は企業内の職業訓練に熱心に取り組むだろう。また、長期間の勤続が期待される労働者に対する企業内職業訓練には、経営者は費用を惜しまないであろう。このようにして①の組み合わせのもとでは、充実した職業訓練を通じた意欲的な技能習得が行われるので、労働生産性上昇率は高い。しかし②の組み合わせのような、中途転職が容易な制度的環境のもとでは、労働者はその企業に特殊な技能を学習する意欲は低いだろうし、経営者もその企業独自の知識や技能が他の競合企業に漏れる

ことを恐れて、中途転職の可能性が高い労働者に対する企業内職業訓練にはあまり費用を支出しないだろう。したがって、上記の①の組み合わせと②の組み合わせを比較すると、明らかに高い企業パフォーマンスをもたらすのは、①の組み合わせである。企業内職業訓練制度と長期的雇用制度のように、2つの制度が合わさることで、高い経済パフォーマンスがもたらされることを、**制度的補完性**という。この2つの制度は、ともに企業単位コーディネーションであるが、多くの場合、制度的補完性は同種の調整形態に基づく制度のあいだで成立する。

　また③学校教育を中心とする制度＋長期的雇用の制度と、④学校教育を中心とする制度＋短期的雇用の制度とを比較すると、③の組み合わせよりも、④の組み合わせの方が、企業のパフォーマンスは高くなることも容易にわかるだろう。理由を1つだけを挙げると、学校教育だけで技能を習得する労働者に関しては、長期勤続による技能向上は見込めない。したがって、生産量の減る不況期において全員の雇用を維持するのではなく、人員を削減し、景気回復したときに増員した方が、人件費が節約でき、企業収益の確保につながるからである。

　結局、上記の4つの組み合わせのうち、①の組み合わせと④の組み合わせには制度的補完性がある。補完性をもつ制度の組み合わせは1つではなく複数ありうるということから、**制度的比較優位**という概念が導かれる。もともと「比較優位」は第8章で説明したように、リカードが使った概念である。どの商品に関してもA国の労働生産性の絶対水準はB国よりも高い場合において、A国の優位度が大きい方の商品がA国の比較優位財であり、B国の劣位度が小さい方の商品がB国の比較優位財である。そして、それぞれの国が比較優位財の生産に特化し、それを貿易しあうことによって、両国が利益を得るとリカードは説いた。これになぞらえて、上記の例で説明すると、①の組み合わせ（ともにコーディネーション）のもとで高いパフォーマンスが得られる商品と、④の組み合わせ（ともに市場的調整）のもとで高いパフォーマンスが得られる商品とは異なると考えられる。したがって①の組み合わせを採用するCMEsの諸国と、④の組み合わせを採用するLMEsの諸国とが、それぞれ優位性をもつ商品の生産に特化して、それを貿易しあうことによって、両国が利益を得ることができる。このような考え方が制度的比較優位である。

　具体的には、市場的調整が大きな役割を果たすLMEsは、技術進歩が急速で**ラディカル・イノベーション**★が活発に起きるハイテク製品の開発・生産で

優位性をもつ。それは主に、市場的調整によって資本と労働力を迅速に移動できることによる。コーディネーションが大きな役割を果たすCMEsは、技術的に成熟した「擦り合わせ型」製品分野（例えばガソリン自動車）で優位性をもつ。細かな改良や工夫（**インクリメンタル・イノベーション***）によって、生産コストを下げたり、品質を高めたり、故障率を下げたり、省エネ性能を高めたりするには、長期的な雇用と職業訓練によって、幅広い技能をもつ生産労働者を養成することが重要となるからである。

　優れたパフォーマンスを達成できる制度の組み合わせは、世界に複数存在し、それぞれが異なる商品の生産において優位性をもつという制度的比較優位の概念からは、世界には、多様な形の資本主義が共存しうるという含意が引き出される。この含意は、1990年代にかなり有力であった**新自由主義**に基づく**資本主義の収斂論**に対する批判の論拠となった。新自由主義者は、市場的調整が最もすぐれたパフォーマンスをもたらすという見方に基づいて、アメリカ型資本主義（LMEs）を「グローバル・スタンダード」として捉えた。そして、日本やヨーロッパ諸国のようにコーディネーションを重視する国（CMEs）のパフォーマンスはLMEsより劣ると捉え、それを高める策として規制の緩和や撤廃と市場的調整の拡大を主張した。CMEsにおけるこのような制度改革が進むと、いずれ世界の資本主義の多様性はなくなり、アメリカ型資本主義（LMEs）に収斂するという将来展望を描いた。

　このような新自由主義の主張が社会的影響力を増した1990年代には、様々な分野での規制緩和が日本でも実行された。しかし、この1990年代の規制緩和は一時的効果しかなく、日本経済の長期停滞はその後も続いた。このように1990年代の日本の規制緩和があまりうまくいかなかったことについても、制度的補完性という概念を使って説明できる。

　多くの分野の制度のあいだに補完性が成立することによって、企業が高いパフォーマンスを達成し、その結果、経済全体としてのパフォーマンスも高くなる。一部の分野だけについて、その調整形態をコーディネーションから市場的調整に変えるだけでは、制度的補完性が失われてしまう。そのような補完性を欠く環境のもとでは、企業は高いパフォーマンスを達成できない。したがってアメリカ型への制度改革がプラスの効果を生むには、補完性が存在するすべての分野の調整形態を同時並行的に、コーディネーションから市場的調整へと変更しなければならない。しかし敗戦直後など、よほどの危機的状況ではない場

合、全面的な制度改革については国民的合意形成が困難であり、実行はほぼ不可能である。このような理由で、いったん制度的補完性が成立した諸制度は、かなりの長期にわたって存続するのである。

4．日本の長期停滞の制度的要因──社会単位コーディネーションの不足

　日本は、市場的調整よりも、コーディネーションの比重が大きく、LMEsではなくCMEsに属する。しかし、経済調整において主として社会単位のコーディネーションが大きな役割を果たすドイツやスウェーデンなど典型的なCMEsとは異なり、日本では企業単位のコーディネーションが大きな役割を果たしている。もとから、日本における社会単位のコーディネーションは弱かったが、1990年代以降、さらに弱体化する傾向もみられる。この日本の経済調整に独自な特徴は、1990年代以降の日本の長期停滞の一因である。具体的には、バブル崩壊後の金融再生や産業再生および急激な少子高齢化にともなう社会保障制度改革といった重要な課題の解決に、日本は多くの年数を要した（あるいは要している）。これらの課題を解決するための制度改革には、企業を超えて社会全体で痛みや損失をどのように分かちあうかについての、広範な合意形成が必要であるからである。社会単位のコーディネーションが不足している日本では、この合意をつくり出すのに、多くの年数がかかった。前節で説明したようにCMEsは、いくつかの制度的比較優位をもつ。しかし、企業単位のコーディネーションを基軸とする日本型のCMEは、社会単位のコーディネーションを基軸とするドイツ型のCMEと比べて、1990年代以降の局面では、制度的優位性が低いといえる。以下、(1)～(3)でバブル崩壊後の金融再生と産業再生の遅延について、(4)と(5)で社会保障制度改革の遅延について説明する。

(1)　バブル崩壊後の金融再生の遅延

　第9章でも説明したが、多くの先進諸国で始まった金融自由化の影響などを受け、1980年代以降、タイミングは異なるが、日本だけでなく多くの国で、企業や家計による株式や不動産への過剰投資と、金融機関による企業や家計に対する過剰貸付が発生した。そして、多くの国で地価や株価など資産価格が暴騰した。日本や北欧諸国では、1980年代後半に発生したバブルは1990年代初めまでには崩壊し、その後、資産価格は暴落した。不良債権つまり返済見込みがな

	日本	スウェーデン	ノルウェー
実質 GDP 成長率（最初の 4 年間）	1.0	− 1.0	1.5
実質 GDP 成長率（次の 6 年間）	1.1	2.8	4.2
製造業雇用成長率（10年間）	− 1.6	− 2.5	− 0.5
製造業産出高成長率（10年間）	− 0.9	3.1	3.4
製造業労働生産性上昇率（10年間）	0.8	5.7	3.9

表10- 3　バブル崩壊後の経済パフォーマンスの比較（単位：年率%）
注：いずれもバブル崩壊後10年間の平均値である（実質 GDP 成長率は 2 つの期間
　　に分けた）。計算期間の起点は、日本1991年、スウェーデン1990年、ノル
　　ウェー1988年である。
出所：OECD, *Main Economic Indicators* に基づいて筆者が計算。

くなった貸付金を多く抱えた金融機関は経営危機に陥る。日本、スウェーデン、
ノルウェー、フィンランドなどでは、金融機関の経営危機は、金融システム全
体の危機へと発展した。しかし、スウェーデンとノルウェーなどは数年後には
金融危機を克服し、順調な経済成長軌道に戻ったのに対し、日本においては、
実体経済の停滞と金融システムの不安定な状況が10年以上続いた。

　表10- 3 はバブル崩壊後の10年間の、日本、スウェーデン、ノルウェーの経
済成長率などをまとめている。経済成長率（実質 GDP 成長率）は、バブル崩壊
後の10年間のうち最初の 4 年間の平均値と次の 6 年間の平均値とに分けられて
いる。最初の 4 年間の経済成長率は、 3 国とも似たような値である。しかし、
次の 6 年間の値をみると、日本が停滞し続けているのに対し、スウェーデンと
ノルウェーは成長軌道に復帰していることがわかる。また、製造業産出高成長
率と製造業労働生産性上昇率でも日本が大きく見劣りする。以下では、日本、
スウェーデン、ノルウェーの金融再生と産業再生のプロセスを比較することに
より、1990年代における日本の長期停滞の原因を明らかにしたい（この節の(3)
までの内容について、詳しくは宇仁［2009］の第 6 章を参照されたい。以下の記述は
主に OECD［1993］［1994］に基づいている。次の文献も参考にした。Drees and Paz-
arbasioglu［1998］、Nagano［2000］、吉川［1995］、蒔谷［2001］、鹿野［2013］）。

　日本、スウェーデン、ノルウェーとも、1980年代前半の好調な輸出により生
み出された輸出関連企業の余剰資金が、投機の拡大とバブルの発生の実体的要
因であった点で共通している。また、競争制限規制の緩和によって銀行間競争
が激化する状況下で、リスクの高い融資に傾斜していくという銀行の貸出態度
の変化が、大量の投機資金供給につながった点においてもこれら 3 つの国は類

似している。さらに背景にある事情は異なるが、低金利状態が長期間続いた点でも３国は似ている。このように、類似した原因により、日本、スウェーデン、ノルウェーでは、1980年代にほぼ同じ規模の資産価格の急騰（日本約2.5倍、スウェーデン約３倍、ノルウェー約２倍）が起き、そして1990年前後からの急落を経験した。

　しかし、次に説明するように、バブル崩壊後の金融再生プロセスが、日本と北欧諸国とでは大きく異なる。スウェーデンとノルウェーでは、ともに金融危機本格化から約１年後の1991年に、金融再生のための法律が国会で成立した。そして、国民的合意に基づいて、経営危機に陥った銀行へ公的資金（国民の税金）が、救済資金として早期に投入された。その結果、スウェーデンとノルウェーは1993年には危機を脱した。両国で金融再生に関する国民的合意が早期に成立した理由は、「すべての関係者への時宜をえた情報提供」、「銀行経営の透明化と情報開示」、「政府の銀行支援策の意味に関する預金者や投資家への説明」にあるといわれる（Drees and Pazarbasioglu［1998］p.35）。

　これとは対照的に、日本では、金融再生のための法律が国会で成立したのは非常に遅く、1998年である。それまでは危機の深刻さと公的資金投入の必要性を認識していたのは、金融当局の一部などだけであり、当時の世間一般の考え方では、経営危機に陥った金融機関への公的資金（国民の税金）投入はタブー（禁じ手）であった。つまり、放漫経営の結果として経営危機に陥った民間銀行の救済のために、国民の税金を使うのは容認できないというのが、当時の世間一般の考え方であった。

　例えば日本銀行内部では、1992年に受け皿銀行の設立や公的資金投入を柱とする金融危機対応策が作成された。また1992年８月に宮沢首相は、演説において、公的資金投入の必要性を述べたが、世間からの批判を恐れた大蔵省（現・財務省）はそれを否定し、このとき公的資金の投入は実施されなかった。しかし、実際、1994年に東京の２つの信用組合が経営危機に陥った。そのとき東京都と日本銀行と大蔵省は密かに協議し、東京都と日本銀行と民間金融機関が出資して新しい受け皿銀行を設立し、この２つの信用組合の預金などをそこに移行する案をつくった。しかし、東京都民の多くは、税金を放漫経営の金融機関の救済に使うことは容認できないという理由で東京都が出資することに反対し、1995年の東京都知事選挙では、東京都の出資反対を公約に掲げた青島幸男が当選した。

　同じころ、大蔵省による住宅金融専門会社（その多くは大手銀行の子会社）各社への立ち入り調査が実施され、6.41兆円の損失があることが公表された。住宅金融専門会社の清算（破産処理）にともなう損失の分担については1992年から問題になっており、親会社の大手銀行、その他の銀行、農林系金融機関という３つの債権者グループ間で、損失をどのように分担するかが協議されていた。また大蔵省と農林水産省の間でも協議が行われ、農林系金融機関の負担を軽くする密約が1992年に交わされた。債権者協議では、大蔵省と農林水産省との密約を理由にして農林系金融機関が譲歩せず、合意に至らなかった。結局、1995年12月、政府は、農林系金融機関の負担軽減分にあたる6850億円を公的資金（国民の税金）で埋める法律案をつくった。しかし、この法案に対して、野党は、税金を放漫経営の金融機関の救済に使うことは容認できないという理由で猛反発し、国会の議論は延々と続けられた。1996年６月、ようやく、この法案は成立したが、あまりに長期の議論を必要としたので、その後、公的資金投入は、銀行救済策としてはタブー（禁じ手）となってしまった。

　1997年、日本債券信用銀行が経営危機に陥ったが、経営支援のための資金は、他の民間銀行が寄附する方式で集められた。しかし、金融危機はさらに拡大し、公的資金を投入せざるをえなくなった。1998年３月、大手銀行21行に公的資金１兆8156億円が注入された。また同年10月には金融機能再生緊急措置法と金融機能早期健全化法などが国会において成立し、公的資金投入の法的枠組みがようやく整った。そして、日本長期信用銀行と日本債券信用銀行の特別公的管理（一時国有化）による破綻処理が決定された。また、1999年３月には、大手銀行15行など32行に８兆6000億円が注入された。

　当時の大蔵省銀行局長の西村吉正氏によると、「混乱を恐れるあまり、処理のプロセスを秘密にしすぎた」（西村［1999］107頁）。このような国民への情報非公開と説明不足が、乱脈経営の金融機関を密室行政で救済しようとしているとの批判を国民のなかに生み、公的資金投入に関する国民的合意形成を妨げた。

　国民への情報公開と説明を丁寧に行ったスウェーデンとノルウェーでは、ともに金融危機本格化から約１年後の1991年に、金融再生のための法律が国会で成立し、経営危機に陥った銀行へ公的資金が投入された。しかし、日本では、1990年の金融危機本格化から1998年の金融機関への公的資金の大量投入までに、８年もかかった。その間に、金融機関の不良債権は拡大を続けたので、日本での公的資金の投入量は GDP の14％にも達した。スウェーデンとノルウェーで

	スウェーデン			日本		
	1991	1994	1999	1993	1997	2001
総就業者数	100	89	93	100	102	99
製造業	100	82	86	100	94	84
建設業	100	70	70	100	107	99
金融・保険・不動産	100	98	125	100	97	92

表10-4 スウェーデンと日本における産業別就業者数の推移
（スウェーデンは1991年＝100、日本は1993年＝100とする指数）
出所：スウェーデンのデータは二文字・伊藤［2002］による。日本のデータは総務省『労働力調査』による。

は、それぞれGDPの4.3％、4.0％の公的資金の投入で、金融危機を解決した。

(2) バブル崩壊後の産業再生の遅延

　バブル崩壊後の産業再生プロセスについても次のような大きな違いがあった。スウェーデンでは低生産性部門の縮小と高生産性部門の拡大という産業構造変化が急激に起きたのに対し、1990年代の日本ではほぼすべての部門が停滞した。

　表10-4はバブル崩壊後のスウェーデンと日本における雇用の変化を示している。スウェーデンでは1990年から94年にかけて総雇用の急激な減少が起きた。4年間で総雇用の約1割が失われたが、1994年以降、総雇用は緩やかな増加傾向に転じた。産業別の推移は、次のとおりである。製造業の雇用は1990年から93年にかけて約2割減少した。ただし、この表には示されていないが、製造業のなかの成長部門である機械工業の雇用はその後増加に転じ、1997年には、1990年の約1割減の水準にまで回復した（OECD, *National Accounts*、伊藤［2001］）。しかし機械工業以外の製造業各部門では、1993年以降も雇用の減少が続いている。建設業の雇用は1990年から93年にかけて約3割も減少し、その後も回復していない。第3次産業をみると、この表には示されていないが、運輸・通信業、卸売・小売業の雇用は1993年までに約1割減少し、その後もほとんど回復していない。一方、金融・保険などを含む企業向けのサービス業の雇用は1990年から93年にかけても減少せず、その後は増加し、結局1990年代の10年間で25％も増えた。

　日本の総雇用の変化は、スウェーデンとは対照的である。日本の総雇用はバブル崩壊後も1997年まで緩やかな増加を続けた。1990年から97年にかけて約

310万人も増加した。これは1990年の総雇用数の約５％にあたる。しかし、その後は緩やかな減少に転じ、1997年から2001年にかけて150万人の雇用が失われた。産業別にみると、製造業の雇用は1992年から減り始め、2001年までの累計で290万人の雇用が失われた。しかし、1997年までは、このような製造業の雇用減を、建設業やサービス産業の雇用増が相殺したため、総雇用は増加した。土木建設中心の景気対策を通じて、建設業の雇用は1990年から97年にかけて約100万人も増加した。その結果、日本の総雇用のうちで建設業が占める割合は10％を超えた。この割合は、他の先進諸国では５％前後である。しかし、1997年以降、建設業の雇用も減り始め、2001年までは50万人の雇用が失われた。金融・保険などを含むサービス産業の雇用は、一貫して増加傾向を維持している。ただし、これらサービス産業の雇用増だけでは、1997年以降の製造業と建設業両方の雇用減を相殺できなくなり、97年以降において日本の総雇用は減少している。

　次に、製造業の産出量と労働生産性（就業者１人当たり産出量）の変化について、スウェーデンと日本を比較しよう（UNIDO, *Industrial Statistics Database 3-digit level of ISIC Code,* 1980–98による）。スウェーデンでは、1990年の産出量を100とすると、1998年の産出量は、電気機械259、輸送機械191、精密機械170である。しかし、これら機械工業部門以外の諸部門では、産出量は横ばいあるいは縮小しているケースが多い。したがって、製造業内部における構造変化、すなわち、上記の３つの機械工業という成長部門の拡大と、それ以外の衰退部門の縮小が、1990年代のスウェーデンにおいては急激に進んだといえる。また1990年代の労働生産性上昇率をみると、上記の３部門に一般機械を加えた機械工業においては、年率9.4％であるのに対し、機械工業以外の諸部門の平均は4.5％である。このような高い労働生産性上昇が、スウェーデンの機械製品の国際競争力を支えていると考えられる。

　一方、日本においては、1990年の産出量を100とすると、1998年の産出量は、一般機械は121であるが、電気機械は92、輸送機械は82、精密機械は71と減少している。それ以外の諸部門の推移をみても、ほとんどは横ばいか縮小である。要するに、1990年代の日本では製造業内部での構造変化がほとんど進まず、製造業全体がおしなべて低迷している。労働生産性上昇率をみても、1980年代においては機械工業で年率５％の労働生産性上昇があったが、90年代には年率１％にまで鈍化した。機械工業以外の諸部門の平均労働生産性上昇率は、1980年代から今日までずっと年率１％台である。日本では、製造業内部での高成長

部門への特化が90年代においてほとんど進まず、製造業全体の停滞が続いていることを、以上のデータは示している。

　なぜスウェーデンでは、成長部門の拡大と衰退部門の縮小という産業構造の変化が急速に進んだのだろうか。また、日本ではなぜそのような変化が進みにくいのであろうか。その理由は賃金制度と職業訓練制度と社会保障制度にあることがわかっている（宮本［1999］）。スウェーデンではかなり長期にわたって、産業構造の高度化を目標とする総合的な政策が実施されてきた。この総合的政策は**レーン＝メイドナー・モデル★**と呼ばれ、**連帯的賃金政策★**（同一労働同一賃金制度）と**積極的労働市場政策★**（公的な職業訓練制度を通じた技能形成）と**普遍主義的社会保障制度★**（平等で手厚い失業補償）とを組み合わせたものである。まず、企業の規模や収益性の違いに関係なく、同一労働に対して同一賃金を支払わなければならないので、労働生産性や収益性が低い企業は、存続が困難になり、廃業や事業転換を強いられる。逆に労働生産性や収益性が高い企業の収益は大きく、投資の増大が可能になるので、事業は拡張に向かう。こうして賃金の平等性を高める制度は低生産性部門から高生産性部門への資本と労働力の移動を促す効果をもつ。もう１つの柱である積極的労働市場政策とは、高生産性部門への労働力の移動を、技能形成を通じて可能にする政策である。低生産性部門の縮小の結果として生まれる余剰労働者に対し、再就職に必要な技能を習得させ、高生産性部門にスムースに送りこむために、様々なかたちの職業訓練プログラムが公的機関において実行される。そして、平等で手厚い失業補償は、この職業訓練期間の生活を支えることができる。このようにスウェーデンでは成長部門の拡大と衰退部門の縮小という産業構造の変化を促進する制度的仕組みが社会レベルにおいて存在する。

　他方、日本では、労働政策の重点は、現就業先企業での雇用維持を促進することにある。例えば不況期に雇用を維持する企業に対して、賃金の一部補てんのための助成金が雇用保険法に基づいて給付される（この**雇用調整助成金**は、コロナ禍において休業しても雇用を維持している飲食店や宿泊施設に給付された）。また、雇用調整に関わる労使協定や企業内慣行も、雇用維持を重視する仕組みとなっている。例えば不況期において産出量が減少した際、雇用の調整よりも労働時間調整や賃金調整が先行する。また雇用を削減せざるをえない段階に至ったとしても、正社員の希望退職募集や解雇よりも、非正規社員の解雇や正社員の下請企業への出向・転籍などが先行する。さらに、日本では職業訓練の大部

分は企業内で行われているため、転職に必要な新しい技能を習得するための公的な職業訓練施設やプログラムは極めて貧弱である。また、日本の賃金制度の特徴も労働力の移動を妨げている。先進諸国と比べた場合、日本での企業規模別賃金格差や正規・非正規間賃金格差は大きい。このような特徴をもつ賃金制度によって、日本では多くの場合、正規社員が転職すると、賃金と労働条件が低下する。転職にともなうこのような大きな経済的損失の存在は、労働者が現就業先企業での雇用継続に執着する要因となっている。

　さらに企業規模別の賃金格差や正規・非正規間賃金格差が大きいことは、資本の移動を妨げる効果ももつ。日本では、中小企業が多い低成長部門の賃金水準が低いので、低成長部門でも高成長部門と同等の収益性を確保することが可能である。また正規・非正規間の大きな賃金格差を利用して、低生産性企業でも雇用の非正規化を進めることにより事業を存続させることが可能になっている。以上みたように日本では、労働力の面でも、資本の面でも、成長部門の拡大と衰退部門の縮小という産業構造の変化を促進する制度的仕組みは貧弱である。

(3)　日本の企業単位コーディネーションの限界

　以上みたように、金融再生プロセスにおいても、産業再生プロセスにおいても、スウェーデンやノルウェーでは、産業あるいは社会全体を基本単位とするコーディネーションが大きな役割を果たした。これに対して、日本でのコーディネーションは主として企業や企業グループを基本単位として行われている。例えば職業訓練や賃金交渉が行われる単位は、日本では企業であるが、スウェーデンとノルウェーでは産業あるいは社会全体である。日本にも産業や社会全体を単位とするコーディネーションはいくつか存在するが、それらは制度化されていないことが多く、調整能力も弱い。そして、以下の2つの理由から、企業や企業グループを基本単位とするコーディネーションだけでは、バブル崩壊後の経済調整をうまく処理できない。

　第1に、バブル経済の後処理とは、基本的には、資産価格の低下によって収益性を失った産業部門を消滅させ、そこにあった労働と資本とを、収益性が見込める別の産業部門へ移すことである。社会全体に及ぶ巨大なバブルの場合、この労働と資本の移動は一企業内の部門間移動にとどまるものではない。したがって企業内の職業訓練や、企業グループ内部での資本と労働力の移動（この

企業グループ内部での事業再編は「選択と集中」と呼ばれる）だけでは不十分である。新たな成長産業に必要な技能形成を社会全体で行うことや、企業や企業グループを超えて、成長産業へ資本や労働力を移動させるための仕組みが必要である。

　第2に、経済再生過程は、一時的な経済活動水準の低下や失業などの損失や痛みをともなう。不良債権の実体的処理は、銀行からみれば不採算企業への融資打ち切りや担保資産の回収を意味するが、大企業の場合などでは、大量の労働者の解雇を発生させる可能性がある。失業後の所得補償、職業訓練および再就職活動を支援する制度や施設が不十分な場合、解雇という措置に対しては、労働者や労働組合は納得せず、労働側の強力な抵抗が起きる。また、中小企業の場合、不良債権の実体的処理の影響は、経営者の個人財産の喪失まで及び、健全事業の遂行能力や新規事業への参入能力がもし一部に残っていたとしても、それらはほぼ失われてしまう（山口［2002］）。もし、バブル崩壊後の経済調整にともなうこのような損失や痛みを社会全体で分かちあい、公的資金（国民の税金）を使って緩和しようとする場合、痛みや損失をどのように分かちあうか、公的資金をどのように分配するかについても社会全体での合意が必要である。そのような合意が形成できない場合には、損失や痛みの分かちあいや緩和は不可能である。

　企業や企業グループを基本単位とするコーディネーションは発達していても、社会全体を単位とするコーディネーションを支える制度や組織が不十分な日本のような国では、社会全体での合意形成に至るまで多くの年数を必要とし、バブル経済の後処理に関する多くの課題を短期間で解決することが困難であった。1990年代以降、日本経済の停滞が長期にわたって続いた基本的原因は、日本におけるコーディネーションのこのような特徴にあると考えられる。不良債権処理の先送りや、産業構造変化や雇用構造変化の停滞、企業の低収益状態の持続は、社会単位コーディネーションの不足がもたらした結果である。

　このような観点からすれば、日本経済が長期停滞を脱するには、2つの道が考えられる。1つはアメリカやイギリスのようなLMEsへ向かう道、すなわち市場とヒエラルキーの経済調整機能を高める道である。もう1つは、ドイツやスウェーデンのようなCMEsに向かう道、すなわち産業や社会全体など社会単位コーディネーションの仕組みを拡充する道である。

（4）日本の人口減少と家族主義

　バブル崩壊後の金融再生や産業再生と同様に、人口の少子化や高齢化に対応するための社会保障制度改革も、痛みをともなうので、日本では、社会全体としての合意形成が困難であり、以下で説明するように先送りされた（以下の内容について、詳しくは宇仁［2012］を参照されたい）。社会保障制度は、国民の安心や安全を社会的に確保するために不可欠な制度である。この制度が脆弱で不安定な場合には、国民は、将来の不安に対して個人的に備えるために貯蓄を増やし、消費支出を減らす。このようにして、社会保障制度改革の遅延は、国全体の経済活動の水準を低下させ、日本の長期的な経済停滞の一因となった。

　2015年に実施された『国勢調査』によると、日本の総人口は、1億2709万人であった。2010年の調査結果と比べて96万人減少し（5年間で0.8％減）、これは1920年の調査開始以来、初めての減少である。2020年の『国勢調査』の速報値でも、総人口は1億2623万人で、2015年に比べて87万人減少した（5年間で0.7％減）。今後も人口減少は続き、その減少率はしだいに大きくなると予測されている。出生中位・死亡中位を仮定したこの推計によると日本の総人口は、2065年には約8800万人となり（2015年人口の約7割に相当。2015〜2065年の50年間の人口減少率は年率で0.73％）、そして2115年には5100万人となる（2015年人口の約4割に相当。2065〜2115年の50年間の人口減少率は年率で1.1％）。1900年の日本の人口は4385万人であった。つまり、大雑把にいうと20世紀の100年間で約3倍に膨れ上がった日本の総人口は、今後約100年間で、現在の約4割までに減少すると推計されている。

　出生中位・死亡中位を仮定したこの推計では、**合計特殊出生率**（1人の女性が生涯に産むことが見込まれる子供の数）は1.42〜1.44が今後約100年間続くと仮定されている。しかし、これまで数回行われた政府の合計特殊出生率の将来予測はすべて外れていて、実際の合計特殊出生率は、政府予測を下回った。直近でも合計特殊出生率は6年連続低下し、2021年は1.3であった。したがって、今後の合計特殊出生率を中位（1.42〜1.44）ではなく、低位（1.20〜1.24）に仮定した推計の方が現実的かもしれない。この出生低位・死亡中位を仮定した推計によると、日本の人口は、2065年に約8200万人、2115年に約3900万人となる。つまり今後約100年間で人口は現在の約3割に減少する。

　日本の人口減少の主な原因は出生率の低下である。日本の出生率低下の要因としては、若い世代の所得の伸び悩み、非正規雇用の増加、出産後の就労継続

の困難、子育て世代の男性の長時間労働が挙げられる（内閣府［2011］31-38頁）。これらの要因の背後にあるのは日本に根強く残る**家族主義**である。家父長制的な古い家族規範に基づく性別役割分業と男性稼ぎ主モデルをベースとする賃金・雇用制度や社会保障制度が近年まで長らく続いてきた。そして育児や介護に関する公的サービスや手当の支給が貧弱であり、また民間企業によるサービス供給も未発達であり、育児や介護の大部分を家族（主に女性）の無償労働に頼る状況が続いた。このような**家族主義福祉レジーム**（新川［2011］、落合［2013］）の限界は、核家族化や高齢化や賃金停滞や雇用不安定化の進行とともにあらわになり、その1つが出生率の低下である。モノの再生産つまり経済的再生産は主に男性が担い、人間の再生産は主に女性の無償労働に委ねるという仕組みは、国民全体の潜在的能力の不完全な利用をもたらし，労働生産性は停滞する。それは賃金所得の停滞や国内需要の停滞を引き起こし、経済的悪循環につながる。また，所得の停滞は社会保障支出を支えるための税収入の停滞につながり、公的福祉の水準をさらに低下させる。それによって少子化が進むと就業者数の減少は加速し、経済成長は強く制約される（より詳しい説明は第11章2節参照）。家族手当、出産・育児休業補償金、保育・幼児教育補助金、住宅手当など家族関係社会支出の対GDP比でみると、フランス、スウェーデン、デンマーク、イギリスなどでは,1980年代以降、日本の約4〜5倍の公的資金を投入している（OECD, *Social Expenditure Database*）。その結果、これらの国では少子化にブレーキがかかっている。しかし、日本は2010年代以降、家族関係の公的支出を少し増やしたが，この程度では少子化を止める効果は小さく，出生率の低下傾向が続いている。

　出生率の低下が、急速な高齢化と同時進行することにより、様々な問題が生じる。日本において、65歳以上の高齢者人口が総人口に占める比率、いわゆる高齢化率は、1970年には7％を超え、1994年には14％を超え、2020年には28.7％に達した。高齢化率が7％を超えてから14％に達するまでの所要年数（「倍化年数」と呼ばれる）をみると、フランスが115年、スウェーデンが85年、ドイツが40年、イギリスが47年であるのに対し、日本はわずか24年であり、日本の高齢化が極めて急速であることがわかる。

　出生中位・死亡中位を仮定した将来人口推計値を使って、19歳以下人口の20〜64歳人口に対する比率（「子ども扶養負荷」と呼ばれる）と、65歳以上人口の20〜64歳人口に対する比率（「高齢者扶養負荷」と呼ばれる）を計算できる。2020

年において、子ども扶養負荷は0.30、高齢者扶養負荷は0.53であり、両者を単純に足し合わせた「総扶養負荷」は0.83である。今後の予測値をみると、子ども扶養負荷は約0.30でほぼ一定である。しかし高齢者扶養負荷は、2050年の0.79まで一貫して上昇し、その後は約0.8で高止まりの状態が続く。現在は、現役世代2人で高齢者ほぼ1人を背負う「2人騎馬戦型社会」であるが、21世紀半ばには、現役世代1人が高齢者ほぼ1人を背負う「肩車型社会」が到来する。

(5)　日本の社会保障制度改革の遅延

　社会保障（social security）は、国によっては社会的保護（social protection）と呼ばれる。この用語が意味するとおり、社会保障制度は、高齢者、病人、失業者、困窮者などを社会的に保護し、国民の生活の安定を図る制度である。高齢者を保護する制度が年金制度であり、病人を保護する制度が医療保険制度であり、失業者を保護する制度が失業保険制度であり、生活困窮者を保護する制度が生活保護（社会扶助）制度である。いずれの制度も、成人国民のほぼ全員から、税金あるいは社会保険料というかたちで財源を徴収したうえで、受給資格を満たす人たちに、現金（例えば高齢者に配る年金）のかたちで、あるいは現物サービス（例えば医療サービス）のかたちで、公的組織（厚生労働省や自治体など）を通じて給付している。このように、社会保障制度が確立している国では、社会保障制度への加入および社会保険料の支払いは国民的義務であり、受給資格を満たす場合の給付の受け取りは国民の権利である。

　このような国民全体をカバーする社会保障制度は、多くの先進国では、20世紀の前半に制度化された。そして、先進諸国では、20世紀の末ごろまでは、社会保障制度は、比較的に順調に運営され、給付水準もしだいに引き上げられていった。つまり「社会保障の充実」や「福祉国家の実現」は、「経済成長」と並んで先進諸国では最優先される政策課題であった。しかし、20世紀の末ごろから、多くの先進諸国で少子高齢化と経済成長鈍化が顕著になったために、社会保障財政が一部で資金不足となり、いきづまるケースがあらわれてきた。

　年金や医療など社会保障給付に必要な財源を調達する方法には、**社会保険方式**と**税方式**とがある。社会保険方式では、労働者本人とその使用者が支払う保険料が財源となる。労働者と使用者の負担割合は国によって異なるが、両者の負担を等しくするケースが多い。税方式では、所得税や消費税など様々な税を財源として使って社会保障給付が行われる。イギリスとスウェーデンは、早く

245

から税方式を採用し、主に税金を使って、国民全員に共通の社会保障サービスを普遍的に提供している（**普遍主義的福祉国家**とも呼ばれる）。社会保障制度は、社会的連帯に基づき痛みやリスクを分配する制度であるが、税方式は**国民を単位とする連帯**に基づく制度とみなせる。他方、日本、ドイツ、フランスなどが採用する社会保険方式は、もともとは企業単位や産業単位の保険組合、つまり同じ職業、あるいは同じ会社の労働者仲間を組合員とする保険組合から出発した。つまり社会保険方式は、もともとは**職域を単位とする連帯**に基づく制度である。

　保険組合が分立した社会保険方式の場合、少子高齢化の進行は、特に高齢の加入者の割合が大きい社会保険組合において、保険金給付の増加と保険料納付の減少を引き起こし、財政悪化をもたらす。日本でいえば、年金制度では国民年金、医療保険制度では国民健康保険が、現役加入者割合が低く、高齢加入者割合が高いので、財政が年々悪化している。

　このような財政破綻を回避するための策として、ヨーロッパ諸国においては、社会保険料や税金の引き上げや、給付水準の引き下げに加えて、1980年代ごろから、次のような社会保障制度改革が社会全体での活発な議論と合意をふまえて、実施された。主な制度改革の内容は、①財源調達方式の変更（社会保険方式→税方式）と、②社会保険の基礎的単位（保険組合）の統合、および③ウェルフェア（welfare）から**ワークフェア***（workfare）への移行である。ワークフェアとは、狭義では、社会保障給付を支給する条件として、受給者に就労を義務づけることであるが、広義では、社会保障給付受給者に職業訓練などを通じた技能形成を義務づけることを意味する。つまり、従来は現金の給付だけであった社会福祉を、労働能力の開発や転換を通じた雇用拡大と産業競争力の強化と連動させることを意味する。

　しかし、このような社会保障制度改革の多くは痛みをともなう改革であり、社会全体で痛みをどのように分かちあうかについての合意形成が必要となる。伝統的に企業内職業訓練が中心であり、企業外の公的な職業訓練システムが貧弱な日本では③の改革を大規模に実施することはそもそも困難である。①と②の制度改革に関しては、いずれも関係する諸集団のあいだで利害対立があり、社会単位のコーディネーションが不足する日本では、集団間の合意の形成に多くの年数を要した。またその合意も不十分なものとなった。以下では、①と②の制度改革について対立点を中心に簡単に説明する。

　日本では、基礎年金部分を税方式に転換するという改革案を経営者団体や労働組合などが提案したが、厚生労働省などは現行の社会保険方式を支持し、実現にはほど遠い状況が続いた。厚生労働省が社会保険方式に固執する理由の1つは、税方式にすると、社会保険財源に関する財務省や議会の統制が強まり、厚生労働省の支配力が弱まる恐れがあるからである。

　また、社会保険方式を維持したまま、財政基盤が弱い制度（国民年金と市町村国民健康保険）を強い制度（厚生年金と組合管掌健康保険）に統合するという制度破綻回避策も考えられるが、強い制度の側（大企業の側）の抵抗により、徐々にしか進展しなかった。2012年1月に政府・与党社会保障改革本部が決定した**社会保障・税一体改革素案**でも、厚生年金と共済年金との一元化は盛り込まれたが、「所得比例年金と最低保障年金の組み合わせからなる1つの公的年金制度にすべての人が加入する新しい年金制度の創設」は先送りされた。また大企業独自の上乗せ給付を担う厚生年金基金や組合管掌健康保険という企業を単位とする年金制度や医療保険制度がまだ数多く存在している。

　社会保障・税一体改革素案では、消費税引き上げ（当初の計画では2014年4月より8％へ、2015年10月1日より10％へ段階的に引き上げ）により得られる消費税財源によって基礎年金の国庫負担分をまかなうという方針が明記された。この素案は民主党政権（野田内閣）下において、民主党、自由民主党、公明党の3党間の合意によって、2012年に承認され、基礎年金部分を税方式に転換する改革が実施された。しかし、消費税型の社会保障目的税によって税方式化するという改革は、連帯の範囲を広げるという面ではプラスの効果をもつが、高所得者から低所得者へ所得を再分配するという所得再分配機能を弱めるという面ではマイナスの効果をもつ。なぜなら、消費税は、所得税や資産税と比べると、累進性が弱い税であるからである。したがって消費税引き上げによる社会保障の部分的税方式化に関して、国民の多くは十分に納得していない。この改革をとりまとめた民主党が一気に支持を失い、政権を失った基本的理由も、その後の自民党政権が消費税引き上げ実施を4年間先送りせざるをえなかった基本的理由も、この国民的合意の不十分さにある。フランスでは、約10年の国民的議論を経て1991年に、社会保障を目的とする一般福祉税が新たに導入され、部分的に税方式に移行した。この一般福祉税は、消費税ではなく、賃金所得、移転所得および資本所得に課税される。その割合などについて多くの議論が必要であったが、十分な合意が形成された（Barbier and Théret［2004］）。

第11章

経済成長の諸制約

人口減少、脱工業化、地球温暖化

1．はじめに

　1970年ごろから、先進諸国の経済成長は鈍化した。バブルによって経済成長率が一時的に高まることはあっても、長期的にみれば経済成長が鈍化した状態はいまも続いている。特に投資意欲や所得分配率などの需要面（支出面）の諸要因が経済成長に及ぼす影響については、すでに第4章で説明されているので、本章では供給面（生産面）の諸要因が経済成長に及ぼす影響について述べる。

　古典派経済学者が、生産に必要な本源的な投入物として重視してきたのは、**労働**と**自然**である。労働については、単に労働者数や労働時間数で測られる労働投入量だけでなく、1時間の労働でどのくらいの産出が得られるのかという労働の効率性（労働生産性）にも、古典派経済学者は注目した。自然については、単に耕地面積だけでなく、土壌の肥沃度や資源埋蔵量や気候などにも注目した。

　現在では、自然は**生態系**（ecosystem）として捉えられることが多い。生態系とは、ある地域内のすべての生物と無機的環境を、1つの総合的なシステムとみなしたものである。その内部では、太陽光線を供給源とするエネルギーの転換と利用、無機的環境から取り込んだ物質の有機化、排泄物や死骸の分解と無機物への還元が絶えず行われているが、通常は**自己調節機能**により安定性が保たれている。デイリー（H. E. Daly）によると、経済システムは生態系のサブシステムである。したがって経済の規模には上限があり、それは生態系の再生力と吸収力のうち、いずれか小さい方の能力によって規定される（Daly [1996]）。しかし、生態系の制約を受けていることを無視したこれまでの経済

成長の結果、今日の多くの国と地域の経済は、この上限を超えており、生態系の自己調節機能はすでに損傷していると考えられる。その証拠の1つが地球温暖化であろう。

先進諸国の経済成長を鈍化させた要因として、以下で検討するのは、**人口減少**（2節）、**脱工業化**（3節）、**地球温暖化**（4節）である。人口減少は、労働投入量の減少につながり、経済成長を制約する可能性がある。脱工業化とは、産業別就業者構成における工業の割合の低下である。3節で説明するように、先進諸国における脱工業化の主な要因は、製造業と比べてサービス業の労働生産性上昇率が顕著に低いことにある。そして、両部門の需要構成比がほぼ不変に維持される場合、マクロ経済成長率は低下する。このように、脱工業化は、経済成長を制約する可能性が高く、その主な要因はサービス業の労働生産性の低さである。そして、現在進行中の地球温暖化は、生産などの人間活動が、単に富の生産と再生産にとどまらず、生態系を破壊する作用をもちうるという事実を明白に示している。生態系の制約を無視して行われてきたこれまでの経済活動は、根本的な問い直しが求められている。この問い直しは**持続可能な開発目標**（SDGs：Sustainable Development Goals）などの活動として、数年前から様々なかたちで行われている。

2．人口減少

(1) 人口減少と経済成長との関係

第10章の4節で述べたように、大まかにみると、日本の総人口は20世紀の100年間で約3倍に膨れ上がったが、今後の約100年間で現在の約3割～約4割に縮小すると予想される。人口増加は、GDPで示される経済活動水準の増加つまり経済成長を促進する諸要因の1つであり、逆に人口減少は経済成長を制約する諸要因の1つである。このことは人口1人当たりGDPを所与の定数と仮定する場合には容易に証明できる。GDP＝人口×人口1人当たりGDP、であり、上の仮定の下では、GDPは人口に比例するからである。また、逆の因果関係、つまり、経済成長は人口増加を促進し、経済停滞や縮小は人口減少を促進することも成り立つ。わかりやすい例を挙げると、日本の賃金上昇率の低下は出生率低下の一因とよくいわれる（江口［2011］99頁）。しかし、19世紀以降の先進諸国に関しては、人口1人当たりGDPや就業者1人当たりGDPを所

与の定数とみなすことはできない。つまり19世紀以降の先進諸国の経済成長に関しては、人口増加や就業者数増加の寄与よりも、人口1人当たりGDPや就業者1人当たりGDPの増加つまり労働生産性増加の寄与の方が格段に大きい。以下では、この事実を前提として、人口減少と経済成長との関係を考察する。その際に利用するのは、**累積的因果連関**という考え方である（累積的因果連関に関する詳しい説明は宇仁［2009］第10章参照）。累積的因果連関とは、簡単にいえば、複数の要因の間で働く相互強化作用を通じて、これらの諸要因の変化が並行的・累積的に進行することを意味する。

ミュルダール（G. Myrdal［1957］）やカルドア（N. Kaldor［1978］）などが、労働生産性上昇と経済成長とが相互に強化しあうという累積的因果連関と呼ばれる考え方を使って経済成長論を発展させてきた。またボワイエ（R. Boyer）は、累積的因果連関を中核とするマクロ経済モデルを用いて、19世紀から20世紀末に至るまでの先進資本主義国の**成長体制**（growth regime）の変遷を分析した（Boyer［1988］, Boyer［2015］）。成長体制（蓄積体制と呼ばれることもある）とは、経済成長の規則的な進行をもたらすマクロ経済諸変数間の関係である。主要な関係は次の2つである。第1は、労働生産性上昇を決定する諸関係（**生産性レジーム**と呼ばれる）である。労働生産性上昇率を被説明変数とするこの関数を構成する主な説明変数は需要成長率であるが、技術革新のテンポ、機械化の形態などの諸要因も影響を及ぼす。第2は、需要の成長を決定する諸関係（**需要レジーム**と呼ばれる）である。需要成長率を被説明変数とするこの関数を構成する主な説明変数は労働生産性上昇率であるが、賃金率、利潤率、労働分配率という所得分配に関わる諸要因や、消費の商品別構成、政府の経済介入の規模、輸出輸入量、資本家の投資意欲など需要構造に関わる諸要因も影響を及ぼす。またこれらの諸要因が及ぼす影響の強さは、図11-1に示すように様々な制度の影響を受ける。

この累積的因果連関を中核とするマクロ経済モデルから、生産性レジームと需要レジームを表す次のような単純なかたちの2つの式を導出できる。ρ は労働生産性上昇率、g は需要成長率を示す。

$$\rho = A + B\,g \qquad\qquad\qquad (11\text{-}1)$$

$$g = C + D\,\rho \qquad\qquad\qquad (11\text{-}2)$$

(11-1)式の生産性レジームと(11-2)式の需要レジームのパラメータとなっているA、B、C、Dの値は、現実のデータを使って推定することができる。そ

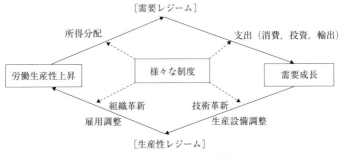

図11-1　累積的因果連関

出所：筆者作成。

して、生産性レジームと需要レジームは、図11-2のように労働生産性上昇率を縦軸、需要成長率を横軸とする平面に図示することができる。この2つの直線の交点の座標が、実現する労働生産性上昇率と需要成長率を示す。このようなモデル化によって、累積的因果連関がもたらすのは、一定速度の需要成長と一定速度の生産性上昇であることが、証明される。交点が右上方に位置し、需要成長率と労働生産性上昇率がともに大きい場合の累積的因果連関は**好循環**と呼ばれる。逆に交点が左下方に位置し、需要成長率と労働生産性上昇率がともに小さい場合は**悪循環**と呼ばれる。制度変化などによって上記の諸要因の影響力が変化すると、この2つの直線がシフトし、交点の位置が動く。このようにして、どのような要因あるいはどのような制度変化によって労働生産性上昇率と需要成長率の変化が起きたのかについて分析できる。

　例えば、第2次大戦後から1970年ごろまでの先進諸国の高度成長には、労働生産性上昇に応じた賃金上昇を経営者側が認め、それと引き換えに労働組合側は、ベルトコンベアやオートメーションなど新技術の導入を認めるという労使間の合意が寄与したと考えられている（Aglietta［1976］）。このような**フォード主義的労使妥協**の結果、労働生産性上昇に応じた賃金上昇が実現し、耐久消費財や持ち家の普及など、労働者の消費様式や生活様式の変容も起きた（フォード主義という名称は、このような考え方の原型がアメリカ自動車メーカーのフォード社にみられることにちなんでいる）。そして消費支出は拡大し、また消費財生産量の増加を可能にするために設備投資も増加したので、需要成長率は高まった。こうして、図11-2に示すように、需要レジームを示す直線は右方向にシフトした。また、それまで労働組合は、労働の単純化や細分化をもたらす新技術の

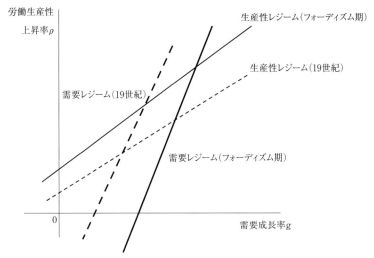

労働生産性
上昇率ρ

生産性レジーム（フォーディズム期）

生産性レジーム（19世紀）

需要レジーム（19世紀）

需要レジーム（フォーディズム期）

0

需要成長率g

図11-2　成長体制の分析の例（19世紀とフォーディズム期の比較）
出所：筆者作成。

導入に反対していたが、フォード主義的労使妥協により、導入を容認したため、大量生産技術の導入が進展し、労働生産性上昇率は高まった。こうして、生産性レジームを示す直線は上方向にシフトした。その結果、２つの直線の交点は右上にシフトし、交点の座標があらわす需要成長率と労働生産性上昇率は、ともに大きな値となった。このような需要成長と労働生産性上昇の好循環に基づくこの時代の成長体制は**フォーディズム**あるいはフォード主義と呼ばれる（第１章の図１-１はフォーディズムの好循環の構図を描いている）。

　人口の変化も、この累積的因果連関に影響する諸要因の１つであると考えられる。日本の総人口が、今後の100年間で約３分の１に減ることは、経済成長率と労働生産性上昇率とをともに低下させる圧力となる可能性がある。その影響の強さは、諸制度特に労働や教育に関する制度のありように依存する。すなわち、諸制度が累積的因果連関に好影響を及ぼす場合は、人口減少の悪影響を緩和することができる。したがって、どのような形態の諸制度が、人口減少の悪影響を緩和することができるのかが重要問題となる。人口減少が経済に及ぼす圧力を緩和するためには、特に労働や教育に関する制度改革が必要である。本節の以下では、このようなことを説明する。

(2) 生産性レジームの定式化と推定方法

　需要レジームと比べると生産性レジームは仕組みも単純であるし、その推定も簡単である。まず需要成長から労働生産性上昇に至る経路について考えてみよう。ある商品の需要が増加したとしよう。この需要増加に対応すべく、この商品を生産する企業は、産出量を増加させるための措置を講ずる。主な措置は生産設備の調整と雇用の調整である。一般に、生産設備の調整の方が時間的に先行するので、需要成長から労働生産性上昇に至る経路の第1段階を生産設備の調整、第2段階を雇用調整と考えよう（図11-1の下半分の経路を参照）。

　生産設備の調整とは、それを増設したり、既存設備の稼働率を高めたりすることである。後者の方法は稼働率が低水準である場合に採用できる一時的に有効な措置にすぎない。長期的にみれば、前者の方法つまり設備投資による生産設備の増設が主要な調整手段であり、マクロレベルでは産出量の増加と同じようなテンポで生産設備量は増大していくことが多い。さらに量の変化だけでなく、生産設備そのものが質的にも変化していく。産業革命以来、生産設備の質的変化はとどまることなく続いている。例えば、1980年代以降、産業用ロボット、NC（数値制御）工作機械、CAD/CAM（コンピュータを使った設計と製造）が製造業の生産現場に普及していった。また、光通信技術の発展は通信容量と速度を高め、インターネット技術の発展は情報の利用可能性を高めた。半導体の集積度とCPUの処理速度は、18〜24か月で倍増するという「ムーアの法則」通りに急激に上昇した。IT革命と総称されるこのような変化は、生産設備の質的な変化をもたらし、それが商品1単位当たりの生産に必要な労働量を低下させた。

　もし、生産設備の質的変化なしに、産出成長率と同じ率で、既存の生産設備の数が増えていく場合は、産出成長率 g と同じ率で、必要労働量 L_n も増加していく。したがってこのケースでは、産出量に対する必要労働量の**弾力性** η_n は1である。つまり産出成長率 g が1％の場合、必要労働量の増加率 $\hat{L}_n$ も1％である。しかし、通常は、設備投資によって導入される新規設備は新たな技術を採用しており、既存設備とは質的に異なっており、必要労働量の節約を可能とする。したがって、通常は、産出量に対する必要労働量の弾力性 η_n は1より小さい。

$$\hat{L}_n = \eta_n g - \varphi_n \qquad (0 < \eta_n < 1, \varphi_n > 0) \qquad (11-3)$$

　$\varphi_n > 0$ となる理由は、産出成長率がゼロの場合でも、寿命の尽きた設備の更

新は行わなければならないので、この設備更新投資を通じて、必要労働量が節約できるからである。

　次に、生産性レジームの第2段階にあたる雇用調整について考えよう。(11-3)式に示される必要労働量増加率 $\hat{L}_n$ を前提にして、雇用量と労働時間量の調整が行われる。労働時間量の調整には当然限界があり、一時的に有効な措置にすぎないので、以下では捨象する。したがって雇用量の調整が主要な調整手段となるが、雇用は労働者の生活と直接結びついているがゆえに、経営者の裁量で自由に変えられる変数ではない。雇用量がどの程度柔軟に変化するかは、雇用保障に関わる法制度や、労働者の交渉力によって、異なる。一般的には、正規労働者の解雇は困難であり、産出量が減少しても産出量減少率よりも雇用量減少率は小さい。産出量が増加する場合も、企業は採用に慎重であり、産出量増加率よりも雇用量増加率は小さい。このように雇用に関わる制度的要因を考慮する場合、産出量に対する雇用量の弾力性 η は、(11-3)式における弾力性 η_n よりも小さくなる。

$$\hat{L} = \eta g - \varphi \qquad (0 < \eta < \eta_n < 1,\ \varphi > 0) \tag{11-4}$$

　GDP は労働生産性（就業者1人当たり GDP）と就業者数との積であるので、経済成長率＝労働生産性上昇率＋就業者数変化率である。労働生産性上昇率を ρ とすると、次のようになる。

$$\hat{L} = g - \rho \tag{11-5}$$

　これを、(11-4)式に代入すると、労働生産性上昇率と産出成長率との関係は、次のようになる。

$$\rho = (1-\eta)g + \varphi \qquad (0 < 1-\eta < 1,\ \varphi > 0) \tag{11-6}$$

　これが生産性レジームである。生産性レジームの傾きは $(1-\eta)$ であり、その大きさは1より小さい正値である。これは、産出成長率が大きいほど労働生産性上昇率が大きいという動学的収穫逓増効果が働いていることを意味する。また生産性レジームの切片 φ は正値である。これらの大きさは、生産設備の質的変化がもたらす労働節約効果という技術的要因と、産出量の変動に応じた雇用変動を抑制する諸制度という制度的要因に影響される。

　次に、生産性レジームの推定方法について考えよう。上記の技術的要因と制度的要因はともに景気循環に応じて変化するものではなく、短中期的には安定的であると考えられる。他方、需要レジームは、特に投資需要の循環的変動が大きいので、景気循環に応じた変化をともなっていると考えられる（詳しくは

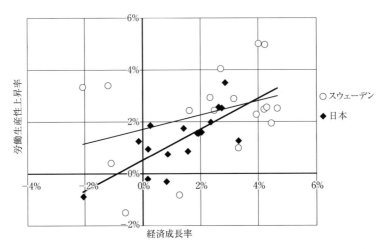

図11-3 スウェーデンと日本における経済成長と労働生産性上昇との関係（細実線と太実線は、それぞれスウェーデンと日本の生産性レジーム）

出所：Source OECD の統計データベースの実質 GDP と総就業者数を使用して筆者が
推計。スウェーデンは1991〜2008年、日本は1991〜2007年のデータを使用。推
計期間が異なるのは、景気循環の影響をできるだけ排除するために、景気の谷
〜谷、または山〜山を推計期間としているからである。

宇仁［2009］第11章参照）。つまり、図11-2に示された需要レジームの直線は、
循環的変動を捨象した長期的平均を示しているが、実際の需要レジームは、こ
の平均的ポジションを中心として左右に振動していると考えられる。比較的安
定な生産性レジームと循環的に変動する需要レジームとを前提にして考えると、
時系列観測値を使い、労働生産性上昇率を被説明変数、需要成長率を説明変数
とする回帰分析によって得られる回帰直線が、生産性レジームをあらわすとい
える。

(3) 人口減少の経済的影響の比較——日本とスウェーデン

図11-3は日本とスウェーデンにおける1991〜2008年の経済成長率と労働生
産性上昇率とを散布図にプロットしたものである。また上記の推定方法で推定
した両国の生産性レジームをあらわす直線も、この図に示されている。日本の
生産性レジームの傾きは0.59であり、経済成長率が1％高くなると、労働生産
性上昇率は0.59％高まることがわかる。スウェーデンの生産性レジームの傾き
は0.28である。生産性レジームの傾きは$(1-\eta)$であるから、産出量に対する

雇用量の弾力性 η は、日本では0.41、スウェーデンでは0.72である。日本の雇用の弾力性はスウェーデンと比べてかなり低い。また、生産性レジームの縦軸切片の大きさは、経済成長率がゼロのときの労働生産性上昇率を示している。スウェーデンのこの値は1.7％と高いが、日本は0.52％と低い。スウェーデンの高い労働生産性上昇率は、第10章4節(2)で説明した**レーン＝メイドナー・モデル**★と呼ばれる、産業構造の高度化を目標とする総合的な政策の成果であると考えられる。その中心は**連帯的賃金政策**★、**積極的労働市場政策**★および**普遍主義的社会保障制度**★である。この3つの制度的仕組みが組み合わさって、労働生産性を高める方向の産業構造変化が促進される（この3つの政策がどのようにして産業構造の高度化をもたらすかについては、第10章の4節(2)を参照）。その結果として、スウェーデンでは、経済成長率の大小に左右されない、持続的な労働生産性上昇が実現されると考えられる。

　図11-3に示す生産性レジームは右上がりである。つまり、経済成長率が高いと労働生産性上昇率も高い。しかし生産性レジームを示す直線上のすべての値が実現可能というわけではない。たとえば、日本でもスウェーデンでも、生産性レジームを示す直線上の右上方の部分では、経済成長率が労働生産性上昇率を上回る。このとき就業者数の増加が必要である。ところが人口減少が就業者数の減少をともなうような場合には、就業者数を増加させることができないので、経済成長と労働生産性上昇はともに制限され、押し下げられてしまう。この就業者数減少による制限について、図を使って考えてみよう。先にも述べたようにGDPは労働生産性（就業者1人当たりGDP）と就業者数との積であるので、

　　　　経済成長率＝労働生産性上昇率＋就業者数変化率

　　すなわち、経済成長率－労働生産性上昇率＝就業者数変化率

という恒等的関係がある。したがって、例えば、最大限努力しても就業者数が年率1％で減少する場合、「経済成長率－労働生産性上昇率＜－1％」すなわち「労働生産性上昇率＞経済成長率＋1％」という制約式で、経済成長と労働生産性上昇が制限される。このような就業者数の減少による制限を、図11-4に描くと、縦軸切片1％をもつ45度線となる。

　図11-4において、生産性レジームの実線部分はこの45度線より上方に位置するので「労働生産性上昇率＞経済成長率＋1％」であり、この制約式が満たされる。しかし、生産性レジームの点線部分は、この45度線より下方に位置す

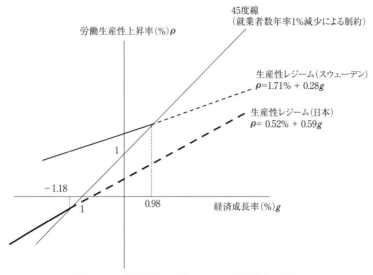

図11-4　就業者数の減少による経済成長率の制限

るので、この制約式が満たされない。したがって人口減少により、最大限努力しても就業者数が年率1％で減少する場合には、日本の経済成長率の上限は年率でマイナス1.18％であり、日本経済はマイナス成長におちいる。このとき労働生産性上昇率の上限もほぼゼロである。この場合、国民の平均的生活水準も低下し、日本の現行公的年金制度の財政は、確実に破綻する（宇仁［2012b］）。他方、スウェーデン経済は、就業者数が年率1％で減少する場合でも、経済成長率は0.98％とプラス成長を続ける。つまり、日本経済は、人口減少の影響がGDPの減少につながりやすいという特徴をもっているといえる。

　労働政策研究・研修機構などのデータに基づき推計すると、女性や高齢者の労働参加が進まず、年齢階層別男女別就業率が現状のままで推移するならば、日本の2010～60年の就業者数変化率は年率でマイナス1.09％となる（推計の詳細は宇仁［2012a］181-192頁参照）。すなわち制約線の位置は図11-4の45度線とほぼ同じ位置である。この場合に、日本の生産性レジームの位置が現在のままだと、上記のような生活水準の低下と社会保障システムの破綻が起きる。これを回避するための制度的な方策は図11-4によれば次の2つである。

　第1に、生産性レジームを上方向にシフトさせることが考えられる。もし、日本の生産性レジームを、スウェーデンの位置まで引き上げることができたな

らば、就業者数増加率がマイナス１％の場合でも、労働生産性上昇率と経済成長率はともにプラスである。先に述べたように、スウェーデンの生産性レジームが高い位置にある理由は、賃金が平等的であること、および、無償で提供される公的な職業訓練プログラムと大学教育など、**ラーニング・エコノミー★**（Lundvall［2002］）が社会全体で確立していることにより、産業の高度化が好不況によらず進むからである。したがって、日本の生産性レジームを、スウェーデンの位置まで引き上げるためには、賃金の男女間格差、雇用形態別格差、年齢間格差などを縮小することに加え、公的な教育制度や職業訓練制度の大規模な改革が必要となるだろう。

　生産性レジームの位置は、技術を使って労働節約を加速することによっても、高くできる。具体的には、新たな労働節約的技術を採用した設備を導入し続けることによって、高い労働生産性上昇率を技術的に実現できる。しかし、最新の設備を持続的に導入することは、生産規模が拡大する場合では可能かもしれないが、今後の日本のように生産規模が横ばいあるいは減少する場合は困難である。また、本章の４節で述べるように、気候変動に対応するためには、労働節約よりも、化石燃料の節約や温室効果ガスの排出削減を優先する必要がある。したがって、労働節約的技術の持続的導入によって、生産性レジームの位置を高めることは、実現可能性が低い。

　第２に、女性や高齢者の労働参加を促進するように労働や子育てや介護に関する諸制度を改革して、就業者数減少を緩和することが、有効である。つまり就業者減少による制約を示す45度線を右側にシフトさせることができると、経済成長率の上限値は大きくなり、よりましな経済の状態がもたらされる。そのためには、次のような一連の労働や育児に関わる政策の実施、企業の労働条件変更、男性の意識改革などが必要である（労働政策研究・研修機構［2008］）。

・年齢間賃金格差の縮小→若年者の就業率の上昇。
・定年延長→高齢者の就業率の上昇。
・保育所幼稚園在所児童比率の増加、男性の家事分担割合の上昇、男女間賃金格差の解消→女性の就業率の上昇。
・平均労働時間の短縮、短時間勤務制度の導入→女性や高齢者の継続就業率の向上。

3. 脱工業化

(1) 脱工業化のメカニズム

脱工業化（de-industrialization）という用語は、多くの場合、就業者全体に占める工業（特に製造業）の割合の低下という意味で使われる。内閣府『国民経済計算』の1955年以降の産業別就業者数のデータから全体に占める第2次産業就業者の割合を計算すると1975年ごろまでは増加し、その後は低下している（第1次産業就業者数の割合は1955年以降一貫して低下しており、第3次産業就業者数の割合は一貫して上昇している）。したがって、日本の脱工業化は1975年ごろから始まったと考えられる。このような脱工業化は、開始時期に違いがあるとはいえ、ほとんどの先進国で起きていて、先進国の経済成長の鈍化の一因とみなされることが多い。

就業者数の産業別構成が変化するメカニズムとして、理論的に考えられるのは、(1)産業間の生産量成長率格差、(2)産業間の労働生産性上昇率格差、(3)中間投入構造の変化である。以下では(1)と(2)に焦点を当てて説明するが、(3)中間投入構造の変化として、近年目立つのは、直接雇用労働者の間接雇用労働者への代替である。間接雇用の主な形態は、派遣と請負である。第2次産業に属する直接雇用労働者が、派遣労働者や請負労働者に代替されると、仕事の内容や生産性には大きな変化はないにもかかわらず、雇用統計では、第2次産業の就業者数の減少と第3次産業の就業者数の増加という変化が起きる。

産業間の労働生産性上昇率格差と生産量成長率格差のありようが、産業別就業者数変化率とマクロ経済成長率に及ぼす効果については、ボーモル(W. J. Baumol) の2部門成長モデルを使って次のように説明できる（Baumol [1967]）。

先にも述べた、経済成長率＝労働生産性上昇率＋就業者数変化率という恒等的関係は、産業単位でも成り立つ。たとえば、ある産業において、生産量が3％増加し、労働生産性が2％増加した場合、その産業の就業者数変化率は3％－2％＝1％である。つまり生産量が増えても、労働効率も上がる場合は、その分、雇用量を節約できる。表11-1は、2つの産業部門からなり、部門間で労働生産性上昇率の格差がある経済を想定し、生産量成長率が部門間で等しい場合（ケース1）と、生産量成長率が部門間で異なり、それぞれの部門の労働生産性上昇率に等しい場合（ケース2）を示している。ケース1では、部門1の

	ケース1（ボーモル効果 が作用するケース）		ケース2（ボーモル効果 が作用しないケース）	
	部門1	部門2	部門1	部門2
労働生産性上昇率	＋＋＋	＋	＋＋＋	＋
生産量成長率	＋＋	＋＋	＋＋＋	＋
就業者数変化率	－	＋	0	0
マクロ経済成長率	低下		不変	

表11-1　ボーモル・モデルの二つの典型的ケース
注：「＋」「－」記号の数で、変化率の大きさを示している。
出所：筆者作成。

就業者数は減少し、部門2の就業者数は増加する。しだいに雇用は労働生産性上昇率が低い方の部門2に集中していき、また、マクロの経済成長率は低下していく。この**ボーモル効果**と呼ばれるマクロ経済成長率の低下に関する厳密な証明（Baumol［1967］）を簡単に説明すると次のとおりである。

　　マクロ経済成長率＝マクロ雇用量成長率＋マクロ労働生産性上昇率

であるが、労働生産性上昇率が低い方の部門に雇用が集中していくと、右辺のマクロ労働生産性上昇率つまり経済全体の平均労働生産性上昇率が低下していき、それが左辺のマクロ経済成長率の低下をもたらす。

　このようなボーモル効果は表11-1のケース1で作用する。この表のケース2に示すように、生産量成長率がそれぞれの部門の労働生産性上昇率に等しい場合は、就業者数の産業別構成比は変化せず、マクロ経済成長率は維持される。つまりこのケース2では、ボーモル効果は作用しない。ケース2については、2節で説明した**累積的因果連関**という考え方に基づいて、あとで考察する。

　先進諸国で起きた脱工業化については、(1)産業別の生産量成長率格差、(2)産業別の労働生産性上昇率格差、の2つの要因のうち、(1)よりも(2)が重要である。表11-2は、アメリカの1970〜2000年のデータおよび日本の1970〜1997年のデータから、上記の各変化率を計算したものである。このアメリカの実際のデータをみると、財部門（第2次産業にほぼ相当）とサービス部門（第3次産業にほぼ相当）のあいだにある就業者数変化率の格差（－0.1％－2.4％＝－2.5％ポイント）は、主として労働生産性上昇率の大きな部門間格差（4.2％－0.6％＝3.6％ポイント）に起因する。生産量成長率の部門間格差は（4.1％－3.0％＝1.1％ポイント）であり、労働生産性上昇率の部門間格差と比べてかなり小さい。日

	アメリカ		日本	
	財部門	サービス部門	第2次産業	第3次産業
労働生産性上昇率	4.2%	0.6%	2.8%	2.0%
生産量成長率	4.1%	3.0%	3.4%	3.8%
就業者数変化率	−0.1%	2.4%	0.6%	1.8%

表11-2　アメリカと日本の産業別動態（年率、アメリカは1970〜2000年、日本は1975〜1997年）

出　所：アメリカ：BEA, *NIPA*, Table1.2.3. Real Gross Domestic Product by Major Type of Product, Quantity Indexes および Table6.8B,6.8C. Persons Engaged in Production by Industry から筆者が計算。日本：内閣府経済社会総合研究所「1998年度国民経済計算（1990年基準・68SNA）」の「経済活動別国内総生産（実質）」と「経済活動別の就業者数」から筆者が計算。

本に関しても、程度は違うが、同様なことがいえる。すなわち、アメリカと日本の脱工業化の構図としては、表11-1におけるケース1が妥当する。

　生産量成長率の部門間格差が小さいということは、2つの部門はほぼ同じテンポで変化し、構成比はほぼ一定であることを意味する。内閣府『国民経済計算』の1975年以降の産業別実質GDPのデータから、日本の実質GDPの産業別構成比を計算すると、1975年以降、就業者数構成では脱工業化（第2次産業就業者割合の減少と、第3次産業就業者割合の増加）が進行するなかで、実質GDPでは第2次産業の割合と第3次産業の割合はともにほぼ不変である。いわゆる**経済サービス化**が進行するなかで、第2次産業の実質GDP（つまり財の生産量）と第3次産業の実質GDP（つまりサービスの生産量）とが、ほぼ同じ率で増加しているという事実は、日常的な直感に反するかもしれない。それは、日常生活では名目値から受ける印象がより強いからである。サービス生産の労働生産性上昇率が財生産のそれよりも小さく、また賃金上昇率はこの2つの部門でほぼ同じなので、商品1単位当たり労働コストの上昇率は、サービスの方が財よりも大きい。したがって第2章で述べられたコストプラスによる価格設定が支配的な場合、通常、サービスの価格上昇率は財の価格上昇率より大きい。その結果、財の生産量とサービスの生産量の成長率の間に大きな差がないとしても、サービスの生産額の成長率（＝生産量成長率＋価格上昇率）は財の生産額のそれを大きく上回る。

(2) 労働生産性上昇率格差と累積的因果連関

　この表11-2にも示されているとおり、第2次産業（その大部分は製造業）の労働生産性上昇率は、第3次産業（その大部分はサービス業）のそれを上回る。このような定型化された事実に基づき、カルドアは製造業を「成長のエンジン」と呼んだ（Kaldor［1978］）。

　製造業の労働生産性上昇率が、サービス業よりも高くなる理由については、マルクス（K. Marx）とテイラー（F. W. Talor）に基づいて説明されることが、かつては多かった。マルクスは『資本論』第1巻第4篇で、「協業」、「分業とマニュファクチュア」および「機械と大工業」という生産システムの歴史的発展を分析している。マルクスのいう「機械システム」は、諸作業機械の比例性と諸工程間のつながりを考慮して工場をレイアウトすること、および原動機、伝動機利用によって定常的連続性を確保することによって成立する。このような「機械システム」のもとで、機械の動きに応じて単純作業を高速で反復する労働者は、「絶望的従属」を強いられるが、労働生産性は高まる。そこで想定されているのは、機械の運動や働きが定常的な連続であるような、製造業の一品種大量生産である。他方、19世紀末にテイラーが技師として働いた工場では一品種大量生産ではなく、多品種少量生産が行われていた。当時の機械製造業では、汎用の金属加工機を多く含む個々の機械に対して、かなり頻繁に人手による制御と調整が求められた。また、仕様の異なる新しい製品の製造に向けて、工程全体の変更も時々必要となった。そして、この全体的調整力および個別的調整力をどのような形態でシステム化するかが、テイラーが取り組んだ中心的課題であった（Taylor［1911］）。今日では**テイラー・システム★**とも呼ばれるテイラーの「科学的管理法」の4つの原理のうち第1原理は、管理者による知識の独占である。しかし、知識の独占は結果であって、知識が独占されていく過程が重要である。この過程を担う専門的組織である「計画部」を独自に編制したことに、テイラー・システムの画期的意義がある。テイラー・システムでは労働過程の全体的調整を担う管理的・専門的労働は、作業現場から引き離され、「計画部」と呼ばれる部署に集中される。生産の調整力という精神的労働を奪われた一般労働者は、もっぱら単純化、細分化された肉体的労働に従事することになるが、その労働生産性は高くなる。

　モノではなく、人を扱うサービス業での労働の多くは、定型的労働ではないので、運動や働きが定常的な連続である機械を導入して、労働を高速化、効率

	アメリカ製造業		日本製造業	
	耐久財	非耐久財	機械製造業	その他
労働生産性上昇率	5.4%	2.7%	7.4%	2.3%
生産量成長率	5.4%	2.4%	8.3%	2.1%
就業者数変化率	0.0%	−0.3%	0.9%	−0.2%

表11−3　アメリカと日本の製造業の動態（年率、アメリカは1970〜2000年、日本は1975〜1997年）

注：機械製造業は、「一般機械」「電気機械」「輸送機械」「精密機械」からなる。アメリカの「耐久財」部門の就業者の約半分は機械製造業に属する。

出所：表11−2と同じ。

化することは、マルクスやテイラーの時代には困難であった。しかし、近年では、多くのセンサーを装備し、非定常的な状況変化を感知したうえで、それに応じた非定型的な動きもできるロボットや機械も開発されている。またマルクスやテイラーが分析した方法の適用範囲は、当時は工場内部に限定されていたが、通信技術と情報処理技術の進歩と低廉化によって、生産拠点が多数で分散していることが多いサービス業にも適用できるようになった。したがって、今日では、製造業の労働生産性上昇率は高く、サービス業は低い理由を、マルクスやテイラーが述べた技術的、組織的要因で説明するのは、説得力が低下している。

　以下では、この理由を、２節で説明した**累積的因果連関**という考え方に基づいて、考察しよう。表11−3は、製造業の内部を２つに区分して、それぞれの労働生産性上昇率、生産量成長率、就業者数変化率を示している。もととなる統計の都合で、アメリカと日本で、区分のしかたがやや異なるが、結果は類似している。すなわち、製造業内部にも、大きな労働生産性上昇率格差がある。アメリカの耐久財部門および日本の機械製造業の労働生産性上昇率は、その他の製造業よりもかなり高い。そしてアメリカの耐久財部門および日本の機械製造業の生産量成長率も、その他の製造業よりもかなり高い。この点が表11−2と表11−3の重要な違いである。つまり、表11−2では、労働生産性上昇率が異なる２つの部門の生産量成長率がほぼ等しいので、ボーモル効果が作用して、就業者はしだいに労働生産性上昇率が低い部門に集中していくので、マクロの経済成長率も、経済全体の平均労働生産性上昇率も低下していく。これは表11−1のケース１にあたる。しかし、表11−3に示す製造業内の２つの部門の労働

生産性上昇率は異なるが、労働生産性上昇率の高い部門では生産量成長率も高く、労働生産性上昇率の低い部門では生産量成長率も低い。これは表11-1のケース2にあたる。このケースでは、ボーモル効果は作用せず、就業者の構成比も変化せず、マクロの経済成長率も、経済全体の平均労働生産性上昇率も低下しない。そして、重要なことは、表11-1のケース2の部門1において、労働生産性上昇率と生産量成長率がともに高く、**好循環**が起きているという点である。

　このように累積的因果連関に基づいて考えると、表11-3のアメリカの耐久財部門と日本の機械製造業においては、生産量成長と労働生産性上昇との好循環が起きていると捉えられる。この好循環の結果として、高い労働生産性上昇率と高い生産量成長率が長期にわたり実現しているのである。表11-3に示す1970年以降の製造業の主要業種で起きた好循環を支えた要因は、フォーディズム期の要因とは異なり、日本でいえば、輸出にかたよった生産性上昇と賃金抑制と為替レートの過小評価に基づく機械製品の輸出の増加が重要な要因である。このように製造業の主要業種で起きた需要成長と労働生産性上昇との好循環の存在が、表11-2に示すような製造業全体の高い労働生産性上昇率を支えているのである。

　サービス業（第3次産業）は、製造業以上に多様な業種の集合体である。表11-2によると、サービス業（第3次産業）全体の労働生産性上昇率は低いが、それは大部分の業種で、需要成長と労働生産性上昇との好循環が起きていないからであると考えられる。今後、サービス業（第3次産業）のかなりの業種において、需要成長と労働生産性上昇との好循環が実現する可能性はあるだろうか。内閣府経済社会総合研究所「2020年度国民経済計算（2015年基準・2008SNA）」から、1994〜2020年の26年間における産業別の労働生産性上昇率と生産量成長率（実質GDP成長率）が計算できる。この全期間でみれば、「情報通信業」と「専門・科学技術、業務支援サービス業」においてのみ、労働生産性上昇率と生産量成長率がともにかなり高く、好循環が認められる。また2010〜2019年の9年間だけに着目すると、「小売業」「運輸・郵便業」「金融・保険業」「不動産業」においても、労働生産性上昇率と生産量成長率がともにやや高くなっている。その要因はe-コマースやインターネット・バンキングなどが技術進歩と制度整備によって普及したことにあると推測できる。このような動きが今後さらに広がる場合には、サービス業（第3次産業）全体の労働生産性上

昇率が高まり、その結果、ボーモル効果は作用しなくなり、脱工業化は止まるかもしれない。

(3) 脱工業化がもたらす制度的な課題

　脱工業化は、雇用の構成比の変化を意味するだけでなく、**産業空洞化**★すなわち工業の生産そのものが先進国からまるごと消えていく現象あるいは工業の生産量が減少する現象や工業の生産量の伸びが鈍化する現象を意味する用語として、語られることもしばしばある。しかし、表11-2が示す1970～2000年のアメリカの例をみてもわかるように、第2次産業の生産量成長率は年率4.1%であり、第3次産業の生産量成長率の年率3.0%より大きい。つまり工業の生産そのものは、アメリカから消えていっているのではなく、拡大を続けている。したがってアメリカ全体でみれば、脱工業化（産業別就業者構成における工業の割合の低下）は進行しているが、産業空洞化（工業の生産量の減少）は起きていないといえる。つまり多くの場合、脱工業化は、工業における労働生産性上昇率が、サービス業など他の産業における労働生産性上昇率よりもかなり高いという、経済的にみれば肯定的な事実がもたらす結果である。

　しかし、今日「ラストベルト」（錆びた地帯）と呼ばれるデトロイトなどの旧工業地帯など、国のなかの一部の地域だけに限定してみれば、脱工業化（産業別就業者構成における工業の割合の低下）の進行と並行して、産業空洞化（工業の生産量の減少）という否定的な現象が進行している地域は存在する。このような地域においては、その地域の新たな産業と雇用をつくり出すための制度や政策が必要となるだろう。

　特定地域の問題としてではなく、国全体の問題として脱工業化を捉える場合、大部分の国において最大の問題は、産業空洞化という問題ではなく、脱工業化によって、職を失った労働者（特に製造業の一般職）を、どのようにして、できるだけスムースに別の産業や別の職業に移動させるかという問題である。この問題に関する優れた政策の実践例は、デンマークの**フレキシキュリティ政策**★である。それは**柔軟な労働市場、広範かつ寛大な社会保障、積極的労働市場政策**★という3つの要素が三角形のかたちで結びついているので「ゴールデン・トライアングル・モデル」と呼ばれる。経営者は経営環境の変化に応じて、余剰労働者を比較的容易に解雇できる。企業から解雇された労働者は広範かつ寛大な社会保障システムの保護を受けることができ、失業していても所得水準は

維持される。さらに、積極的労働市場政策を通じて、失業者が、企業側のニーズの強い新たな技能を学んで、就業能力を高めることを公的に支えている。

4．地球温暖化

(1) 経済成長と温室効果ガス排出量削減は両立するか

　現在、地球温暖化が進んでいることに異論を唱える人はほとんどいない。原因については様々な意見があるが、主流の見解は、**気候変動に関する政府間パネル（IPCC）**の見解である。つまり、地球温暖化の原因は二酸化炭素をはじめとする温室効果ガス（Greenhouse Gas, GHG と略記される）が生態系の吸収可能量を超えて増大し続けていることである。そして産業革命以前と比べて、気温上昇を1.5℃で止めるには、2050年前後には世界全体の温室効果ガスの大部分を占める二酸化炭素排出量を正味でゼロにし、さらにメタンなど二酸化炭素以外の温室効果ガスの排出も大幅に削減する必要があると IPCC は主張している。

　二酸化炭素など温室効果ガス排出量と、実質 GDP との関係を、簡単な数式で書くと、次のようになる。

　　　温室効果ガス排出量＝実質 GDP×排出係数

ここで**排出係数**とは実質 GDP 1 単位当たりの温室効果ガス排出量である。この式の両辺を変化率に変換すると、

　　　温室効果ガス排出量増加率＝経済成長率＋排出係数増加率

　以下では、排出係数増加率ではなく排出係数低下率を使う。その場合、上式は次のようになる。

　　　温室効果ガス排出量増加率＝経済成長率－排出係数低下率

　重要なことは、排出係数低下率が経済成長率よりも大きい場合に、温室効果ガス排出量は減少していくということである。IPCC のいうように、2050年前後に世界全体の二酸化炭素排出量を正味でゼロにするには、温室効果ガス排出量を今後、減らし続けなければならない。つまり、排出係数低下率が経済成長率よりも大きい状態を長期間、維持する必要がある。

　2010年ごろの議論では、そんなことは不可能であるという意見が、多数意見であった。当時の代表的な 2 つの見解の妥当性について検討しておこう。

　第 1 の代表的見解は、茅陽一の当時の見解である（茅 [2008]）。それは次の

ような「茅の恒等式」に基づいて議論されている。

温室効果ガス排出量増加率＝経済成長率－排出係数低下率

＝経済成長率－（エネルギー生産性上昇率＋

脱炭素率）

（ここで、「エネルギー生産性上昇率」とはエネルギー生産性＝実質GDP/エネルギー消費量の上昇率である。「脱炭素率」とはエネルギー消費量1単位当たりの温室効果ガス排出量の減少率である。排出係数＝温室効果ガス排出量／実質GDP＝（エネルギー消費量／実質GDP）×（温室効果ガス排出量／エネルギー消費量）という関係を使うと、排出係数低下率＝エネルギー生産性上昇率＋脱炭素率というかたちに分解できる。）

　茅は先進5か国（アメリカ、イギリス、ドイツ、フランス、日本）の1980～2005年のデータを用いて、「茅の方程式」を構成する各変化率を計算し、それに基づき次のような見解を述べている。①過去のデータによると経済成長率はエネルギー生産性上昇率より大きい。②したがって、温室効果ガス排出量削減率の上限はエネルギーの脱炭素率となる。③過去の脱炭素率の推移から判断すると、2020年に排出量の25～40％減というIPCCの目標達成は技術的に困難である。そして茅の当時の政策的主張は、IPCCなどの地球温暖化対策の目標は高すぎるので引き下げるべきであるという消極的なものであった。しかし、茅自身の示すデータをみても、ドイツのエネルギー生産性上昇率は経済成長率を上回っており、上記①の主張は5カ国すべてに妥当していない。あとで述べるように、多くの先進諸国が地球温暖化対策に取り組み始めた1990年代以降のデータでは、エネルギー生産性上昇率と経済成長率との差は小さく、今後、人口増加の鈍化現象などにより経済成長率が低下すると、エネルギー生産性上昇率が経済成長率を上回る国は増えると考えられる。したがって、上記①の主張は一般的妥当性をもたない。また、「茅の恒等式」の構成要素をそれぞれ独立的に分析し予測している点に茅の根本的問題点がある。

　第2の代表的見解はビクター（P. A. Victor）の見解である（Victor［2008］）。ビクターは、先進各国の経済成長率と排出係数低下率について、1972～2002年の平均年率を計算し、それを散布図にプロットする。この散布図では、経済成長率と排出係数低下率とのあいだには負の弱い相関がみられる。この結果に基づいて、経済成長率が低いほど、排出係数低下率は大きいと主張する。彼の政策的主張は、2005～2055年において、先進国が年率2.6％の温室効果ガス排出

量削減を行うためには、1人当たり実質 GDP 成長率をゼロにするべきであるというものである。しかし、1972〜2002年という30年間の平均年率ではなく、1972〜82年、1982〜92年、1992〜2002年に時期区分して各10年間の平均年率をプロットすると、1992〜2002年の平均年率データの散布図では、1972〜2002年の平均年率データの散布図とは異なり、正の相関がみられる。つまり、かなりの先進各国が地球温暖化対策を本格化させた1990年代以降の時期には構図が変化したといえる。1990年代以降のデータとそれ以前の時期のデータとを区別していない彼の分析は妥当性を欠く。つまり、ビクターは、経済成長率と排出係数低下率との相関関係の推計において、先進諸国における制度変化を事実上、無視しているのである。

(2) 経済成長と温室効果ガス排出削減と制度の関係

　上記の2つの説によると経済成長と温室効果ガス排出削減とは両立しないことになる。つまり、ある程度の経済成長がある場合、温室効果ガス排出量削減には限界があり、IPCC の目標通りに温室効果ガス排出量を減らすためには、経済成長率をゼロにしなければならないということになる。

　これらの2つの説は、1990年代以降、主にヨーロッパ諸国が導入した**炭素税**（二酸化炭素排出量に比例して課する税）という制度変化を全く考慮していないが、以下では、このような制度変化が経済成長と温室効果ガス排出削減との関係にどのような影響を及ぼすかを分析する。今日の先進諸国の多くは炭素税を導入しているが、先進諸国が、導入国と非導入国とでほぼ二分されていた時期である1990〜2008年を分析対象とする。以下に示す第1の分析では、1990〜2008年の経済成長率と排出係数低下率を18か国について計算し、そのパネルデータを分析する。また第2の分析では、炭素税導入国の代表例としてスウェーデンを、非導入国の代表例としてアメリカを取り上げ、両国における経済成長率と排出係数低下率の時系列変化を比較する。

　先進18か国の温室効果ガス排出係数低下率と経済成長率について、1991〜2008年の平均年率を計算し、散布図にプロットすると図11-5のようになる。この図によれば、経済成長率と排出係数低下率とのあいだの関係に関して、18か国は次の2つのグループに分岐している。第1のグループは、45度線より上に位置する諸国であり、主にヨーロッパ諸国である。これらの国では排出係数低下率は経済成長率を上回っているので、温室効果ガス排出量増加率＝経済成

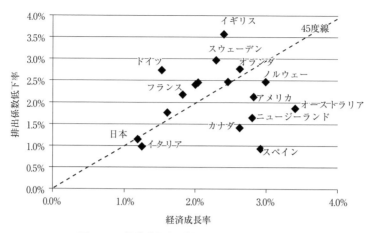

図11-5　経済成長率と排出係数低下率との関係

注：ルクセンブルグの経済成長率は4.5%、排出係数低下率は4.8%であり、この図で
　　は枠外に位置する。実質GDPと総就業者数（Total employment）はSource OECD
　　の統計データベースから得た。GHG排出量（GHGs excluding LULUCF, in Gg CO
　　2 eq.）は気候変動に関する国際連合枠組条約（UNFCCC）のホームページから
　　得た。

出所：宇仁 ［2012c］

長率－排出係数低下率はマイナスとなり、温室効果ガス排出量はこの18年間に
おいて減少した。第2のグループは、45度線より下に位置する諸国であり、主
にアングロサクソン諸国である。これらの国では排出係数低下率は経済成長率
を下回っているので、温室効果ガス排出量はこの18年間において増加した。

　このように分岐が生じた原因を探るために、制度変数を追加した回帰分析を
行った。制度変数として選んだのは、炭素税である。1990年代に炭素税を導入
した下記の8か国の制度導入年以降の制度変数の値を1、その他を0とした。

　フィンランド（1990年導入）、スウェーデン（1991年導入）、ノルウェー（1991
年導入）、デンマーク（1992年導入）、オランダ（1992年導入）、イギリス（1993年
導入）、ドイツ（1999年導入）、イタリア（1999年導入）。

　18か国の1991〜2008年の年次データをプールして、単純回帰（Pooled OLS）
を使った推定結果は次のとおりである。εは排出係数低下率、*Institution*は上
記の炭素税の有無をあらわす制度変数、gは経済成長率である。サフィックス
のiは国、tは年を示す。括弧内の数値はt値である。

$$\varepsilon_{it} = 0.0086 Institution_{it} + 0.735 g_{it} + 0.0013 \qquad R^2 = 0.123 \quad D.W. = 2.20$$
$$\quad (1.94) \qquad\qquad (6.40) \qquad (0.33)$$

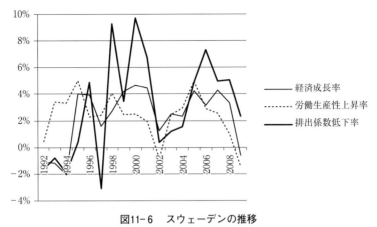

図11-6　スウェーデンの推移

出所：宇仁［2012c］

　t値によると、制度変数の係数推定値0.0086はほぼ5％水準で、経済成長率の係数推定値0.735は1％水準で、有意である。また炭素税の存在は、排出係数低下率を0.86％ポイント大きくする効果をもっている。図11-5において45度線より上に位置するグループ（主にヨーロッパ諸国）と下に位置するグループ（主にアングロサクソン諸国）の分岐の1つの要因は炭素税の有無という制度的違いにあるといえるだろう。温室効果ガス排出量の増加抑制あるいは削減は、様々な手段を通じて行われるが、排出削減のための最も有力な手段は、利潤や賃金の一部を、排出削減効果をもつ設備に投資することであろう。温室効果ガス排出が企業の生産コストあるいは労働者の生活コストに算入されない場合は、このような投資へのインセンティブは弱いだろう。炭素税が導入されると企業や家計は温室効果ガス排出をコストとして算入せざるをえなくなる。このようにして、炭素税などの制度化を通じて温室効果ガス排出削減は促進される。

　また、経済成長率の係数推定値がプラスであることは、排出係数低下率と経済成長率とのあいだには、ビクターが示した負の相関関係ではなく、正の相関があることを示している。つまり、経済成長率が大きいほど排出係数低下率も大きい。

　次に、時系列データを使ったスウェーデンとアメリカの分析の結果を説明する。図11-6はスウェーデンの経済成長率、労働生産性上昇率、排出係数低下率の推移を示している。この図をみると、経済成長率が大きい好況期において、排出係数低下率が大きいことがわかる。つまり排出係数低下率はプロ・シクリ

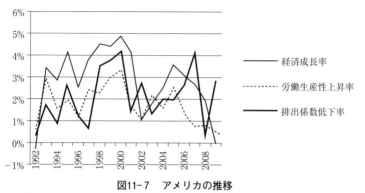

図11-7　アメリカの推移

出所：宇仁 ［2012c］

カルに変動している。この結果は次のように考えると意外な結果ではない。先に述べたように、温室効果ガス排出量の増加抑制あるいは削減のための最も有力な手段は、利潤や賃金の一部を、排出削減効果をもつ設備に投資することであろう。このような効果をもつ投資を企業や家計が増やすことができるのは経済成長率が高い好況期である。不況期における投資は、老朽設備の更新投資だけに落ち込んでしまい、排出削減のための投資増加は困難である。排出削減のための投資を促進する炭素税などの諸制度が存在するスウェーデンにおいても、不況期にはこのような投資は実行されにくい。つまり、この諸制度が有効に機能するのは、一定の経済成長がある状況下であろう。

　また、スウェーデンでは好況期の大部分の年において排出係数低下率は経済成長率を上回る値を示している。このことは、好況期の大部分の年において温室効果ガス排出量は減少したことを意味する。この意味で、炭素税を導入しているスウェーデンにおいては経済成長と温室効果ガス削減とは両立している。

　図11-7はアメリカの経済成長率、労働生産性上昇率、排出係数低下率の推移を示している。経済成長率と排出係数低下率とが連動して動く点、つまり排出係数低下率はプロ・シクリカルに変動している点はスウェーデンと同じである。しかし、スウェーデンとは異なり、好況期の大部分の年において排出係数低下率は経済成長率を下回る。すなわち、アメリカでは好況期の大部分の年において温室効果ガス排出量は増加した。つまり経済成長率が高いほど温室効果ガス排出量の増加率が大きい。この意味で、排出削減のための投資を促進する諸制度が存在しないアメリカにおいては経済成長と温室効果ガス削減とが背反

272

関係にある。

(3) 労働生産性と労働破壊性

　古典派経済学以来、大部分の経済理論は、富の生産と再生産や労働の生産力・生産性に焦点を当ててきた。生産などの人間活動が生態系に及ぼす再生不可能な**破壊力**や**破壊性**を理論化する本格的試みが始まったのが20世紀の半ばである（先駆的な試みとしては、柴田［1953］やGeorgescu-Roegen［1971］が挙げられる）。そして、今日、富の生産と生態系の破壊とのあいだに何らかの結びつきがあることは広く認識されているとしても、生産力と破壊力との関係、労働の生産性変化と破壊性変化との関係に関する理論的・数量的な分析は少なく、定説といえるものは確立していない。**環境クズネッツ曲線**★の推定の試みや**デカップリング**★（decoupling）という分析概念の提示の試みがすでにあるが、両者の試みとも多くの問題点を抱えている（内山［2009］、United Nations Environment Programme［2011］、高井［2011］）。このような限界を超えるためには、生産などの人間活動が生態系に及ぼす再生不可能な破壊力や破壊性を生産理論や成長理論に統合することが求められる。以下では、簡単に、労働の生産性と破壊性との関係をみておこう。

　　　実質GDP／温室効果ガス排出量＝（実質GDP／就業者総数）／（温室効果ガス排出量／就業者総数）

　上式の左辺は、排出係数の逆数、右辺の分数の1つめの括弧内は労働生産性であり、2つめの括弧内は「就業者1人当たり温室効果ガス排出量」である。「就業者1人当たり温室効果ガス排出量」は労働という人間活動が生態系に及ぼす破壊力の指標としてとらえることができるので、以下では**労働破壊性**と呼ぶ。これは1単位の労働による富の生産量が労働生産性と呼ばれることに、なぞらえている。

　このような呼び方には次のような違和感をもつ人がいるかもしれない。第1に、生態系の破壊は地球温暖化だけではなく、多様な形で進行しているので、第2に、温室効果ガスの排出は生産活動場面だけでなく、消費活動場面でも生じるので、温室効果ガス排出を労働だけに結びつけることには違和感がある。しかし、地球温暖化はそのインパクトの深刻さとグローバル性において、生態系の破壊を代表するものの1つである。また、環境省「2019年度（令和元年度）の温室効果ガス排出量について」によれば、家庭部門の温室効果ガス排出

量は日本全体の15％にすぎない。したがって、就業者1人当たり温室効果ガス排出量を労働破壊性の数量的指標とすることは的外れなことではない。

上の式の両辺を変化率に変換すると、次のようになる。

排出係数低下率＝労働生産性上昇率＋労働破壊性低下率

この式は、排出係数低下率が労働生産性上昇率と労働破壊性低下率との和に等しいことを示している。

図11-6と図11-7には、経済成長率と排出係数低下率とともに、労働生産性上昇率の推移も示されている。この図において、排出係数低下率を示す太線と、労働生産性上昇率を示す点線とのあいだの縦方向の距離が、労働破壊性低下率の大きさを示す。図11-6に示すスウェーデンにおいては、1990年代末以降、多くの年において排出係数低下率は労働生産性上昇率を大きく上回り、労働破壊性低下率は大きい。つまりスウェーデンにおいては、労働生産性の上昇と並行するかたちで、労働破壊性も低下していったことになる。他方、図11-7に示すアメリカにおいては、排出係数低下率が労働生産性上昇率を大きく上回る年もあれば、下回る年もあり、労働破壊性の小さな低下と小さな上昇が繰り返されている。つまりアメリカにおいては、労働生産性は持続的に上昇しているが、労働破壊性の持続的な低下はみられない。

労働生産性の上昇と労働破壊性の低下の大きさに影響する要因として考えられるのは、イノベーションの形態である。ジョージェスク－レーゲン（N. Georgescu-Roegen）は、技術進歩の典型的な形態として、**節約型イノベーション**（economy-innovations）、**代替型イノベーション**（substitution-innovations）および**スペクトラム・イノベーション**（spectrum-innovations）を挙げた（Georgescu-Roegen［1976］）。節約型イノベーションとは、エネルギー・コストが大きい原材料を小さいものに代替することなどにより、**エントロピー***の節約を達成するイノベーションであり、省エネルギーや温室効果ガス排出削減のためのイノベーションつまり**労働破壊性**を低下させるためのイノベーションはこれに含まれる。2つ目の代替型イノベーションとは、労働節約つまり労働生産性上昇のために、より多くの鉱物資源を使用する設備を導入するなど、単に人間のエネルギーを物理・化学的エネルギーで代替することである。これら2つは主に**プロセス・イノベーション**と考えられるが、3つ目のスペクトラム・イノベーションは、新しい消費財をつくり出す**プロダクト・イノベーション**である。ジョージェスク－レーゲンによると、スペクトラム・イノベーションのほとん

どは、同時に代替型イノベーションである。過去100年間（1870〜1970年）は、容易に入手可能な鉱物資源の発見が相次いだ例外的な時代であり、この発見は鉱物資源に基づくエネルギーを安価にした。そして、代替型イノベーションを通じて、労働生産性は大きく上昇した（Georgescu-Roegen［1976］p.18）。しかし、鉱物資源の燃焼にもとづくエネルギー消費の増加による温室効果ガス排出量の増加をともない、労働破壊性は上昇した。

　1990年代以降、一部の先進諸国は、炭素税などの導入を通じて、温室効果ガス排出削減のための投資を制度的に促進してきた。これは、ジョージェスクーレーゲンの用語で表現すると、代替型イノベーションから節約型イノベーションへの**イノベーション形態の転換**である。また、この転換の１つの帰結が、これらの諸国では、労働破壊性が低下していることである。この転換は、従来、代替型イノベーションに充てていた設備投資資金の一部を節約型イノベーションのための設備投資に振り替える形で行われていると推測できる（この推測の根拠については、宇仁［2012c］参照）。そのため、スウェーデンなど炭素税などの導入によって「節約型」へのイノベーションの転換を進めた国では、部分的ではあるが、経済成長率と労働生産性上昇率が犠牲になっている。すなわち、「節約型」へのイノベーションの転換を行わずに従来の代替型イノベーションだけを続けた場合、スウェーデンの経済成長率はもっと高かったと考えられる。このように、経済成長と温室効果ガス排出削減とのあいだには部分的ジレンマが存在する。したがって、温室効果ガス排出削減に代表される労働破壊性の低下を経済成長よりも優先するか、それとも労働破壊性の問題を軽視して経済成長を優先するかは、人々の価値観（諸価値の重み付け方）とも関係し、制度・政策上の重要な争点であり続けるだろう。

第12章

格差社会をどうみるか

現状と対策

1．はじめに

　エンゲルス（F. Engels）『イギリスにおける労働者階級の状態』は、19世紀イギリスにおける労働者の実情を告発した古典的名著である。そこで描かれる労働者世帯は、低賃金しか得られないために動物性たんぱく質を摂取することすらままならず、3世代家族であってもわずか1部屋の住居に押し込められ、そしてそうした過酷な生活のために平均寿命が15歳にとどまるような人たちであった。急速な経済発展が進む当時のイギリスにおいて豊かな生活を享受する資本家がいる一方、労働者階級は依然として貧困状態から抜け出せてなかったのである。ひるがえって現代にも目を向けてみよう。ある国際非政府組織（NGO）の推計によれば、2019年時点において、世界の富豪の上位2153人によって保有された資産は、世界の最貧困層である46億人の総資産を上回ったという。世界の人口は70億人に到達したとされるので、世界レベルにおいて下位半分に属する人々のすべての富を足し合わせたところで、上位2000人の富の合計を到底超すことができないのである。このように経済的な格差ないし不平等は古くて新しい問題である。人々は社会が平等であるかそうでないかを気にかけないことがない。なぜなら、平等という概念は共感や道徳といった人々の社会性（社会的選好）と強く結びついているからである。

　本章では、経済的な格差問題、とりわけ分配上の格差問題を取り上げる。2節では、格差をあらわす指標を確認したうえで、現代の経済社会において格差がどれだけ拡大しているのかを可視化する。3節では、なぜ格差は解決すべき課題であるのかを議論する。4節では、格差が拡大するメカニズムについて論

じる。最後に5節では、いかなる手段によって格差問題を解決すればよいのか
を考える。このような格差に纏わる一連の問いに答えることが、本章の目的で
ある。

2．格差の概観

(1) 何の格差をどのように測るか

　格差といっても、世の中には様々な格差がある。経済学が取り扱う格差は経
済的な格差であるので、消費や所得などのフロー面での格差はもちろんのこと、
実物資産や金融資産などストック面での格差も分析対象となりうる。フローの
格差についていえば、所得の格差は消費の格差に比べると分析される機会が圧
倒的に多い。これは所得の方が消費よりも人々の潜在的な豊かさを測ることが
できると考えられているからである。例えば、高所得者と低所得者が全く同じ
消費水準を維持していた場合、もちろん両者のあいだで消費の格差は全く存在
しないのだが、高所得者は所得から消費を差し引いた残りの部分を様々な用途
——貯蓄ないし投資などの資産形成や寄付など——に使うことができる。それ
ゆえ所得は豊かさの様々な側面を包含しうる概念の1つであり、格差の分析対
象としても取り上げられやすい。本章においても、もっぱら所得の格差をフ
ロー面での格差とみなすことになる。

　では、ストック（資産）の格差を分析することには、どのような意味がある
のだろうか。言うまでもなく金融資産をより多く保有していれば、そこから多
くの配当や利子を得ることができる。したがって、ストック面での格差がフ
ロー面での格差を生み出す土壌となっている。とはいえ、所得格差と資産格差
の因果関係を断定することは難しい。資産格差が所得格差を生み出すという事
実がある一方、所得格差が資産格差を促すという因果関係もまた存在するから
である。例えば、高所得層は低所得層に比して多額の貯蓄を行って資産形成に
努める一方、低所得層は貯蓄を行う余裕をあまりもっていない。そのため、高
水準の所得が高水準の資産につながりやすいことも、無視できない事実である。
ところで、もし所得が資産を決めるという因果関係が十分に強く作用するなら
ば、高所得者が年齢を重ねるほどその資産は低所得者に比して膨らんでいくの
で、高い年齢層において資産格差が最も大きくなるはずである。しかし現実に
は、若年層の資産格差は老齢層の資産格差より大きい（石川［1991］）。若年層

	A（第1十分位）	B（第2十分位）	C（第3十分位）	D（第4十分位）	E（第5十分位）	
所得	100	110	120	140	160	
所得シェア	5％	5.5％	6％	7％	8％	
所得の累積比	5％	10.5％	16.5％	23.5％	31.5％	
	F（第6十分位）	G（第7十分位）	H（第8十分位）	I（第9十分位）	J（第10十分位）	計
所得	190	220	260	300	400	2000
所得シェア	9.5％	11％	13％	15％	20％	100％
所得の累積比	41％	52％	65％	80％	100％	

表12-1　所得分布の数値例

に資産格差があるのは、親世代から資産を受け継いだ者とそうでない者の差が大きいからである。このような事実をふまえると、資産の格差は、現役時代に稼得された所得の多寡や資産形成の巧拙よりも、親世代から受け継いだかどうかに強く依存しているようである。

　所得や資産の格差がどのような状態にあるのかを知るためには、格差を表現する指標について知っておく必要がある。格差指標は様々に存在しているが、ここでは最もよく用いられている**ジニ係数★**と十分位指標を紹介したい。イタリアの統計学者コッラド・ジニの名を冠するジニ係数は、社会の構成員のあいだで所得が完全に等しく分配されていれば0、1人がすべての所得を占有していれば1に近づくような性質をもっている。ジニ係数の性質を直観的に把握するためには**ローレンツ曲線**を理解する必要がある。そこで、まずは簡単な数値例を用いてローレンツ曲線を描くことにしよう。

　いまAからJ（所得に低い方から順にA、B、…、I、Jと呼ぶ）まで、10人がいる経済を考える。あるいは、AからJは、この経済の総世帯を所得の低い順から並べて10等分したもの（すなわち、十分位）に対応していると考えてもよい。各世帯は、ある一定期間において、表12-1の「所得」行であらわされるような所得を得ていると仮定する。いま所得の単位が「円」であるとすれば、Aは100円、Jは400円といったように、である。また、この表の「所得シェア」行は、各人がこの経済の総所得に比してどれだけの所得を得ているかをあらわす。例えば、Aは5％の所得シェア（Aの所得100円÷総所得2000円）、Jは20％の所得シェア（Jの所得400円÷総所得2000円）といったように、である。最後に「所

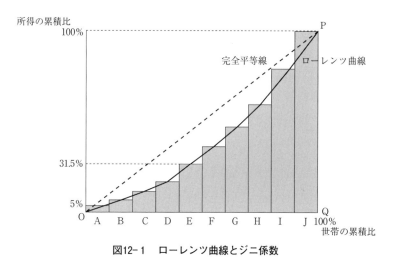

図12-1　ローレンツ曲線とジニ係数

得の累積比」行は、各人の所得シェアを順に足し合わせたものである。例えば、Bの所得の累積比はAの所得シェア5％とBの所得シェア5.5％の合計（10.5％）となる。

　世帯の累積比を横軸に、所得の累積比を縦軸にとった図において、それらの組み合わせをプロットしたものは、ローレンツ曲線と呼ばれる。図12-1では、表12-1の所得分布をもとにしたローレンツ曲線が実線で描かれている。全世帯は所得水準に応じてAからJまで10等分されていると仮定したので、横軸にはAからJまでの各世帯が等間隔でプロットされることになる。また、各世帯の所得の累積比は棒グラフの高さであらわされている。例えば、Aの棒グラフの高さは5％、Eのそれは31.5％、Jのそれは100％である。ローレンツ曲線は、このようにつくられた各世帯の所得の累積比を結んだ曲線となる。図12-1のローレンツ曲線は多数の屈折点をもっているが、世帯の区分けが細かくなればなるほど、それは滑らかになる。

　さらに、10の世帯が平等に所得を得ている場合、つまり、各世帯が同じ200円ずつの所得を得ている場合には、所得の累積比はA世帯について10％、B世帯については20％、というように線形で増えていくので、ローレンツ曲線は45度の傾きをもった直線になる。この直線は、**完全平等線**（均等分布線）と呼ばれ、図12-1では破線であらわされている。格差をあらわすジニ係数は、ローレンツ曲線と完全平等線で囲まれた面積を三角形OPQの面積（＝1/2）

で割ったものになる。先ほど述べたように、所得が完全に平等されているときには、ローレンツ曲線は完全平等線に一致するので、ジニ係数は0に限りなく近づく。その一方で、ある1つの世帯（J）だけが総所得のすべてを取得するような極端な不平等社会においては、完全平等線とローレンツ曲線で囲まれた面積が三角形OPQの面積にほぼ等しくなるので、ジニ係数は1に限りなく近づく。このようにジニ係数は視覚的に理解しやすく、かつ計算も比較的簡単なので、格差に関する多くの研究や報告で用いられている。

　ジニ係数は便利な指数であるが、次のような問題点も指摘されている（Alvaredo et al.［2018］）。第1に、ジニ係数として得られた同じ数値が、実際には全く異なる所得分布に由来することがある。例えば富裕者の所得の増加（ジニ係数を上げる効果）と貧困者の所得の増加（ジニ係数を下げる効果）が同時に起きると、これらが相殺されるため、中間層の所得が減少しているにもかかわらず結果的にジニ係数が変化しないことがある。ジニ係数それ自体は、それが変化する場合であれ変化しない場合であれ、どの階層の所得がどのぐらい変化したのかを教えてはくれない。第2に、ジニ係数は、その数学的な特性によって、所得分布の上位と下位での変化を過少評価する傾向にある。そもそも現代における所得分配の変容は、所得階層の最上位の変化に起因する場合が多いが、これを過小評価するジニ係数には問題が残されている。

　ジニ係数よりも簡単に格差の現況を調べる方法は、**トップ10％の所得シェア**そのものをみることである。表12-1でいえば、トップ10％の所得シェア（最も高い所得のグループ、つまり第10十分位の所得を総所得で割ったもの）は20％となっている。言うまでもなく、この値が大きければ大きいほど、国民所得のより大きな部分が所得階層の最上位に集中していることを意味する。このように十分位をみることで、どの所得階層の変化が格差拡大の原因になっているのかを理解することができる。また、十分位をみることには、自分の所得と他の人々の所得との比較を通じて格差をより身近に捉えることができるという利点がある。さらに、現代においては、十分位ではなく百分位を用いてトップ1％の所得シェアを確認してもみてもよいだろう。現代の一部の国ではごく少数の富裕層が所得や富をますます占有する傾向にあるので、「トップ」の概念を100分の1にまで絞ることには大きな意義がある。

　もちろん格差を考える際には、「上」だけでなく「下」をみることも不可欠である。のちに確認するように、ドイツのような一部の国では低い所得階層の

所得シェアがいっそう減少することによって格差が拡大しているからである。表12-1では、**ボトム50％の所得シェア**（第1十分位から第5十分位までの合計所得を総所得で割ったもの）は31.5％となっているが、これが大きければ大きいほど、国民所得の大きな割合が所得階層の下半分に集まることを意味する。逆にいえば、ボトム50％の所得シェアが小さくなるほど、格差が拡大していることになる。

　なお、ジニ係数や十分位を用いた指標は、所得だけを対象としたものではない。すなわち、消費や資産など他のフロー変数やストック変数についても、ジニ係数や十分位を適用することができる。先に述べたように、資産の格差は所得の格差を生む源泉であるため、**トップ10％の資産シェア**（資産保有トップ10％の世帯が総資産のうち何割を所有しているかをあらわす指標）をみることも必要不可欠である。

　ジニ係数や十分位を用いた指標などは格差を表現する代表的な指標であるが、それ以外の多くの指標が格差を分析する際に使われている。格差の指標に完全なものはなく、それゆえに複数の指標でそれを測定することが重要である。とりわけ格差の変化が顕在化しているときには、どの階層が変化の原動力となっているかを把握できる複数の指標を用いることが望ましい。

(2) 格差の現状

　格差の現状を確認しよう。手始めにジニ係数を用いて、日本を含む先進諸国の所得格差の推移をみてみたい。図12-2の縦棒は先進諸国における再分配前所得のジニ係数をあらわし、その横の矢印は2010年代における再分配前所得から再分配後所得にかけてのジニ係数の減少幅を示している（つまり、矢印の終点は、2010年代における再分配後所得のジニ係数の水準を示している）。ここで、再分配前所得は、税金や社会保険料が控除される前の所得（労働所得や資本所得等の合計）を指し、再分配後所得は、再分配前所得から税金や社会保険料が控除され、さらに社会保障給付が加算された所得を指す。

　再分配前所得をみると、フランスを除くすべての国のジニ係数が一貫して増加し続けていることがわかる。アメリカの所得格差が顕著に大きいことは大方のイメージ通りであろうが、2010年代以降はヨーロッパ諸国のジニ係数もアメリカのそれと同水準になっている。とはいえ、矢印の方向（あるいは矢印の終点）をみればわかるように、政府は再分配政策を行うことによって、再分配後

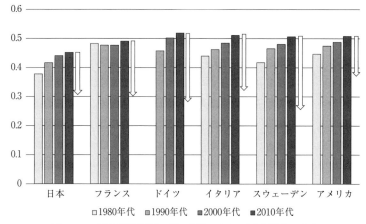

図12-2　再分配前所得のジニ係数、および再分配後の変化

注：縦棒は再分配前所得のジニ係数を、矢印は2010年代における再分配前所得から
　　再分配後所得にかけてのジニ係数の減少幅を示している。

出所：SWIID（Solt（2019）'s The Standardized World Income Inequality Database）
　　　のデータから著者が作成。pre-tax, pre-transfer の等価家計所得（家計所得を家
　　　計人数の平方根で割った値）を再分配前所得、post-tax, post-transfer の等価家
　　　計所得を再分配後所得と定義した。各年代の値は単純平均である。

所得のジニ係数の抑制に成功している。

　政府の再分配機能の強さは矢印の長さで測ることができる。例えば、アメリ
カの矢印は短く、ドイツやスウェーデンのそれはかなり長い。ヨーロッパ諸国
の方が概して福祉制度が充実しているのだが、ジニ係数の改善度からもそのこ
とがうかがえる。日本についても簡単に触れておくと、日本ではアメリカや
ヨーロッパに比して再分配前所得の格差が小さい。しかし、その短い矢印から
推察されるように、日本の再分配機能は他国に比して強いとはいえない。日本
は、再分配する前の段階での格差は小さく、かつ、社会保障によっては格差が
あまり縮まらない国であるといえそうだ。

　さて、図12-2では、所得格差の国際比較のためのデータベースを用いたの
だが、日本の格差だけをより厳密に調査したいのならば、日本の官公庁が公表
しているデータを使うことも一手であろう。例えば、総務省「家計調査」や
「全国家計構造調査（旧全国消費実態調査）」、厚生労働省「所得再分配調査」な
どのデータを用いれば、日本の所得格差を簡易的に分析することができる。総
務省「家計調査」を使うと、世帯の所得格差や資産格差を１年ごとに調べるこ

とができる。また、総務省「全国家計構造調査」は「家計調査」よりサンプルが多いためより精緻な推計ができるが、5年ごとの調査ゆえにアップトゥデートな分析には向いていない。厚生労働省「所得再分配調査」は3年ごとに行われており、政府の再分配機能によって所得構造がどのように変化しているかを分析する際に重宝される。

　もちろん異なるデータソースを使えば、異なる値のジニ係数を得ることになる。したがって、格差の指標をみる際には、ジニ係数等の指標の大小だけでなく、そのデータソースの特性にも気を配る必要がある。なお、先に挙げた官公庁の調査は、基本的には家計に対するアンケート調査であり、したがって各家計の自己申告に基づいたものである。それゆえこうした調査には富裕層の所得や資産を正確に把握する困難さが常に付きまとっている。また、家計に対するアンケート調査は、その調査対象数も限られるため、非常に裕福ではあるがごく少数の家計を補捉することができない。そのため、こうした調査だけでは格差の実態を厳密に把握することは難しいともいわれている。

　そこで、世界的ベストセラー『21世紀の資本』の著者であるピケティ（T. Piketty）やその研究協力者は、家計調査のデータと納税額のデータを併用することによって所得や資産を各国別に推計し、その長期的推移を誰でも利用できるかたちでデータベース化している（World Inequality Database、以下 WID と呼ぶ）。今度は、ジニ係数とは異なる指標で格差をみるという観点から、WID のデータを用いてトップ10％の所得シェア、ボトム50％の所得シェア、そして、トップ10％の資産シェアを確認してみたい。

　図12-3は、トップ10％の（税引き前）所得シェアの推移を示している。WIDの長所の1つはかなり古い時代のデータまで遡れることであり、この図は1920年代からのデータをプロットしている。古いデータまで遡れるアメリカやフランスでは、第2次世界大戦や戦後の黄金時代を経て、トップ10％の所得シェアは20世紀初頭の水準から大きく低下した。しかし、フランスを除いたいずれの国においても、トップ10％の所得シェアは1980年前後を境にして増加トレンドに転じた。多くの先進諸国ではこの40年間で所得格差が拡大していったのである。

　図12-4は、ボトム50％の（税引き前）所得シェアの推移を示している。フランスを除いて、すべての国でボトム50％の所得シェアは1980年以降に低下トレンドをみせている。もちろん、トップ10％の所得シェアの増加傾向（図12-

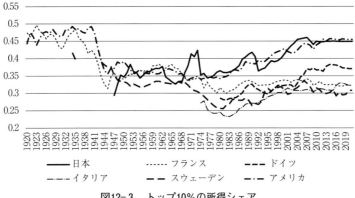

図12-3　トップ10％の所得シェア

出所：WID のデータより著者が作成。

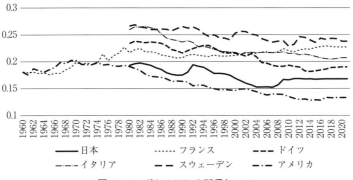

図12-4　ボトム50％の所得シェア

出所：図12-3と同じ。

3）とボトム50％の所得シェアの低下傾向（図12-4）は、同じ現象の裏表を表現しているにすぎない。とはいえ、ボトム50％の所得シェアの低下は、ドイツで特に顕著である。ドイツでは、2000年代以降に労働市場の規制緩和を背景として低賃金労働者が爆発的に増加し、このことが所得格差拡大の主因となったと考えられる（Thelen［2014］）。

　図12-5は、トップ10％の資産シェアの推移を示している。一般的に、資産は所得より把握されにくいため、そのデータは欠損しがちであり、信頼性もやや低い。この点を注意したうえで図12-5をみると、資産シェアもまた1980年代以降に増加傾向にあることがわかる。まるで19世紀のように、資産が再び富裕層の手に集中しつつある。また、図12-3と図12-5を見比べると、資産の格

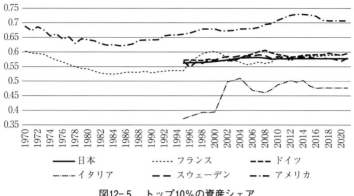

図12-5　トップ10%の資産シェア

出所：図12-3と同じ。

差は所得の格差より大きいことに気づく。例えば、現代のアメリカのトップ10%の所得シェアは0.5以下であるのに対して、トップ10%の資産シェアは0.7を超えている。現実の資産家を想起すればイメージしやすいと思われるが、資産をもつ者はしばしば途方もないほど巨額の資産を所有しているからである。そして、資産がますます富裕層に集中していることが所得格差を生み出す根本的要因の1つであることは、多くの格差研究で繰り返し強調されている真実である。

　これまでは所得格差の現状について簡単に確認してきたが、今度は賃金所得の格差に目を向けてみよう。通常、家計が受け取る所得のなかには労働サービスを提供して得られる賃金所得以外にも、自営業者の所得や配当・利子等の資産収益、政府の再分配を通じて得られる移転所得も含まれる。しかし何といっても、所得に占める賃金所得の割合はどこの国でも最も大きい。それゆえ賃金所得に焦点を絞り、その格差をみることには一定の意義がある。賃金所得の格差を分析する際には、厚生労働省「賃金構造基本統計調査」や「就業構造基本調査」のデータを利用することが肝要である。

　図12-6は、「賃金構造基本統計調査」のデータを用いて、賃金所得のジニ係数の推移を「正社員・正職員計」と「正社員・正職員以外計」とに分けて簡易的に求めたものである。この図によると、賃金のジニ係数はもともと低い水準にあり、さらにどちらの分類においても徐々に縮小しているようである。

　このような結果は直観に反する結果かもしれない。現代の技術変化は**スキル偏向型技術進歩**（skill-biased technical change）、つまり職能や才能をより高く評

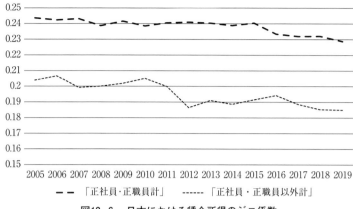

図12-6　日本における賃金所得のジニ係数
出所：厚生労働省「賃金構造基本統計調査」のデータをもとに、労働政策研究・
研修機構［2016］の簡易的計算方法を用いて著者が作成。

価するような技術変化であるといわれる。この技術進歩によってスキルが高い
人材の需要が増加し、その賃金が増加する一方、スキルが低い人材の需要が減
少し、その賃金は低下する。またグローバリゼーションもこのトレンドに拍車
をかけ、発展途上国の労働者との競争によって先進国におけるスキルの低い労
働者の賃金が引き下げられる。実際、アメリカや一部のEU諸国では、技術進
歩の結果として、賃金格差が拡大しているとされる。

　しかし、2000年代以降の日本では、こうした説明が必ずしも当てはまらない
ようである。ここで格差を縮めた原因を特定することはできないが、格差を縮
小させるいくつかの要因を推測することは可能である。「正社員・正職員以外
計」については、最低賃金の度重なる上方修正が最下層の労働者の賃金を引き
上げ、格差縮小に貢献している（最低賃金の水準が妥結されるプロセスについて
は、第13章5節を参照）。また、「正社員・正職員計」については、1990年代以
降に賃金格差を広げてきた要因となっていた**成果主義的賃金制度★**が徐々に廃
れてきたこと（宇仁［2009］）や、男女間の賃金格差が縮小傾向にあることが影
響していると考えられる。

（3）　グローバルな格差
　ここまでは国内における格差を確認してきた。しかし現代社会はグローバル
化しており、国内だけに目を向ければよい時代ではなくなった。視点を世界に

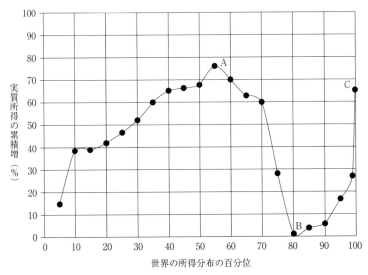

図12-7　グローバルなレベルでの所得格差

出所：Milanovic［2016］図 1-1

広げると、所得分布はどのように変化しているのだろうか。

　図12-7の横軸は世界の所得分布の百分位（右に行けば行くほど豊かな人々を
あらわす）を、縦軸は1988年時点の所得に比して同じ人々の所得が2008年時点
で何％増えたかをあらわしている。この曲線は象を横からみた姿に似ているの
で、**エレファントカーブ**と呼ばれている（Milanovic［2016］）。

　この図において特徴的な点は、A点、B点、C点である。グローバル化の時
代において最も所得を増やしたAにおいては、9割までがアジアの新興経済
の人々（中国人など）が占めている。また、B点については、従来の豊かな世
界の下位中間層を中心に構成されており、アメリカ人、日本人、ドイツ人が大
半を占める。最後にC点はグローバルな超富裕層（世界の上位1％層）であり、
その半分はアメリカ人から構成されている。このように、グローバリゼーショ
ンが進展した1980年代後半から、世界中の人々の所得分布は劇的に変化した。

　図12-7から、2つの示唆を得ることができる。まず第1に、政治家や一部
のエコノミストはグローバリゼーションが各国民の利益になるとしばしば説く
が、必ずしもそうはならないことがわかる。実際、アジア、とりわけ中国の
人々の所得の伸びはすさまじく、グローバル化時代の真の「勝ち組」といって
よい。ミラノヴィッチによれば、2011年の時点で、中国都市部の第8十分位の

所得がアメリカの第2十分位に近接している（Milanovic［2016］）。しかしその反面、先進国の下位の所得層は平均的にみればグローバリゼーションによってほとんど利益を得ておらず、また個人レベルでみれば莫大な損失を被ったものもいるだろう。そして第1の結果にともなった第2の帰結として、「豊かな世界の下位中間層」の没落が反グローバリゼーションと自国中心主義の政治体制を生み出す1つの要因となった。先進国のいたるところでみられる反グローバリゼーション運動、またそれを背景とした反自由貿易主義的国家の誕生は、世界各国の政治力学を一変させる原動力となりうる。世界情勢の今後を予想するうえでも、わたしたちは、今後ますます、グローバルな所得分布にも目を向ける必要があるだろう。

3．格差拡大の何が問題なのか

（1）格差は許容すべきか

　経済的格差は、放置すべきか、放置すべきでないのか。このようなシンプルな問いに対して、おそらくほとんどの人は、ある程度の格差を許容すべきである、または完全に平等な社会は望ましくないと答えるだろう。「差」があることは、よりよい生活条件を追い求めるインセンティブとなり、社会経済の発展にとっても不可欠なものだからである。

　それでは、ここからさらに一歩進んで、格差がある一定の範囲を超えて拡大していくことも許容すべきかと問うと、どうだろうか。一方では、経済成長のためならば格差拡大も仕方がない、とする主張も根強く存在している。このような主張を支えるのは、経済学を学ぶ者にとって馴染み深い**効率と公平のトレードオフ**である。これは、格差の拡大を抑止するならば（公平性を増そうとするならば）、生産量ないし経済成長率の低下が避けられない（効率性が失われる）とする考えである。例えば、所得再分配という目的のために高所得を生み出す生産要素（資本や高い技能をもつ労働者）に高い税を課すならば、そうした生産要素の供給量が低下するか、あるいはそうした生産要素が国外に移転してしまう（Atkinson［2015］）。そしていずれの場合においても、生産量の低下という代償を支払わなければならないだろう。つまり、再分配のコスト負担者（その多くが富裕者層である）に対する課税額を増やしたとしても、経済全体のパイが減少することによって、再分配の受益者（その多くが低所得者層である）

が受け取る便益はかなり小さくなってしまう。こうした現象は、バケツで水を移動させればさせるほど（再分配を実施するほど）、そもそもの水量（再分配の原資となる生産）が減ってしまうという意味で、「水漏れバケツの再分配」とも呼ばれている。「水漏れバケツ」が一般化すると、人々は再分配政策を支持しがたくなるだろう。

(2) 結果の不平等は機会の平等と両立しない

　他方で、格差を放置するとかえって経済的な効率性が失われる、それゆえ経済的な効率性を保つためには格差を是正しなければならない、という意見もある。このうち、よく知られた主張としては、結果の不平等が機会の平等を阻害する、というものがある。例えば、高い資産もつ家の子どもはそうでない子どもより優遇されたスタートラインに立っている。競争が効率性を生み出すという信念を受け入れたとしても、このような場合にはそもそも競争それ自体が成立していないことになる。実際、どのような家に生まれるかがのちの人生の経済的成功を決定する要因の1つになることは、経済学以外の分野などでも実証されてきたことである（Piketty［1995］、平沢［2021］）。

　それでは、恵まれない家庭に生まれた若者がそこから抜け出す術はないのだろうか。これは1つの可能性であるが、不利な出自をもつ若者であっても長期的な教育訓練を受ける機会を得られるならば、十分に高い所得を手に入れたり、そうした所得の一部を用いて資本ないし資産を蓄積したりするかもしれない。このような理想的なケースが実現可能であるならば、ある1世代における格差はそれほど問題視されないだろう。しかし、概していえば、長期の教育には高いコストがかかり、そして不利な出自をもつ者はそのコストを支払えるような経済的余裕をもっていない。もしかしたら、この若者は自己への投資のために金融機関から教育資金を借り入れることを思いつくかもしれない。だが貧しい者がお金を借りるほど難しいことはない。資金の貸し手である金融機関は、借り手が債務不履行になるかどうかを判断できる情報を十分にもっていない。つまり貸し手は、借り手が信用供与に値するかどうかという**情報の非対称性**★に悩まされる。その結果、資金の貸し手は、信用のない借り手に対して融資の条件として高い金利を貸したり、担保や自己資金を要求したりする。

　また情報の非対称性ではなく**不確実性**★によっても、同じことが説明できる。現実経済には確率計算できないような不確実性があるからこそ、借り手が多額

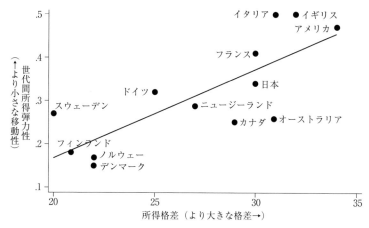

図12-8　世代間の社会的移動性と所得格差の関係

出所：Corak［2013］Fig.1

　の負債を蓄積しようとする際にはより多くの自己資金が必要となる。このこと
は、裏を返せば、潤沢なキャッシュフローをもたない経済主体はその借入制約
のために十分な投資を実行できないことを意味する。情報の非対称性が理由で
あれ、不確実性が理由であれ、このように資本市場が不完全である場合には、
不利な出自をもつ者はその恵まれない初期状態から抜け出せないかもしれない。
このようにして「格差」は世代をまたいで再生産されていくのである。

　格差の再生産構造をデータで確認しよう。図12-8は世代間の社会的移動性
と所得格差の関係を国ごとにプロットしたものである。図の横軸は、格差の大
きさを示すものとしてジニ係数（％表示）をあらわしている。また縦軸は、親
の所得とその子どもが大人になったときの所得の弾力性をあらわし、これが大
きければ大きいほど、子どもの経済的成功が親の経済的成功に強く条件づけら
れていることを意味する。例えば、イギリスやイタリア、アメリカのように高
い位置にある国ほど、子どもの経済的成功に対する親の所得の影響が強いので、
世代間での社会的移動性が小さいことを意味する。そしてこの図では、格差が
大きいことと社会的移動性が低いことのあいだには正の相関性がみられる。格
差拡大と社会的移動性の少なさが比例関係にあることをあらわすこの曲線は、
アメリカの上流階級の若者の姿を描いたアメリカ文学『グレート・ギャツ
ビー』をもじって**グレート・ギャツビー・カーブ**と名づけられている。グレー
ト・ギャツビー・カーブは、所得格差が大きい社会では、親世代の格差が子世

代においても再生産されうることを示唆している。

(3) 協調の失敗

　格差の拡大が効率性を損なわせる可能性は、別のロジック——**協調の失敗***——によっても説明できる（Bowles［2012］）。この協調の失敗を次のような仮想的な例を用いて説明しよう。いま、生産機械を所有し労働者を雇用する雇い主と、労働サービスを提供して給与を受け取る労働者がいる経済を考える。雇い主は生産機械を新調するための投資を「行う」、または「行わない」という選択肢をもち、労働者は高水準の労働努力を「提供する」、または「しない」という選択肢をもっていると仮定する。仮に雇い主と労働者が相互に信頼し協調するような関係にあるならば、雇い主は投資を行い、労働者は高い労働努力を提供し、そして双方の行動の結果として高い生産性が実現される。このとき、両者はより大きなパイから利益を引き出すことができる。しかし、話はそう簡単ではない。雇い主にとっての最悪な結果は、設備を新調しても労働者が努力を怠ってその設備に見合うスキルを身に付けないことであり、労働者にとっての最悪な結果は、努力する意思があっても雇い主が投資せず生産性が上がらないことである。こうしたそれぞれの結果を考慮すると、雇い主は投資をせず、労働者は労働努力を提供しないという**囚人のジレンマ***的な均衡が成立してしまうだろう。これが協調の失敗の一例である。

　なぜ、この例では協調関係の構築に失敗したのだろうか。仮に雇い主が、資本ストックの新調の際には労働者は高い労働努力を提供する義務がある旨を雇用契約に明記できていたならば、協調の失敗は回避できたはずである。しかし、このような契約を結ぶことは非常に難しい。なぜなら高水準の生産性にとって不可欠な行動——すなわち懸命な労働や学習、技術の習得、機械の自発的なメンテナンスなど——を低いコストで契約に明記することはほとんど不可能だからである。契約が**不完備**であるからこそ、協調は失敗するのである。

　それでは協調の失敗は、どのように回避できるのだろうか。１つの方法は、労働者の怠惰な労働を阻止するために厳格な監視体制を築くことである。例えば、労働意欲が低い労働者が多い現場では、その労働規律を維持するために、多くの監督者ないしモニタリング設備が設置されるだろう。こうすると労働者は努力せざるをえなくなるので、雇い主は安心して投資することができる。しかしながら、監督者や監視設備の設置は莫大なコストを要するかもしれない。

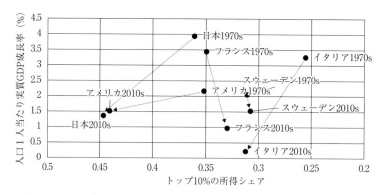

図12-9　トップ10％の所得シェアと人口1人当たり実質GDP成長率の関係
出所：WID および AMECO のデータから著者が作成。

例えば、オランダでは、労働市場を流動化し、非正規雇用が増えれば増えるほど、それを指導する正規の管理労働者が必要となり、かえってモニタリングコストが増してしまったという結果が報告されている（Kleinknecht et al.［2015］）。

　これとは別の方法としては、労働者にもある程度の資産を保有させることが挙げられる。そもそもこの仮想的な例においては、労働者は資産となる生産機械をもたないため、資産所有から生じる残余所得の請求者ではない。あらかじめ決められた賃金のもとで労働者は働くだけなので、彼が高水準の努力を提供する合理的な理由はないのである。このことは裏を返せば、労働者が資産を保有し、したがって残余を請求できる立場になれば、自己利益のためにも生産性向上の努力を惜しまなくなる。つまり、協調の失敗どころか、協調関係が促進されうる。それゆえ**従業員持株制度***などを通じて資産を経営者のみならず実際に生産に携わる労働者に保有させることもまた、公平性を保ちながら効率性を促進させる1つの選択肢になりうるだろう。

（4）効率性と公平性の「定型化された事実」

　歴史的に、そしてマクロ的には、効率性と公平性が必ずしもトレードオフの関係にはないことを確認しておきたい。図12-9は、1970年代と2010年代における、各国のトップ10％の所得シェアと人口1人当たり実質GDP成長率の組み合わせをプロットしたものである。この図の横軸の目盛りは反転しているので、右にいくほどトップ10％の所得シェアは低下し、公平性は高まる。また上にいくほど効率性は高まる。したがって、プロットした点をつなぐ線が右下が

りになる場合に効率と公正とはトレードオフの関係にあり、右上がりになる場合にはトレードオフの関係は存在しない。日本、アメリカ、イタリアでは1970年代に人口1人当たりGDP成長率が最も高く、トップ10％の所得シェアが最も低かった。つまり資本主義の黄金時代においては、効平性と公正性は両立していたのである。しかし、これら3か国では、2010年代に人口1人当たりGDP成長率が大幅に落ち込む反面、トップ10％の所得シェアが増加した。言い換えれば、時代が進むにつれて、効率性と公平性の双方が損なわれたのである。スウェーデンは効率性と公平性があまり変わらない稀有な国であり、フランスは効率と公平のトレードオフを体現させた図中では唯一の国となった。控えめにいっても、効率と公平のトレードオフは歴史のなかでは珍しい現象にすぎない。

なお人口1人当たりGDP成長率とトップ10％の所得シェアの因果関係については安易に結論づけることはできない。人口1人当たりGDP成長率が高いと、**トリクルダウン**が生じて、トップ10％以下の階層の所得が増加するとも考えられるし、逆に低所得者層や中間層の所得が増えることによって、人口1人当たりGDP成長率が押し上げられるのかもしれない。しかし、次のことだけは明らかである。すなわち、望ましい制度や政策のもとでは、格差を縮小することは効率性を引き上げることと両立できないわけではない。第2次世界大戦後の黄金時代は、総需要を拡大し、労働者に対して適切な学校教育と医療を提供するというケインズ型福祉国家政策から富裕層が恩恵を受けたからこそ実現したことを忘れてはならない（Bowles［2012］）。

4．所得格差はどのように生じるのか

(1) 機能的所得分配と個人的所得分配

2節では先進諸国において所得が拡大しているという事実を概観したが、本節ではこのような現代における所得格差がどのようなメカニズムによって拡大しているのかを明らかにする。

まずは資本と労働という生産要素を投入することによって企業が付加価値を生み出しているという基本的事実から出発しよう。この付加価値のうち、資本の提供者に対しては利潤（利潤所得）が分配され、労働の提供者に対しては賃金（賃金所得）が分配される。このような生産要素に応じた分配は、生産要素の機能別に付加価値が分配されることを意味するので、**機能的所得分配**（functional income distribution）と呼ばれる。また、機能的所得分配は、一次的所得分配（primary income distribution）とも呼ばれる。なぜなら、最も初歩的な段階での所得分配は、付加価値を資本と労働の間で分配することだからである。言うまでもなく、所得分配は一次的所得分配の後の段階でも生じる。例えば、ある労働者は、金融資産を保有することによって利潤所得の一部を配当や利子の形で受け取ることができるし、税や社会保険料を原資とした移転所得を国から給付されることもあるだろう。このような多段階の分配プロセスを経て個人の所得が最終的に決定されるのであるが、こうした個々人のレベルの所得分配は**個人的所得分配**（personal income distribution）と呼ばれる。個人的所得分配をあらわす指標としては、２節で説明したようなジニ係数やトップ10％の所得シェアなどが用いられている。それでは、以上で述べた機能的所得分配と個人的所得格差は、どのような形で結びつくのだろうか。次に示す仮想的な経済によって、この関係を明らかにしよう（Atkinson and Bourguignon［2000］）。

　まず、議論を極端に単純化するために、以下のような仮定をおく。

　①ある国民経済において、資本を独占的に所有する資本家階級 L_c％ と資本を全く所有しない労働者階級 L_w％ が存在する（もちろん $L_c + L_w = 100$である）。これらの人数構成は不変である。

　②各階級の内部では、所得の散らばりがない。言い換えれば、資本家は全員同額の利潤所得を、労働者は全員同額の賃金所得を得る。

　③資本家１人当たり所得は、労働者１人当たり所得より大きい。

　この経済で生産された付加価値に対して資本家の利潤所得が占める割合は資本分配率（利潤シェア）、付加価値に対して労働者の賃金所得が占める割合は労働分配率（賃金シェア）である。労働分配率を m％であらわすならば、資本分配率は$(100 - m)$％となる。以上で述べた資本家の人数割合とその所得シェア、労働者の人数とその所得シェアをもとにローレンツ曲線を描くと、図12-10の線分 OBP のようになる。

　まずは、労働者の所得が資本家の所得より低いので、労働者から資本家という順で横軸上に世帯の累積比を取っていく必要がある。ただし各労働者の所得は同額なので、ローレンツ曲線のうち原点から L_w までの部分（すなわち線分OB）は直線になる。また全体で L_w％ いる労働者は、国民経済の総所得のうち m％を得ている。つまり横軸上の L_w を起点とした垂線の高さは労働分配率 m となる。もちろん労働者は資産を所有していないと仮定しているので、その所

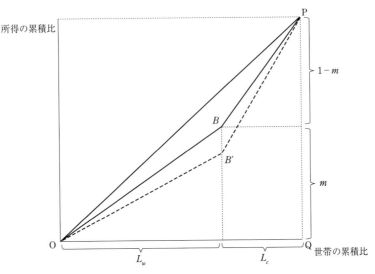

図12-10　機能的所得分配とジニ係数の関係

得は賃金所得のみからなる。次に、労働者より所得が高い資本家を順に横軸上に並べていくのだが、各資本家の所得は同額であるがゆえに、ローレンツ曲線のうち線分 BP もまた直線になる。ただし労働者より資本家の方が1人当たりの所得は大きいので、ローレンツ曲線は点 B で屈折し、かつ、線分 BP の傾きは線分 OB より険しい。L_c％存在する資本家の所得シェアは $(100-m)$ ％なので、縦軸の上限（つまり100％）から労働分配率を差し引いた部分が資本分配率に相当する。ジニ係数は完全平等線 OP とローレンツ曲線 OBP で囲まれる部分を2倍したものであるので、図12-10における三角形 OPB の面積に2を乗じた値となる。

　この仮想的な経済における機能的所得分配の変化がジニ係数に及ぼす効果を検討することができる。いま、何らかの理由によって、労働分配率が低下したとしよう。このとき、資本家と労働者の割合は不変であるので、ローレンツ曲線の屈折点が B から B' に垂直にシフトする。したがって、労働分配率の低下は、三角形の面積を OPB から OPB' に増やして、ジニ係数の増加をもたらす。

　もちろん、このようなストーリーは現実を過度に単純化したおとぎ話である。そもそも資本家間や労働者間の所得は完全に平等ではないし、資本家と労働者が絶えず入れ替わりそれらの人数構成は変化する。それにも増して決定的なお

とぎ話的要素は、現実の労働者は何らかの形で資産——預金・株・債券・土地など——を保有し、利潤の一部を取得できるのに、この仮想的な経済の労働者は全くそうではない、ということである。労働者が資産をもつときには、労働分配率が低下したとしても、それによって増加した利潤のうちいくらかは労働者が取得することになる。この際、労働者が資産をより多く保有すればするほど、労働者はより多くの利潤を獲得するので、労働分配率の低下と労働者の総所得の低下との結びつきはより薄まっていくだろう。極端な例を挙げれば、労働者と資本家が世の中のすべての資産を平等に保有すれば、労働分配率がいくら低下しようとも、個人的所得分配は平等なまま保たれるのである。このことを考慮すると、労働分配率の低下が労働者の所得を一方的に低下させるとは限らないのである。

　しかし図12-5でも示したように、現代の資本主義では、資産が一部の富裕層にますます集中しつつある。裏を返せば、このことは労働者が所有する資産が相対的に減少し、それゆえ労働者が取得する利潤はいっそう限られてきていることをあらわす。実際、多くの実証研究は、現代においても、機能的所得分配をあらわす指標と個人的所得分配を表す指標とあいだには、言い換えれば労働分配率の低下と所得格差を表すジニ係数の増加とのあいだには、強い因果関係があることを示している。そして資産の不平等が進行すればするほど、この因果関係が強化されることが予想される。

(2) 機能的所得分配の変化とその要因

　第3章で示したように、近年の先進諸国では労働分配率は明らかに低下傾向にある。したがって所得格差の拡大を論じるうえでは、労働分配率の低下トレンドという現象を避けて通ることはできない。

　労働分配率が低下する理由は何だろうか。その詳細については第3章4節をみてもらうことにして、ここではポイントを簡潔に指摘しておこう。

　まず第1に、市場の寡占化が挙げられる。現代では、規模の経済性やネットワーク効果を通じて生産性が突出して高くなった企業が出現し、これによって市場の占有度が高まっている。市場占有度が高まると、マークアップ率が増加し、労働分配率は低下する。第2に、労働市場の制度変化、すなわち、労働市場の規制緩和や労働組合の組織率の低下などが労働者の賃金交渉力の低下に結びついた。日本においては、1990年代以降に非正規雇用が増加したこと、そし

て労働組合がこうした非正規の労働者を十分に包摂できなかったことが、労働組合の交渉力を著しく弱めた。第3に、株主価値志向が強まったことを背景に、配当性向や利払いの増加が企業収益を圧迫させる要因となり、このことが労働者に対する報酬の低下につながった。第4に、経済のグローバル化によって労働力が豊富な発展途上国とのあいだで競争が生じ、その結果、先進諸国の名目賃金率が圧縮された。第5に、ICTを中心とした技術進歩が資本の労働への代替を促し、このことが労働分配率に負の効果を与えた。そして最後に、労働分配率が比較的低水準であるような一部産業の比重が高まったこと、あるいは労働分配率が比較的高い水準にあるような公的部門が縮小するという構造変化が、労働分配率に低下圧力をかけた。

　以上で挙げたことのいずれもが、労働分配率の低下トレンドを説明するうえでは重要な仮説である。多くの研究が労働分配率低下の要因を計量経済学的手法に基づき検証し、影響力の濃淡はあるものの、いずれの仮説も相応の妥当性があることが確かめられている。

5．格差をどのように解消すべきか

　3節では格差の拡大が経済的に非効率な結果を生み出しうることを確認したが、本節では格差を縮小する手段について考える。そうした手段は、大きく分けて、**直接的再分配**と**財政的再分配**の2種類に分かれる（Piketty［2015］）。ここで直接的再分配とは、経済主体が労働という生産要素の価格である賃金に直接的に働きかけるような再分配を意味し、その代表例としては最低賃金の引き上げや労働組合の交渉に基づく給与表のベースアップなどが挙げられる。また、財政的再分配とは、税収や社会保険料を原資とした（国家による）再分配をあらわし、例えば高所得者や資産に課税し、それを不利な世帯に再分配することが想定される。以下でみるように、これら2つの方法は一長一短であり、どちらか一方を採用するより、状況に応じて両者を併用していくことが望ましい。

（1）資本と労働の代替性
　まず確認したいことは、直接的再分配が格差是正に対して効果をもつかどうかは、生産関数の性質——具体的には**資本と労働の代替性**——に依存する、ということである。

　手始めに、資本と労働が代替的であるケースから考えよう。資本と労働が代替的であるということは、資本を労働に置き換えても（または労働を資本に置き換えても）、同量の生産が可能であることをあらわす。付言すると、この立場は限界主義者によって提唱され、現代の新古典派経済学がそうした仮定に基づいて諸理論を構築している。さて、資本と労働が代替的であると想定すれば、賃金が増加すると、資本集約的な技術が採用され、労働（雇用量）が減少することになる。例えば、最低賃金の引き上げなどの手段によって所得分配に介入すると、生産要素の最適な利用に影響を与え、結果的に雇用は多かれ少なかれ失われることになる。

　他方で、資本と労働が非代替的であると想定することもありうる。資本と労働が非代替的であるときには、資本や労働の代価がどうであれ、ある量の財を生産するためには決まった量の資本と労働が必要になる。このような前提はリカードやマルクスら古典派、現代におけるポスト・ケインズ派経済学で採用され、本書の議論の出発点とされている。資本と労働が非代替的であるときには、賃金を上げるかどうかは純粋に所得分配の問題であり、資源配分には影響しない。すなわち、利用可能な資本ストックによって雇用量は規定されるので、賃金の変化に対して雇用量は短期的に不変となる。

　以上のことを、数式を用いてもう一度確認しておこう。いま、名目賃金率をw、雇用量をL、資本収益率（利子率）をr、資本をKであらわすならば、労働分配率は$m = wL/(wL + rK)$となる。また、賃金所得と利潤所得の比率を$\lambda = (w/r)/(K/L)$とおくならば、$m = \lambda/(1 + \lambda)$、ただし$dm/d\lambda > 0$となる。資本と労働が代替的なときには、資本収益率に比して名目賃金率が増加すると（すなわちw/rが増加すると）、資本集約的技術が採用され、L/Kが低下する。このとき、λおよびmが最終的にどのように変化するかは、以下のように資本と労働の代替弾力性に依存する。ここでw/rの１％の増加に対してL/Kがσ％低下するとき、σを資本と労働の代替弾力性と呼ぶ。$\sigma > 1$のときには、w/rの１％の増加に対してL/Kが１％より大きく低下するので、λが低下し、そしてmも低下する。同様の推論により、w/rの増加に対して、$\sigma = 1$のときには労働分配率は変化せず、$\sigma < 1$のときには労働分配率は増加する。

　以上の議論をまとめると、資本と労働の代替弾力性が１より大きいときに賃金が増加すると、雇用量が減ることでかえって労働分配率は低下してしまう。その結果、（資産が一部の富裕層に集中しているときには）所得格差が拡大するこ

とになる。また、資本と労働の代替弾力性が1に等しいとき（これはコブ＝ダグラス型生産関数の性質である）、賃金が増加しても労働分配率は変わらない。最後に、資本と労働の代替弾力性が1より小さい場合、例えばレオンチェフ型生産関数のように弾力性が0の場合には、賃金の増加は労働分配率の増加につながる。このように、直接的再分配による賃金の引き上げが格差縮小に寄与するかどうかは、資本と労働の代替弾力性がどの程度の値になるのか、という実証的問題と大きく関わることになる。

(2) 格差縮小手段のメリットとデメリット

　資本と労働が十分に代替的であるときには、直接的再分配のような手段はかえって格差を広げてしまうかもしれない。したがって、こうしたケースを前提にするのであれば、直接的再分配より財政的再分配の方が格差縮小にとって望ましいことになる。例えば、累進課税を強化し（高額所得や高額資産に対してより高い税率をかけ）、その徴税分を所得の低い層に再分配するという方法が考えられる。もっとも3節で論じたように、このような政策が経済効率を妨げないのは、累進課税が高額所得者の労働供給を大きく減らさない限りにおいてである。国際協調によってグローバルな課税制度の必要性がしばしば論じられるのも、高額所得者や資本が税率の低い国・地域や**タックスヘイブン★**に逃避することを阻止する狙いがある（Pikkety［2014］）。

　とはいえ、課税が労働供給を減らすというメカニズムは、高所得者だけでなく低所得者についても当てはまるだろう。低所得者層に過度な税負担や社会保険料負担がかかると、そうした人々もまた働くインセンティブを失ってしまう。失業者が多く存在する経済よりも働いている人が多く存在している経済の方が望ましいのは確かである。それゆえ、無所得・低所得者層の労働意欲を失わせないように、こうした人々にかかる負担を低く抑えるような仕組みが求められる。また徴税とともに、税の使い方についても工夫が必要である。例えば、失業者の労働市場への参加を後押ししていくためには、公共サービスの拡充も必要である。すなわち、**積極的労働市場政策★**への財政支出の比重を高めることによって、産業構造の変化にあわせた職業教育を実施し、衰退産業から成長産業への人材移動を円滑化すること（第10章4節）も、格差の縮小に寄与するだろう。

　先にみたように、賃金相場に直接的に介入する直接的再分配が無効になるの

は、資本と労働が代替的な場合である。しかし、資本と労働は本当に代替的なのだろうか。第2章でみたように、資本と労働は短期的には固定的であると考えた方が現実的である。また、仮に資本と労働が代替的であるとしても、いわゆる**ケンブリッジ資本論争***で議論されたように、賃金の増加に直面した企業が資本集約的技術を選ぶとは限らない（宇仁ほか［2010］）。さらに第4章3節で示したように、資本と労働が非代替的な場合には、賃金主導型レジームのもとで賃金の増加が雇用量を増やすことすらありうる。したがって、格差を縮小するためには、やはり賃金構造に直接的に介入することも有効であると考えられる。

　さらに、直接的再分配は、次の3つの理由からも正当化される。

　第1に、財政的再分配は政治的なプロセスを通じて実行されるものなので、その効果があらわれるのには長い時間と莫大なコストがかかる。それに対して、直接的再分配は労働組合が主導する賃金交渉を経て実現されるものなので、交渉の進展次第では即効性をもつ。加えて現実には、再分配に関する政府予算を削減すること（財政的再分配が行われないこと）と、労働組合を弱体化させること（直接的再分配が行われないこと）は、しばしばセットとして行われる傾向がある。それゆえ、格差縮小のためには労働者主導の直接的再分配の方が有効である場合も多い。

　第2に、企業が労働者に特殊的技能を身に付けさせたいときには、最低賃金制度や賃金が固定化される給与表を採用する方が合理的である。企業が労働者に求める技能や知識は、しばしば労働者がその企業に長期的にとどまってこそ身に付けられる「特殊」なものであり、ひるがえって他の企業には通用しないので「一般的」ではない。そこで労働組合や行政が事前に賃金を定めておくことは、理にかなった行為になる。なぜなら賃金が企業によって一方的に決められ、いつでも変えられるなら、報酬額が事前にわからない労働者はその企業に必要な技能や知識を身に付けないからである。労働組合主導のもと相対的に高い賃金が安定的に支払われるからこそ、労働者のスキルは磨かれるのである。

　第3に、労働市場が**買い手独占**である場合にも、最低賃金を引き上げることで雇用量を増やすことができる。ここで買い手独占とは買い手が少数であることを指し、少数の買い手は購入する財の価格を引き下げられるのでその財の供給量が少なくなる。買い手独占は、とりわけ労働市場に当てはまる。例えばある地域に1つの企業しか存在しない場合（または企業が連合を組んであたかも1

格差縮小の手段	メリット	デメリット
財政的再分配（所得または資産に対する累進課税に基づく再分配など）	資本と労働が代替的なとき、雇用量を減らさない。	生産要素の減少、ひいては生産量の停滞を招く。実現に時間がかかる。
直接的再分配（最低賃金の引き上げ、給与表におけるベースアップなど）	即効性がある。労働者が企業特殊的技能を身に付けやすい。賃金主導型レジームのもとでは、雇用量を増やせる。	資本と労働が代替的なとき、雇用量を減少させる。

表12-2　格差縮小手段のメリットとデメリット

つの企業しか存在しないような場合）、この企業は少数であることを梃子として賃金を労働市場の需給が均衡するときの賃金水準未満に切り下げることができる。賃金が均衡賃金以下に低下すると労働供給の減少につながるので、最終的に生産量と雇用量が低下してしまう。このような買い手独占が成り立つ場合には、最低賃金の引き上げがかえって雇用量を増やすのである。

　ただし、直接的再分配を実現さえすれば、必ず所得格差が縮小するわけでもない。資本と労働の代替の弾力性の問題に加えて、企業が直接的再分配による賃上げ分を価格に転嫁してしまうと、実質賃金が変化しないままインフレ率だけが上昇するという問題も生じうる。これは、1970～80年代の先進諸国や1980年代以降の南米などのポピュリズム国家で生じた現象でもある。こうした事実をふまえると、賃上げを容易に価格に転嫁させないように既存企業の財市場に対する支配力を弱めること、言い換えれば、市場占有度を低めるような政策的措置も同時に実施されなければならないだろう。

　本節の議論は、表12-2にまとめられる。財政的再分配と直接的再分配のどちらもが重要であり、これらの手段を複合的に用いて格差を是正することは、社会の安定のみならず経済成長にとっても不可欠なことであると考えられる。しかしながら、以上で述べた結論はあくまで本書特有のものであって、他の教科書や研究論文では異なる結論が導かれているかもしれない。そもそも所得分配ないし所得格差は、それが人々の異なる「諸価値の重み付け方」（第6章）とは切っても切り離せない問題である以上、この問題を経済学的思考のみに頼って議論することには限界があるだろう。格差問題については、1人ひとりが考えつつ、様々な熟議（第13章）を通じて自らの知識・価値観を柔軟に更新させながら合意形成に関与していくことが肝要である。

新自由主義、権威主義、民主主義

1．はじめに

　一国の政治経済体制（regime）とは、対立する諸利害や諸価値（諸目標）を政治的および経済的に調整するために用いられている方式のことである。**政治体制**は、大きくは民主主義と権威主義に分けられる。理念や理想としての民主主義は、端的にいうと、民衆による民衆の統治である（Miller［2003］）。もう少し詳しくいうと、ある集団や国家といった共同体において多様な価値が併存すること（つまり価値の多元主義）を前提としたうえで、その共同体の構成員たちが自分たちの課題に対処するための制度を、威圧や強要ではなく互いに説得しあうことを通じて自分たちで定めるという自己統治の方式である。現実に即していえば、民主主義体制とは、**政治的調整★**の主要な方式として**代表制民主主義**（representative democracy）を採用している体制であり、より具体的に定義すれば、自由で公正な競争的選挙を通じて議会の議員や政府の大臣などの統治者たちが選ばれている体制である。その一方で、権威主義体制は、この定義での民主主義体制に当てはまらない体制と定義される（このFrantz［2018］の定義に従うと、たとえ擬制的な選挙や議会があるとしても、実質的にみれば中国やロシアは権威主義体制に分類される）。

　近年、世界的にみて、民主主義国における権威主義的な要素が強化されたり、権威主義国（中国とロシア）が勢力を拡大したりしているといわれる（川中［2018］、杉浦［2020］）。その原因の１つは、後述するように、代表制民主主義に制度的な限界がみられることである。ただし、そのことは必ずしも、理念や理想としての民主主義が人々から見限られ、あらゆる民主主義的な調整方式が

放棄されつつあることを意味しているのではない。例えば、先進民主主義国では、代表制民主主義を補完するために**熟議民主主義**（deliberative democracy）に基づく制度が広がりつつある。想像しやすい例として、ある市が無作為に抽出した市民たちがその市の遊休施設をどのように活用するかを議論し、市議会に答申するといった市民討議会の開催が挙げられる。

ところで、民主主義や権威主義は、日常的には**政治**の領域での調整方式を意味する言葉として使われがちである。しかし、職場の民主主義、利害関係者（stakeholder）民主主義、産業民主主義といった表現があるように、民主主義は、市場的調整などとともに、**資本主義経済★**の領域における調整方式（集合的意思決定の方式）の１つでもある（なお、本章では田村ほか［2020］にならい、「政治」を、構成員を拘束する正統な集合的意思決定に関することと定義する。Théret［1992］によれば、集合的意思決定の、つまり政治の大目標は**正統性★**の蓄積である）。

民主主義に基づく経済調整の例として最もわかりやすいものは、議会が制定・改正する法律による市場の規制である。ほかにも、大学生協など協同組合の総代会における１人１票の意思決定や、社会単位や企業単位で組織された労使の代表間での交渉が挙げられる。第10章で述べたように、経済調整には市場的調整と制度的調整があり、民主主義は、制度的調整の方式の１つである。民主主義は、企業の利益をいかに分配するか、国民の所得をいかに再分配するか（第12章）、そして、経済的課題に対処するための制度づくりにおいて諸価値をいかに重み付けるか（第６章や第10章）といった、所得分配や多元的価値をめぐる対立を調整するための方式として採られることがある。

その一方で、こうした対立を調整するための方式として、民主主義ではなく権威主義に基づく経済調整（以下「権威主義的経済調整」）がとられることもある。これは、一部の特権的な人々だけに開かれた政治体制を維持するために経済を操作しようとする経済調整の方式である。そのわかりやすい例は中国である（柯［2021］）。そこでは、実質的な意思決定に参画できるのは共産党員というエリートであり、分配や諸価値をめぐる対立は国家主導で、つまり共産党主導で調整される。

ここ数十年、経済調整の一方式としての民主主義は、国民に、そして、その代表としての議員や政権に、あまり大切にされてこなかった。例えば、先進民主主義において広くみられた**新自由主義**（neoliberalism）改革では、政権が、政労使など利害代表間での協議を排除ないし回避して意思決定するという非民

主主義的方式で改革を推し進める傾向がみられた。これは、経済調整における意思決定に広範な利害関係者たちが参画することを尊重せず、実質的な意思決定への参画を一部の利害集団や専門家に限定しようとする点で、先進民主主義国において生じた、経済調整の権威主義化の一例であるといえるだろう。

　このように、世界的にみて経済調整における民主主義は後退ないし縮減しているようにみえる。しかし、本章は、民主主義に基づく経済調整の有効性や可能性に光を当て、先進民主主義諸国にとって、特に長期にわたって経済の調整不全に陥っている日本にとって望ましい制度改革の方向性として熟議民主主義に基づく経済調整の拡充を提案したい。先の第10章では、日本での制度改革の方向性として社会単位コーディネーションの拡充を提案したことを思い出してほしい。コーディネーションの制度には、協議・妥協によって物事を決めるあらゆる制度が含まれるが、本章では、そのなかでも特に、熟議という特殊なコミュニケーションを志向する民主主義的制度を拡充することが望ましいと主張したい。

　本章は、次のように進める。2節では、代表制民主主義には制度的限界がみられ、そのことが代表制民主主義への不信につながっていることを説明する。3節では、過去数十年、先進民主主義諸国で推し進められてきた新自由主義の特徴と限界を説明し、新自由主義改革による市場的調整の拡充の帰結として様々な社会経済問題が生じていることを確認する。4節では、権威主義的経済調整のもつ大きな問題点を指摘し、それゆえ、先進民主主義諸国の制度改革の方向性として権威主義化はふさわしくないことを確認する。以上の節での検討から、代表制民主主義に基づく制度の拡充、市場的調整の拡充、権威主義化のいずれの方向性にも問題がみられることがわかる。5節では、制度改革の方向性として先進民主主義諸国に残された道は、熟議民主主義に基づく制度を拡充することであると主張し、その事例として最低賃金審議会での審議プロセスを取り上げながら熟議民主主義に基づく制度の特徴を説明し、熟議を促すための制度的条件を検討する。

2．代表制民主主義の問題

(1) 時間的制約

　「世界価値観調査」(The World Values Survey Association, World Values Survey,

2022）に基づくと、先進民主主義国において「議会を信頼しない」と回答する市民の割合が21世紀に入ってから増加傾向にある（survey question：V117.‐Confidence：Parliament）。その原因の1つが、代表制民主主義にみられる**時間的制約**および**非対称性**という2つの制度的限界である（吉田［2021］）。

　まず、時間的制約について説明したい。複雑な社会経済問題を理解し、さらに、その対応策について合意形成するには時間がかかる。しかし、代表者たちは次の選挙を勝ち抜くための成果になりうる課題に注力しなければならないため、彼らの限りある時間は、それ以外の課題、特に時間を要する課題には割かれにくい。

　時間的制約は、代表制民主主義に基づく社会単位コーディネーションによる経済調整にも当てはまる。そこでは、政権と利益諸団体との協議や議会での審議によって物事が決められる。しかし、先に述べたように、政権や議員は、利害や価値観の調整に多大な時間を要する社会経済的課題に時間を割きにくいため、そのような課題は先送りにされがちである。第10章で述べた社会保障制度の改革や金融・産業の再生をめぐる課題などは利害対立が深刻であり、日本のように情報公開と説明責任と熟議の制度化が不十分な国では、国民的な合意形成に時間がかかると予想される。そのため、政権はそのような課題が争点になることを避けようとする。こうした課題の先送りが日本経済の長期停滞の原因の1つになっている。

(2) 非対称性

　次に、非対称性について説明したい。ある政策課題についての意見、および、関心や必要性（needs）の強さには、有権者の性別や年齢などの属性によって大きな違いがみられる。例えば、子育て世代は子育て支援政策への関心や必要性が非常に高いが、壮年の男性はそれほど強い関心を示さないかもしれない。日本では、政治家の属性は、世襲、官僚経験者、男性、特定の年齢層といった属性に偏っている。また、選挙での投票率は、高齢層で高く、若年層で低いという傾向が顕著である。こうした場合、ある政策課題に関して、代表者全体の意見分布が、有権者全体の意見分布とかなり異なるという事態、つまり、代表者と有権者のあいだでの意見分布の非対称性が生じ、代表者が有権者を真に代表しているとは言いがたくなる。

　代表制民主主義に基づくコーディネーションによる経済調整でも非対称性が

当てはまることがある。日本の企業別労働組合は、多くの場合、主に正規労働者（正社員）の利害を代表し、また、日本の全国レベルの労働組織は主に企業別労働組合の連合体である。その一方で、個々の企業でみても、社会全体でみても、非正規労働者の割合は増加している。それゆえ、労働者の雇用形態の実態（正社員と非正規労働者の割合）と労働者代表の属性（主に正社員を代表）との非対称性は大きくなってゆく。非正規労働者の利害は、企業単位での労使交渉では考慮されにくい。こうした非対称性は、企業別労働組合やその全国組織である連合の、労働者代表としての**正統性**★への疑いをもたらす。

　以上２つの制度的限界が、代表制民主主義に基づく政治的・経済的調整への不信の原因の１つになっている。それでは、制度改革の方向性として、コーディネーションを縮小して、市場的調整を拡充するのは有効だろうか。実際、そうした制度改革は、ここ数十年、先進資本主義での新自由主義的路線のなかで行われてきた。次節では、この、新自由主義と呼ばれる制度改革の路線がどのようなものであり、どのような帰結をもたらしたかをみていきたい。

3．新自由主義

(1) 新自由主義の思想とその政治的実践

　新自由主義とは、思想的にいえば、市場的調整の効率性を信奉し、それ以外の制度的な経済調整（非市場的な経済調整）を市場的調整へと置き換えるのが望ましいとする言説のことである。政治的実践としてみれば、それは、この言説に基づく制度改革の方向性のことである。

　新自由主義が「自由」主義であるのは、この言説では、市場的調整こそが人々の選択の自由が確保されている領域であり、したがって、非市場的調整の比重を小さくすることが、人々の選択の自由を拡大することにつながり、また、国家による自由の制限から個人を守ることになるとされているからである。

　新自由主義に「新」がついているのは、「自由主義」の刷新版だからである。主流な自由主義の言説とそれに基づく政治的実践は、19世紀型の**古典的な自由主義**、**ニュー・リベラリズム**（修正資本主義ともいわれる）、そしてネオ・リベラリズム（新自由主義）へと変わっていった。

　19世紀型の古典的な自由主義では、市場は人々が自由に選択できる領域であるとされており、したがって、国家が市場に介入することは自由の制限である

とみなされた。しかし、古典的な自由主義の帰結は、格差の拡大、周期的な不況、そして最終的には1920年代末のアメリカでの株価暴落に端を発した世界大恐慌であった。市場的調整は古典的な自由主義で想定されていたほど十分には機能せず、失業率の高止まりや貧困層の拡大というかたちで多くの人々の生活が脅かされた。

　市場的調整への信頼が損なわれた状況下で、政府が市場に介入することによって財産権の保障や経済活動の自由といった人々の自由権を守り、かつ、生存権や勤労権といった人々の社会権を実現するというニュー・リベラリズムの言説が台頭した。この言説の広まりは、この時期の政治的実践の方向性、すなわち、大恐慌への政府の対応や第２次世界大戦下での戦時経済において（古典的な自由主義における均衡財政に比べて）積極的な財政・金融政策、金融規制、労働権の保障、社会保障制度の拡充といった国家による規制の拡大とも呼応していた。こうした国家による規制の拡大のなかで、労働組合や経営者団体、消費者団体など自主的に組織され、かつ、政府によって認可・保護された経済的・政治的な結社（association）が利益団体として企業単位および社会単位コーディネーションの主体として経済調整に参画することも正当化された。この時期の経済調整の全体はフォーディズムと総称されることもあり、アメリカや日本に限らず多くの先進国では1950代から1960年代にかけて優れた経済業績を達成した（第１章の図１-１を参照）。

　しかし、フォーディズムは消費増・投資増・生産性上昇の好循環がしばらく続いたという「その成功ゆえに」、1970年代から1980年代にかけてしだいに調整の機能不全に陥っていった（山田［2020］）。その成功ゆえの機能不全というのは、１つに、工業化が進展した結果として生産性上昇が鈍化していき、強力な労働組合の交渉力による高い賃上げ率が生産性上昇率を上回る事態になり、高インフレが生じたことである。もう１つは、先進資本主義国において急速に高まった生産能力が国内需要に対して過剰になり、また、それによって国際競争が激化し、不況が生じたことである。フォーディズムは、インフレと不況の同時発生というスタグフレーションの状況に直面したのである。この状況下で有効な処方箋を提示できなかったニュー・リベラリズムの言説や政治的実践はその勢いを落とした。

　新自由主義は、ニュー・リベラリズムから古典的な自由主義への単なる揺り戻しではない。古典的な自由主義と新自由主義との違いは、新自由主義を、市

場的調整の拡充や国家の縮小といった上述してきた思想や理念としてではなく、政治的実践として捉えるとよく理解できる。民営化や規制緩和が新自由主義の標語のようになっているため、一般には新自由主義が「小さな政府」を目指しているように思われている。しかし、政治的実践としての新自由主義において求められている政府は、こうした一般通念とは異なり、必ずしも「小さな政府」ではない。というのも、市場的調整を回復させたり、その対象範囲を拡大させたり、規制を緩和したり、特定のルールに基づく非裁量的な財政・金融政策を導入したりするには、政府が、労働組合や農業協同組合など、新自由主義が既得権益とみなす利益団体からの要求をはねのけることができなければならないからである。新自由主義は、積極的に経済に介入でき、かつ、利益団体をものともしない「強い政府」を望んでいるのである（若森［2012］）。これは、古典的な自由主義において志向される政府のような、市場での取引に違反があったときにだけ介入するといった消極的な政府とは異なっている。

(2) 新自由主義の一時的台頭とその帰結

　新自由主義の思想とそれに基づく政治的実践は、労働市場や金融市場の規制、その他の市場での営業規制、国際的な投資規制などの緩和や撤廃を望む、多国籍企業や資産所得を得る人々から支持された。イギリスやアメリカでは、1970年代に国営企業民営化や規制緩和が行われた。日本でも、後追いするように、1980年代から、国鉄や電電公社の民営化や公共事業規制の緩和、労働規制の緩和などが行われた。

　新自由主義は、経済調整におけるコーディネーションと規制を区別しない。新自由主義は、コーディネーションを恣意的かつ非効率な「規制」と同一視し、経済調整におけるその比重をできるだけ小さくしようとする。例えば、コーディネーションを担う主体の１つである企業別労働組合やその全国組織は、労働市場の需給調整を歪める「既得権益」とみなされ、攻撃対象とされた。くわえて、新自由主義は、市場的調整の対象範囲を、電力・ガス・鉄道・通信など公益事業を担う諸機関や、医療・教育・市民サービスなどを提供する諸機関など、それまで新規参入と価格が規制され、非市場的制度とみなされてきた分野へと広げようとする（Brown［2015］）。これらの分野における参入規制と価格規制の緩和ないし撤廃に、すなわち、こうした非市場的制度の**市場化**に反対する諸団体は、やはり新自由主義にとっては市場的調整の拡大を妨げる既得権益

とみなされ、攻撃対象とされた。

　利益団体を敵視することとつながっているが、新自由主義は、代表制民主主義を尊重しない。新自由主義は、競争や市場的調整の効率性といった「経済的価値」だけを信奉する。そのため、新自由主義は、経済的および非経済的な多様な価値に折り合いをつけるための民主主義的な諸制度を、市場的調整を補完する制度とはみなさず、既得権益の「恣意的な権力」による政府への圧力を形成する場とみなす（Müller［2011］邦訳　下巻184頁）。ここでいう恣意的とは、市場によって決定される事柄に基づかないという意味である。新自由主義では、民主主義的な意思決定に屈しない力をもつ政府が望ましいとされる。

　実際、ドイツや日本では、従来は政権が政策案を形成するときには労働組合・使用者団体・農業団体・消費者団体などの利益諸団体との民主主義的な利害調整が重視されてきたが、近年、一部の政策課題に関しては、こうした団体との利害調整を経由せず、政権が諮問会議の意見を参照するという手法で制度改革が推し進められるようになった。諮問会議の委員には、主に政権の制度改革方針を共有し、かつ、既存の利害調整プロセスの外にいるとみられる経済学者や評論家、大企業の経営者などが政権によって選ばれた。先に代表制民主主義の限界として時間的制約を挙げたが、新自由主義的制度改革では、政権は、時間と手間のかかる代表制民主主義に基づく利害調整プロセスを尊重せず、そのプロセスの外にある諮問会議の見解を参照しながら、公的サービスの縮小・特区の創造と運営・労働市場の規制緩和などを迅速に進めていった。

　市場的調整を拡充する新自由主義的改革の帰結として様々な社会経済的問題が生じた。本書の第9章では金融市場において拡充された市場的調整によってもたらされた問題が、第7章と第12章では貿易や資本移動の規制緩和の帰結としての経済的不平等の拡大が取り上げられている。

4．権威主義

(1) 権威主義の誘惑
　先進民主主義国では、代表制民主主義への不信から、この代表制民主主義による政治的・経済的調整の領域を縮小させるような制度改革の路線が採られてきた。1つは、前節でみた新自由主義路線であり、もう1つが、政治的・経済的調整の権威主義化である。

　政治的・経済的調整の権威主義化はトルコやハンガリーなどで生じているだけではない。たしかにそれらの国のような憲法改正による大統領の権限強化や行政府から司法府への介入といった劇的な変化はみられないものの、先に述べたように、日本を含む先進民主主義国でも民主主義に基づく合意形成を尊重せずに（つまり権威主義的に）制度改革を推進しようとする政治家が支持された。例えば、2016年アメリカ大統領選挙では、家父長的な大統領候補が当選した。日本では、前節で述べたように、民主主義的な政策形成プロセスを回避し、国会審議を尊重しない政権（官邸）主導の政策決定が、世論から支持された（このように、新自由主義の制度改革が権威主義的なプロセスで進められるといったかたちで、新自由主義と権威主義は重複することがある）。

　ところで、中国の経済的・技術的な台頭もまた、「権威主義の誘惑」（Applebaum［2020］）をもたらしている。先進資本主義国のなかにも、次のように考えて中国における権威主義的経済調整に魅力を感じる人がいる。中国は、秩序や経済発展といった全体の目標を場合によっては人権よりも優先できるため、先端技術の社会実装を推し進めるといったかたちで経済・技術発展のための試行錯誤を迅速に行えているのではないか、と。

　はたして経済調整の権威主義化は、先進民主主義国における制度改革の方向性として望ましいのだろうか。以下では、まず、権威主義的経済調整の特徴を整理し、次に、権威主義の問題点を指摘したい。

(2)　権威主義的経済調整

　権威主義的経済調整の特徴を理解するための準備として、まず、民主主義体制における経済調整の基本的な特徴を示しておきたい（North et al.［2009］邦訳140頁を援用する）。なお、下記の①から④は相互に関連しているが、単純化のために箇条書きにする。

民主主義体制における経済調整の基本的な特徴

　①すべての市民の平等についての信念が広く共有されており、一部の人々が特権をもつことはない。したがってすべての市民が、誰と血縁関係をもっているか、誰と友人・知人か、といった個人的なつながり（つまり属人的関係）に左右されることなく、政治的な取引や経済的な取引を行うことができる。これを、取引が**非属人的**であるという。

②**法の支配**が、すべての市民に対して公正に執行される。例えば独占禁止法などの制度が属人的関係に左右されることなく（非属人的に）全市民に対して適用される。また、すべての市民は、裁判所など法に基づく権利回復のための制度を、やはり個人的なつながりの有無とは無関係に（非属人的に）利用することができる。

③政治的・経済的な**結社**（association）**の自由**、すなわち政党や企業、労働組合、経営者団体といった政治的・経済的組織をつくる自由が認められている。

④政治や経済の活動への**参入に制限がない**。その結果、政治では政党間の競争があり、経済では企業間の競争がある。また、労使間では自発的な協議が自由に行われている。

以上のような民主主義体制における経済調整の基本的な特徴と対比させるかたちで、権威主義的経済調整の特徴を示したい。以下に挙げる特徴のいずれかが当てはまる場合、それは権威主義的経済調整である。

権威主義的経済調整の基本的な特徴

①個人的なつながり、つまり**属人的関係**に基づく政治的および経済的な取引が、先に述べた非属人的関係に基づく取引よりも優先される。属人的関係の優位は、社会経済において一部の人々が特権をもつことや個人は必ずしも平等ではないという認識がみられることとつながっている。

②法などの制度が必ずしも平等に適用されない。例えば、行政が、特権をもつ人々の不透明な属人的決定に従って、ある個人や企業の活動を制限することがある。

③政党、企業、労働組合、経営者団体といった政治的・経済的結社をつくる自由が制限されている。言い換えれば、結社の自由は、特権をもつ人々の意向に沿う限りで認められる。

④政治や経済への参入の自由が保障されていない。政治では、政党間の競争が制限され、経済では企業間の競争が制限され、また、企業間や労使間での協議が制限されていることがある。政治的または経済的な参入が認められるか否かは、特権をもつ人々の属人的決定に左右され、また、現在のところ認められていても、将来的に制限され、排除される可能性も捨てきれない。

(3) 権威主義的経済調整の利点と問題点

　権威主義的な経済調整の利点は、異なる利害や価値観のあいだでの合意形成が困難な課題について、国家が先進民主主義国に比べて迅速に決定を下せることである。第10章で述べたように、社会単位コーディネーションが不足している日本では、労働者と自営業者のあいだ、大企業労働者と中小企業労働者のあいだ、若年世代と高齢世代とのあいだの利害対立が調整されることなく、抜本的な社会保障制度改革は先送りされ続けてきた。その一方で、中国では、国家が利害諸集団の協議を主導するかたちで社会保障制度改革を実行している。中国では、地方政府の従業員基礎年金基金の収支について省のあいだの格差が大きくなったが、2018年には中央政府が、省間の利害の相違がありながらも、全国的に基金の一部を調整（移転）する制度をつくることを決定した（労働政策研究・研修機構［2018］）。

　国家すなわち独裁政党の利害や価値観が他の諸集団のそれらに優先されることは、確かに深刻な利害対立を国家主導で調整できるという利点をもたらすが、その反面、以下の3つの問題をもたらす。

　第1に、民主主義の前提である**価値の多元主義**が権威主義では必ずしも認められておらず、特権をもつ人々の利害や価値観にそぐわない主体や集団の自由や権利が侵害される危険がつきまとうことである。先進民主主義国では制度形成は権利の創造や拡張、すなわち個人や集団の**解放**につながることがあるが、権威主義国の制度形成では、個人や集団の解放よりも特権をもつ人々の考える**秩序**の維持が優先される。もっとも、権威主義国において特権をもたない経済主体が必ずしも不自由さを感じているとは限らない。なぜなら、第1章で述べたように、経済主体はあらかじめ制度化されているからである。つまり権威主義的な国家は、経済主体を抑圧的な状況に馴染ませようとするし、経済主体もまた、無自覚に馴染んでしまうこともあれば、おとなしくしていたほうが逆らうよりも大きな恩恵を受けられると判断し、自発的に服従してしまうこともある（梶谷・高口［2019］）。

　第2に、ほとんどの経済調整に属人的な決定が関与するため、第1章で取り上げた、先進民主主義国における制度の最も基本的な役割の1つである、経済主体の**期待の保障**が完全には実現されないことである。権威主義国でも、市場的調整・企業におけるヒエラルキー・企業単位および社会単位コーディネーションがみられるが、これらには、国家が、法の公正な適用を通じてではなく

属人的な決定によって介入する可能性が常に残されている。それゆえ、どのような取引をしてもよいか、反対に、どのような取引をしてしまうと行政機関が罰則を課してくるのかといった事柄に関して、特権をもたない経済主体が予見することは困難である。

　第3に、先進民主主義国と比べると、権威主義国における**制度運営のコスト**は高く、また、達成される経済成果は劣る可能性がある。権威主義国では、合意形成から特権をもたない経済主体たちが排除されているため、できあがった制度に対する彼らの自発的遵守の度合いが低くなり、制度運営における威圧や強要や監視への依存が高まる。その結果、威圧や強要や監視を職務とする人員が多く必要となるので制度運営コストが高まる。また、国家の権威や強制によって達成されるイノベーションや生産性上昇などの経済的成果は、民間の自発性の発揮によって達成されるそれと比べると、劣る可能性がある（Commons [1934]、North et al. [2009]）。

5．熟議民主主義に基づく社会単位コーディネーションの拡充

(1) 熟議民主主義とは

　以上みてきたとおり、市場的調整を拡充してゆく新自由主義的改革は今日、限界をあらわにしており、権威主義的経済調整を拡充してゆくこともまた、制度の運営コストの高さや達成される諸成果の低さを考えると、必ずしも有効な調整方式とはいえそうにない。本節では、これらとは異なる制度改革の方向性として、**熟議民主主義に基づく制度**（以下、**熟議制度**と呼ぶ）の拡充を提案する。

　先進民主主義諸国では、近年、熟議制度の活用が進められている（OECD [2020]）。その例として3つの例を挙げておく。第1に、市民会議や市民評議会である。これは、無作為に抽出された市民が、ある課題をめぐって熟議をして、政策案を決議することを目的として設置されたものである（決議は政策に反映されることになる）。第2に、第6章で触れた、日本におけるエネルギー政策の方向性をめぐる討論型世論調査である。これは、無作為に抽出された参加者たちの立場や意見を熟議の前と後のそれぞれで調査するものである。第3に、同じく第6章で触れた、政府によって選ばれた代表者が熟議したドイツの倫理委員会や、諸団体が自主的に選出した代表者たちが熟議するウィスコンシン州産業委員会（行政委員会）である。

314

　代表制民主主義では選挙や採決といった価値観を集約する「決定」の瞬間が重視されがちであるのに対して、熟議民主主義では、合意形成「プロセス」が注目され、交渉当事者には**熟議**（deliberation）を実現させようとする姿勢が求められる。ここでいう熟議とは、次の3つの要素をもつコミュニケーションのことである（田村編［2010]）。

　第1に、**理由**（reason）による説得である。各交渉当事者は、ある主張をするとき、その理由を示し、他者（他の当事者や公衆）による検証にさらさなければならない。正当な理由として議論の場で受け入れられるのは、他者による検証を耐え抜いた理由（つまり第6章でいう**公共的理由**）である。

　第2に、**理解**である。これは、各交渉当事者が、調査や議論を通じて、事実や課題への理解を広げようとしたり、相手の価値観（すなわち諸価値の重み付け方）への理解を深めようとすることである。

　第3に、**反省**である。これはreflectionの訳語であり、省察や内省ともいわれる。普段、自分の立場や価値観などが特殊であることを自覚することはあまりないだろう。反省とは、上で述べた理解の広がりや深まりを通じて、そして、異なる主張や理由の闘いを通じて、自分の立場や価値観の特殊さを自覚し（つまり相手との比較を通じて自分を相対化し）、合意形成に向けてそれらを問い直すことである。もちろん各交渉当事者（代表者）は特定の利害を背負っていることから自らの主張を簡単には変えられない。しかし、熟議では、自分の立場、理由、価値観などを少なくとも吟味してみようとする姿勢が求められる。第6章で取り上げたウィスコンシン州産業委員会の事例でみたように、各交渉当事者の価値観が実際に変わることがある。

　熟議民主主義は次の3つの利点をもつ。第1に、代表制民主主義の制度的限界（時間的制約と非対称性）を補完できることである。まず、熟議制度では、定期的な選挙を設ける必要がなく、社会経済的課題に応じて、各交渉当事者の任期や熟議の期間、この制度の解消時期を設定することができる。そのため、時間的制約は必ずしも問題にならない。次に、諸団体が代表者を自主的に選出すること、あるいは、中央・地方政府が諸利害を広範に包摂できるように代表者を選定することによって、諸利害の意見分布と代表者の属性との非対称性をある程度是正できる。

　第2に、法定最低賃金の設定や生産現場の安全対策など特定の課題に関しては、複数の政党が競合しながら中央・地方議会や政府を運営する政党政治より

も、熟議制度のほうが、多様な利害集団が受け入れ、実行することのできる制度がうまくつくられうるからである（Commons [1934]）。なぜなら、1つに、当該課題の当事者たちからすると、当事者ではない議員や官僚よりも、関係諸団体から選出された代表者たちの方が、専門的な知識や現場に即した知識をもって議論したりすることができるからである。もう1つは、当事者たち自身が直接的に選んだ代表者たちが熟議を経て合意した制度の方が、当事者たちはその合意を受け入れやすいからである。

第3に、仮に最終的に多数決や裁定をするにせよ、そこに至るまでのプロセスにおける理由づけの闘いと認識変化（理解と反省）とを重視することによって、それを重視せずに単に多数決をして意見を集約する場合に比べて、制度の自発的遵守と安定性がもたらされるからである。その理由は、1つに、交渉当事者（代表者）が合意形成に向けて立場や価値観の違いを残しつつも歩み寄るため、合意への代表者の納得感が生まれるからである。もう1つは、熟議のプロセスと決定の理由が関係諸団体に周知徹底されるからである（Commons and Andrews [1936]）。代表者には自らが属する団体に対して熟議の経緯と合意の理由を説明する責任がある。代表者たちがそれぞれの団体の構成員たち（広範な関係者）に対して説明責任を果たすことで、広範な関係者の理解が深まり、そのことが、広範な関係者による制度の自発的遵守につながりうる。繰り返すように、制度が自発的に遵守されるときには、そうでない場合に比べて、制度の運営コストの低さが期待できる。

ところで、熟議は、議会でも労使交渉でも実現する可能性がある。というのも、先に述べたように、熟議とは、理由の闘いと認識変化の要素をもった理想的な（あるいは特殊な）コミュニケーションのことだからである。このことから、熟議民主主義の拡充の方法として次の2つが考えられる。1つは、熟議を促す制度的条件（あとで検討する）を備えた会議や審議会、委員会を新設することである。もう1つは、代表制民主主義に基づく既存の諸制度（例えば国会や議会、労使交渉制度）を改革し、それらのプロセスにおいて熟議が促されるように制度的条件を整えることである。本章は、これらの方法で、代表制民主主義を熟議民主主義によって補完することを提案する。

次項では、読者に熟議制度がどのように運用されているのかを理解してもらうために、その具体例として、法定最低賃金の審議プロセスを取り上げたい。第10章で述べたように、日本では、企業単位コーディネーションは発達してい

るが、社会単位コーディネーションが不足している。次項で取り上げる**最低賃金審議会★**は、後者の最善と思われる例である。

(2)　大阪地方最低賃金審議会における熟議

　近年、最低賃金水準の毎年度の改定に社会的関心が高まっている（毎日新聞 [2021]）。その理由は次の2つである。1つは、産業構造や就業構造の変化から、最低賃金付近の賃金水準で雇用されている非正規労働者の数が増えているからである。もう1つは、2010年代後半から、政府が経済政策の一還として、最低賃金を「早期に全国加重平均1000円を目指し」て引き上げることを公約や政策文書で示しているからである。

　最低賃金の審議では、「政権の意向が反映され」る（読売新聞 [2021]）といわれることもあるが、自主性をもった公益を代表する委員（以下「公益委員」）、労働者を代表する委員（以下「労働者側委員」）、使用者を代表する委員（以下「使用者側委員」）の「公労使」三者による審議によって決定される（最低賃金法とその運用について、詳しくは労働調査会出版局編 [2016] を参照）。まず、厚生労働省の中央最低賃金審議会において三者が各都道府県の引き上げ額の「目安」を決める。例えば2021年度の目安は全都道府県で28円とされた。次に、この目安を考慮しながらも、各都道府県の最低賃金引上げ額については、各都道府県単位の労働局に設置された「地方最低賃金審議会」の三者が自主的（voluntary）に決定する。本節では、多くの都道府県に比べて議事要旨の情報量が多い大阪地方最低賃金審議会での合意形成プロセスをみる（本項では次の公開情報に依拠して記述・推察する。大阪労働局大阪地方最低賃金審議会　令和3年度議事録・議事要旨等〈https://jsite.mhlw.go.jp/osaka-roudoukyoku/jirei_toukei/_71581/_121131/20220114.html〉最終閲覧日：2022年6月21日）。

　公開情報によれば、2021年度の審議プロセスにおいて労使の提示金額とその理由（根拠）は表13-1のように変わっていった。

　表に示されるように、両者の引き上げ主張額は徐々に寄ってゆき、その根拠も変わっていった。引き上げ主張額の「隔たり」は、議事要旨によれば36円（引き上げ主張額：労36円、使0円）から11円（同：労29円、使18円）まで縮まった。さらに、議事録から推察すると、第5回（最終回）において使用者側委員は＋25円前後まで譲歩を示した可能性が高い。そうであるならば、隔たりは4円前後にまで縮まっていたことになる。

最低賃金の審議において労使がこのように歩み寄ることは容易ではない。というのも、労働者側委員は労働者を、使用者側委員は使用者を代表しているため、労使ともに簡単に折れることができないからである。しかし、大阪における公益委員による裁定前の最終的な隔たり（おそらく４円前後）は、中央最低賃金審議会での公益委員裁定の前の最終的な隔たり40円（同：労40円、使０円）（毎日新聞［2021］）や鳥取県の最終的な隔たり27円（同：労30円、使３円）と比べて極めて小さいといえる。一般に、最低賃金の審議では、公益委員が労使の認識変化を促し、双方を歩み寄らせるための**媒介者**（mediator）となることが知られている。大阪府の公益委員はこの媒介者の役割を十分に果たしたと考えられる。以下では、公益委員が労使の認識変化を促したプロセスを、公開情報（議事録、議事要旨、労働局が準備した統計などの資料）から推察しながら描いてみたい。

　公表されている資料によれば、大阪府の審議会では、「審議に係るルール」や「審議に関する了解事項」が従来から公労使のあいだで共有・継承されている。それらは2021年度の審議に際しても公労使であらためて確認・同意されている。そこで定められているのは以下のことである。「「調査審議」は、大阪府下の最低賃金を取り巻く実情等を十分考慮して行うこと」。具体的には、公労使は、最低賃金法に定められている「地域における労働者の生計費及び賃金並びに通常の事業の賃金支払い能力」という「最低賃金決定３原則……に対応する大阪府下の統計資料を使用して審議を行う」。それらの統計資料は、労働局が調査・準備するものである。くわえて、そのなかから審議の「指標となる」情報を労働局が整理した「経年的データダイジェスト版」も「基本的資料」として提示されている。以上のルールから推察すると、公益委員は、労使に対して、労働局が調査・準備した資料によって各々の提示金額を根拠づけるよう求めていたと思われる。

　労働側委員が第２回審議で提示した引き上げ主張額は36円であり、その根拠は労働者の全国組織である連合が目標として定めた1000円であった。これに対して公益委員は、「全国」組織が定めた「あるべき」水準から逆算するのではなく、審議に係るルールに沿って「大阪府下の最低賃金を取り巻く実情等」を示す資料から根拠づけ直すよう労働側委員に促すことが可能であったと考えられる。実際、のちの審議（第４回）では、労働者側委員は、資料のなかの春闘妥結結果から算定した額などを根拠にした引き上げ額30円へと引き上げ主張額

	労働者側委員		公益委員	使用者側委員	
審議(年/月/日)	金額	理由(根拠)		金額	理由(根拠)
第2回 (2021/7/26)	+36円	「大阪の最低賃金〔当時964円〕を早期に1,000円とすることを目標」 (労組の全国組織　連合が**中央で決定した従前からの当面の目標に準拠**)		「**最低賃金の引き上げの凍結が妥当との考え方が使用者側には強くある**」	「今は事業の存続であるとか雇用の維持を最優先すべき状況にある」
第3回 (2021/7/28)				「据え置きが妥当」	「総会における使用者側の意見陳述の内容や、中小企業団体中央会の会員企業を対象に実施した**『新型コロナウイルス感染症に関する中央企業の実態調査』**の結果を踏まえると、大阪府の最低賃金は現行水準とすべき」
第4回 (2021/7/30)	+30円	「**令和3年春季賃上げ回答妥結状況**から、妥結額は時間額に換算すると29円の引き上げという数字が出ていること、これに昨年度の審議で労働者側が提示した引き上げ額1円を加え」る		+18円	「**大阪府内の賃上げ率1.83%**があることや最低賃金の3要素を総合的に勘案」
第5回 (2021/8/3)	+29円			議事録から「**目安マイナス**」つまり+28円未満を主張していたと推察される	
採決			公益委員見解 +28円		
	賛成		賛成 賛成多数で「公益委員見解どおり」の結論	反対	
	公益委員見解への意見 「公益見解につきまして、私どもが求めてきた水準とは隔たりがあり、満足のできる金額では<u>なかった</u>が、総合的に判断をし、賛成をしてきたところでございます」使用者側委員の「御意見もありましたように、最低賃金を引き上げるための環境整備となる各種政策の強化の必要性も認識するところであります」			公益委員見解への意見 「緊急事態宣言が再発令されました大阪におきましては、…最低限の政策的な配慮を示すものとして、少なくとも全国平均よりは低い引上げ額、<u>すなわち目安マイナスとするべきだ</u>と考えております。／そうは言いながら、…今後の課題としてやはり一番大切なことは、<u>コロナ禍の直撃を受けました業種の事業者の方々への支援だ</u>と思います」	
答申文に盛り込む「附帯事項」の共同作成・確認（附帯事項は次の通りになった） 「なお、大阪府最低賃金の改正が…〔コロナ禍で〕危機的状況にある中小企業・小規模事業者に与える影響を踏まえ、業務改善助成金をはじめとする施策について、さらなる特例的な要件緩和・拡充を行うことはもとより、賃金引上げに見合った助成金の給付等、直接的な新たな支援策の実施、周知広報及び速やかな給付体制の構築等を国に強く求める」					
異議の申出	関係労働者から149件の異議申出			関係使用者から1件の異議申出	
異議審 (2021/8/23)	**答申どおり** 「労働側の立場でも、これまで賃金の水準、低さについては発言」したが、「〔中央審の〕目安で28円ということも出ておりますので(後略)」			**答申は「妥当」** 「異議申立ての内容につきましては、審議会において十分時間をかけて労使で真摯に協議をした内容だと考えています。／したがいまして、審議会の採決プロセスにのっとった結論である本答申のとおりとすることが妥当(後略)」	

表13-1　労使の提示金額と理由（根拠）の変化

注：大阪地方最低賃金審議会における2021年度の議事録および議事要旨から著者作成。なお、太字および下線での強調、〔　〕内の挿入は著者による。

を下げている。

　使用者側委員が第3回で提示したのは「据え置き」であり、その根拠は審議ルールで示された資料のなかにはない、中小企業団体中央会の調査結果であった。これに対して公益委員は、やはり使用者側委員に対しても、公労使に共有された資料によって根拠づけるよう促すことが可能であったと考えられる。さらに、統計資料のなかには2021年度**春闘★**における大阪府内の賃上げ率1.83%や「女性短時間（パートタイム）労働者の賃金」の大幅上昇といった最低賃金の引き上げを導くようなデータが確認できるため、公益委員は、こうしたデータがあることを使用者側委員に指摘し、それゆえ「据え置き」という使用者側委員の主張には無理があると指摘できたと考えられる。実際、第4回では、使用者側委員は、「大阪府内の賃上げ率1.83%があること」などを根拠にした18円の引き上げへと提示金額を大幅に上げた。

　公益委員は、公労使の三者での審議、および、公・労ないし公・使の「個別協議」において、このように資料に注目しながら、労使に根拠の再考を促したと思われる。最終回（第5回）の審議では、両者が主張する引き上げ額の隔たりが縮まっていたものの、完全には「埋まらず」、公益委員が「公益委員見解」（28円引き上げ）を示すかたちで裁定を下した。採決では使用者側委員は反対したが、審議は賛成多数で「「公益委員会見解どおり」との結論に達した」。労使双方が、（公益委員見解の金額には不満が残るものの）審議のプロセスおよび公益委員見解は「妥当である」と考えていることは、表13-1で引用した、公益委員見解への労使双方の意見からわかる（表13-1の下線部をみよ）。

　以上の事例は利益代表者間の交渉（negotiation）という制度的経済調整が熟議的に行われたものであり、この審議プロセスにおいて労使の対立を止揚するような劇的な解決策が見いだされたわけではない。しかし、最低賃金での審議でも、以下でみるように革新的な解決策が生まれることがある。それは「附帯事項」を答申に併記するという形式の出現である。上の表13-1に示されているように、2021年度の審議では各種中小企業支援政策の拡充を国に要請する「附帯事項」が添付されているが、このような附帯事項のある答申が全国で初めてなされたのは、2015年度における大阪地方最低賃金審議会であった。この2015年度、大阪府では「目安プラス1円」（すなわち目安19円に1円を加えた20円）の引き上げ額が全会一致で決定された。この目安プラス1円の合意は、非正規雇用労働者が増加傾向にある中で当時の最低賃金付近で働く労働者の約4

分の３が女性であったことから、女性の賃金の底上げや男女の均等待遇に取り組んでいきたいという労使双方の姿勢を示すものであった。目安プラス１円の決定にあたり、使用者側委員は、公・労に次のことを求めた。それは、目安プラス１円を認めた大阪府内の使用者のための最低賃金引き上げに向けた環境整備として、国に対して中小企業支援政策のさらなる拡充を大阪地方最低賃金審議会から要請することである。公労使で検討した結果、最低賃金引き上げに向けた環境整備を求める内容を「附帯事項」というかたちで答申に添付するという、それまでになかった方式がとられることになった。この新しい利害調整の方式は、大阪府における2021年度の審議にまで受け継がれている。

（3）熟議を促す制度的条件

　前項では、日本における熟議制度の運用例をみた。それでは、熟議を促すような制度的条件（熟議の必要条件）は何であろうか。それを考察した諸研究をみると、それらの観点や方法は実に多様（例えば、憲法学、行政学、行動経済学の観点、先進諸国の諸事例の分析、自らの実務経験の振り返りなど）であるが、提示されている熟議の必要条件はかなり似通っている（Commons[1934]、Commons and Andrews[1936]、Sunstein[2017]、OECD[2020]、吉田[2021]）。様々な研究に共通する熟議の必要条件は次のように整理できる。すなわち、①目的の明確化、②代表性、③科学的調査、④公開性、⑤予期せぬ出会い、⑥共通経験、⑦媒介者である。

　本書は、熟議という特殊なコミュニケーションが、**公共的理由**による説明を重視するという点で、第６章で述べた適正な制度変化プロセスの一要素であるとみなしている。上記の②③④については、第６章で提示した適正な制度変化プロセスの必要条件（すなわち代表性、科学的手法のための調査能力、独立性、公開性、非匿名性、審判）の一部である。以下では、それ以外の①⑤⑥⑦についてみていきたい。

　①**目的の明確化**とは、熟議の結果がどのように扱われるのかを事前に明確にしておくべきである、ということである。例えば、熟議の結果は議会や政府といった代表制民主主義における意思決定での参考意見にすぎないのか、あるいは、上述の最低賃金のように、審議会の答申が実質的に政府（行政）の決定になるのか。第６章で扱った日本のエネルギー政策をめぐる国民的議論では、それが事前に明確にされておらず、国民的意見が熟議民主主義で形成されたにも

かかわらず、最終的には政府に放置された。

⑤**予期せぬ出会い**（serendipity）の制度化とは、異質な事実や価値観との予期せぬ偶然の出会いを制度化すべきである、ということである。というのも、熟議が孤立集団内でなされると、まるで「エコー・チェンバー（反響室）」のように内輪の意見が強化され、極端化する危険性があるからである（Sunstein[2017]）。予期せぬ出会いは、それを防ぐために必要とされる。熟議制度の事務局等による科学的調査は、予期せぬ出会いの制度化の方法の１つである（熟議の交渉当事者の無作為抽出もその方法の１つである）。前項の事例でいえば、統計資料や意見聴取、現地視察によって、理解が拡大・深化することがある。また、労使ともに自分の主張にそぐわない数字・意見・労働実態などに直面することになる。それを無視すれば、公益委員によって指摘され、反省を促されることになる。ここでは、⑤予期せぬ出会いを、適正さの必要条件の１つである、科学的手法のための調査能力のなかに含めてしまうことにする。

⑥**幅広い共通経験**は、議論の交渉当事者たちの共通知識の基盤になり、論争相手が理解可能であるという感覚をもつために必要である。前項の事例では、幅広い共通経験の具体例として次の２つが挙げられる。１つは、労働者側の多くが企業別労働組合の役員として、使用者側の委員の多くが企業の労務担当役員として、企業内の労使交渉に関わってきた経験をもつことである。それは、お互いの考え方を理解するための経験になる。もう１つは、大阪でいくつか設けられていた、政労使で大阪府政の方向性やその時々の社会的な課題を議論するための会議への参加である。2010年代からの大阪府・大阪市の新自由主義的路線によってその多くが廃止されたが、今日でも労働局が主催する大阪働き方改革推進会議などが開催されている。こういった共通経験から労使の協調的関係がつくられ、それは、対立しながらも審議を尽くして合意形成を目指すべきであるという労使の集合的意志にもつながっている。より一般化すれば、コーディネーションのための諸制度が社会のなかに重層的に存在することが、幅広い共通経験をつくることに貢献するといえる。

⑦**媒介者**とは、交渉当事者たちの認識変化（理解と反省）を促しながら、対立する当事者の議論を合意へと導く役割をする者である（媒介者を社会で育成することの重要性と課題については井上・牧野編［2021］を参照）。前項の最低賃金の事例では公益委員が媒介者であった。熟議の実現のためには媒介者が必要となる理由は、労使などの当事者双方が自分の立場を危うくしてしまうことを

恐れて、自分ができる最大限の譲歩をしようとしないことがあるからである（Commons and Andrews［1936］邦訳543頁）。労使は双方だけで相対する交渉においては譲歩しにくいが、各々と媒介者とのあいだでの個別協議では譲歩を示すことができる、という場合がありうる。前項の事例でもそうであった。

　媒介者（mediator）は、議論の終局においては双方の埋まらない隔たりを埋めて合意に至らせるために**調停者**（mediator）の役割をとることがある。ここでいう調停者とは、交渉当事者を強制的に決定に従わせるような権限をもたず、立場と説得の力のみで着地点や妥協点を当事者に納得させる第三者のことである。先の事例での公益委員もまた、公益委員見解を示したように、調停者の役割を果たしていた。調停者は、異なる立場の当事者たちが、それまでの審議の経緯からすると致し方ないと思わせる内容（金額）・理由で調停をしなければならない。上記の事例では、仮に公益委員が、公益（公共諸目的）を代表するという役割から逸脱し、片方の側に不当に肩入れしたと反対側から思われてしまう内容で調停をしようとしてしまうと、公益委員への労使の信頼が崩れ、公益委員の正統性が損なわれる。すると、その年度の審議や来年の審議においてその公益委員の説得に当事者が耳を貸さなくなり、審議プロセスが滞ってしまう恐れがある。

　以上の議論から、熟議の制度的条件は、**目的の明確化、代表性、科学的手法のための調査能力**（予期せぬ出会いを含む）、**公開性、幅広い共通経験、媒介者**にまとめられる。

（4）熟議制度の拡充

　本書では、日本が、制度的調整のなかでも社会単位コーディネーションの能力が不足しており、そのため社会単位の課題の解決策についての合意形成が遅延していることを指摘した。さらに、本章では、社会単位コーディネーションの拡充という制度改革の方向性のなかでも特に望ましいものとして、熟議制度の拡充を提案した。その方法として、新たな熟議制度の設置と既存の協議制度の改革の両方が考えられる。新たな熟議制度の設置とは、すぐ上で述べた熟議を促すための制度的条件を満たした制度を社会的・経済的課題に応じて設計・設置し、代表制民主主義の制度を補完することである。また、既存の協議制度の改革案としては、例えば、中央・地方の審議会や委員会、調査会といった「審議会等」における熟議の制度的条件を整備し、その制度での審議プロセス

において熟議の実現を促すことが挙げられる。

　ずいぶん時代を遡るが、日本では、敗戦後、占領軍が主導および示唆した行政改革によって、第6章で取り上げたウィスコンシン州産業委員会を模範の1つとするような、熟議の制度的条件を備えた行政委員会制度が導入（移植）されようとしたことがあった。しかし、政党や官庁などの諸勢力の様々な介入により、審議会等の設置時や設置後に、それらは、熟議の制度的条件の多くが省かれたものへと変質した（現代公益事業講座編集委員会［1974］、伊藤［2003］）。つまり、熟議制度の多くは制度移植の過程で形骸化したのである。今日でも、審議会等には官僚の擁護機関のようになっているものが少なくないという批判や初めに役所のつくった結論ありきであるという批判がよくなされるように（黒川［2016］）、審議会等の形骸化は今日でも十分には改善されていないことがわかる。そこで、審議会等を本来の熟議制度へと、すなわち本章が整理した熟議の制度的条件を備えたものへと改革することを提案したいし、またすべきである。先に取り上げた最低賃金審議会は、例外的に形骸化していない審議会等の1つであるが、こうした実例があるからこそ、審議会等を熟議制度へと改革することは不可能ではないといえる。

　当然ながら、熟議を促す制度的諸条件（必要条件）を備えるだけで熟議が自動的に実現することはない。熟議の実現には、参加をいとわず、かつ、調査・議論を通じた認識変化をいとわない政治的・経済的主体（市民）が欠かせない。本書は、そのような**熟議的な主体**を育成するためにも、まずは熟議制度を拡充してみることを提案したい。というのも、先行研究では、熟議制度における交渉当事者たちが（たとえ無作為抽出などで偶然に参加したとしても）調査・議論をするなかで、課題を深く理解していったり、異なる価値観の他者と真摯に議論する意欲を強めていったりした例が示されているからである（Commons［1934］、Miller［2003］）。まずは熟議制度を拡充する、という提案から期待されることは、その制度に自主的に参加した主体や抽出・選出等でたまたま巻き込まれてしまった主体が、実際に調査・議論をするなかで、協議への参加や認識の変化をいとわなくなることである。ひいては、このように形成された熟議的な主体が、政治・経済調整における他の協議の場でも、熟議の実現に貢献することになる。

参考文献

Aglietta, M.〔1976〕*Régulation et crises du capitalism*, Paris : Calmann-Lévy. 若森章孝・山田鉄夫・大田一廣・海老塚明訳『資本主義のレギュラシオン理論——政治経済学の革新』大村書店、1989年。

Alvaredo, F., Chancel, L., Piketty, T., Saez, E. and G. Zucman（ed.）〔2018〕*World Inequality Report* 2018, Cambridge : Harvard University Press. 徳永優子・西村美由起訳『世界不平等レポート2018』みすず書房、2018年。

Applebaum, A.〔2020〕*Twilight of Democracy : The Seductive Lure of Authoritarianism*, New York : Doubleday. 三浦元博訳『権威主義の誘惑——民主政治の黄昏』白水社、2021年。

Atkinson, A. B.〔2015〕*Inequality : What can be done?*, Cambridge, Mass. : Harvard University Press. 山形浩生・森本正史訳〔2015〕『21世紀の不平等』みすず書房。

Atkinson, A. B. and Bourguignon, F.（ed.）〔2000〕*Handbook of Income Distribution*, Amsterdam : Elsevier.

Autor, D., Dorn, D., Katz, L. F., Patterson C. and J. V. Reene〔2020〕"The Fall of Labor Share and the Rise of Superstar Firms," *The Quarterly Journal of Economics*, Vol.35, No.2, pp. 645−709.

Baldwin, R.〔2016〕*The Great Convergence : Information Technology and the New Globalization*, Cambridge : Belknap Press of Harvard University Press. 遠藤真美訳『世界経済 大いなる収斂——ITがもたらす新次元のグローバリゼーション』日本経済新聞出版社、2018年。

Baldwin, R.〔2019〕*The Globotics Upheaval : Globalization, Robotics, and the Future of Work*, New York : Oxford University Press. 高遠裕子訳『GLOBOTICS（グロボティクス）——グローバル化＋ロボット化がもたらす大激変』日本経済新聞出版、2019年。

Barbier, J. C. and B. Théret〔2004〕*Le nouveau système français de protection sociale*, Paris : La Découverte. 中原隆幸・宇仁宏幸・神田修悦・須田文明訳『フランスの社会保障システム』ナカニシヤ出版、2006年。

Baumol, W. J.〔1967〕"Macroeconomics of Unbalanced Growth : The Anatomy of Urban Crisis," *The American Economic Review*, Vol.57, pp.415−26.

Best, J.〔2017〕*Social Problems*, Third edition, New York : W.W. Norton. 赤川学監訳『社会問題とは何か——なぜ、どのように生じ、なくなるのか？』筑摩書房、2020年。

Blinder, A. S., Canetti, E. R. D., Lebow, D. E., and J. B. Rudd〔1998〕*Asking about Prices : A New Approach to Understanding Price Stickiness*, New York : Russell Sage Foundation.

Boltanski, L. and È. Chiapello〔1999〕*Le nouvel esprit du capitalisme*, Paris : Editions Gallimard. 三浦直希・海老塚明・川野英二・白鳥義彦・須田文明・立見淳哉訳『資本主義の新たな精神』上・下、ナカニシヤ出版、2013年。

Bowles, S. [2012] *The New Economics of Inequality and Redistribution*, Cambridge : Cambridge University Press. 佐藤良一・芳賀健一訳『不平等と再分配の新しい経済学』大月書店、2013年。

Boyer, R. [1988] "Formalizing Growth Regines," in G. Dosi et al., *Technical Change and Economic Theory*, London : Pinter Publishers. 遠山弘徳訳「レギュラシオン・アプローチによる成長体制の定式化——テクノロジー変化の経済的諸効果の評価方法」『法經論集』(静岡大学法経短期大学部) 第69・70号、111-145頁、1993年。

Boyer, R. [2015] *Économie politique des capitalismes : Théorie de la régulation et des crises*, Paris : La Découverte.山田鋭夫監修・原田裕治訳『資本主義の政治経済学——調整と危機の理論』藤原書店、2019年。

Brown, W. [2015] *Undoing the Demos : Neoliberalism's Stealth Revolution*, New York : Zone Books. 中井亜佐子訳『いかにして民主主義は失われていくのか——新自由主義の見えざる攻撃』みすず書房、2017年。

Chavance, B. [2007] *L'économie institutionnelle*, Paris : La Découverte.宇仁宏幸・中原隆幸・斉藤日出治訳『入門制度経済学』ナカニシヤ出版、2007年。

Commons, J. R. [1934] *Institutional Economics : Its Place in Political Economy,* New York : Macmillan. 中原隆幸訳『制度経済学　上』ナカニシヤ出版、2015年／宇仁宏幸・坂口明義・高橋真悟・北川亘太訳『制度経済学　中』ナカニシヤ出版、2019年／宇仁宏幸・北川亘太訳『制度経済学　下』ナカニシヤ出版、2019年。

Commons, J. R. and J. B. Andrews [1936] *Principles of Labor Legislation*, 4th rev. ed. New York : Harper.池田直視・吉原節夫訳『労働法原理』上・下、ミネルヴァ書房、1959、1963年。

Corak, M. [2013] "Income Inequality, Equality of Opportunity, and Intergenerational Mobility," *Journal of Economic Perspectives*, Vol.27, No.3, pp.79-102.

Coutts, K. and N. Norman [2013] "Post-Keynesian Approaches to Industrial Pricing : A Survey and Critique," in Harcourt, G. C. and Kriesler, P. (eds.), *The Oxford Handbook of Post -Keynesian Economics Volume 1 : Theory and Origins*, Oxford : Oxford University.

Daly, H. E. [1996] *Beyond Growth : The Economics of Sustainable Development*, Boston : Beacon Press. 新田功・藏本忍・大森正之訳『持続可能な発展の経済学』みすず書房、2005年。

Drees, B. and C. Pazarbasioglu [1998] *The Nordic Banking Crises*, IMF Occasional Paper, No.161.

Epstein, G. (ed.) [2005] *Financialization and World Economy*, Cheltenham, UK : Edward Elgar.

Ethik-Kommission Sichere Energieversorgung [2011] Deutschlands Energiewende : Ein Gemeinschaftswerk für die Zukunft ⟨https : // www.bmuv.de/download/deutschlands -energiewende-ein-gemeinschaftswerk-fuer-die-zukunft⟩ (2022年 4 月13日 最終アクセス). 吉田文和・ミランダ・シュラーズ訳『ドイツ脱原発倫理委員会報告——社会共同によるエネルギーシフトの道すじ』大月書店、2013年。

Flaschel, P. and A. Greiner [2009] "Employment Cycles and Minimum Wages. A Macro View," *Structural Change and Economic Dynamics*, Vol.20, Issue 4, pp.279-287.

Frantz, E. [2018] *Authoritarianism : What Everyone Needs to Know*, New York : Oxford University Press. 上谷直克・今井宏平・中井遼訳『権威主義——独裁政治の歴史と変貌』白水社、2021年。

Fujita, S.〔2019〕"Mark-up Pricing, Sectoral Dynamics, and the Traverse Process in a Two-sector Kaleckian Economy," *Cambridge Journal of Economics*, Vol.43, Issue 2, pp.465–479.

Galbraith, J. K.〔1975〕*Economics and The Public Purpose*, New York : New American Library. 久我豊雄訳『経済学と公共目的』河出書房新社、1975年。

Georgescu-Roegen, N.〔1971〕*The Entropy Law and the Economic Process*, Cambridge : Harvard University Press. 高橋正立・神里公・寺本英・小出厚之助・岡敏弘・新宮晋・中釜浩一訳『エントロピー法則と経済過程』みすず書房、1993年。

Georgescu-Roegen, N.〔1976〕*Energy and Economic Myths : Institutional and Analytical Economic Essays*, New York : Pergamon Press.（一部の章は、小出厚之助・室田武・鹿島信吾訳『経済学の神話』東洋経済新報社、1981年に所収）

Graeber, D.〔2011〕*Debt : The First 5,000 Years*, Brooklyn, London : Melville House. 酒井隆史監訳、高祖岩三郎・佐々木夏子訳『負債論——貨幣と暴力の5000年』以文社、2016年。

Hall, P. A. and D. Soskice（ed.）〔2001〕*Varieties of Capitalism : The Institutional Foundations of Comparative Advantage*, New York : Oxford University Press. 遠山弘徳・安孫子誠男・山田鋭夫・宇仁宏幸・藤田菜々子訳『資本主義の多様性』ナカニシヤ出版、2007年。

Hall, R. and C. Hitch〔1939〕"Price Theory and Business Behaviour," *Oxford Economic Papers*, Vol.2, Issue 1, pp.12–45.

Harter, L. G.〔1962〕*John R. Commons : His Assault on Laissez-faire*, Corvallis, Oregon : Oregon State University Press.

Hein, E.〔2012〕*The Macroeconomics of Finance-dominated Capitalism and its Crisis*, Cheltenham, UK : Edward Elgar.

Hilferding, R.〔1910〕*Das Finanzkapital*, Wien : Wiener Volksbuchhandlung Ignaz Brand. 岡崎次郎訳『金融資本論』岩波文庫、1982年。

Jeidels, O.〔1905〕*Das Verhältnis der deutschen Grossbanken zur Industrie : mit besonderer Berücksichtigung der Eisenindustrie*, Leipzig : Duncker & Humblot. 長坂聡訳『ドイツ大銀行の産業支配』勁草書房、1984年。

Kaldor, N.〔1966〕*Causes of the Slow Growth in the United Kingdom*, Cambridge : Cambridge University Press.（Republished in Kaldor〔1978〕第4章）

Kaldor, N.〔1978〕*Further Essays on Economic Theory*, London : Duckworth. 笹原昭五・高木邦彦訳『経済成長と分配理論』日本経済評論社、1989年。

Kalecki, M.〔1971〕*Selected Essays on the Dynamics of the Capitalist Economy*, Cambridge, Cambridge University Press. 浅田統一郎・間宮陽介訳〔1984〕『資本主義経済の動態理論』日本経済評論社。

Keynes, J. M.〔1936〕*The General Theory of Employment, Interest, and Money*, London, Macmillan. 間宮陽介訳〔2008〕『雇用、利子および貨幣の一般理論』岩波書店。

Keynes, J. M.〔1930〕*A Treatise on Money, Volume 1 : The Pure Theory of Money*, London : Macmillan. 小泉明・長沢惟恭訳『貨幣理論Ⅰ　貨幣の純粋理論』東洋経済新報社、1979年。

Kleinknecht, A., Kwee, Z. and L. Budyanto〔2015〕"Rigidities through Flexibility : Flexible Labour and the Rise of Management Bureaucracies," *Cambridge Journal of Economics*, Vol.40, Issue 4, pp.1137–1147.

Krugman, P. R., Obstfeld, M. and M. J. Melitz [2015] *International Economics : Theory and Policy*, Boston : Pearson. 山形浩生・守岡桜訳『国際経済学——理論と政策』丸善出版、2017年。

Lapavitsas, C. [2013] *Profiting Without Producing : How Finance Exploits Us All*, London : Verso. 斉藤美彦訳『金融化資本主義』日本経済評論社、2018年。

Lavoie, M. [2006] *Introduction to Post-Keynesian Economics*, Basingstoke : Palgrave Macmillan. 宇仁宏幸・大野隆訳『ポストケインズ派経済学入門』ナカニシヤ出版、2008年。

Lavoie, M. [2022] *Post-Keynesian Economics : New Foundations*, second edition Aldershot, Edward Elgar.

Lavoie, M. and W. J. Nah [2020] "Overhead Labour Costs in a Neo-Kaleckian Growth Model with Autonomous Non-Capacity Creating Expenditures," *Review of Political Economy*, Vol.32, Issue.4, pp.511-537.

Lee, F. [1998] *Post Keynesian Price Theory*, Cambridge : Cambridge University Press.

Lenin, V. [1917] *Империализм, как высшая стадия капитализма (популярный очерк)*, First published in pamphlet form.副島種典訳『帝国主義論』国民文庫、1972年。

Levitsky, S. and D. Ziblatt [2018] *How Democracies Die*, New York : Crown. 濱野大道訳、池上彰解説『民主主義の死に方——二極化する政治が招く独裁への道』新潮社、2018年。

Lundvall, B. [2002] *Innovation, Growth and Social Cohesion : The Danish Model*, Cheltenham, UK : Edward Elgar.

Maddison, A. [2007] *Contours of the World Economy, 1-2030 AD : Essays in Macro-economic History*, Oxford : Oxford University Press. 政治経済研究所訳『世界経済史概観——紀元1年—2030年』岩波書店、2015年。

Mankiw, N. G. [2016] *Macroeconomics*, ninth edition, New York : Worth Publishers. 足立英之・地主敏樹・中谷武・柳川隆訳『マンキュー　マクロ経済学』第4版、入門篇・応用篇、東洋経済新報社、2017年。

Martin, F. [2013] *Money : The Unauthorised Biography*, London : Vintage Books. 遠藤真美訳『21世紀の貨幣論』東洋経済新報社、2014年。

Milanovic, B. [2016] *Global Inequality : A New Approach for the Age of Globalization*, Cambridge, Mass : Belknap Press of Harvard University Press. 立木勝訳『大不平等——エレファントカーブが予測する未来』みすず書房、2017年。

Miller, D. [2003] *Political Philosophy : A Very Short Introduction*, Oxford : Oxford University Press. 山岡龍一・森達也訳『はじめての政治哲学』岩波書店、2019年。

Minsky, H. P. [1986] *Stabilizing an Unstable Economy*, New Haven : Yale University Press. 吉野紀・浅田統一郎・内田和男訳『金融不安定の経済学——歴史・理論・政策』多賀出版、1989年。

Mitchell, B. R. [1998] *International Historical Statistics : Europe 1750-1993*, London : Macmillan. 中村宏・中村牧子訳『ヨーロッパ歴史統計：1750～1993』東洋書林、2001年。

Müller, J. W. [2011] *Contesting Democracy : Political Ideas in Twentieth-Century Europe*, New Haven : Yale University Press. 板橋拓己・田口晃監訳『試される民主主義——20世紀ヨーロッパの政治思想』上・下、岩波書店、2019年。

Müller, J. W. [2016] *What Is Populism?* Philadelphia, Pennsylvania : University of Pennsylvania Press. 板橋拓己訳『ポピュリズムとは何か』岩波書店、2017年。

Myrdal, G.［1957］*Economic Theory and Under-developed Regions*, London： Gerald Duckworth. 小原敬士訳『経済理論と低開発地域』東洋経済新報社、1959年。

Nagano, M.［2000］"Banking Crisis and the Choice of Resolution Scheme： Japanese Experience," *Journal of Mitsubishi Research Institute*, No.36, March 2000, pp. 107-123.

North, D. C., Wallis, J. J. and B. R. Weingast［2009］*Violence and Social Orders： A Conceptual Framework for Interpreting Recorded Human History*, Cambridge： Cambridge University Press.杉之原真子訳『暴力と社会秩序──制度の歴史学のために』NTT 出版、2017年。

OECD［1993］*OECD Economic Surveys Norway*, Paris： OECD Publishing.

OECD［1994］*OECD Economic Surveys Sweden*, Paris： OECD Publishing.

OECD［2020］*Innovative Citizen Participation and New Democratic Institutions Catching the Deliberative Wave*, Paris： OECD Publishing.

Onaran, O. and T. Obst［2016］"Wage-led Growth in the EU15 Member-states： The Effects of Income Distribution on Growth, Investment, Trade Balance and Inflation," *Cambridge Journal of Economics*, Vol.40, Issue 6, pp. 1517-1551.

Osterman, P.［1999］*Securing Prosperity*, Princeton, New Jersey： Princeton University Press. 伊藤健市・佐藤健司・田中和雄・橋場俊展訳『アメリカ・新たなる繁栄へのシナリオ』ミネルヴァ書房、2003年。

Piketty, T.［2015］*L'économie des Inégalit*és, Paris, La Découverte.尾上修吾訳『不平等と再分配の経済学──格差縮小に向けた財政政策』明石書店、2020年。

Pikkety, T.［2014］*Capital in the Twenty-first Century*, Cambridge, Mass., Belknap Press of Harvard University Press. 山形浩生・守岡桜・森本正史訳『21世紀の資本』みすず書房、2014年。

Polanyi, K.［1944］*The Great Transformation*, New York： Rinehart & Company. 吉沢英成・野口建彦・長尾史郎・杉村芳美訳『大転換』東洋経済新報社、1975年。

Pomeranz, K.［2000］*The Great Divergence： China, Europe, and the Making of the Modern World Economy*, Princeton, New Jersey： Princeton University Press. 川北稔訳『大分岐──中国、ヨーロッパ、そして近代世界経済の形成』名古屋大学出版会、2015年。

Rawls, J.［1993］*Political Liberalism*, New York： Columbia University Press. 神島裕子・福間聡訳『政治的リベラリズム　増補版』筑摩書房、2022年。

Robinson, J.［1962］*Essays in the Theory of Economic Growth*, London： Macmillan. 山田克巳訳『経済成長論』東洋経済新報社、1963年。

Solt, F.（2019）"Measuring Income Inequality across Countries and Over Time： The Standardized World Income Inequality Database." SWIID version 8.2, November 2019.

Stockhammer, E.（2004）"Financialisation and the Slowdown of Accumulation," *Cambridge Journal of Economics*, Vol. 28, Issue 5, pp. 719-741.

Sunstein, C. R.［2017］*#Republic： Divided Democracy in the Age of Social Media*, Princeton, New Jersey： Princeton University Press. 伊達尚美訳『#リパブリック──インターネットは民主主義になにをもたらすのか』勁草書房、2018年。

Taylor, F. W.［1911］*The Principles of Scientific Management*, New York： Harper & Brothers. 有賀裕子訳『新訳科学的管理法──マネジメントの原点』ダイヤモンド社、2009年。

Thelen, K.［2014］*Varieties of Liberalization and the New Politics of Social Solidarity*, New York： Cambridge University Press.

Théret, B.［1992］*Régimes économiques de l'ordre politique： esquisse d'une théorie régulation-*

niste des limites de l'état, Paris : Presses universitaires de France. 神田修悦・宇仁宏幸・中原隆幸・須田文明訳『租税国家のレギュラシオン——政治的秩序における経済体制』世界書院、2001年。

United Nations Environment Programme［2011］*Decoupling Natural Resource Use and Environmental Impacts from Economic Growth,* New York : United Nations.

Victor, P. A.［2008］*Managing Without Growth,* Cheltenham, UK : Edward Elgar.

Wood, A.［1975］*A Theory of Profits,* New York : Cambridge University Press. 瀬地山敏・野田隆夫・山下清訳『利潤の理論——ミクロとマクロの統合』ミネルヴァ書房、1979年。

安周永［2013］『日韓企業主義的雇用政策の分岐——権力資源動員論からみた労働組合の戦略』ミネルヴァ書房。

安周永［2022］「労働者利益代表機能の再検討——労働時間をめぐる政策過程の日韓比較から」『大原社会問題研究所雑誌』第769号、72-86頁。

石川経夫［1991］『所得と富』岩波書店。

一般財団法人アジア・パシフィック・イニシアティブ［2021］『福島原発事故10年検証委員会 民間事故調最終報告書』ディスカヴァー・トゥエンティワン。

一般財団法人日本再建イニシアティブ［2012］『福島原発事故独立検証委員会 調査・検証報告書』ディスカヴァー・トゥエンティワン。

伊藤元重［2018］『ミクロ経済学 第3版』日本評論社。

伊藤正次［2003］『日本型行政委員会制度の形成——組織と制度の行政史』東京大学出版会。

伊藤正純［2001］「高失業状態と労働市場政策の変化」(篠田武司編『スウェーデンの労働と産業』学文社所収、199-230頁)。

井手英策［2017］『財政から読みとく日本社会——君たちの未来のために』岩波書店。

井上義和・牧野智和編［2021］『ファシリテーションとは何か——コミュニケーション幻想を超えて』ナカニシヤ出版。

猪俣哲史［2019］『グローバル・バリューチェーン——新・南北問題へのまなざし』日本経済新聞出版。

上野継義［1996］「アメリカ産業における安全運動の波及と労使関係管理の生成」『経営史学』第31巻第4号、1-31頁。

内山勝久［2009］「持続可能な発展と環境クズネッツ曲線」(宇沢弘文・細田裕子編『地球温暖化と経済発展——持続可能な発展を考える』東京大学出版会所収、159-184頁)。

宇仁宏幸［2000］「先進諸国の市場調整パターン」『経済論叢』第165巻第1・2号、18-39頁。

宇仁宏幸［2009］『制度と調整の経済学』ナカニシヤ出版。

宇仁宏幸［2012a］「日本経済の縮小」(松久寛編『縮小社会への道』日刊工業新聞社所収、170-192頁)。

宇仁宏幸［2012b］「日本の社会保障の縮小」(松久寛編『縮小社会への道』日刊工業新聞社所収、194-214頁)。

宇仁宏幸［2012c］「経済成長と温室効果ガス排出の関係——累積的因果連関モデルによる分析」『季刊経済理論』第49巻第3号、79-89頁。

宇仁宏幸［2014］「アジアにおける共同的な為替レート調整の可能性——グローバル経常収支不均衡をふまえて」(植村博恭ほか編『転換期のアジア資本主義』藤原書店所収、

135-162頁）。

宇仁宏幸［2015］「先進諸国における1980年代以降の雇用構造変化——サービス化と管理・専門職化」『季刊経済理論』第51巻第4号、34-45頁。

宇仁宏幸［2020］「グローバル化・金融化時代における日本企業の利潤と投資」（宇仁宏幸・厳成男・藤田真哉編『制度でわかる世界の経済』ナカニシヤ出版所収、135-171頁）。

宇仁宏幸［2023］「先進諸国における金融化と脱金融化」『追手門経済論集』第57巻第2号、近刊。

宇仁宏幸・坂口明義・遠山弘徳・鍋島直樹［2010］『入門社会経済学　第2版——資本主義を知る』ナカニシヤ出版。

江口隆裕［2011］『「子ども手当」と少子化対策』法律文化社。

エスカット、ユベール・猪俣哲史編［2011］『東アジアの貿易構造と国際価値連鎖——モノの貿易から「価値」の貿易へ』日本貿易振興機構アジア経済研究所。

NHK スペシャル取材班［2014］『ヒューマン——なぜヒトは人間になれたのか』角川書店。

遠藤環・伊藤亜聖・大泉啓一郎・後藤健太編［2018］『現代アジア経済論——「アジアの世紀」を学ぶ』有斐閣。

小倉将志郎［2016］『ファイナンシャリゼーション——金融化と金融機関行動』桜井書店。

大島堅一・除本理史［2014］「電力システム改革と原子力事業救済策——事業環境整備論に関する検討」『経営研究』第65巻第3号、69-98頁。

落合恵美子［2013］「ケアダイアモンドと福祉レジーム——東アジア・東南アジア6社会の比較研究」（落合恵美子編『親密圏と公共圏の再編成——アジア近代からの問い』京都大学学術出版会所収、177-200頁）。

梶谷懐・高口康太［2019］『幸福な監視国家　中国』NHK出版。

上川龍之進［2018］『電力と政治——日本の原子力政策全史　下巻』勁草書房。

茅陽一［2008］『低炭素エコノミー』日本経済新聞出版社。

柯隆［2021］『「ネオ・チャイナリスク」研究——ヘゲモニーなき世界の支配構造』慶應義塾大学出版会。

川中豪［2018］「「民主主義の後退」をめぐる理論」（川中豪編『後退する民主主義、強化される権威主義——最良の政治制度とは何か』ミネルヴァ書房所収、15-44頁）。

鬼頭宏［2011］『2100年、人口3分の1の日本』メディアファクトリー。

黒川清［2016］『規制の虜——グループシンクが日本を滅ぼす』講談社。

黒木亮［2020a］『アパレル興亡』岩波書店。

黒木亮［2020b］「自社工場を持たない「ユニクロ」の躍進を支えた黒子の正体」プレジデントオンライン〈https：//president.jp/articles/-/32984?page=2〉（2020年11月24日アクセス）。

経済産業省［2020］『令和2年版　通商白書』

厳成男［2020］『東アジア労働市場の制度改革とフレキシキュリティ』ナカニシヤ出版。

現代公益事業講座編集委員会編［1974］『公益事業規制論』電力新報社。

小池和男［2006］『仕事の経済学　第3版』東洋経済新報社。

国際銀行史研究会編［2012］『金融の世界史』悠書館。

後藤健太［2019］『アジア経済とは何か——躍進のダイナミズムと日本の活路』中公新書。

齊藤壽彦［2020］「バブル経済崩壊以後の不良債権問題期における金融検査の改革」『千葉商大論叢』第58巻第2号、1-61頁。

坂口明義［2008］『貨幣経済学の基礎』ナカニシヤ出版。

櫻井通晴［2019］『管理会計　第7版』同文舘出版。

塩沢由典［2019］「生産性、技術変化、実質賃金」『季刊経済理論』第56巻第3号、7-17頁。

鹿野嘉昭［2013］『日本の金融制度　第3版』東洋経済新報社。

資源エネルギー庁［2021］「電力・ガス小売全面自由化の進捗状況について」〈https://www.meti.go.jp/shingikai/enecho/denryoku_gas/denryoku_gas/pdf/040_03_01.pdf〉（2022年1月10日アクセス）

柴田敬［1953］『資本主義世界経済論　上巻』三和書房。

島倉原［2019］『MMT〈現代貨幣理論〉とは何か──日本を救う反緊縮理論』角川書店。

新川敏光［2011］「福祉国家変容の比較枠組」（新川敏光編著『福祉レジームの収斂と分岐──脱商品化と脱家族化の多様性』ミネルヴァ書房所収、1-49頁）。

杉浦功一［2020］「民主主義体制の脆弱性と権威主義体制の強靭化における国際的要因の考察」（日本比較政治学会編『民主主義の脆弱性と権威主義の強靭性』ミネルヴァ書房所収、179-209頁）。

菅野和夫［2020］『労働法の基軸──学者五十年の思惟』有斐閣。

全国銀行協会企画部金融調査室編［2017］『図説　わが国の銀行』10訂版、財務詳報社。

高井亨［2010］「経済成長と二酸化炭素排出量削減は両立するか──デカップリング概念を用いた国際比較」『経済論叢』第184巻第2号、71-88頁。

建部正義［2014］「国債問題と内生的な貨幣供給理論」『商学論纂』第55巻第3号、597-622頁。

田中素香［2016］『ユーロ危機とギリシャ反乱』岩波新書。

棚瀬順哉編［2019］『国際収支の基礎・理論・諸問題──政策へのインプリケーションおよび為替レートとの関係』財経詳報社。

田村哲樹・近藤康史・堀江孝司［2020］『政治学』勁草書房。

田村哲樹編［2010］『語る──熟議／対話の政治学』風行社。

テレ、ブリューノ［2021］『社会的事実としての貨幣　その統一理論と多様な現実──ネオ・レギュラシオン・アプローチ』坂口明義監訳、中原隆幸・北川亘太・須田文明訳、晃洋書房。

東京電力福島原子力発電所事故調査委員会［2012］『国会事故調　報告書』徳間書店。

遠山弘徳［2010］『資本主義の多様性分析のために──制度と経済パフォーマンス』ナカニシヤ出版。

徳丸宜穂［2020］「イノベーション──ミッション指向型イノベーションとコーディネーション」（宇仁宏幸・厳成男・藤田真哉編『制度でわかる世界の経済──制度的調整の政治経済学』ナカニシヤ出版所収、2-23頁）。

富田俊基［2006］『国債の歴史──金利に凝縮された過去と未来』東洋経済新報社。

内閣府［2007］『世界経済の潮流　2007年秋』〈https://www5.cao.go.jp/j-j/sekai_chouryuu/sa07-02/index.html〉（2021年1月10日アクセス）。

内閣府［2011］『平成23年版　子ども・子育て白書』。

内藤敦之［2011］『内生的貨幣供給理論の再構築──ポスト・ケインズ派の貨幣・信用アプローチ』日本経済評論社。

中野剛志［2016］『富国と強兵──地政経済学序説』東洋経済新報社。

中野剛志［2018］『日本の没落』幻冬舎新書。

西村もも子［2013］『知的財産権の国際政治経済学──国際制度の形成をめぐる日米欧の

企業と政府』木鐸社。

西村吉正［1999］『金融行政の敗因』文春新書。

日本銀行［2006］「「物価の安定」についての考え方」3月10日〈https://www.boj.or.jp/announcements/release_2006/mpo 0603 a.htm/〉（2021年1月18日アクセス）。

日本銀行金融研究所［1995］『新版 わが国の金融制度』日本銀行金融研究所。

日本銀行金融研究所編［2011］『日本銀行の機能と業務』有斐閣。

日本銀行調査統計局［2000］「日本企業の価格設定行動——「企業の価格設定行動に関するアンケート調査」結果と若干の分析」〈https://www.boj.or.jp/research/brp/ron_2000/data/ron 0008 b.pdf〉（2021年1月18日アクセス）。

日本経済新聞［2019］「政府債務は家計貯蓄を超えるか？（大機小機）」4月6日、朝刊15頁。

日本経済新聞［2020a］「店舗・工場の減損見送り、金融庁など、会計ルール弾力化、コロナ対策で協議会」4月3日、朝刊1頁。

日本経済新聞［2020b］「きょうのことば 減損処理 目減り分、損失に計上」4月3日、朝刊3頁。

日本経済新聞［2020c］「減損7430億円、8年ぶり規模、4〜9月1923社集計、航空関連多く、V字回復狙う例も」12月3日、朝刊19頁。

日本経済新聞［2021a］「主要中銀、ESG加速、金利以外の政策手法探る、グリーン債購入、目標に格差是正」1月13日、朝刊7頁。

日本経済新聞［2021b］「日銀、立ち入り考査再開 コロナ影響点検 リスク管理に重点」3月31日、朝刊9頁。

野下保利［1995］「金融構造と金融不安定性の諸類型」（青木達彦編『金融脆弱性と不安定性』日本経済評論社所収、156-211頁）。

橋本寿朗［1996］「長期相対取引形成の歴史と論理」（橋本寿朗編『日本企業システムの戦後史』東京大学出版会所収、205-248頁）。

広井良典［1999］『日本の社会保障』岩波新書。

廣瀬弘毅［2018］「現代経済学における方法論的対立——マクロ経済学を中心に」（只腰親和・佐々木憲介編『経済学方法論の多元性——歴史的視点から』蒼天社出版所収、247-277頁）。

廣光俊昭編［2021］『図説 日本の財政 令和2年度版』財経詳報社。

蒔谷硯児［2001］『先進国金融危機の様相』桃山学院大学総合研究所。

二文字理明・伊藤正純［2002］『スウェーデンにみる個性重視社会』桜井書店、2002年

平沢和司［2021］『格差の社会学入門 第2版——学歴と階層から考える』北海道大学出版会。

毎日新聞社［2021］「焦点：労使、隔たり残して 最賃交渉「公益見解」で一変 非正規、待遇改善遠く」7月15日、東京朝刊、6頁。

松本朗［2013］『入門 金融経済——通貨と金融の基礎理論と制度 改訂版』駿河台出版社、2013年。

三菱東京UFJ銀行円貨資金証券部［2012］『国債のすべて——その実像と最新ALMによるリスクマネジメント』きんざい。

宮本太郎［1999］『福祉国家という戦略』法律文化社。

森崎美穂子［2020］『和菓子 伝統と創造——何に価値の真正性を見出すのか 補訂版』水曜社。

八木紀一郎・宇仁宏幸［2003］『資本主義のしくみ』ナツメ社。

泰松範行［2013］「制度的次元における討議の場の目的と機能性――政策決定と国民的議論の連結手法としての討論型世論調査の検証」『現代経営経済研究』第3巻第2号、1-22頁。

山口和之［2014］「銀行の投資業務の分離をめぐる欧米の動向」『レファレンス』（国立国会図書館調査及び立法考査局）第64巻第3号、7-33頁。

山口義行［2002］『誰のための金融再生か』ちくま新書。

山田鋭夫［1991］『レギュラシオン・アプローチ――21世紀の経済学』藤原書店。

山田鋭夫［2020］「制度の内部代謝と成長レジームの転換」（宇仁宏幸・厳成男・藤田真哉編『制度でわかる世界の経済――制度的調整の政治経済学』ナカニシヤ出版所収、116-134頁）。

湯元健治・佐藤吉宗［2010］『スウェーデン・パラドックス――高福祉、高競争力経済の真実』日本経済新聞出版社。

吉井哲・藤田真哉・徳丸宜穂［2017］「愛知県製造業企業における価格設定行動と競争力に関するアンケート調査報告」『調査と資料』第121号、1-45頁。

吉川雅幸［1995］「北欧諸国の金融機関救済」『財界観測』1995年5月1日号、130-153頁。

吉川洋［2000］『現代マクロ経済学』創文社。

吉田徹［2021］『くじ引き民主主義――政治にイノヴェーションを起こす』光文社。

吉田文和［2015］『ドイツの挑戦――エネルギー政策の日独比較』日本評論社。

読売新聞［2021］「「28円上げ」 政権意向を反映 最低賃金」朝日新聞、7月15日、東京朝刊、3頁。

ロイター通信社［2010］「「ヒートテック」、2015年には中国外生産比率50％へ＝東レ」2010年10月22日〈https://jp.reuters.com/article/idJPJAPAN-17790120101022〉（2020年11月12日アクセス）。

労働政策研究・研修機構［2008］『労働力需給の推計――労働力需給モデル（2007年版）による将来推計』JILPT 資料シリーズ No.34。

労働政策研究・研修機構［2016］『ユースフル労働統計2016 労働統計加工指標集』〈https://www.jil.go.jp/kokunai/statistics/kako/2016/index.html〉

労働政策研究・研修機構［2018］「企業従業員年金制度の統一に向けた取り組み」国別労働トピック 2018年12月 中国〈https://www.jil.go.jp/foreign/jihou/2018/12/china_01.html〉（2022年5月15日アクセス）。

労働政策研究・研修機構［2019］『ユースフル労働統計2019 労働統計加工指標集』〈https://www.jil.go.jp/kokunai/statistics/kako/2019/index.html〉

労働調査会出版局編［2016］『改訂4版 最低賃金法の詳解』労働調査会出版局。

若森章孝［2012］「新自由主義と国家介入の再定義――リップマン・シンポジウムとモンペルラン会議」『経済研究』第27巻第2・3号、295-319頁。

渡辺幸男・周立群・駒形哲哉編［2009］『東アジア自転車産業論――日中台における産業発展と分業の再編』慶應義塾大学出版会。

専門的用語集

＊執筆にあたり、伊東光晴編［2004］『岩波現代経済学辞典』岩波書店、金森久雄・荒憲治郎・森口親司編［2013］『有斐閣経済辞典　第5版』有斐閣、宇仁宏幸・坂口明義・遠山弘徳・鍋島直樹［2010］『入門社会経済学　第2版』ナカニシヤ出版を参考にした。

〔あ〕

インクリメンタル・イノベーション　従来の製品・サービスや生産方法に、小さな修正、改善を加えることによって生み出される漸進的な変化のこと。

S&L　Savings and Loan Association（貯蓄貸付組合）の略称。貯蓄と住宅ローンに特化したアメリカの金融機関の一業態である。本来は小口の貯金の受け入れと、住宅を抵当とする長期固定金利での貸付だけを行う地域的な金融機関であった。金融の規制緩和により商業貸付や変動金利貸付なども始めたが、1980年代初頭の金利上昇などにより経営が悪化し、多くのS&Lが破綻した。

エントロピー　N.ジョージェスク-レーゲンらは、モノが秩序ある状態にあるときはエントロピーが低く、モノが消費されるとエントロピーが増大するので、すべての経済活動を、エントロピーを増大させる過程として捉えた。資源枯渇や環境破壊を抑制するためには、エントロピー増大を抑制することが必要とされる。

〔か〕

買いオペレーション　公開市場操作の1つであり、短期資金を供給し、金融市場を緩和させるために、中央銀行が公開市場で証券（主に短期国債や長期国債）を購入するオペレーション。反対の操作を「売りオペレーション」という。

価値の多元主義　市民や諸集団の多様な価値が認められており、また、認められるべきであるという民主主義社会において守られるべき根本的な倫理的規準。多元的な価値のなかには、経済的な豊かさだけでなく、自由、平等、公平、安全なども含まれる。

貨幣数量説　貨幣供給量の変化は、実体経済に影響を及ぼさず、もっぱら物価水準の変化に反映されるという理論。このように貨幣部門と実体部門が互いに影響を及ぼさずに完全に分離しているという考え方は、古典派の二分法とも呼ばれる。

環境クズネッツ曲線　S.クズネッツが提唱したクズネッツ曲線は、経済発展の初期段階では、所得の不平等度は高まるが、その後、不平等が縮小するという仮説をあらわすものであり、1人当たりGDPを横軸、ジニ係数を縦軸とする平面に図示すると、逆U字の曲線となる。環境クズネッツ曲線は、縦軸を環境汚染量に置き換えたもので、経済発展の初期段階では、環境汚染は増えるが、その後、減少していくという仮説を表す。この2つの仮説とも、理論的根拠も実証的妥当性も乏しいといわれている。

管理通貨制度　金本位制度にみられるような正貨（金）準備量と国内通貨量とのリンクを切断し、物価安定、完全雇用、経済成長などの目標に従って、通貨当局が通貨量を調整しようとする通貨制度。ただし中央銀行は民間銀行の担保の差出の対等物として通貨を発行するのが原則であり、この場合、通貨の価値は民間の信用力に依存している。また政府が国債を発行して中央銀行に引き受けさせている場合、その通貨の価値は政府の信用（徴税権や国庫財産など）を担保としているので、通貨当局による調整には限界がある。

管理フロート制　為替レートの決定を為替市場の需給に任せるのではなく、通貨当局が独自の判断で目標を決め、為替市場に介入して、為替レートを管理する。その目標は公表されない。

基軸通貨 国際間の決済に広く使用される通貨のこと。国際通貨ともいう。通貨価値への信認と利便性の2点について、他の通貨に勝っている通貨が基軸通貨となる。基軸通貨国の中央銀行は、海外で流通したり保有されたりする分の通貨発行益を得られる。また、基軸通貨国の企業は自国の通貨で、貿易や資本取引ができるので、為替変動リスクから解放される。

協調の失敗 個々の経済主体の判断や行動に任せてしまうと、経済主体間で協調的な行動がとられず、結果的に社会的に最適な結果が実現されないこと。囚人のジレンマは、協調の失敗の典型例である。

銀行家資本主義 J.R.コモンズは、資本主義の歴史的進化を、商人資本主義、経営者資本主義、銀行家資本主義という3つの段階に分け、20世紀を、銀行家が大きな役割を演じる銀行家資本主義の時代であると捉えた。ミンスキーは晩年に、コモンズから着想を得て、1980年代末には経営者資本主義が金融主導型の「マネー・マネージャー資本主義」に移行したと捉えた。

金本位制 貨幣単位の価値と金の一定量の価値とが等価関係におかれている本位制度。金を貨幣価値の裏づけとする金本位制においては、銀行券発行量は、銀行が保有する正貨(金)準備量に拘束される。イギリスは1816年の鋳貨条例により、世界最初の金本位制度をとる国となった。

近隣窮乏化政策 国内の雇用拡大のために自国本位の政策をとり、他国に失業などの負担を転嫁させるような政策のこと。

グラム・リーチ・ブライリー法 1999年に制定されたアメリカの連邦法であり、銀行業と証券業の分離を定めたグラス・スティーガル法の規定を無効にし、銀行・証券・保険業の相互参入を認めた。正式名称は「1999年金融サービス近代化法」。

ケインジアン安定条件 数量調整によって財市場の需給均衡が実現される条件のこと。通常は、貯蓄関数を稼働率ないし生産量で偏微分した値が、投資関数を稼働率ないし生産量で偏微分した値より大きいとき、ケインジアン安定条件が満たされる、という。第4章ではこの条件が満たされると仮定したが、現実経済においてもケインジアン安定条件が満たされていると想定することについては異論もある。

ケンブリッジ資本論争 イギリスのケンブリッジ大学を中心とするポスト・ケインズ派と、アメリカのケンブリッジにあるマサチューセッツ工科大学を中心とする新古典派とのあいだで行われた論争。主な論点は、資本の測定や技術選択などであり、1960年代にポスト・ケインズ派の勝利という形で決着した。

公共的理由 交渉相手や公衆を説得するための理由のこと。そのため、この理由は、ある集団(第一者)のなかだけで納得できる理由では意味がなく、異なる価値観をもつ相手(第二者)にも通用しうる理由でなければならないし、さらにいえば、公衆(第三者)にも通用しうる理由であることが望ましい。

功利主義 善悪を人間の幸福への効果(つまり功利)によって判断する倫理的立場。人間は快楽を求め、苦痛を避けようとして行動するとされる。それに対応して、社会的規範は、快楽(正の効用)と苦痛(負の効用)の社会的総和の最大化に求められる。

コーポラティズム 経営者側と労働者側がそれぞれ少数の頂上団体をもち、この労使の頂上団体と政府が諸階層・諸個人の相異なる利害を集約し、調整するような政治のあり方を指す。

国際金本位制 金本位制は1816年イギリスで最初に採用されたが、その後世界の主要国がほとんどこれにならい、20世紀初頭には金を中心とした国際決済制度が確立した。これを国際金本位制という。しかし、1929年の大恐慌後、各国が金本位制から離脱したため国際金本位制は崩壊した。

コストプラス・プライシング 生産原価や仕入原価に、一定の(利潤)マージンを加えて売価を決定する価格設定方式。原価に

は、材料費や労務費などの直接費用のほか
に、営業や一般管理に係る間接費用などが
含まれる。

〔さ〕

サービス・リンク　分解されてグローバル
に配置された生産工程を一連の生産工程と
して運用できるようにする工程間の連絡・
調整の機能のこと。具体的には、リアルタ
イムで売れ行き情報を共有して柔軟に生産
量を調整すること、生産委託先の工場の品
質や工程を管理する技術者を海外拠点に常
駐させ、問題解決や技術支援をすること、
などがある。

最低賃金審議会　厚生労働大臣または都道
府県労働局長の諮問に応じて最低賃金に関
する事柄を調査審議する機関。最低賃金法
に基づき、厚生労働省には中央最低賃金審
議会が、各都道府県労働局には地方最低賃
金審議会が設置されており、いずれの審議
会も労働者・使用者・公益を代表する委員
各同数で構成されている。中央最低賃金審
議会が毎年提示する最低賃金改定額の目安
を参考に、各地方最低賃金審議会が審議・
答申し、都道府県労働局長が最低賃金を決
定する。

産業空洞化　自動車や電機機械など輸出産
業の海外現地生産化が進み、それらにかわ
る新産業も育たないために国内の生産や雇
用が減っていくこと。

産業予備軍効果　失業は労働市場での超過
供給の単なる代理変数を意味するだけでな
く、労働者の行動を規制する制裁手段とし
ての機能をもつ。失業者（マルクスはこれ
を産業予備軍と呼ぶ）が増加すると、労働
者の規律づけが強化され、労働者は過度な
賃上げ要求を控えたり、労働努力を高めた
りする。

ジニ係数　不平等度を測るための尺度の1
つで、完全に平等なときには0を、完全に
不平等なときには1をとる。いま n 人か
らなる社会の所得格差を考える。それぞれ
の所得水準を $x_1, x_2, \cdots, x_n$ とすれば、ジニ
係数は

$$G = \frac{1}{2n^2\bar{x}} \sum_{i=1}^{n}\sum_{j=1}^{n}|x_i - x_j|$$

と定義される。すなわち、2人の所得差
（の絶対値）のすべての組み合わせの算術
平均値（$\frac{1}{n^2}\sum_{i=1}^{n}\sum_{j=1}^{n}|x_i-x_j|$）を平均所得 $\bar{x}$
の2倍で割ったものである。また不平等度
を視覚的に示すための方法としては、第12
章で示すようにローレンツ曲線を用いるも
のがある。

資本主義経済　生産・交換・投資・消費と
いった人々の経済活動が、収益性（すなわ
ち収益の獲得とそれをし続けることで実現
する資本蓄積）という大目標のために（否
応なく）編成されている経済体制のことを
いう。

従業員持株制度　従業員が従業員持株会を
通して自社の株式を保有する制度。

囚人のジレンマ　ゲーム理論の成果の1つ。
囚人Aと囚人Bが互いに協力する（例え
ば2人とも犯罪について黙秘する）方が、
互いに協力しない（例えば犯罪を犯したこ
とをそれぞれが自白する）よりも好結果
（例えば2人とも無罪になる可能性がある）
を得られることがわかっていたとしても、
協力しない者が利益を得る状況（例えば自
白した方の刑が軽減され、黙秘した方の刑
が加重される状況）のもとでは互いに協力
しなくなる、というジレンマを指す。

証券化商品　金融機関が保有する住宅ロー
ン債権など、将来収益（キャッシュフ
ロー）が見込める原資産を裏づけとして発
行される有価証券。通常、複数の原資産を
元にして組成される。証券化商品を購入し
た投資家は、キャッシュフローを受け取る
権利を得る。原資産を小口化することで取
引が容易になるというメリットがあるが、
原資産のリスクが投資家からみえにくくな
るというデメリットもある。

情報の非対称性　取引される財・サービス
の品質やタイプなどについての情報が、経
済主体間で異なる状態を指す。例えば、資
金の貸し手よりも借り手である企業の方が
資金運用状況に関する多くの情報をもつ。

また雇用する側よりも雇用される労働者の方が労働内容に関する多くの情報をもつ。このように、情報が非対称に存在していることが市場の失敗を引き起こす要因となっている。

諸価値の重み付け方　ある個人やある集団の価値観は、単一の価値によってではなく、活動の自由や豊かさ、安全や健康など、他者とは異なる重み付けをされた諸価値によってかたちづくられている。民主主義社会では、対立相手が重視する価値を完全に否定するべきではないし、多くの場合、する必要もない。それゆえ、制度変化のプロセスは、ある価値と別の価値のどちらをとるかの二者択一的な争いではなく、こうした多様な価値の重み付け方について何とかして妥協して合意するまでのプロセスになる。

春闘　春季に労働組合が歩調をあわせて賃上げなどの労働条件の改善を要求する日本独特の賃金交渉のこと。最初に大企業の労使が交渉を始め、労働条件に関する相場が決定されたのちに、その大企業の相場のできるだけの波及を目指し中小企業における交渉が始まることになる。

新古典派経済学　経済学説史上の新古典派（マーシャルやピグー）や新古典派総合（サミュエルソン）ではなく、第2次世界大戦後、アメリカの主流派経済学となったミクロ分析の理論を指す。方法論的個人主義をとり、各々の経済主体が極大満足の状態を追求するものと仮定する。分配を論じず、所与の有限な諸資源をどのように組み合わせれば最適な資源配分が可能かを考える。市場的調整を中心に経済調整を考え、パレート最適状態が自由な競争市場で実現されるとする。

信用貨幣　信用貨幣とは、他人が受け取ってくれる、つまり「譲渡可能な」債務であり、「価値標準」で数値化された債務のことである。今日、信用貨幣は、銀行と中央銀行が信用創造によって発行する貨幣のことをいい、預金通貨・中央銀行券（日本銀行券）・中央銀行預け金（日銀当座預金）からなる。

信用創造　銀行が他の金融機関（ノンバンクや証券や保険）と異なるのは、一定の貸出条件（利子率等）のもとで、中央銀行から準備貸出を無制限に受けられる点である。この権限を利用することにより、銀行は外部から資金を取り入れなくても、預金という自己宛債務の発行によって信用供給を行うことができる。これが信用創造である。

ストックオプション　株式会社の経営者や従業員が、自社株を一定の権利行使価額で買い取ることができるような仕組みのこと。経営者や従業員への報酬額が自社の株価と連動するため、ストックオプションの権利を付与された側は、株価上昇を目標に行動するようになる。

スマイル・カーブ　一連の生産工程では、企画設計など川上の工程とアフターサービスなど川下の工程の付加価値が高く、組立・加工など中間段階の付加価値が低くなる傾向にある。両端が吊り上がり中間で低く下がった線が笑顔のようにみえるため、このように呼ばれる。

成果主義的賃金制度　職務内容に基づく職務給制度や職能に基づく職能給制度とは異なり、個人の仕事の目標達成度やそのプロセスを成果として評価し、その成果に応じて賃金が支払われる仕組み。

政治的調整　義務教育の内容、外交方針、人権の制約（公共の福祉による制約）の解釈をめぐる対立といった政治領域での対立や課題を調整すること。

正当化　自分の主張を公共的理由によって根拠づけながら相手を説得しようとすること。

正統性　ある社会における政治体制や政治権力を正しいとする観念。正統性の蓄積によって人々の自発的服従が促され、政治権力の支配は安定化する。

積極的労働市場政策　OECDの雇用政策の分類では、消極的労働市場政策と積極的労働市場政策が区別される。失業者に失業手当等を提供する政策や早期退職により新

たな雇用の余地を生み出す政策が消極的労働市場政策である。積極的労働市場政策とは、公共職業安定所の就職相談や職業訓練施設での職業訓練により、失業者の就労可能性を高めて労働市場に復帰させる政策である。

ゼロ金利政策　民間銀行間の資金貸借市場（コール市場）における無担保コール翌日物の金利（中央銀行がコントロールするベースレート）をゼロ％にすること。金融緩和によって景気刺激効果が期待された。

〔た〕
代表的個人／企業　すべての消費者／企業が同一の合理的行動をとると仮定したモデルで使用される全消費者／企業を代表する経済主体。

立ち入り考査　日本銀行が取引先の金融機関に立ち入って行う実態調査。資産内容やリスク管理体制などを点検し、改善すべき点があれば指導も行う。

タックスヘイブン　課税が著しく低い、もしくは完全に免除されている租税避難地のこと。多国籍企業がそこに子会社を設立して課税から逃れているとの批判がある。

弾力性　ある変数の値が1％変化したとき、それに反応して他の変数が何％変化するかを示す値。ある商品の価格が10％増加したとき、その商品の需要量が5％減少した場合、その商品の需要量の価格に対する弾力性は、－5％÷10％＝－0.5である（需要の価格弾力性など、通常、負の値をとるものについては、マイナス記号を略して絶対値で示されることが多い）。

底辺への競争　グローバル経済では、世界を飛び交う資本はより高い収益率を実現できる国に移動するインセンティブがある。国際的に合意されたルールがない場合、各国は資本をひきつけるために労働や環境に関して規制緩和をせざるをえなくなる。その結果、労働や環境は最低水準へと向かうことになる。

テイラー・システム　F.テイラーが、技師

として生産管理にたずさわった経験に基づいて、著書『科学的管理法』において定式化した作業管理体系。その労働編成の基本的原理は「実行と構想の分離」である。労働者がもつ知識や技能を全部管理者側に集めることによって、労働者の果たす役割から、「構想」を取り去り、労働者を「実行」に専念させること、および、「構想」つまり知識の収集、記録、法則化はもっぱら管理者の役割とすることを主張した。

デカップリング　デカップリングとは、連動性の強い2つのものを切り離すことを意味するが、環境分野では、経済成長と、温室効果ガス排出やエネルギー消費などの環境負荷とを切り離すことを意味する。

適正さ規準　本書が、制度変化プロセスの交渉当事者が守るべき倫理的規準として望ましいと考える次のような規準のこと。交渉当事者は、自分たちの主張が正当である公共的理由を、科学的手法に基づいて組み立て、他の当事者を説得しようとし、できるだけ広範な関係者の同意を求めようとすべきである。

ドッド・フランク法　2008年のリーマン・ショックの再発防止を目的に、オバマ政権が2010年7月に導入した包括的な金融規制法。金融システムの安定を監視する金融安定監視評議会（FSOC）の設置、金融機関の破綻処理ルールの策定、金融機関に高リスクの自己勘定取引を禁じるボルカー・ルールなどが盛り込まれている。正式名称は「ドッド＝フランク・ウォール街改革・消費者保護法」。

〔な〕
内生的貨幣供給論　マネーサプライを中央銀行がコントロールすることは不可能であり、それは、民間部門の資金需要に対する銀行の信用供給態度によって決定されるとする考え方。中央銀行は準備貸出に際して貸出条件（利子率等）を決定できるが、その条件のもとでの銀行の準備需要には無制限で応じなければならないとされる。

ニュー・ケインジアン　マクロ経済で、貨幣量や物価水準といった名目的数量が、産

出量や雇用量といった実物の数量に影響するといういわゆるケインズ的状況を、ミクロ経済における様々な市場の不完全性によって説明しようとする立場の経済学者の総称。マンキューが創始者の１人。

〔は〕

バーゼル銀行規制監督委員会 1975年に先進10か国の中央銀行総裁会議によって設立された銀行監督当局者の集まりである。その会合はバーゼルの国際決済銀行で開催される。国際業務を営む銀行に対し、経営の健全性および公正な競争を実現するための自己資本に関する統一基準を発表している。BIS銀行規制監督委員会とも呼ばれる。

バーゼル合意 国際業務を営む銀行の健全性を維持するための国際統一基準であり、バーゼル銀行規制監督委員会によって定められる。自己資本比率を基準にして健全性を評価するという特徴をもつ。経済・金融情勢の変化にあわせて改定され、バーゼルⅠ（1988年合意）、バーゼルⅡ（2004年合意）、バーゼルⅢ（2017年合意）と呼ばれる。

パレート規準 資源配分をするときに、誰かの効用（満足度）を犠牲にしなければ、他の誰かの効用を高めることができない状態をパレート最適という。パレート最適の状態を、有限な資源を無駄なく配分しているという意味で効率的であるとみなす倫理的規準。

不確実（性） しばしばリスクと同じ意味で用いられるが、不確実性とリスクは基本的に異なる概念である。不確実性とは、経済主体のそれぞれの行動に対して特定の結果が生じる確率が当該経済主体には不明であるか、あるいは、確率を付与すること自体が無意味であるような場合を指す。逆にリスクは、生じうる特定の結果に対して確率が付与され、経済主体がその確率を既知としている場合を指す。

普遍主義的社会保障制度 社会保障サービスの受給資格者を貧困者などに限定し、資力調査などにより選別するのではなく、国民一般に受給資格を付与するように設計された社会保障制度のこと。

フレキシキュリティ政策 労働市場において対立しがちな（もしくはトレードオフ関係にある）、柔軟性（フレキシビリティ）と安全性（セキュリティ）を同時に高めるための統合的な政策戦略。柔軟性には雇用、労働時間、職種、賃金の柔軟性があり、安全性には職種、雇用、所得、生活の安全性があるので、これらのうち、どの柔軟性とどの安全性を高めることを目指すかによって、様々な政策がありうる。

ブレトンウッズ体制 1944年にアメリカのブレトンウッズに連合国側の代表が集まって決めた通貨体制。ドルだけが金と交換可能であった。国際収支の基礎的不均衡時以外は、通貨当局の市場介入により為替レートを維持する固定相場制であった。1973年にアメリカが金・ドル交換を停止したことによりブレトンウッズ体制は崩壊した。

方法論的個人主義 社会理論を構成する際の方法論として、社会を総体として把握するよりも、その構成員である個人に着目した方が、よりよい理解が得られるとする立場。社会は、それを構成する諸個人のもつ特質に還元できるとする「存在論的個人主義」と呼ばれる立場とは区別される。

ポンツィ金融 借り手の所得キャッシュフローにより元金の返済ができず、さらに利子の支払いすらできない状態を示す。利払い分についても借入が必要なので、借入を増加させることでしか、元金と利子の支払いができない。1920年代の詐欺師チャールズ・ポンジ（ポンツィ）の名前にちなんでいる。

〔ま〕

マイナス金利政策 民間銀行から中央銀行に預けられた余剰資金について、中央銀行が民間銀行に手数料の支払いを求める政策。民間銀行の資金が中央銀行への預入から家計・企業への貸出にシフトすることによって消費・投資が活発になることが期待された。

マネーサプライ 民間非金融部門が保有す

る通貨残高のことであり、貨幣供給（量）、通貨供給（量）、マネーストックとも呼ばれる。物価や景気の状態をあらわす指標のひとつである。最も狭義には現金通貨＋要求払預金（M1）だが、通常は、これに定期性預金とCD（譲渡性預金）を加えたM2やM3が用いられる。

〔や〕

輸出志向工業化　輸出工業部門が工業化の主導的役割を担う開発政策。1960年代中頃より、韓国、台湾などで、従来の輸入代替工業化にかわって採用され、大きな成功をおさめた。先進国企業を誘致することで、先進国の資本や技術を活用することや巨大な海外市場での販売を目指すことによって、輸入代替工業化の弱点を克服した。

輸入代替工業化　国内工業の振興によって輸入工業品から国産品への代替を進め、国産工業製品保護のもとで工業化を図ろうとする開発政策。資本の不足、労働者の技術や技能の不足、国内の購買力の不足のために、あまり成功しなかった。

預金保険制度　銀行破綻処理の選択肢の1つとして、破綻銀行を閉鎖して、預金者へ法定限度内の預金保険金を支払う方法（ペイオフ）がある。預金を扱う金融機関は、被保険預金残高に一定率を乗じた額を、預金保険金の財源として積み立てることを義務づけられる。

〔ら〕

ラーニング・エコノミー　「ナレッジ・ベースド・エコノミー（知識基盤経済）」は、経済における知識の重要性が高まった点に着目する概念であるが、B.ランドヴァルが提唱したラーニング・エコノミーは、知識が急速に陳腐化する点に着目する概念である。その政策的含意として、学習の量や質の充実よりも学習能力の向上を重視する教育の必要性、および学校卒業後も知識を絶えず更新するための制度・組織を社会レベルで整える必要性が主張される。

ラディカル・イノベーション　従来の技術の延長線上にはない、根本的に新しい製品・サービスや生産方法を生み出すような技術革新のこと。

レーン＝メイドナー・モデル　1952年にスウェーデン労働組合総連合所属のG.レーンとR.メイドナーが提唱した政策モデルであり、その中心的政策は、連帯的賃金政策、積極的労働市場政策、普遍主義的社会保障制度である。このモデルは、1950〜1970年代にかけて社会民主党政権が経済成長と福祉充実の両立を目指して推進した「スウェーデン・モデル」の中核に位置した。

連帯的賃金政策　賃金交渉を中央で行うことや、産業別企業別賃金交渉を連動させることにより、個々の企業の収益性には関係なく、社会全体で同一労働同一賃金を実現する政策のこと。労働生産性がこの賃金を下回る産業や企業では、損失が発生し、労働生産性の向上努力もしくは撤退を求められる。逆に労働生産性がこの賃金を上回る産業や企業では、利益が発生し、それを投資することによる事業拡張が可能になる。

連邦準備制度理事会　連邦準備制度はアメリカ独特の中央銀行制度で、政策決定機関である連邦準備制度理事会や連邦公開市場委員会と、業務執行機関である連邦準備銀行からなる。連邦準備制度理事会は大統領が任命する任期14年の理事7名で構成され、中央銀行総裁に相当するのが理事会議長である。

〔わ〕

ワークフェア　ワークフェアとは、労働（work）と福祉（welfare）の合成語である。もともとは社会扶助（生活保護）の受給者に対して、一定の就労を義務づけるというアメリカにおける就労強制政策から始まるが、今日では、失業手当受給者に職業訓練や教育の受講を義務づけることにより労働者の就労可能性の向上を図る積極的労働市場政策もワークフェアに含まれる。

索引

藤田真哉（ふじた・しんや）——はしがき，第2、3、4、12章執筆
名古屋大学大学院経済学研究科准教授（政治経済学）。1978年生まれ。2006年、京都大学大学院経済学研究科博士後期課程修了。博士（経済学）。論文に、Mark-up Pricing, Sectoral Dynamics, and the Traverse Process in a Two-sector Kaleckian Economy, *Cambridge Journal of Economics*, Vol.43, Issue 2、Who Should Bear the Pain of Price Competition? A Kaleckian Approach, *Review of Keynesian Economics*, Vol.7, No.3など。

北川亘太（きたがわ・こうた）——第1、5、6、7、13章執筆（第7章は宇仁との共同執筆）
関西大学経済学部准教授（政治経済学）。1986年生まれ。2015年、京都大学大学院経済学研究科博士後期課程修了。博士（経済学）。著書に『地道に取り組むイノベーション』（共著、ナカニシヤ出版）、翻訳書にB.テレ『社会的事実としての貨幣』（共訳、晃洋書房）、論文にFormative Process of John R. Commons' Income Approach to Falling Prices, *Journal of Economic Issues*, Vol.54, Issue 4 など。

宇仁宏幸（うに・ひろゆき）——第8、9、10、11章執筆
追手門学院大学経済学部教授（理論経済学）、京都大学名誉教授。1954年生まれ。1995年、大阪市立大学大学院経済学研究科後期博士課程単位取得退学。博士（経済学）。著書に『制度と調整の経済学』（ナカニシヤ出版）、翻訳書にJ.R.コモンズ『制度経済学』（共訳、ナカニシヤ出版）、論文に「J.R.コモンズの適正価格論と適正価値論」『季刊経済理論』第59巻第3号など。

現代制度経済学講義

2023 年 3 月 31 日　初版第 1 刷発行
2024 年 11 月 1 日　初版第 2 刷発行

著　者　藤田真哉
　　　　北川亘太
　　　　宇仁宏幸

発行者　中西　良

発行所　株式会社ナカニシヤ出版
　　　　〒 606-8161 京都市左京区一乗寺木ノ本町 15 番地
　　　　　　TEL 075-723-0111　FAX 075-723-0095
　　　　　　http://www.nakanishiya.co.jp/

装幀＝白沢正
印刷・製本＝亜細亜印刷
© S. Fujita, K. Kitagawa, and H. Uni 2023　Printed in Japan.
＊落丁・乱丁本はお取替え致します。
ISBN978-4-7795-1708-2　C1033